The Definitive ROCHDALE A.F.C.

A statistical history to 1995

Statistics by Steven Phillipps
Production by Tony Brown

Volume 1 in a series of club histories, published by Tony Brown,
on behalf of the Association of Football Statisticians.

First published in Great Britain by Tony Brown, on behalf of the Association of Football Statisticians, 22 Bretons, Basildon, Essex SS15 5BY.

© Steven Phillipps and Tony Brown, 1995

All rights reserved. No part of this publication may be reproduced, stored in a retrieval system, or transmitted in any form, or by any means, electronic, mechanical, photocopying, recording or otherwise without the prior permission in writing of the Copyright holders, nor be otherwise circulated in any form or binding or cover other than in which it is published and without a similar condition including this condition being imposed on the subsequent publisher.

The owners of the copyright of the photographs used have not been traced. The AFS would be pleased to hear from anyone whose copyright has been infringed unintentionally.

Other volumes in this series in preparation are:

> *Volume 2: Northampton Town*
> *Volume 3: Chesterfield*

ISBN 1 899468 01 3

FOREWORD BY STEVE MELLEDEW

I have the utmost pleasure in writing this foreword to a book on Rochdale F.C. - as an ex-player and also Rochdale born and bred.

Most footballers remember their first club with a lot of affection, but with me the fondness has grown, from the day I signed back in 1966, to when I left, right up to the present day.

The days spent at Rochdale went very quickly, mostly playing but also other duties in the close season. Because of shortage of money to renovate the stands, etc., myself and Hughen Riley used to be ordered to attend the ground in the summer to do the painting, cleaning, and in fact any odd jobs going.

But, looking at the ground now, it all seems worthwhile and I still feel very proud and honoured, as a local boy, to have represented Rochdale. I am therefore truly delighted to support this book and its publication.

Steve Melledew, December 1995.

AUTHOR'S PREFACE AND ACKNOWLEDGEMENTS

I have followed Rochdale for over 30 years. I attended my first match at Spotland in the 1964/65 season when Dale beat Halifax 3-0. That was the season that the Dale signed Reg Jenkins - Dale fans' greatest hero of them all - and although Dale just missed out on promotion, Reg did set up a post-war scoring record with 25 goals. He was still there when promotion was gained in 1969, appropriately scoring the last goals of the season. Since then, it is fair to say that there have been a lot more downs than ups, but there have been highlights; the F.A. Cup giant killing of Coventry, winning seven of the last eight games of the season under Doug Collins when we looked to be going out of the League, the "Keith Welch show" against Crystal Palace in the last 16 of the cup, and the Alan Reeves inspired promotion near misses in recent years, come to mind particularly.

As for the statistics, the first I collected also date back to the 1964/65 season when I acquired the Supporters Club handbook that contained all the previous seasons' details. Since then, many Dale fans have contributed to the collection, and I would particularly like to thank Steve Birch, Andrew Wood, Michael Rodgers, Mark Woodall, Les Barlow, Ian Bailey and Leigh Edwards for their help at various times. Also a big thank you to Jim Creasey for innumerable player details, and to various members of the A.F.S., especially Douglas Lamming and Garth Dykes, for their assistance.

Finally, a very special thank you to Steve Melledew (a fellow Rochdalian, and my personal idol when I was trying to be a goalscoring full back at school!) for agreeing to write the foreword.

Steve Phillipps, December 1995

PRODUCTION NOTE

You can't spend hours sitting at the computer keyboard working on this project without developing a certain affection for the club! Though Rochdale may never have hit the heights, the following pages will hopefully provide the reader with pleasant memories of past occasions. Steve was particularly insistent that we include the Lancashire Cup, won in 1949 and 1971! Anyone who wants to know more about the club should beg or borrow a copy of Steve Phillipps' book, "The Survivors; the Story of Rochdale A.F.C.", published by Buckingham: Sporting and Leisure, 1990.

My thanks must go to Steve first of all, for his prompt answers to my many questions. It would be foolish to think we have produced a book without any errors; those that remain are more likely to be mine than Steve's. The computer was used to do much cross checking of the totals, but the output is only as good as the person typing in the data. Michael Joyce's player database has proved an extremely useful starting point for the player career details, so many thanks to him. Also, I am very appreciative of Brian Tabner's task of providing all the attendances for post 1925 games from his copy of the Football League's records.

Finally, a request to the readers. As this is the first volume of what we hope will turn out to be a long series of similar club histories, any comments on the content and layout will be gratefully received at AFS headquarters. I apologise in advance to those of you (like myself) who have to fiddle about with spectacles and magnifying glasses!

Tony Brown, December 1995

Albert Smith

ROCHDALE RECORDS PAGE

PLAYERS:

Most Appearances	Graham Smith, 344 (317 League, 15 FAC, 13 FLC)
	Reg Jenkins, 332 (305, 11, 16)
	Ray Aspden, 326 (297, 9, 20)
Most Goals	Reg Jenkins, 129 (119 League, 5 FAC, 5 FLC)
	Bert Whitehurst, 124 (117, 7)
Most League goals in a Season	Bert Whitehurst, 44, 1926/27
Most goals in a League game	Tommy Tippett, 6 v. Hartlepools United, 21/4/1930

THE CLUB:

Best League performances	2nd in Division 3(N) 1923/24 and 1926/27
	9th in Division 3 1969/70
Best F.A. Cup performance	5th round 1989/90
Best League Cup performance	Beaten finalists 1961/62
Most League points	62, Division 3(N) 1923/24 (2 points for a win)
	67, Division 4 1991/92 (3 points for a win)
Most League goals	105, Division 3(N) 1926/27
Most League wins in a season	27, 1925/26
Best League win	8-1 v. Chesterfield 18/12/1926
Best League away win	7-0 v. York City 14/1/1939
Best F.A. Cup win	8-2 v. Crook Town, round 1, 26/11/1927
Best League Cup win	5-1 v. Carlisle United, round 1, 1991/92
Best League run undefeated	20, from 15/9/1923
Undefeated League games home	34, from 3/4/1923
Undefeated League games away	9, from 22/9/1923
Best run of League wins	8, from 29/9/1969
Best run of home League wins	16, from 18/12/1926
Longest run of League draws	6, from 17/8/1968

Season 1937/38. Back row, left to right: Mulrooney (trainer), Sneddon, McLaren, Robinson, Baird, Goodier, Fawcett, Sperry, Duff. Centre: Mr. A.G. Wilson (director), Burke, Graham, Hunt, Curwood, Marshall, Wynn, Mr. E. Nixon (secretary). Front: McMurdo, Protheroe.

Promotion winners 1968/69. Back row, left to right: Reg Jenkins, Matt Tyre, Joe Ashworth, Graham Smith, Chris Harker, Colin Parry. Centre: Steve Melledew, Norman Whitehead, Joe Fletcher, Billy Rudd, Vin Leech, Vince Radcliffe. Front: Dennis Butler, Derek Ryder, Hugh Riley.

Above: 1925/26. Back: Brown, Christie, Moody, Willis, Hopkins. Front: Tompkinson, Anstiss, Fergusson, Parkes, Smith, Hughes.

Right: 1951/52. Back: Watson, Lynn, Nicholls, Downes, Buchan, Radford. Front: Arthur, Tomlinson, Middlebrough, Foulds, Betts.

Below: League Cup Finalists 1961/62. Back: Milburn, Hepton, Aspden, Burgin, Thompson, Winton. Front: Wragg, Richardson, Bimpson, Cairns, Whitaker.

INTRODUCTION TO THE STATISTICS PAGES

The season by season grids show the results of games in the Football League, F.A. Cup, Football League Cup, Associate Members' Cup and the Third Division (North) Cup. Games which were expunged from the records because of the resignation of a club are not included (Accrington Stanley and Aldershot), nor are the results of the 1939/40 season which was abandoned on the outbreak of World War Two. However, details of these games can be found in a later section.

Home games are identified by the opponents name in upper case, away games by the use of lower case. Rochdale's score is always given first. Attendances for League games are taken from the official Football League records since 1925/26; before that, estimated attendances based on newspaper reports have to be used.

Substitutes have the numbers 12 and 14. 12 is used if only one substitute appeared (no matter what number was on the player's shirt). The players who were substituted are underlined.

A full player list is provided for every player who made a League appearance. Date and place of birth are shown, where known, and the year of death. Players with the same name are given a (1) or (2) after their name to avoid confusion. The next two columns, "seasons played", act as an index to the season by season grids. The years shown are the "first year" of the season; for example, 1971 is season 1971/72. The two columns show the season in which the player made his League debut; and the final season that he played. However, if he only played in one season, the second column is blank. An entry of "1994" in the second column does not imply that the player has left the club, but means that he appeared in this "final season" of the book.

Note that some players also made F.A. Cup appearances before 1921 (notably Albert Smith) and in 1945/46. If a player also made a League appearance his F.A. Cup appearances from these seasons are included in the list.

Previous and next clubs show where he was transferred from, and the club he moved to. Non league club information is included when known.

The appearance columns have separate totals for the League, F.A. Cup, Football League Cup and miscellaneous tournaments. In Rochdale's case, the latter category includes the Third Division North Cup and the Associate Members' Cup (played under a variety of sponsors' names). "Goals scored" are also shown under the four headings.

If a player has had more than one spell at the club, a consolidated set of appearance and goals are shown on the first line. Subsequent lines show the seasons involved in his return, and his new pair of previous and next clubs.

A full record of meetings against all other League clubs is included. Some clubs have played in the League under different names, but the totals are consolidated under the present day name in this table. Other pages show the club's record in the F.A. Cup in non League seasons, their record in the Lancashire Cup, and the list of managers.

1921/22 20th in Division 3(N)

	Date		Opponent	Score	Scorers	Att	Crabtree JJ	Nuttall J	Hill JW	Farrer P	Yarwood JW	Hoad SJ	Sandiford R	Dennison H	Owens JR	Carney EF	Collinge A	Mort T	Barnes J	Whiteside E	Mallalieu H	Sneyd W	Tully J	Herbert JH	Barton JW	Taylor, Fred	Clifton W	Burns H	Bennett TS	Daniels G	Cameron H	Hoyle G
1	Aug	27	ACCRINGTON STANLEY	6-3	Owens 3,Dennison 2,Carney(p)	7000	1	2	4	5	6	7	8	9	10	11																
2	Sep	3	Accrington Stanley	0-4		11000	1	2	4		6	7	8	9	10	11		3	5													
3		10	HALIFAX TOWN	3-3	Hill, Dennison, Carney (p)	8000	1	2	6		5	7		9		11	10															
4		17	Halifax Town	1-1	Collinge	10000	1	2	4			7	8	9			10	3	5	6	11											
5		24	SOUTHPORT	0-1		6000	1	2	4			7	8	9			10	3	5	6	11											
6	Oct	1	Southport	1-2	Sandiford	6000		2	4				8		9		10	3		5		1	6	7								
7		8	TRANMERE ROVERS	2-1	Herbert 2	5000	1	2	6	5		7	8	9				3					4	10								
8		15	Tranmere Rovers	0-7		6000	1		4	5		7	8	10				3			11		6	9	2							
9		22	STOCKPORT COUNTY	0-1		3000	1	2	10			8				11		3					6	9		5	7					
10		29	Stockport County	0-3		10000	1	2				8		9		11	10	3					6			5	7	4				
11	Nov	5	STALYBRIDGE CELTIC	2-1	Hoad 2 (1p)	5000	1	2			6	7		11	8			3					4	10		5		9				
12		12	Stalybridge Celtic	0-1		6000	1	2			4	7		11	8			3					6	10		5		9				
13		19	GRIMSBY TOWN	0-2		5000	1	2				7					10	3					6	8		5		4	9	11		
14		26	Grimsby Town	0-3		8000	1		4			7	8	10				3					6		2	5			9	11		
15	Dec	10	Wigan Borough	2-3	Dennison 2 (1p)	5000	1				6			10	8			3					4		2		7	5	9	11		
16		24	WALSALL	7-0	*See below	5000	1	2				7		9	8			3					6			4		5		11	10	
17		26	Crewe Alexandra	0-2			1	3	10			7		9	8								6		2	4		5		11		
18		27	CREWE ALEXANDRA	2-0	Dennison 2		1	3				7		9	8								6		2	4		5		11	10	
19		31	Hartlepools United	3-5	Sandiford, Owens, Herbert	7000	1	5					8		9			3					6	7	2	4				11	10	
20	Jan	14	HARTLEPOOLS UNITED	0-1				2	5			7	10	9	8			3				1	4			6				11		
21		21	Darlington	1-2	Herbert	2000		2			5			9	8			3				1	6	10		4	7			11		
22		28	DARLINGTON	0-2		4000	1	2			5			9	8			3					6	10		4	7			11		
23	Feb	4	LINCOLN CITY	0-2			1	2	4				8	9				3					6			5	7			11	10	
24		11	Lincoln City	2-1	Dennison, Greaves (og)		1	3						8	9			5					6	7	2	4				11	10	
25		18	Ashington	3-7	Dennison 2, Carney	3000	1	3						8		9		5					6	7	2	4				11	10	
26		25	ASHINGTON	2-1	Dennison, Hoyle	3000	1	2			5			8			10	3					6	7		4				11		9
27	Mar	4	BARROW	0-1		3000	1	2	6		5			8			10	3								4				11		9
28		11	Barrow	0-1		5250	1		8		5							3					6		2			4		11	10	9
29		18	DURHAM CITY	1-0	Dennison	4000	1		8					10				3					6		2	4	7	5		11	9	
30		25	Durham City	2-0	Hill 2	1500	1		8	4				10		9		3					6		2		7	5		11		
31	Apr	1	WREXHAM	3-0	Hill 2, Carney	4000	1		8	4				10		9		3					6		2		7	5		11		
32		8	Wrexham	1-1	Hill	3000	1		8	4				10		9		3					6		2		7	5		11		
33		14	WIGAN BOROUGH	4-2	Carney 2, Dennison, Hill	3000	1	3	8	4				10		9							6		2		7	5		11		
34		15	NELSON	2-2	Dennison 2	3000	1	3	8	4			9	10									6		2		7	5		11		
35		18	Walsall	0-4		5000	1	3	8	4				10									6	7	2					11	9	
36		22	Nelson	1-4	Hill		1	3	8	4				9			10						6		2		7			11		
37		29	CHESTERFIELD	0-1			1	3	8	4				10									6	7	2					11	9	
38	May	6	Chesterfield	1-2	Cameron			3	8	4				10			6					1		7	2					11	9	
						Apps	34	30	25	12	11	17	12	33	14	10	10	28	3	3	3	4	31	16	19	19	13	15	3	26	11	3
						Goals			8			2	2	17	7	6	1							4						1	2	1

Scorers in game 16: Owens 3, Dennison 2 (2p), Daniels, Cameron

One own goal

Plaayed in game 1: WJ Shehan (3).
Played in game3: H Clark (3), J Broster (4), A Wolstencroft (8).
Played in games 6 and 7: SW McGhee (11). In game 9: T Catlow (4).
Played in games 27 and 28: H Foster (7). In 4 games 35 to 38: AG Hinchliffe (5).

F.A. Cup

	Date		Opponent	Score	Scorers	Crabtree JJ	Nuttall J	Hill JW	Farrer P	Yarwood JW	Hoad SJ	Sandiford R	Dennison H	Owens JR	Carney EF	Collinge A	Mort T	Barnes J	Whiteside E	Mallalieu H	Sneyd W	Tully J	Herbert JH	Barton JW	Taylor, Fred	Clifton W	Burns H	Bennett TS	Daniels G	Cameron H	Hoyle G
Q5	Dec	3	Nelson	2-3	Dennison, Bennett	1		6		5	7		10				3					4	8	2				9	11		

		P	W	D	L	F	A	W	D	L	F	A	Pts
1	Stockport County	38	13	5	1	36	10	11	3	5	24	11	56
2	Darlington	38	15	2	2	52	7	7	4	8	29	30	50
3	Grimsby Town	38	15	4	0	54	15	6	4	9	18	32	50
4	Hartlepools United	38	10	6	3	33	11	7	2	10	19	28	42
5	Accrington Stanley	38	15	1	3	50	15	4	2	13	23	42	41
6	Crewe Alexandra	38	13	1	5	39	21	5	4	10	21	35	41
7	Stalybridge Celtic	38	14	3	2	42	15	4	2	13	20	48	41
8	Walsall	38	15	2	2	52	17	3	1	15	14	48	39
9	Southport	38	11	6	2	39	12	3	4	12	16	32	38
10	Ashington	38	13	2	4	42	22	4	2	13	17	44	38
11	Durham City	38	14	0	5	43	20	3	3	13	25	47	37
12	Wrexham	38	12	4	3	40	17	2	5	12	11	39	37
13	Chesterfield	38	12	2	5	33	15	4	1	14	15	52	35
14	Lincoln City	38	11	2	6	32	20	3	4	12	16	39	34
15	Barrow	38	11	2	6	29	18	3	3	13	13	36	33
16	Nelson	38	7	6	6	27	23	6	1	12	21	43	33
17	Wigan Borough	38	9	4	6	32	28	2	5	12	14	44	31
18	Tranmere Rovers	38	7	5	7	41	25	2	6	11	10	36	29
19	Halifax Town	38	9	4	6	37	28	1	5	13	19	48	29
20	ROCHDALE	38	9	2	8	34	24	2	2	15	18	53	26

1922/23

12th in Division 3(N)

							Crabtree JJ	Bradbury W	Charlton S	Tully J	Parkes D	Jones R	Nicholls GJ	Sandham W	Guy G	Gee A	Wall G	Campbell JL	Hill JW	Foweather V	Broster J	Nuttall J	Moody WA	Walters J	Moody JH	Daniels G	Hinchliffe AG	Prouse WH	Brown, John	Chapman J	Peart JG
1	Aug	26	Crewe Alexandra	1-0	Guy	5000	1	2	3	4	5	6	7	8	9	10	11														
2	Sep	2	CREWE ALEXANDRA	1-1	Guy	8000	1	2	3	4	5	6	7	8	9	10	11														
3		9	Lincoln City	1-0	Gee	5000	1	2	3	4	5	6		8	9	10	11	7													
4		16	LINCOLN CITY	1-1	Sandham	10000	1	2	3	4	5	6		8	9	10	11	7													
5		23	WREXHAM	5-0	Guy 4, Gee	5000	1	2	3		5	6		8	9	10	11	7	4												
6		30	Wrexham	1-3	Wall	6000	1	2	3		5	6			9	10	11	7	4	8											
7	Oct	7	DARLINGTON	2-2	Parkes 2	8000	1	2	3		5	6				10	11	7	9	8	4										
8		14	Walsall	0-0		7000	1		3		5	6			9	10	11	7	4	8		2									
9		21	Grimsby Town	1-1	Sandham	8000	1		3	4	5	6		8	9		11	7				2	10								
10		28	GRIMSBY TOWN	0-1		9000	1	4	3		5	6		8	9		11	7				2		10							
11	Nov	4	Hartlepools United	2-0	Crabtree 2	4000	10	2	3		5	6		9			11	7	4					8	1						
12		11	HARTLEPOOLS UNITED	4-0	Walters 2, Sandham 2	6000	1	2	3		5	6		9			11	7	4					8		10					
13		25	Nelson	2-1	Hill, Walters	6000	1		3		5	6		8			11	7	9			2		10			4				
14	Dec	4	TRANMERE ROVERS	0-0		3000	1		3		5	6		8			11	7	9			2		10			4				
15		23	SOUTHPORT	3-2	Prowse 2, Tootle (og)	3000	1		3		5	6	7		9		11					2		10			4	8			
16		25	Southport	1-0	Hill		1		3		5	6	7		9		11		10			2					4	8			
17		26	Chesterfield	0-4		6000	1		3		5	6			9		11	7				2		10			4	8			
18		30	ASHINGTON	2-0	Guy, Campbell	3000	1		3		5	6		8	9			7				2		10		11	4				
19	Jan	2	Darlington	1-1	Sandham	3000			3		5	6	7	8								2		10	1	11	4	9			
20		6	Ashington	0-2		4000			3		5	6	7		9		11					2		10	1		4	8			
21		13	NELSON	0-3		6000	1		3		5	6		8			11	7	9			2		10			4				
22		20	BARROW	3-1	Walters 2, Parkes	4000	1		3	6	5	9	7	8								2		10		11	4				
23		27	Barrow	1-4	Sandham	3000	1		3		5	6		8			11	7				2		10			4		9		
24	Feb	3	Accrington Stanley	1-2	Sandham	6000	1		3	6	5	9	7	8								2		10		11	4				
25		10	ACCRINGTON STANLEY	1-1	Foweather	4000		2	3		5	6		8				7		9				10	1	11	4				
26		24	WALSALL	0-2		4000	1	2	3	8	5	6	7	9			11							10			4				
27	Mar	3	Halifax Town	0-1		8000			3			6	7		9		11					2		10	1		4	8		5	
28		10	HALIFAX TOWN	0-1		6000			3		5	6	7				11					2		10	1		4	8			9
29		17	BRADFORD PARK AVE.	0-3		5000			3	6	5		7	8			11					2		10	1					4	9
30		24	Bradford Park Avenue	0-3		8000			3			6					11	7	10			2		8	1		4			5	9
31		30	CHESTERFIELD	0-2					3		5			9				7	8			2			1	11	4		10	6	
32	Apr	2	Stalybridge Celtic	0-0			1		3		5		7						8		4	2				11	6	10			9
33		3	STALYBRIDGE CELTIC	2-0	Hill, Prouse				3		5	6	7						8		4	2			1	11		10			9
34		7	Tranmere Rovers	0-2		7000			3		5	6	7				11		8		4	2			1			10			9
35		14	DURHAM CITY	2-0	Peart 2	3000			3		5		7				11		8		4	2		10	1		6				9
36		21	Durham City	1-1	Peart				3		5						11	7	8		4	2		10	1		6				9
37		28	WIGAN BOROUGH	3-2	Walters, Prouse, Peart	4000			3		5						11	7			4	2		10	1		6	8			9
38	May	5	Wigan Borough	0-6		6000			3			6	7	8			11		9		4	2		10	1					5	
						Apps	24	12	38	9	35	32	17	22	15	8	30	21	18	4	8	27	1	24	15	9	22	11	2	5	9
						Goals	2				3			7	7	2	1	1	3	1				6				4			4

One own goal

F.A. Cup

							Crabtree JJ	Bradbury W	Charlton S	Tully J	Parkes D	Jones R	Nicholls GJ	Sandham W	Guy G	Gee A	Wall G	Campbell JL	Hill JW	Foweather V	Broster J	Nuttall J	Moody WA	Walters J	Moody JH	Daniels G	Hinchliffe AG	Prouse WH	Brown, John	Chapman J	Peart JG
Q4	Nov	18	NELSON	0-1		10000	1	2	3		5	6		9			11	7	4					8		10					

		P	W	D	L	F	A	W	D	L	F	A	Pts
1	Nelson	38	15	2	2	37	10	9	1	9	24	31	51
2	Bradford Park Ave.	38	14	4	1	51	15	5	5	9	16	23	47
3	Walsall	38	13	4	2	32	14	6	4	9	19	30	46
4	Chesterfield	38	13	5	1	49	18	6	2	11	19	34	45
5	Wigan Borough	38	14	3	2	45	11	4	5	10	19	28	44
6	Crewe Alexandra	38	13	3	3	32	9	4	6	9	16	29	43
7	Halifax Town	38	11	4	4	29	14	6	3	10	24	32	41
8	Accrington Stanley	38	14	2	3	40	21	3	5	11	19	44	41
9	Darlington	38	13	3	3	43	14	2	7	10	16	32	40
10	Wrexham	38	13	5	1	29	12	1	5	13	9	36	38
11	Stalybridge Celtic	38	13	2	4	32	18	2	4	13	10	29	36
12	ROCHDALE	38	8	5	6	29	22	5	5	9	13	31	36
13	Lincoln City	38	9	7	3	21	11	4	3	12	18	44	36
14	Grimsby Town	38	10	3	6	35	18	4	2	13	20	34	33
15	Hartlepools United	38	10	6	3	34	14	0	6	13	14	40	32
16	Tranmere Rovers	38	11	4	4	41	21	1	4	14	8	38	32
17	Southport	38	11	3	5	21	12	1	4	14	11	34	31
18	Barrow	38	11	2	6	31	17	2	2	15	19	43	30
19	Ashington	38	10	3	6	34	33	1	5	13	17	44	30
20	Durham City	38	7	9	3	31	19	2	1	16	12	40	28

1923/24

2nd in Division 3(N)

			Opponent	Score	Scorers	Att	Moody JH	Bissett JT	Brown WJ	Willis RS	Parkes D	Crowe FR	Tompkinson WV	Prouse WHO	Whitehurst AJ	Pearson AV	Clark JW	Campbell JL	Peart JG	McGarry AM	Nuttall J	Smith A	Watson E	Hall J	Sandiford R	Hibberd CM
1	Aug	25	DURHAM CITY	2-0	Tompkinson, Prouse	6000	1	2	3	4	5	6	7	8	9	10	11									
2		27	Wigan Borough	0-3		15000	1	2	3	4	5	6	7	8	9	10	11									
3	Sep	1	Durham City	0-0		4000	1	2	3	4	5	6	11	8		10		7	9							
4		3	WIGAN BOROUGH	1-0	Prouse	8000	1	2	3	4	5	10	11	8				7	9	6						
5		8	Bradford Park Avenue	2-4	Whitehurst 2	8000	1	2	3	4	5	10	11	8	9			7		6						
6		15	BRADFORD PARK AVE.	3-0	Crowe 2, Peart	7000	1	2	3	4	5	10	7	8		11			9	6						
7		22	Chesterfield	1-1	Prouse	9700	1	2	3	4	5	10	7	8		11			9	6						
8		29	CHESTERFIELD	3-0	Crowe 2, Whitehurst	8000	1	2	3	4	5	10	7	8	9	11				6						
9	Oct	6	Rotherham County	0-0		8000	1	2	3	4	5	10	7	8	9	11				6						
10		13	ROTHERHAM COUNTY	1-0	Whitehurst	8000	1	2	3	4	5	10	7	8	9	11				6						
11		20	Wrexham	1-1	Peart	4700	1	2		4	5			8	10	11		7	9	6	3					
12		27	WREXHAM	0-0		7000	1	2	3	4	5		7		8	10	11		9	6						
13	Nov	3	Doncaster Rovers	0-0		7000	1	2	3	4	5	10	7	8	9		11			6						
14		10	DONCASTER ROVERS	2-0	Prouse, Bissett (p)	6500	1	2	3	4	5	10	7	8	9		11			6						
15		24	Darlington	2-2	Peart, Tompkinson	5800	1	2	3	4	5	10	7		8	11			9	6						
16	Dec	8	Southport	1-0	Pearson	5000	1	2	3	4	5		7	8	9	10				6		11				
17		15	BARROW	3-1	Whitehurst 2, Pearson	5000	1	2	3	4	5		7	8	9	10				6		11				
18		22	Barrow	2-1	Peart, Prouse	2000	1	2	3		5		7	8		10			9	6		11	4			
19		25	Lincoln City	2-0	Peart, Pearson	7000	1	2	3	4	5		7	8		10			9	6		11				
20		26	LINCOLN CITY	1-0	Whitehurst	8000	1	2	3	4	5		7	8	9	10				6		11				
21		29	CREWE ALEXANDRA	1-0	Willis	5000	1	2	3	4	5		7	8	9	10				6		11				
22	Jan	5	Crewe Alexandra	2-0	Prouse, Parkes	6000	1	2	3	4	5		7	8	9	10				6		11				
23		8	SOUTHPORT	2-2	Whitehurst 2 (1p)	2000	1	2	3	4	5		11	8	9	10		7		6						
24		12	HARTLEPOOLS UNITED	1-0	Prouse	4000	1	2	3	4	5		7	8	9	11				6				10		
25		19	ASHINGTON	1-0	Bissett (p)	6000	1	2	3	4	5		7	8		10			9	6		11				
26		26	Ashington	0-1		5500	1	2	3	4	5	10	7	8	9	11				6						
27	Feb	2	WALSALL	1-0	Pearson	5000	1	2	3	4	5		7	8	9	10	11			6						
28		9	Walsall	1-0	Tompkinson	5000	1	2	3	4	5		7	8	9		11			6					10	
29		16	WOLVERHAMPTON W.	0-0		16161	1	2	3	4	5		7	8	9	10	11			6						
30	Mar	1	NEW BRIGHTON	6-2	Pearson,Whitehurst 3, Prouse,Tompkinson	3000	1	2	3	4	5		7	8	9	10	11			6						
31		8	New Brighton	1-1	Peart	7000	1	2	3	4	5		7	8	10		11		9	6						
32		15	Grimsby Town	0-1		7000	1	2	3	4	5		7	8	10		11		9	6						
33		22	GRIMSBY TOWN	4-2	McGarry, Whitehurst, Clarke, Sandiford	5000	1	2	3	4	5		7	8	9		11			6					10	
34		26	Wolverhampton Wan.	0-0		12000	1	2	3	4	5		7	8	9	10	11			6						
35		29	Halifax Town	1-0	Prouse	4000	1	2	3	4	5		7	8	9	10	11			6						
36	Apr	5	HALIFAX TOWN	3-0	Prouse, Whitehurst, Pearson	6000	1	2	3	4	5		7	8	9	10	11			6						
37		12	Hartlepools United	2-1	Prouse, Bissett (p)	5000	1	2		4	5			8	9	10	11	7		6	3					
38		18	DARLINGTON	0-0		6000	1	2	3	4	5		7	8	9	10				6		11				
39		22	TRANMERE ROVERS	1-0	Crowe	5000		2	3	4	5	10		8	9	11				6		7				1
40		26	Accrington Stanley	1-0	Pearson	6000	1	2	3	4	5	10		8	9	11				6		7				
41		28	Tranmere Rovers	1-2	Prouse	8000		2	3		5	4	7	8	9	10				6		11				1
42	May	3	ACCRINGTON STANLEY	4-1	Tompkinson 2, Prouse 2	5000	1	2	3		5	4	7	8	9	11				6					10	
						Apps	40	42	40	39	42	18	38	40	35	34	16	6	12	39	2	12	1	1	3	2
						Goals		3		1	1	5	6	14	14	7	1		6	1					1	

F.A. Cup

			Opponent	Score	Scorers	Att	Moody JH	Bissett JT	Brown WJ	Willis RS	Parkes D	Crowe FR	Tompkinson WV	Prouse WHO	Whitehurst AJ	Pearson AV	Clark JW	Campbell JL	Peart JG	McGarry AM	Nuttall J	Smith A	Watson E	Hall J	Sandiford R	Hibberd CM
Q4	Nov	17	SKELMERSDALE	4-0	Hall 3, Whitehurst	2000	1	2	3	4		5	7	8	9	11				6				10		
Q5	Dec	1	Accrington Stanley	0-1		7000	1	2	3	4	5	10	7		8	11			9	6						

Q4 played at home by arrangement

		P	W	D	L	F	A	W	D	L	F	A	Pts
1	Wolverhampton Wan.	42	18	3	0	51	10	6	12	3	25	17	63
2	ROCHDALE	42	17	4	0	40	8	8	8	5	20	18	62
3	Chesterfield	42	16	4	1	54	15	6	6	9	16	24	54
4	Rotherham County	42	16	3	2	46	13	7	3	11	24	30	52
5	Bradford Park Ave.	42	17	3	1	50	12	4	7	10	19	31	52
6	Darlington	42	16	5	0	51	19	4	3	14	19	34	48
7	Southport	42	13	7	1	30	10	3	7	11	14	32	46
8	Ashington	42	14	4	3	41	21	4	4	13	18	40	44
9	Doncaster Rovers	42	13	4	4	41	17	2	8	11	18	36	42
10	Wigan Borough	42	12	5	4	39	15	2	9	10	16	38	42
11	Grimsby Town	42	11	9	1	30	7	3	4	14	19	40	41
12	Tranmere Rovers	42	11	5	5	32	21	2	10	9	19	39	41
13	Accrington Stanley	42	12	5	4	35	21	4	3	14	13	40	40
14	Halifax Town	42	11	4	6	26	17	4	6	11	16	42	40
15	Durham City	42	12	5	4	40	23	3	4	14	19	37	39
16	Wrexham	42	8	11	2	24	12	2	7	12	13	32	38
17	Walsall	42	10	5	6	31	20	4	3	14	13	39	36
18	New Brighton	42	9	9	3	28	10	2	4	15	12	43	35
19	Lincoln City	42	8	8	5	29	22	2	4	15	19	37	32
20	Crewe Alexandra	42	6	7	8	20	24	1	6	14	12	34	27
21	Hartlepools United	42	5	7	9	22	24	2	4	15	11	46	25
22	Barrow	42	7	7	7	25	24	1	2	18	10	56	25

1924/25

6th in Division 3(N)

	Date	Opponent	Score	Scorers	Att	Moody JH	Hopkins AG	Brown WJ	Willis RS	Parkes D	Thorpe L	Tompkinson WV	Anstiss HA	Whitehurst AJ	Roseboom E	Pearson AV	Stirling E	Oxley W	Hughes R	Christie AG	Mills J	Mason F	Smith A	Rigg T	McGarry AM	Campbell JL	Hall J	Sandiford R	Cawthra JR	Halkyard C
1	Aug 30	Hartlepools United	1-1	Tompkinson	6000	1	2	3	4	5	6	7	8	9	10	11														
2	Sep 6	WIGAN BOROUGH	3-2	Anstiss 2, Roseboom	11000	1	2	3	4	5	6	7	8	9	10	11														
3	13	DARLINGTON	2-1	Anstiss 2	6000	1	2	3	4	5	6	7	8	9	10	11														
4	17	New Brighton	0-5		6000	1	2	3	4	5	6	7	8	9	10	11														
5	20	Bradford Park Avenue	0-0		12000	1		3	4	5	6	7	8		10		2	9	11											
6	27	WREXHAM	3-1	Tompkinson 2, Oxley	10000	1		3	4	5	6	7	8		10		2	9	11											
7	Oct 4	Rotherham County	3-1	Hughes 2, Anstiss	7000	1		3	4	5	6	7	8	9	10		2		11											
8	11	CHESTERFIELD	2-1	Whitehurst, Roseboom	6000	1		3	4	5	6	7	8	9	10	11	2													
9	18	Accrington Stanley	2-2	Hughes, Christie	7500	1		3		5	6	7	8	9	10		2		11	4										
10	25	Walsall	2-0	Anstiss 2	7000	1		3		5	6	7	9		10		2		11	4	8									
11	Nov 1	TRANMERE ROVERS	2-1	Hughes, Roseboom	6000	1		3		5	6	7	9		10		2		11	4	8									
12	8	Lincoln City	2-1	Tompkinson 2	8000	1		3		5	6	7	9		10		2		11	4	8									
13	15	Grimsby Town	1-1	Anstiss	8000	1		3		5	6	7	9		10		2		11	4	8									
14	22	Nelson	0-1		5000	1		3		5	6	7	9		10	11	2			4	8									
15	Dec 6	Southport	0-0		7000	1		3		5	6	7	9		10					4	8	2	11							
16	20	Durham City	2-3	Hughes, Roseboom	2000	1		3		5	6	7	8		10			9	11	4		2								
17	25	CREWE ALEXANDRA	5-0	Hughes 2, Mills, Tompkinson, Anstiss	10000	1		3		5	6	7	9		10				11	4	8	2								
18	26	Crewe Alexandra	0-2		6000	1		3		5	6	7	9		10				11	4	8	2								
19	27	HARTLEPOOLS UNITED	3-1	Mills, Anstiss 2	5000	1		3		5	6	7	9		10				11	4	8			2						
20	Jan 2	Ashington	3-4	Parkes, Anstiss, Mills	4000	1		3		5	6	7	9	10					11	4	8	2								
21	3	Wigan Borough	3-2	Tompkinson, Hughes, Anstiss	6000	1		3		5	6	7	9	10					11	4	8	2								
22	10	DURHAM CITY	3-0	Whitehurst, Anstiss 2	8000	1		3		5	6	7	9	10					11	4	8	2								
23	17	Darlington	0-2		8000	1		3		5	6	7	9	8	10				11	4		2								
24	24	BRADFORD PARK AVE.	2-2	Whitehurst 2	8000	1			4	5	6	7	9	8	10				11			2		3						
25	31	Wrexham	0-1		3000	1		3	4	5	6	7	9	8	10				11			2								
26	Feb 7	ROTHERHAM COUNTY	4-1	Pearson 2, Oxley, Tompkinson	5000	1		3	4	5		7	8	10		11		9				2			6					
27	14	Chesterfield	0-2		6000	1		3	4	5			9	10		11			7		8	2			6					
28	21	ACCRINGTON STANLEY	0-1		6000	1		3	4	5			9		10				11	6	8	2				7				
29	24	DONCASTER ROVERS	5-2	Anstiss 2, Oxley 2, Campbell	1000	1		3	4	5			8		10			9	11	6		2				7				
30	28	WALSALL	3-0	Hughes, Anstiss, Campbell	3000	1		3	4	5			8		10			9	11	6		2				7				
31	Mar 7	Tranmere Rovers	1-3	Oxley	6000	1				5	6		8		10		3	9	11	4		2				7				
32	14	LINCOLN CITY	3-0	Tompkinson, Hughes, Anstiss	3000	1		3	4	5		7	8					9	11	6		2					10			
33	21	Barrow	0-1		3700	1		3	4	5		7	8		10			9	11	6		2								
34	28	NELSON	0-1		8000	1		3	4	5		7	8		10			9	11	6		2								
35	Apr 4	ASHINGTON	0-0		4000	1		3	4	5		7	8		9				11	6		2					10			
36	10	HALIFAX TOWN	3-1	Whitehurst, Anstiss 2	3000	1		3		5	6	7	9	10					11	4	8	2								
37	11	SOUTHPORT	1-0	Anstiss	4000	1		3		5	6	7	9	10					11	4	8	2								
38	13	Halifax Town	1-3	Sandiford	6000	1		3		5	6	7	9	10					11	4		2						8		
39	14	NEW BRIGHTON	2-0	Campbell, Hughes	3500						6		8	5	10		3	9	11	4		2				7			1	
40	18	Doncaster Rovers	1-2	Whitehurst	3000	1		3		5		7	8	9		11				4		2			6		10			
41	28	BARROW	5-1	Whitehurst 3, Anstiss, Pearson	3000	1		2	4	5		7	8	9		10	3		11											6
42	May 1	GRIMSBY TOWN	2-0	Tompkinson 2	3000	1	2	3	4	5		7	8	9		10			11	6										
					Apps	41	5	39	21	41	30	36	42	22	30	11	13	11	33	29	16	25	1	2	3	5	3	1	1	1
					Goals					1		11	23	9	4	3		5	11	1	3					3		1		

F.A. Cup

	Date	Opponent	Score	Scorers	Att	Moody JH	Hopkins AG	Brown WJ	Willis RS	Parkes D	Thorpe L	Tompkinson WV	Anstiss HA	Whitehurst AJ	Roseboom E	Pearson AV	Stirling E	Oxley W	Hughes R	Christie AG	Mills J	Mason F	Smith A	Rigg T	McGarry AM	Campbell JL	Hall J	Sandiford R	Cawthra JR	Halkyard C
Q5	Nov 29	Halifax Town	1-0	Christie (p)	12000	1		3	2	5	6	7	9		10	11				4	8									
Q6	Dec 13	Norwich City	0-1		10000	1		3		5	6	7	9		10	8			11	4		2								

		P	W	D	L	F	A	W	D	L	F	A	Pts
1	Darlington	42	16	4	1	50	14	8	6	7	28	19	58
2	Nelson	42	18	2	1	58	14	5	5	11	21	36	53
3	New Brighton	42	17	3	1	56	16	6	4	11	19	34	53
4	Southport	42	17	2	2	41	7	5	5	11	18	30	51
5	Bradford Park Ave.	42	15	5	1	59	13	4	7	10	25	29	50
6	ROCHDALE	42	17	2	2	53	16	4	5	12	22	37	49
7	Chesterfield	42	14	3	4	42	15	3	8	10	18	29	45
8	Lincoln City	42	13	4	4	39	19	5	4	12	14	39	44
9	Halifax Town	42	11	5	5	36	22	5	6	10	20	30	43
10	Ashington	42	13	4	4	41	24	3	6	12	27	52	42
11	Wigan Borough	42	10	7	4	39	16	5	4	12	23	49	41
12	Grimsby Town	42	10	6	5	38	21	5	3	13	22	39	39
13	Durham City	42	11	6	4	38	17	2	7	12	12	51	39
14	Barrow	42	14	4	3	39	22	2	3	16	12	52	39
15	Crewe Alexandra	42	11	7	3	35	24	2	6	13	18	54	39
16	Wrexham	42	11	5	5	37	21	4	3	14	16	40	38
17	Accrington Stanley	42	12	5	4	43	23	3	3	15	17	49	38
18	Doncaster Rovers	42	12	5	4	36	17	2	5	14	18	48	38
19	Walsall	42	10	6	5	27	16	3	5	13	17	37	37
20	Hartlepools United	42	9	8	4	28	21	3	3	15	17	42	35
21	Tranmere Rovers	42	11	3	7	40	29	3	1	17	19	49	32
22	Rotherham County	42	6	5	10	27	31	1	2	18	15	57	21

1925/26

3rd in Division 3(N)

	Date	Opponent	Score	Scorers	Att	Moody JH	Hopkins AG	Brown WJ	Willis RS	Parkes D	Christie AG	Tompkinson WV	Anstiss HA	Fergusson WA	Smith WE	Hughes R	Robson JW	Whitehurst AJ	Pearson AV	Hillhouse J	Martin H	Campbell JL	Bertram W	Cawthra JR	Thorpe L	Mason F	Halkyard C	Braidwood E
1	Aug 29	HARTLEPOOLS UNITED	6-0	Tompkinson 2, Fergusson 2, Hughes, Anstiss	9321	1	2	3	4	5	6	7	8	9	10	11												
2	Sep 1	Halifax Town	1-1	Hughes (p)	7362	1	2	3	4	5	6	7	8	9	10	11												
3	5	Wigan Borough	2-2	Fergusson 2	7590	1	2	3	4		6	7	8	9	10	11	5											
4	8	ROTHERHAM UNITED	2-2	Tompkinson, Hughes	5643	1	2	3	4		6	7	8	9	10	11	5											
5	12	Tranmere Rovers	5-3	Hughes 2, Parkes, Anstiss, Whitehurst	9136	1	2	3		5	6	7	8			11	4	9	10									
6	15	HALIFAX TOWN	2-1	Anstiss 2	6528	1	2	3		5	6	7	8			11	4	9	10									
7	19	WALSALL	2-0	Tompkinson, Hughes	3484	1	2	3		5	6	7	8			11		9	10	4								
8	26	Chesterfield	2-1	Pearson, Dennis (og)	5073	1	2	3		5	6		8			7		9	10	4	11							
9	Oct 3	BRADFORD PARK AVE.	2-0	Pearson, Tompkinson	16295	1	2	3		5	6	7	9			11			10	4			8					
10	10	Grimsby Town	0-3		11602	1	2	3		5	6		9			7			10	4	11		8					
11	17	ASHINGTON	1-3	Anstiss	4089	1	2	3		5	6		9			7			10	4	11		8					
12	24	Barrow	3-1	Tompkinson, Fergusson, Tubb (og)	2534	1	2	3		5	6	7		9	10	11				4			8					
13	31	CREWE ALEXANDRA	2-0	Fergusson, Smith	3936	1	2	3		5	6		7	9	10	11				4			8					
14	Nov 2	Rotherham United	4-0	Fergusson, Hughes, Bertram 2	5363	1	2	3		5	6		7	9	10	11				4			8					
15	7	New Brighton	0-3		2142	1	2	3		5	6		7	9	10	11				4			8					
16	14	WREXHAM	1-2	Fergusson	6032	1	2	3		5	6		7	9	10	11				4			8					
17	21	Doncaster Rovers	2-2	Fergusson, Hughes	4831		2	3			6		10	9		7				4	11		8	1	5			
18	Dec 5	Lincoln City	2-0	Fergusson, Hughes	5153	1	2	3		5	6			9		7		10		4	11		8					
19	19	Coventry City	2-2	Fergusson, Whitehurst	11110	1		3		5	6			9		7		10		4	11		8			2		
20	26	DURHAM CITY	5-0	Fergusson 2, Christie, Whitehurst, Bertram	5222			3		5	6			9		7		10		4	11		8	1		2		
21	Jan 1	Durham City	2-0	Whitehurst, Hughes	2681			3		5	6			9		7		10		4	11		8	1		2		
22	2	Hartlepools United	2-4	Whitehurst, Smith	6057			3		5	6				10			9		4	11	7	8	1		2		
23	16	WIGAN BOROUGH	2-1	Hughes, Fergusson	4365	1		3		5	6			9		7		10		4	11		8			2		
24	23	TRANMERE ROVERS	3-2	Fergusson, Bertram, Whitehurst	4074	1		3		5	6			9		7		10		4	11		8			2		
25	25	SOUTHPORT	3-1	Hughes, Fergusson, Bertram	2624	1		3		5	6			9		7		10		4	11		8			2		
26	30	Walsall	5-1	Fergusson 2, Whitehurst, Hughes, Martin	2361	1		3		5	6			9		7		10		4	11		8			2		
27	Feb 6	CHESTERFIELD	2-4	Saxby (og), Martin	8342	1		3		5	6			9		7		10		4	11		8			2		
28	13	Bradford Park Avenue	1-3	Hughes	24893	1		3		5	6			9		7		10		8	11					2	4	
29	20	GRIMSBY TOWN	5-2	Whitehurst 2, Anstiss, Bertram, Hughes	7544	1		3		5	6		10			7		9		4	11		8			2		
30	27	Ashington	1-0	Whitehurst	4270	1		3		5	6		10			7		9		4	11		8			2		
31	Mar 6	BARROW	2-1	Whitehurst, Bertram	5524	1		3		5	6		10			7		9		4	11		8			2		
32	13	Crewe Alexandra	2-3	Whitehurst, Anstiss	6034	1		3		5	6		10			7		9		4	11		8			2		
33	20	NEW BRIGHTON	2-1	Anstiss, Martin (p)	6794	1	2	3			6		10			7		9		4	11		8					5
34	23	NELSON	2-0	Anstiss, Whitehurst	2981	1	2	3			6	7	10					9		4	11		8					5
35	27	Wrexham	0-1		6855	1	2	3			6	7	10					9		4	11		8					5
36	Apr 2	Accrington Stanley	3-1	Anstiss, Christie, Tompkinson	5264	1		3			6	7	10					9		4	11		8			2		5
37	3	DONCASTER ROVERS	4-1	Christie, Bertram 3	6792	1		3			6		10			7		9		4	11		8			2		5
38	5	ACCRINGTON STANLEY	3-2	Anstiss 2, Martin	7890	1		3		5	6	7	10					9			11		8			2		4
39	10	Southport	7-1	Anstiss 3, Whitehurst 3, Bertram	4699	1		3		5	6	7	10					9			11		8			2		4
40	17	LINCOLN CITY	0-1		6797	1		3		5	6		10			7		9			11		8			2		4
41	24	Nelson	3-1	Anstiss, Fergusson, Hughes	6215	1		3		5	6	7	10	9		11		8								2		4
42	May 1	COVENTRY CITY	4-1	Whitehurst 2, Christie, Tompkinson	2352	1		3		5	6	9	10			7		8			11					2		4
					Apps	38	21	42	4	34	42	16	30	21	10	36	4	29	7	31	28	1	31	4	1	21	1	10
					Goals					1	4	8	16	19	2	16		18	2		4		11					

F.A. Cup

	Date	Opponent	Score	Scorers	Att	Moody JH	Hopkins AG	Brown WJ	Willis RS	Parkes D	Christie AG	Tompkinson WV	Anstiss HA	Fergusson WA	Smith WE	Hughes R	Robson JW	Whitehurst AJ	Pearson AV	Hillhouse J	Martin H	Campbell JL	Bertram W	Cawthra JR	Thorpe L	Mason F	Halkyard C	Braidwood E
R1	Dec 1	WEST STANLEY	4-0	Hughes 2, Martin (p), Fergusson	1661	1	2	3		5	6			9		7		10		4	11		8					
R2	12	Chilton Colliery	1-1	Fergusson	5000	1	2	3		5	6			9		7		10		4	11		8					
rep	17	CHILTON COLLIERY	1-2	Parkes		1	2	3		5	6			9		7		10		4	11		8					

		P	W	D	L	F	A	W	D	L	F	A	Pts
1	Grimsby Town	42	20	1	0	61	8	6	8	7	30	32	61
2	Bradford Park Ave.	42	18	2	1	65	10	8	6	7	36	33	60
3	ROCHDALE	42	16	1	4	55	25	11	4	6	49	33	59
4	Chesterfield	42	18	2	1	70	19	7	3	11	30	35	55
5	Halifax Town	42	12	5	4	34	19	5	6	10	19	31	45
6	Hartlepools United	42	15	5	1	59	23	3	3	15	23	50	44
7	Tranmere Rovers	42	15	2	4	45	27	4	4	13	28	56	44
8	Nelson	42	12	8	1	67	29	4	3	14	22	42	43
9	Ashington	42	11	6	4	44	23	5	5	11	26	39	43
10	Doncaster Rovers	42	11	7	3	52	25	5	4	12	28	47	43
11	Crewe Alexandra	42	14	3	4	43	23	3	6	12	20	38	43
12	New Brighton	42	13	4	4	51	29	4	4	13	18	38	42
13	Durham City	42	14	5	2	45	19	4	1	16	18	51	42
14	Rotherham United	42	13	3	5	44	28	4	4	13	25	64	41
15	Lincoln City	42	14	2	5	42	28	3	3	15	24	54	39
16	Coventry City	42	13	6	2	47	19	3	0	18	26	63	38
17	Wigan Borough	42	12	5	4	53	22	1	6	14	15	52	37
18	Accrington Stanley	42	14	0	7	49	34	3	3	15	32	71	37
19	Wrexham	42	9	6	6	39	31	2	4	15	24	61	32
20	Southport	42	9	6	6	37	34	2	4	15	25	58	32
21	Walsall	42	9	4	8	40	34	1	2	18	18	73	26
22	Barrow	42	4	2	15	28	49	3	2	16	22	49	18

1926/27

2nd in Division 3(N)

#	Date	Opponents	Score	Scorers	Att.	Hill LG	Mason F	Brown WJ	Braidwood E	Parkes D	Christie AG	Tompkinson WV	Bertram W	Butler R	Whitehurst AJ	Martin H	Hopkins AG	Ross A	Hillhouse J	Hooper FW	Owen GL	Halkyard C	Ward F	Hughes R	Campbell JL	Schofield R	Kellett A	Moody JH	Hall J
1	Aug 28	Accrington Stanley	1-0	Martin	7335	1	2	3	4	5	6	7	8	9	10	11													
2	31	CREWE ALEXANDRA	3-1	Bertram, Parkes, Martin	7440	1	2	3	4	5	6	7	8	9	10	11													
3	Sep 4	DURHAM CITY	1-3	Ross	7947	1		3	4	5	6	7	8		10	11	2	9											
4	6	Crewe Alexandra	0-4		5282	1		2	5	3	6	7			10	11			4	8	9								
5	11	Tranmere Rovers	1-0	Whitehurst	9810	1		2	4	5	6	7		8	10	11					9	3							
6	13	Barrow	3-2	Parkes, Martin, Whitehurst	4001	1		2	4	5	6	7		8	10	11					9	3							
7	18	WREXHAM	3-1	Hughes, Hooper, Whitehurst	7564	1		2	4	5	6	7			10	11				8			3	9					
8	25	SOUTHPORT	1-0	Tompkinson	4308	1		2	4	5	6	7			10	11				8			3	9					
9	Oct 2	Stockport County	0-3		10161	1		2	4	5	6	7			10	11				8			3	9					
10	9	HARTLEPOOLS UNITED	3-0	Martin, Tompkinson, Whitehurst	2596	1		2		5	6	7	8		9	11			4	10			3						
11	16	Ashington	2-2	Whitehurst 2	2282	1		2		5	6	7	8		9	11			4	10			3						
12	23	NEW BRIGHTON	1-1	Whitehurst	6751	1		2	5		6	7	8		9	11			4	10			3						
13	30	Wigan Borough	3-0	Hughes, Bertram, Whitehurst	3486	1		2	5		6		8		9	11			4	10			3	7					
14	Nov 6	DONCASTER ROVERS	7-2	Whitehurst 3, Hughes, Martin 3	3654	1		2	5		6		8		9	11			4	10			3	7					
15	13	Stoke City	1-3	Bertram	11213	1		2	5		6		8		9	11			4	10			3	7					
16	20	ROTHERHAM UNITED	2-1	Whitehurst, Braidwood	4795	1		2	5		6		8		9	11			4	10			3	7					
17	Dec 4	WALSALL	4-4	Whitehurst, Tompkinson, Martin 2	5009	1		2	5		6	7	8		9	11			4				3	10					
18	11	Rotherham United	1-1	Whitehurst	3296	1		2	5		6		8	10	9	11			4				3	7					
19	18	CHESTERFIELD	8-1	Schofield 2, Whitehurst 5, Martin	5768	1		2	6	5			8		9	11			4				3	7		10			
20	25	LINCOLN CITY	7-3	Schofield 2, Whitehurst 3, Hughes 2	8921	1		2	6	5			8		9	11			4				3	7		10			
21	27	Lincoln City	3-2	Whitehurst 2, Schofield	7812	1		2	6	5					9	11			4	8			3	7		10			
22	Jan 1	Halifax Town	0-1		10846	1		2	6	5		7	8		9				4				3	11		10			
23	8	Bradford Park Avenue	1-5	Tompkinson	7423	1		2	6	5		7	8		9				4				3	11		10			
24	15	ACCRINGTON STANLEY	2-1	Bertram, Parkes (p)	2992	1		2	6	5		7	8		9				4				3	11		10			
25	22	Durham City	3-1	Whitehurst 3	1886	1		2	6	5		7	8		9				4				3	11		10			
26	29	TRANMERE ROVERS	3-1	Hughes 2, Tompkinson	5020	1		2	6			7	8		9				4				3	11		10	5		
27	Feb 5	Wrexham	2-2	Schofield, Whitehurst	3717	1		2	5		6	7	8		9				4				3	11		10			
28	12	Southport	1-1	Whitehurst	3409	1		2	5		6	11	8		9				4				3		7	10			
29	19	STOCKPORT COUNTY	2-0	Bertram, Tompkinson	10239	1		2	6	5		7	8		9				4				3	11		10			
30	26	Hartlepools United	2-3	Hughes, Whitehurst	4000	1		2	6	5	4	7	8		9								3	11		10			
31	Mar 5	ASHINGTON	5-0	Hughes 2, Whitehurst 3	2482	1		2	5		4	7	8		9					10		6	3	11					
32	12	New Brighton	2-1	Bertram, Whitehurst	4442	1		2	5		4	7	8		9					10		6	3	11					
33	19	WIGAN BOROUGH	4-1	Whitehurst, Bertram 2, Tompkinson	6434	1		2	5		4	7	8		9					10		6	3	11					
34	26	Doncaster Rovers	2-3	Whitehurst, Bertram	5779	1		2	5		4	7	8		9					10		6	3	11					
35	Apr 2	STOKE CITY	4-0	Bertram, Whitehurst, Hughes 2	12727			2	4	5	6	7	8		9					10			3	11				1	
36	5	Nelson	1-3	Tompkinson	5871			2	4	5	6	7	8		9					10			3	11				1	
37	16	BRADFORD PARK AVE.	3-0	Whitehurst 2, Hughes	8871			2	4	5	6	7	8		9					10			3	11				1	
38	18	HALIFAX TOWN	2-0	Tompkinson, Bertram	8501			2	4	5	6	7	8		9					10			3	11				1	
39	19	BARROW	5-1	Hughes 2, Bertram, Whitehurst 2	3910			2	4	5	6	7	8		9								3	11		10		1	
40	23	Walsall	1-4	Hughes	2421			2	4	5	6	7	8		9								3	11		10		1	
41	30	NELSON	2-1	Whitehurst, Bertram	3871		2		4	5	6	7	8		9		3							11				1	10
42	May 7	Chesterfield	3-2	Whitehurst 2, Hall	4307			2	4	5	6	7	8		9								3	11				1	10
					Apps	34	3	40	39	27	32	33	34	5	41	21	2	1	21	20	3	6	34	31	1	14	1	7	1
					Goals				1	3		9	13		44	10		1		1				16		6			1

F.A. Cup

Rd	Date	Opponents	Score	Scorers	Att.	Hill LG	Mason F	Brown WJ	Braidwood E	Parkes D	Christie AG	Tompkinson WV	Bertram W	Butler R	Whitehurst AJ	Martin H	Hopkins AG	Ross A	Hillhouse J	Hooper FW	Owen GL	Halkyard C	Ward F	Hughes R	Campbell JL	Schofield R	Kellett A	Moody JH	Hall J
R1	Nov 27	Accrington Stanley	3-4	Whitehurst 2, Bertram	7000	1		2		5	6		8		9	11			4	10			3	7					

		P	W	D	L	F	A	W	D	L	F	A	Pts
1	Stoke City	42	17	3	1	57	11	10	6	5	35	29	63
2	ROCHDALE	42	18	2	1	72	22	8	4	9	33	43	58
3	Bradford Park Ave.	42	18	3	0	74	21	6	4	11	27	38	55
4	Halifax Town	42	13	6	2	46	23	8	5	8	24	30	53
5	Nelson	42	16	2	3	64	20	6	5	10	40	55	51
6	Stockport County	42	13	4	4	60	31	9	3	9	33	38	49
7	Chesterfield	42	15	4	2	65	24	6	1	14	27	44	47
8	Doncaster Rovers	42	13	4	4	58	27	5	7	9	23	38	47
9	Tranmere Rovers	42	13	5	3	54	22	6	3	12	31	45	46
10	New Brighton	42	14	2	5	49	21	4	8	9	30	46	46
11	Lincoln City	42	9	5	7	50	33	6	7	8	40	45	42
12	Southport	42	11	5	5	54	32	4	4	13	26	53	39
13	Wrexham	42	10	5	6	41	26	4	5	12	24	47	38
14	Walsall	42	10	4	7	35	22	4	6	11	33	59	38
15	Crewe Alexandra	42	11	5	5	46	28	3	4	14	25	53	37
16	Ashington	42	9	8	4	42	30	3	4	14	18	60	36
17	Hartlepools United	42	11	4	6	43	26	3	2	16	23	55	34
18	Wigan Borough	42	10	6	5	44	28	1	4	16	22	55	32
19	Rotherham United	42	8	6	7	41	35	2	6	13	29	57	32
20	Durham City	42	9	4	8	35	35	3	2	16	23	70	30
21	Accrington Stanley	42	9	3	9	45	38	1	4	16	17	60	27
22	Barrow	42	5	6	10	22	40	2	2	17	12	77	22

1927/28

13th in Division 3(N)

	Date		Opponent	Score	Scorers	Att.	Moody JH	Brown WJ	Ward F	Braidwood E	Parkes D	Christie AG	Tompkinson WV	Bertram W	Whitehurst AJ	Barber J	Hughes R	Martin H	Hall J	Clennell J	Hopkins AD	Halkyard C	Stephenson J	Plane E	Wood WC	Schofield R	Mittell JL	Murray AF	Miles U	Webster W	Holroyd E
1	Aug	27	Barrow	3-1	Bertram, Barber, Whitehurst	7783	1	2	3	4	5	6	7	8	9	10	11														
2		30	STOCKPORT COUNTY	2-1	Bertram, Hughes	10253	1	2	3	4	5	6	7	8	9	10	11														
3	Sep	3	NELSON	1-0	Whitehurst	9869	1	2	3	4	5	6	7	8	9	10	11														
4		10	Wigan Borough	2-1	Bertram, Whitehurst	5275	1	2	3	4	5	6	7	8	9	10		11													
5		17	Rotherham United	1-3	Whitehurst	4911	1	2	3	4	5	6	7	8	9			11	10												
6		24	SOUTHPORT	5-1	*See below	6264	1	2	3	4	5	6	7	8	9		11		10												
7	Oct	1	Durham City	2-3	Tompkinson, Gurkin (og)	2354	1	2	3	4	5	6	7	8	9		11		10												
8		8	WREXHAM	3-0	Tompkinson 2, Whitehurst	7493	1	2	3	4	5	6	7	8	9		11		10												
9		15	Chesterfield	3-1	Hughes, Whitehurst 2	5439	1	2	3	4	5	6	7	8	9		11		10												
10		22	LINCOLN CITY	0-3		5229	1	2	3	4	5	6	7	8		9	11		10												
11		29	Hartlepools United	2-0	Parkes, Hughes	4086	1	2	3	4	5	6	7	8	9		11			10											
12	Nov	12	New Brighton	1-2	Bertram	4409	1	2	3	4	5		7	8	9	6	11			10											
13		19	BRADFORD CITY	3-3	Russell (og), Tompkinson, Whitehurst	5952	1		3	4	5		7	8	9	6		11		10	2										
14	Dec	3	CREWE ALEXANDRA	4-0	Whitehurst 2, Tompkinson, Martin	3991	1		3	4	5		7		9	6		11	10	8	2										
15		17	DARLINGTON	4-1	Whitehurst 2, Tompkinson, Hughes	3912	1		3	5		4	7	8	9	6	11			10	2										
16		24	Doncaster Rovers	2-5	Whitehurst, Bertram	5291	1			5	3	4	7	8	9	6	11			10	2										
17		27	Bradford Park Avenue	1-4	Bertram	21762	1			5		4	7	8	9	6	11			10	2	3									
18		31	BARROW	3-0	Tompkinson 2, Clennell	3973	1			5		4	7	8	9	6	11			10	3		2								
19	Jan	2	Stockport County	1-5	Tompkinson	10571	1			5		4	7	8	9	6	11			10	3		2								
20		3	BRADFORD PARK AVE.	0-4		5481		3		5		4	7	8	9	6		11		10			2	1							
21		7	Nelson	3-6	Whitehurst 2, Clennell	2539				5		4	7	8	9	6	11			10	3		2	1							
22		14	Ashington	1-5	Whirehurst	1223			3		5	4	7	8	9	6	11			10			2		1						
23		21	WIGAN BOROUGH	3-0	Bertram, Whitehurst 2	3626			3		5	4	7	8	9	6	11			10			2				1				
24	Feb	4	Southport	1-3	Tompkinson	2731			3		5	4	7	8	9	6		11					2			10	1				
25		11	DURHAM CITY	1-0	Bertram	1458			3		5	4	7	8	9	6		11					2			10	1				
26		18	Wrexham	1-2	Whitehurst	4157			3		5	4	7	10	9			11	8			6					1	2			
27		25	CHESTERFIELD	5-1	Whitehurst 4, Bertram	2602			3		5	4	7	8	9			11	10			6					1	2			
28		28	ROTHERHAM UNITED	2-1	Whitehurst, Hall	1885			3	4	5		7	8	9			11	10			6					1	2			
29	Mar	3	Lincoln City	1-3	Whitehurst	5760			3	4	5			8	9			11	10			6	2				1		7		
30		10	HARTLEPOOLS UNITED	0-1		2582			3		5	4		8	9			11	10			6	2				1		7		
31		17	Accrington Stanley	0-1		3885			3		5			8	9	10	11		4			6	2				1		7		
32		24	NEW BRIGHTON	0-0		2404			3	4	5		7	8	9	6	11						2				1			10	
33		31	Bradford City	2-2	Miles, Hughes	10565			3	4	5		7		8	6	11						2				1		9	10	
34	Apr	6	Tranmere Rovers	0-3		10053			3	4	5		7	8	9	6	11						2				1			10	
35		7	ASHINGTON	2-2	Bertram, Whitehurst	3309			3	5		4	7	8	10	6		11					2				1		9		
36		9	TRANMERE ROVERS	1-2	Whitehurst	3069			3		5	4	7	8	9		11		6				2			10	1				
37		10	Halifax Town	1-1	Whitehurst	3595			3			4	10	8	9	5		11	6				2				1		7		
38		14	Crewe Alexandra	1-1	Miles	2887			3			4	10	8	9			11	6				2				1	5	7		
39		21	HALIFAX TOWN	2-2	Murray, Whitehurst	2099						4	7	8	9	5	11		6				2				1	3		10	
40		28	Darlington	0-1		2708		2				4	7	8	9	5	11		6				3				1			10	
41	May	1	ACCRINGTON STANLEY	3-2	Whitehurst 2, Bertram	1443		2				4		8	9	5	7		6				3				1			10	11
42		5	DONCASTER ROVERS	1-0	Webster	1768		2				4	7	8	9	5		11	6				3							10	

Scorers in game 6: Whitehurst, Parkes, Bertram 2, Tompkinson

Played in game 42: A Monks (1).

	Moody JH	Brown WJ	Ward F	Braidwood E	Parkes D	Christie AG	Tompkinson WV	Bertram W	Whitehurst AJ	Barber J	Hughes R	Martin H	Hall J	Clennell J	Hopkins AD	Halkyard C	Stephenson J	Plane E	Wood WC	Schofield R	Mittell JL	Murray AF	Miles U	Webster W	Holroyd E
Apps	19	16	32	27	29	33	38	40	41	29	26	16	20	13	8	7	22	2	1	3	19	5	7	7	1
Goals					2		11	13	32	1	5	1	1	2								1	2	1	

Two own goals

F.A. Cup

	Date		Opponent	Score	Scorers	Att.	Moody JH	Brown WJ	Ward F	Braidwood E	Parkes D	Christie AG	Tompkinson WV	Bertram W	Whitehurst AJ	Barber J	Hughes R	Martin H	Hall J	Clennell J	Hopkins AD	Halkyard C	Stephenson J	Plane E	Wood WC	Schofield R	Mittell JL	Murray AF	Miles U	Webster W	Holroyd E
R1	Nov	26	CROOK TOWN	8-2	Whitehurst 4, Clennell 3, Martin	4139	1		3	4	5		7		9	6		11	10	8	2										
R2	Dec	10	Darlington	1-2	Bertram	7571	1	3		4	5		7	8	9	6		11		10	2										

		P	W	D	L	F	A	W	D	L	F	A	Pts
1	Bradford Park Ave.	42	18	2	1	68	22	9	7	5	33	23	63
2	Lincoln City	42	15	4	2	53	20	9	3	9	38	44	55
3	Stockport County	42	16	5	0	62	14	7	3	11	27	37	54
4	Doncaster Rovers	42	15	4	2	59	18	8	3	10	21	26	53
5	Tranmere Rovers	42	14	6	1	68	28	8	3	10	37	44	53
6	Bradford City	42	15	4	2	59	19	3	8	10	26	41	48
7	Darlington	42	15	1	5	63	28	6	4	11	26	46	47
8	Southport	42	15	2	4	55	24	5	3	13	24	46	45
9	Accrington Stanley	42	14	4	3	49	22	4	4	13	27	45	44
10	New Brighton	42	10	7	4	45	22	4	7	10	27	40	42
11	Wrexham	42	15	1	5	48	19	3	5	13	16	48	42
12	Halifax Town	42	11	7	3	47	24	2	8	11	26	47	41
13	ROCHDALE	42	13	4	4	45	24	4	3	14	29	53	41
14	Rotherham United	42	11	6	4	39	19	3	5	13	26	50	39
15	Hartlepools United	42	10	3	8	41	35	6	3	12	28	46	38
16	Chesterfield	42	10	4	7	46	29	3	6	12	25	49	36
17	Crewe Alexandra	42	10	6	5	51	28	2	4	15	26	58	34
18	Ashington	42	10	5	6	54	36	1	6	14	23	67	33
19	Barrow	42	10	8	3	41	24	0	3	18	13	78	31
20	Wigan Borough	42	8	5	8	30	32	2	5	14	26	65	30
21	Durham City	42	10	5	6	37	30	1	2	18	16	70	29
22	Nelson	42	8	4	9	50	49	2	2	17	26	87	26

1928/29 17th in Division 3(N)

	Date	Opponent	Score	Scorers	Att	Mittell JL	Ellison JW	Lewins GA	Braidwood E	Barber J	Hall J	Miles U	Bertram W	Littler O	Webster W	Martin AF	Trotman RW	Milsom J	Brierley J	Stott GRB	Bailey TW	Watson TA	Power G	Martin H	Howlett CE	Howlett H	Silverwood E	Murray AF	Lewis HH	Robson ER
1	Aug 25	DONCASTER ROVERS	1-3	Bertram	4275	1	2	3	4	5	6	7	8	9	10	11														
2	27	Barrow	3-3	Trotman, Brierley, Milsom	7660	1	2	3	4	5	6	7				11	8	9	10											
3	Sep 1	Ashington	1-2	A Martin	3244	1	2	3	4	5	6					11	8	9	10	7										
4	4	BARROW	4-2	Trotman, Brierley, Stott, Milsom	3668	1	2	3	4	5	6					11	8	9	10	7										
5	8	SOUTH SHIELDS	1-2	Stott	6913	1	3	2		5	6					11	8	9	10	7	4									
6	15	Nelson	0-3		6715	1	3	2	5	6	4					11	8	9	10	7										
7	22	DARLINGTON	5-0	Trotman 2, Stott, Milsom 2	4990	1	3	2	5	6	4		8			11	10	9		7										
8	29	Southport	1-1	Milsom	4861	1	3	2	5	6	4		8			11	10	9		7										
9	Oct 6	WIGAN BOROUGH	0-0		5227	1		2	5	6	4		8	9		11	10			7		3								
10	13	NEW BRIGHTON	4-2	Milsom 2, Trotman 2, H Martin	5096		2				4		8		5	6	10	9		7		3	1	11						
11	20	Crewe Alexandra	1-1	Bertram	3493	1		2			4		8		5	6	10	9		7		3		11						
12	27	TRANMERE ROVERS	5-1	Bertram 2, Trotman, Milsom	4691	1		2			4		8		5	6	10	9		7		3		11						
13	Nov 3	Stockport County	0-4		11661	1		2			4		8		5	6	10	9		7		3		11						
14	10	HALIFAX TOWN	2-2	Barber, Milsom	2038	1		2		6	4		8		5	11	10	9		7		3								
15	17	Lincoln City	0-2		5586	1		2		6	4		8		5	11	10	9		7		3								
16	Dec 1	Accrington Stanley	2-2	Bertram, Milsom	4711	1		2		5	4		8			6		9	10	7		3		11						
17	8	HARTLEPOOLS UNITED	7-4	Stott, Brierley 4, Bertram, H Martin	3017	1		2		5	6		8					9	10	7		3		11	4					
18	15	Carlisle United	2-4	Stott, Barber	5838	1		2		5	6		8					9	10	7		3		11	4					
19	22	ROTHERHAM UNITED	2-1	Bertram 2	2120	1		2		5	4		8			6		9	10	7		3		11						
20	25	WREXHAM	4-4	Milsom 2, Trotman, Bertram	7608	1		2	5	6	4		8			11	10	9		7		3								
21	26	Wrexham	0-3		10877			2		6	4	7	8		5		10	9				3	1			11				
22	29	Doncaster Rovers	2-4	Brierley, Littler	4191	1		2			6		8	7	5		4	9	10	11		3								
23	Jan 5	ASHINGTON	5-0	Milsom 3, Bertram, H Martin	2464	1		2		6	4		8		5		10	9		7		3		11						
24	12	CARLISLE UNITED	4-0	Milsom 2, Trotman, Bertram	5115	1		2		6	4		8		5		10	9		7		3		11						
25	19	South Shields	2-5	Milsom, Stott	3900	1		2		6	4		8		5		10	9		7		3		11						
26	26	NELSON	2-1	Milsom, Bertram	4902	1		2		6	4		8		5		10	9		7		3		11						
27	Feb 2	Darlington	3-5	Bertram 2, Stott	2452	1		2		6	4		8		5		10	9		7		3		11						
28	9	SOUTHPORT	1-1	Trotman	3369	1		2		6	4		8		5		10	9		7		3		11						
29	16	Wigan Borough	1-4	Robb (og)	3940			2		5						6		9	10	7		3	1	11			8	4		
30	23	New Brighton	1-6	Milsom	2946	1		2		5						6		9	10	7		3		11			8	4		
31	Mar 2	CREWE ALEXANDRA	2-1	Lewis, Milsom	3356			2		5	4					6		9	8	7		3		11					10	1
32	9	Tranmere Rovers	1-5	Milsom	4055			2		5	4			8		10		9		7		3		11						1
33	16	STOCKPORT COUNTY	1-3	Milsom	11281			2	4	5	8					6		9		7		3		11					10	1
34	23	Halifax Town	1-1	Milsom	3787			2		5	4		8			6		9		7		3		11					10	1
35	29	Chesterfield	1-2	Milsom	4730			2		5	4		8			6		9	10	7		3		11						1
36	30	LINCOLN CITY	0-2		4848		2			5	4		8			6		9		7		3							10	1
37	Apr 1	CHESTERFIELD	2-1	Lewis 2	3329		2			5	4		8			6		9		7		3		11					10	1
38	6	Bradford City	0-0		22669		2			5	4		8			6		9		7		3		11					10	1
39	13	ACCRINGTON STANLEY	2-1	Bertram 2	2894		2			5	4		8			6		9		7		3		11					10	1
40	20	Hartlepools United	2-0	Lewis, Bertram	1835		2			5	4		8			6		9		7		3		11					10	1
41	30	BRADFORD CITY	1-3	Bertram	20945		2			5	4		8			6		9		7		3		11					10	1
42	May 4	Rotherham United	0-5		2899		2				4					6		9		7		3		11					10	1

Played in one game: F Appleyard (32, at 6), AR Brown (36,11), A Cooke (42,5), C Jones (42,8).

	Mittell JL	Ellison JW	Lewins GA	Braidwood E	Barber J	Hall J	Miles U	Bertram W	Littler O	Webster W	Martin AF	Trotman RW	Milsom J	Brierley J	Stott GRB	Bailey TW	Watson TA	Power G	Martin H	Howlett CE	Howlett H	Silverwood E	Murray AF	Lewis HH	Robson ER
Apps	27	16	34	10	36	40	3	31	4	15	32	23	40	14	39	1	34	3	27	2	1	2	2	10	12
Goals					2			18	1		1	10	25	7	7				3					4	

One own goal

F.A. Cup

	Date	Opponent	Score	Scorers	Att	Mittell JL	Ellison JW	Lewins GA	Braidwood E	Barber J	Hall J	Miles U	Bertram W	Littler O	Webster W	Martin AF	Trotman RW	Milsom J	Brierley J	Stott GRB	Bailey TW	Watson TA	Power G	Martin H	Howlett CE	Howlett H	Silverwood E	Murray AF	Lewis HH	Robson ER
R1	Nov 24	Chesterfield	2-3	H Martin, Milsom	5214	1		2		5	4		8			6	10	9		7		3		11						

		P	W	D	L	F	A	W	D	L	F	A	Pts
1	Bradford City	42	17	2	2	82	18	10	7	4	46	25	63
2	Stockport County	42	19	2	0	77	23	9	4	8	34	35	62
3	Wrexham	42	17	2	2	59	25	4	8	9	32	44	52
4	Wigan Borough	42	16	4	1	55	16	5	5	11	27	33	51
5	Doncaster Rovers	42	14	3	4	39	20	6	7	8	37	46	50
6	Lincoln City	42	15	3	3	58	18	6	3	12	33	49	48
7	Tranmere Rovers	42	15	3	3	55	21	7	0	14	24	56	47
8	Carlisle United	42	15	3	3	61	27	4	5	12	25	50	46
9	Crewe Alexandra	42	11	6	4	47	23	7	2	12	33	45	44
10	South Shields	42	13	5	3	57	24	5	3	13	26	50	44
11	Chesterfield	42	13	2	6	46	28	5	3	13	25	49	41
12	Southport	42	13	5	3	52	27	3	3	15	23	58	40
13	Halifax Town	42	11	7	3	42	24	2	6	13	21	38	39
14	New Brighton	42	11	3	7	40	28	4	6	11	24	43	39
15	Nelson	42	14	1	6	48	28	3	4	14	29	62	39
16	Rotherham United	42	12	5	4	44	23	3	4	14	16	54	39
17	ROCHDALE	42	12	4	5	55	34	1	6	14	24	62	36
18	Accrington Stanley	42	11	5	5	42	22	2	3	16	26	60	34
19	Darlington	42	12	6	3	47	26	1	1	19	17	62	33
20	Barrow	42	7	6	8	42	37	3	2	16	22	56	28
21	Hartlepools United	42	9	4	8	35	38	1	2	18	24	74	26
22	Ashington	42	6	5	10	31	52	2	2	17	14	63	23

1929/30 10th in Division 3(N)

	Date		Opponent	Score	Scorers	Att	Crompton L	Hope P	Watson TA	Parton J	Hooker E	Barber J	Stott GRB	Bertram W	Milsom J	Lewis HH	Lindsay T	Hall J	Baker LH	Jones C	Tippett T	Brown AR	Murray AF	Lynch TJ	Oliver ED	Williams I	Trippear AW
1	Aug	31	Lincoln City	0-0		6415	1	2	3	4	5	6	7	8	9	10	11										
2	Sep	3	CHESTERFIELD	2-1	Hope, Barber	5878	1	2	3	4	5	6	7	8	9	10	11										
3		7	TRANMERE ROVERS	2-1	Milsom, Bertram	4403	1	2	3			6	7	8	9		11	4	5	10							
4		14	Halifax Town	3-2	Tippett, Stott, Wheelhouse (og)	4982	1	2	3			5	7	8	10			4	6		9	11					
5		17	DARLINGTON	4-1	Brown, Bertram, Tippett 2	5614	1	2	3			5	7	8	10			4	6		9	11					
6		21	ROTHERHAM UNITED	1-2	Milsom	4700	1	2	3			5	7	8	10			4	6		9	11					
7		28	Wrexham	0-8		5445	1	2	3			6	7	8	9			4	5		10	11					
8	Oct	5	South Shields	2-2	Bertram, Stott	3876	1		3	2	6	5	7	8	9	10			4			11					
9		12	ACCRINGTON STANLEY	4-0	Milsom 2, Brown 2	5362	1		3		6	5	7	8	9	10			4			11	2				
10		19	BARROW	6-1	Milsom 2, Bertram 4	4151			3		6	5	7	8	9	10			4			11	2	1			
11		26	Port Vale	3-3	Milsom 2, Brown	8902			3		6	5	7	8	9	10			4			11	2	1			
12	Nov	2	NEW BRIGHTON	5-0	Bertram, Milsom 2, Lewis 2	3136			2			5	7	8	9	10		6	4			11		1	3		
13		9	Stockport County	2-4	Milsom 2	12903			2			5	7	8	9	10		6	4			11		1	3		
14		23	Crewe Alexandra	1-6	Milsom	4011			3		6	5	7	8	9	10			4			11	2	1			
15	Dec	14	WIGAN BOROUGH	2-1	Tippett, Bertram	1826			2		6	5	7	8			10		4		9	11		1	3		
16		21	Wigan Borough	1-3	Tippett	2518			2		6	5	7	8			10		4		9	11		1	3		
17		25	DONCASTER ROVERS	2-4	Tippett, Bertram	2996	1		2		6	5	7	8			10		4		9	11			3		
18		26	Doncaster Rovers	1-3	Tippett	7799	1		2		6	5	7	8			10		4		9	11			3		
19	Jan	1	Chesterfield	0-2		5293			2			6	7	8		10			5		9	11		1	3	4	
20		4	Tranmere Rovers	2-2	Tippett, Brown	3273			2			6		8		10			5		9	11		1	3	4	7
21		11	SOUTHPORT	2-2	Tippett 2	2101			2			6		8		10			5		9	11		1	3	4	7
22		14	Nelson	0-1		1359		2	3	10		5	7	8				6	4		9	11		1			
23		18	HALIFAX TOWN	0-3		2759		2	3		6	5		8		10			4		9	11		1			7
24		25	Rotherham United	4-0	Tippett 2, Stott, Bertram	5915			2		6	5	7	8		10			4		9	11		1	3		
25	Feb	1	WREXHAM	5-4	Stott 3, Tippett, Lewis	2637			2	8	6	5	7			10			4		9	11		1	3		
26		8	SOUTH SHIELDS	2-0	Tippett, Stott	3176			2		6	5	7	8		10			4		9	11		1	3		
27		15	Accrington Stanley	2-6	Bertram 2	4361			2		6	5	7	8		10			4		9	11		1	3		
28		22	Barrow	0-2		3216			2		6	5	7	8		10			4		9	11		1	3		
29	Mar	1	PORT VALE	0-0		7177			2		6	5	7	8		10			4		9	11		1	3		
30		8	New Brighton	0-2		4160					6	5	7	8		10			4		9	11	2	1	3		
31		15	STOCKPORT COUNTY	3-1	Williams, Tippett 2	4516			2		6	5	7	8		10					9	11		1	3	4	
32		22	York City	0-6		4720			2		6	5	7	8		10					9	11		1	3	4	
33		29	CREWE ALEXANDRA	3-1	Tippett 2, Stott	2370			2		6	5	7	8		10					9	11		1	3	4	
34	Apr	5	Southport	3-2	Lewis 2, Stott	2703			2		6	5	7	8		10					9	11		1	3	4	
35		8	LINCOLN CITY	3-4	Tippett 3	1046			2		6	5	7	8		10					9	11		1	3	4	
36		12	NELSON	4-1	Brown 2, Bertram, Stott	2621		2	3	9	6	5	7	8		10						11		1		4	
37		18	HARTLEPOOLS UNITED	1-1	Stott	2441		2				5	7	8		10			6		9	11		1	3	4	
38		19	Carlisle United	0-2		2987		2		9		5	7	8		10			6			11		1	3	4	
39		21	Hartlepools United	8-2	Brown 2, Tippett 6	3655		2	3			5	7	8		10			6		9	11		1		4	
40		22	Darlington	0-3		3013			2			5	7	8		10			6		9	11		1	3	4	
41		29	CARLISLE UNITED	2-0	Stott 2	1758			2			5	7	8		10			6		9	11		1	3	4	
42	May	3	YORK CITY	4-2	Lewis, Tippett 2, Brown	1564			2			5	7	8		10			6		9	11		1	3	4	

	Crompton L	Hope P	Watson TA	Parton J	Hooker E	Barber J	Stott GRB	Bertram W	Milsom J	Lewis HH	Lindsay T	Hall J	Baker LH	Jones C	Tippett T	Brown AR	Murray AF	Lynch TJ	Oliver ED	Williams I	Trippear AW
Apps	11	13	39	7	25	42	39	41	14	32	7	8	34	1	30	39	5	31	26	15	3
Goals		1				1	13	14	13	6					29	10				1	

One own goal

F.A. Cup

	Date		Opponent	Score	Scorers	Att	Crompton L	Hope P	Watson TA	Parton J	Hooker E	Barber J	Stott GRB	Bertram W	Milsom J	Lewis HH	Lindsay T	Hall J	Baker LH	Jones C	Tippett T	Brown AR	Murray AF	Lynch TJ	Oliver ED	Williams I	Trippear AW
R1	Nov	30	Accrington Stanley	1-3	Milsom	5500			2			5	7	8	9			6	4		10	11		1	3		

		P	W	D	L	F	A	W	D	L	F	A	Pts
1	Port Vale	42	17	2	2	64	18	13	5	3	39	19	67
2	Stockport County	42	15	3	3	67	20	13	4	4	39	24	63
3	Darlington	42	14	2	5	71	29	8	4	9	37	44	50
4	Chesterfield	42	18	1	2	53	15	4	5	12	23	41	50
5	Lincoln City	42	12	8	1	54	23	5	6	10	29	38	48
6	York City	42	11	7	3	43	20	4	9	8	34	44	46
7	South Shields	42	11	6	4	49	32	7	4	10	28	42	46
8	Hartlepools United	42	13	4	4	50	24	4	7	10	31	50	45
9	Southport	42	11	5	5	49	31	4	8	9	32	43	43
10	ROCHDALE	42	14	3	4	57	30	4	4	13	32	61	43
11	Crewe Alexandra	42	12	5	4	55	28	5	3	13	27	43	42
12	Tranmere Rovers	42	12	4	5	57	35	4	5	12	26	51	41
13	New Brighton	42	13	4	4	48	22	3	4	14	21	57	40
14	Doncaster Rovers	42	13	5	3	39	22	2	4	15	23	47	39
15	Carlisle United	42	13	4	4	63	34	3	3	15	27	67	39
16	Accrington Stanley	42	11	4	6	55	30	3	5	13	29	51	37
17	Wrexham	42	10	5	6	42	28	3	3	15	25	60	34
18	Wigan Borough	42	12	4	5	44	26	1	3	17	16	62	33
19	Nelson	42	9	4	8	31	25	4	3	14	20	55	33
20	Rotherham United	42	9	4	8	46	40	2	4	15	21	73	30
21	Halifax Town	42	7	7	7	27	26	3	1	17	17	53	28
22	Barrow	42	9	4	8	31	28	2	1	18	10	70	27

1930/31 21st in Division 3(N)

	Date		Opponent	Score	Scorers	Att	Prince J	Watson TA	Oliver ED	Williams I	Barber J	Grierson G	Stott GRB	Bertram W	Tippett T	Lewis HH	Hargreaves F	Corcoran T	Latham A	Everest J	Craddock CW	Cowan D	Appleyard F	Turnball G	Ward G	Warburton TC	Lynch TJ	Bruce H	Plunkett AETB	Trippier AW	Charlton F
1	Aug	30	NELSON	5-4	Hargreaves,Tippett 2, Stott,Dixon(og	4822	1	2	3	4	5	6	7	8	9	10	11														
2	Sep	1	CHESTERFIELD	2-3	Stott, Everest	4384	1		3		5	6	7	8		10	11	2	4	9											
3		6	Crewe Alexandra	1-3	Latham	3635	1	2	3			6	7		9	10	8		4	5											
4		8	Barrow	0-0		6873	1	2	3			6	7	8	9	10	11		4	5											
5		13	WREXHAM	4-3	Bertram, Craddock, Stott, Tippett	5073	1	2	3			6	7	8	9	11			4	5	10										
6		15	BARROW	4-2	Stott 2, Tippett 2	3957	1	2	3			6	7	8	9	11			4	5	10										
7		20	Tranmere Rovers	3-7	Hargreaves 2, Lewis	5700	1	2	3			6	7	8	9	10	11		4	5											
8		27	CARLISLE UNITED	1-3	Bertram	3165	1	3		4	6	2	7	8	9	10	11			5											
9	Oct	4	York City	0-3		4308	1	3		4	6	2	7	8	11					5	10										
10		11	ROTHERHAM UNITED	6-1	*see below	3480	1	3		4	6	2	7	8	11	10				5	9										
11		18	WIGAN BOROUGH	0-4		6975	1	3		4	6	2	7	8	9					5	10	11									
12		25	Darlington	1-1	Craddock	3234	1		3	4	6	2	7	8	9					5	10	11									
13	Nov	1	LINCOLN CITY	4-2	Tippett, Stott 2, Craddock	4307	1	3		4	6	2	7	8	11	10				5	9										
14		8	Hull City	1-3	Stott	7719	1	3		4	6	2	7	8	11	10				5	9										
15		15	DONCASTER ROVERS	3-5	Lewis 3	2985	1		3	4	5	2	7	8		10					9	11	6								
16		22	Gateshead	2-0	Lewis, Tippett	1129		3			5	4		8	7	10		2			9	11	6				1				
17	Dec	6	New Brighton	1-2	Williams	2369		3		7	5	2		8	9	10			6		4	11					1				
18		20	Hartlepools United	0-4		3083		3			6	4	7	8	9	10						11					1				
19		25	Southport	0-4		6157		3		4			7	8	11	10			6		9						1				
20		26	SOUTHPORT	0-4		1934		3		4			7	8	11	10					6			9			1				
21		27	Nelson	0-0		2774			3	4	5		7		8			2				10		9	6	11	1				
22	Jan	1	Accrington Stanley	3-2	Craddock 2, Tippett	3724			3	4	5		7	8	11			2			9	10			6		1				
23		3	CREWE ALEXANDRA	1-0	Stott	2326			3	4	5		7		8			2			10	11		9	6		1				
24		10	STOCKPORT COUNTY	1-0	Tippett	2553			3	4	5		7		11			2			8	10		9	6		1				
25		17	Wrexham	1-1	Stott	4405			3	4	5	6	7		11			2			8	10		9			1				
26		24	TRANMERE ROVERS	1-3	Turnbull	3694			3	4	5		7		11			2			8	10		9	6		1				
27		31	Carlisle United	1-7	Turnbull	2224		3		4	5	6	7		11			2			8	10		9			1				
28	Feb	7	YORK CITY	2-2	Craddock 2	2577				4	6		7		11	10		2			8			9			1	3			
29		14	Rotherham United	3-1	Cowan, Tippett, Craddock	5047				4	5	6	7		9	10		3			8	11					1	2			
30		16	HALIFAX TOWN	2-3	Tippett 2	1118				4	5	2	7		9	10		3			8	11			6		1				
31		21	Wigan Borough	0-3		3364				4	5	2	7		9		11	3			8			10	6		1				
32	Mar	7	Lincoln City	0-5		6040				4	5	6			9		10	2			8	11		7			1		3		
33		14	HULL CITY	1-0	Goldsmith (og)	3465				4	5		7		9		11	2			8	10			6		1		3		
34		21	Doncaster Rovers	0-4		2997				4	5	6			11			2			9	10					1		3	7	8
35		28	GATESHEAD	0-1		1555				4	5	6			9			2			8	10					1		3	7	
36	Apr	3	ACCRINGTON STANLEY	1-6	Williams	3024				4	5	6	11		9			2			8	10					1		3	7	
37		4	Stockport County	2-2	Cowan, Tippett	5046			3	4	5	6			9			2			8	10				11	1			7	
38		6	Chesterfield	1-4	Tippett	5089			3	4	5				9			2			8	10			6		1			7	11
39		11	NEW BRIGHTON	2-0	Tippett, Trippier	1855			3	4	5	6			9			2			8	10					1			7	11
40		18	Halifax Town	0-1		2875			3	4	10	6			9			2		5	8				11		1			7	
41		21	DARLINGTON	1-2	Tippett	1573			3	7	5	4			10			2		9	8				6		1			11	
42		25	HARTLEPOOLS UNITED	1-2	Tippett	1586				7	4				9			2		5	8	10	6				1		3	11	

Scorers in game 10: Everest, Lewis, Craddock 2, Tippett, Bertram.

	Prince J	Watson TA	Oliver ED	Williams I	Barber J	Grierson G	Stott GRB	Bertram W	Tippett T	Lewis HH	Hargreaves F	Corcoran T	Latham A	Everest J	Craddock CW	Cowan D	Appleyard F	Turnball G	Ward G	Warburton TC	Lynch TJ	Bruce H	Plunkett AETB	Trippier AW	Charlton F
Apps	15	18	20	34	35	31	31	20	40	20	9	24	8	16	34	24	3	10	11	2	27	2	6	9	3
Goals				2			10	3	18	6	3	'	1	2	10	2		2						1	

Two own goals

Played in one game: CD Hellyer (game 3, at 11), F Fitton (9,9), Woods (28,5), H Martin (35,11).
Played in 3 games 18 to 20: W Blackburn (2), H Platt (5).

F.A. Cup

	Date		Opponent	Score	Scorers	Att	Prince J	Watson TA	Oliver ED	Williams I	Barber J	Grierson G	Stott GRB	Bertram W	Tippett T	Lewis HH	Hargreaves F	Corcoran T	Latham A	Everest J	Craddock CW	Cowan D	Appleyard F	Turnball G	Ward G	Warburton TC	Lynch TJ	Bruce H	Plunkett AETB	Trippier AW	Charlton F
R1	Nov	29	DONCASTER ROVERS	1-2	Cowan	5526	1	3			5	4		8	7	10		2			9	11	6								

		P	W	D	L	F	A	W	D	L	F	A	Pts
1	Chesterfield	42	19	1	1	66	22	7	5	9	36	35	58
2	Lincoln City	42	16	3	2	60	19	9	4	8	42	40	57
3	Wrexham	42	16	4	1	61	25	5	8	8	33	37	54
4	Tranmere Rovers	42	16	3	2	73	26	8	3	10	38	48	54
5	Southport	42	15	3	3	52	19	7	6	8	36	37	53
6	Hull City	42	12	7	2	64	20	8	3	10	35	35	50
7	Stockport County	42	15	5	1	54	19	5	4	12	23	42	49
8	Carlisle United	42	13	4	4	68	32	7	1	13	30	49	45
9	Gateshead	42	14	4	3	46	22	2	9	10	25	51	45
10	Wigan Borough	42	14	4	3	48	25	5	1	15	28	61	43
11	Darlington	42	9	6	6	44	30	7	4	10	27	29	42
12	York City	42	15	3	3	59	30	3	3	15	26	52	42
13	Accrington Stanley	42	14	2	5	51	31	1	7	13	33	77	39
14	Rotherham United	42	9	6	6	50	34	4	6	11	31	49	38
15	Doncaster Rovers	42	9	8	4	40	18	4	3	14	25	47	37
16	Barrow	42	13	4	4	45	23	2	3	16	23	66	37
17	Halifax Town	42	11	6	4	30	16	2	3	16	25	73	35
18	Crewe Alexandra	42	13	2	6	52	35	1	4	16	14	58	34
19	New Brighton	42	12	4	5	36	25	1	3	17	13	51	33
20	Hartlepools United	42	10	2	9	47	37	2	4	15	20	49	30
21	ROCHDALE	42	9	1	11	42	50	3	5	13	20	57	30
22	Nelson	42	6	7	8	28	40	0	0	21	15	73	19

1931/32

21st in Division 3(N)

	Date	Opponent	Score	Scorers	Att.	Abbott H	Beattie J	Plunkett AETB	Armstrong W	Everest J	Ward G	Steele E	Murray DJ	Guyan G	Jones GB	Hamilton JS	Williams I	Platt H	Watson RH	McAleer J	Black E	Appleyard F	Brown FW	Nisbet KH	Hill R	Welch H	Howarth H	Webster W	Twine FW	Bimson J	Hawes AR	Hogg T
1	Aug 29	ACCRINGTON STANLEY	2-2	Jones, Guyan	6974	1	2	3	4	5	6	7	8	9	10																	
2	31	Rotherham United	0-5		6431	1		3		5	6	7	8	9		2	4															
3	Sep 5	Wrexham	0-4		7390	1		3		5	6	7	8	9	10	2		4														
4	7	Stockport County	1-3	Watson	3941	1				5		7	8	9	10	2		4	11													
5	12	CARLISLE UNITED	4-3	Everest, Steele, Watson 2	4383	1		3		9	6	7	5		10	2	8	4	11													
6	15	STOCKPORT COUNTY	1-0	Williams	4384	1	3			9	6	7	5		10	2	8	4	11													
7	19	Crewe Alexandra	0-1		6358	1	3			5	6	7	9		10	2	8	4	11													
8	26	DARLINGTON	1-1	McAleer	3703	1	3				6	7			8	2	4	5	11	9												
9	Oct 3	DONCASTER ROVERS	3-1	Watson 2, McAleer	4614	1	3				6	7	4			2	8		11	9	5											
10	10	Southport	1-3	Steele	5442	1	3			4	6	7	8		10	2			11	9	5											
11	17	Halifax Town	2-3	Everest, Murray	4082	1	3			4	6	7	8		9	2	10		11		5											
12	24	WALSALL	0-1		2845	1	3			4	6	7	10			2	8		11		5											
13	31	Gateshead	1-3	Jones	7227	1	3			9	6	7	8		10	2	4		11		5											
14	Nov 7	NEW BRIGHTON	3-2	Everest 2, Jones	1888	1	3			9	6	7	8		10	2	4		11		5											
15	14	Barrow	1-4	Watson	2542	1	3			9	6	7				2	4	8	11		5	10										
16	21	HULL CITY	3-6	Nisbet, Watson 2	4593	1	3			9	6	7				2	4		11		5		8	10								
17	Dec 5	CHESTER	0-3		3199	1	3			5	4					2	7		11	9			8	10	6							
18	12	Hartlepools United	0-3		3085	1		3		5			4			2	7			11			8	9	6							
19	25	Tranmere Rovers	1-9	Murray	5719			3		9	6		5		4	2	7		11				8	10		1						
20	26	TRANMERE ROVERS	3-6	Brown, Murray, Everest	3933			3		5			10			2	4	6	11	9			8	7		1						
21	Jan 2	Accrington Stanley	0-3		1824	1		3		9			5		11	2	4	6					8	10			7					
22	9	Lincoln City	0-3		6737	1				2	6		9			3	4	5	11				8	10			7					
23	16	WREXHAM	2-4	Everest, Steele	1743	1		3		9	6	11	4		8	2		5						10			7					
24	23	Carlisle United	0-4		3812	1				9	6		10			2	4						8	11			7	5				
25	30	CREWE ALEXANDRA	2-3	Howarth, Brown	1978	1	3								10	2	4			11		6	8	9			7	5				
26	Feb 6	Darlington	1-3	Nisbet	2764	1					3		6		10	2	4			11			8	9			7	5				
27	13	Doncaster Rovers	0-2		2856	1						8			3	2	4	6		11				10			7	5				
28	20	SOUTHPORT	0-1		2894	1									8	3	4			11							7	5	2	6	10	
29	27	HALIFAX TOWN	1-4	Crowther	3154	1							4		3	2	8										7	5		6	10	
30	Mar 5	Walsall	1-2	Brown	2601	1		3	5							2	4			11			8				7	9		6	10	
31	12	GATESHEAD	0-3		2526	1			5							2	4			11			9				8		3	6	10	7
32	19	New Brighton	1-1	Brown	2362	1		3								2	4			9			8				11		5	6	10	7
33	25	York City	2-5	McAleer, Howarth	5285	1		3								2	4			9			8				11		5	6	10	7
34	26	BARROW	0-6		2189	1										2	4			9			8				11	3	5	6	10	7
35	28	YORK CITY	3-5	McAleer, Brown 2	1387						6					2		4		11			8			1	7	3		5	10	9
36	Apr 2	Hull City	1-4	Hogg	3611											2	4			9			8			1	7	6	3	5	11	10
37	9	LINCOLN CITY	3-5	Williams, McAleer 2	1938											2	4			9			8			1	11	5	3	6	10	7
38	16	Chester	2-7	McAleer, Howarth	4658											2	4			9			8			1	11	5	3	6	10	7
39	23	HARTLEPOOLS UNITED	1-3	Bimson	1379							7				2	4						8			1	11	5	3	6	10	9
40	May 7	ROTHERHAM UNITED	1-4	Howarth	1724				5							2	4			9			8			1	11	6	3		10	7

	Abbott H	Beattie J	Plunkett AETB	Armstrong W	Everest J	Ward G	Steele E	Murray DJ	Guyan G	Jones GB	Hamilton JS	Williams I	Platt H	Watson RH	McAleer J	Black E	Appleyard F	Brown FW	Nisbet KH	Hill R	Welch H	Howarth H	Webster W	Twine FW	Bimson J	Hawes AR	Hogg T
Apps	32	14	12	4	22	22	19	22	4	19	39	34	13	17	20	8	2	21	12	2	8	20	14	10	12	13	10
Goals					6		3	3	1	3		2		8	7			6	2			4			1		1

Played in one game: R Grant (game 12, at 9), J Whitelaw (18,10), G White (27,9), J Crowther (29,9 - 1 goal).
Played in games 2 and 3: RH Forster (11).
Played in games 4 and 24: C Constantine (3). In games 1, 2 and 4: C Hilley, at 11, 10 and 6 respectively.
Played in games 28 and 29: R Hornby (9 and 11 respectively). In games 8 and 9: T Flannigan (10).

F.A. Cup

	Date	Opponent	Score	Scorers	Att.	Abbott H	Beattie J	Plunkett AETB	Armstrong W	Everest J	Ward G	Steele E	Murray DJ	Guyan G	Jones GB	Hamilton JS	Williams I	Platt H	Watson RH	McAleer J	Black E	Appleyard F	Brown FW	Nisbet KH	Hill R	Welch H	Howarth H	Webster W	Twine FW	Bimson J	Hawes AR	Hogg T
R1	Nov 28	Scunthorpe United	1-2	Murray	5000	1	3			5		7	8		10	2	4		11	9					6							

		P	W	D	L	F	A	W	D	L	F	A	Pts
1	Lincoln City	40	16	2	2	65	13	10	3	7	41	34	57
2	Gateshead	40	15	3	2	59	20	10	4	6	35	28	57
3	Chester	40	16	2	2	54	22	5	6	9	24	38	50
4	Tranmere Rovers	40	15	4	1	76	23	4	7	9	31	35	49
5	Barrow	40	16	1	3	59	23	8	0	12	27	36	49
6	Crewe Alexandra	40	15	3	2	64	24	6	3	11	31	42	48
7	Southport	40	14	5	1	44	15	4	5	11	14	38	46
8	Hull City	40	14	1	5	52	21	6	4	10	30	32	45
9	York City	40	14	3	3	49	24	4	4	12	27	57	43
10	Wrexham	40	14	2	4	42	25	4	5	11	22	44	43
11	Darlington	40	12	1	7	41	27	5	3	12	25	42	38
12	Stockport County	40	12	3	5	31	15	1	8	11	24	38	37
13	Hartlepools United	40	10	4	6	47	37	6	1	13	31	63	37
14	Accrington Stanley	40	14	4	2	56	20	1	2	17	19	60	36
15	Doncaster Rovers	40	12	3	5	38	27	4	1	15	21	53	36
16	Walsall	40	12	3	5	42	30	4	0	16	15	55	35
17	Halifax Town	40	11	6	3	36	18	2	2	16	25	69	34
18	Carlisle United	40	9	7	4	40	23	2	4	14	24	56	33
19	Rotherham United	40	10	3	7	41	23	4	1	15	22	49	32
20	New Brighton	40	8	5	7	25	23	0	3	17	13	53	24
21	ROCHDALE	40	4	2	14	33	63	0	1	19	15	72	11

1932/33

18th in Division 3(N)

	Date	Opponent	Score	Scorers	Att	Caunce L	Hamilton JS	Wheelhouse B	Gordon JG	Nuttall H	Benton WH	Bell SG	Watson TL	Rowe RK	Snow GEG	Watson WT	Rigby W	Hill T	Gardiner W	Beel GW	McAleer J	Bain D	Shonakan J	Williamson TW	Gregson W	Welch H	Sharples H	Worrall A	Williams RS	Bowsher SJ
1	Aug 27	CARLISLE UNITED	0-1		4898	1	2	3	4	5	6	7	8	9	10	11														
2	29	Barrow	1-1	TL Watson	4786	1	2	3	4	5	6	8	9		10	11	7													
3	Sep 3	York City	6-2	TL Watson 4, Snow 2	4363	1	2	3	4	5	6		9		10	11	7	8												
4	6	BARROW	0-0		4441	1	2	3	4		6		9		10	11	7	8												
5	10	CREWE ALEXANDRA	1-4	WT Watson	6475	1	2	3	5		6				10	11	7	8	9											
6	17	Doncaster Rovers	0-1		4094	1	2	3	4	5	6		9		10	11	7			8										
7	24	Southport	0-2		5928	1	2	3	4	5	6				10	11	7			8	9									
8	Oct 1	MANSFIELD TOWN	2-1	Bain 2	5945	1	2	3	4	5	6				10	11	7			8		9								
9	8	Rotherham United	0-2		2555	1	2	3	4	5	6				10	11	7			8		9								
10	15	ACCRINGTON STANLEY	2-0	WT Watson, Beel	7041	1	2	3	4	5	6				10	11				9			7	8						
11	22	DARLINGTON	1-1	Beel	5822	1	2	3	4	5	6				10	11				9			7	8						
12	29	Stockport County	3-2	Bain, Beel 2	4292	1	2	3	4	5	6				10	11				8		9	7							
13	Nov 5	GATESHEAD	1-0	Bain	8650	1	2	3	4	5	6				10	11				8		9	7							
14	12	Walsall	1-2	Beel	5068	1	2	3	4	5	6				10	11				8		9	7							
15	19	WREXHAM	3-1	WT Watson, Williamson 2	7897	1	2	3	4	5	6				10	11				8			7	9						
16	Dec 3	HALIFAX TOWN	1-0	Benton (p)	3608	1		3	4	5	6				10	11				8			7	9	2					
17	10	Mansfield Town	1-4	WT Watson	4441	1	2	3	4	5	6				10	11				8			7	9						
18	17	BARNSLEY	2-3	WT Watson, Snow	4071	1	2	3	4	5	6		9		10	11				8			7							
19	24	Hull City	1-1	WT Watson	10881		2	3		4	6					11		10		8	9		7			1				
20	26	New Brighton	3-0	WT Watson, Benton (p), Shonakan	3738		2	3		4	6				8	11		10			9		7			1				
21	27	NEW BRIGHTON	1-0	McAleer	6055		2	3		4	6				8	11		10			9		7			1				
22	31	Carlisle United	2-2	WT Watson 2	4093		2	3		4	6				10	11				8	9		7			1				
23	Jan 2	Hartlepools United	0-3		3359		2	3		4	6				10	11				8	9		7			1				
24	7	YORK CITY	1-4	Beel	3968		2		8	4	6				10					9		3	7	11		1				
25	18	Tranmere Rovers	1-3	Beel	1719		2	3		4	6				8			10		9	11		7			1				
26	21	Crewe Alexandra	1-3	TL Watson	3287			2		4	6		9		10					8	11	3	7			1				
27	28	DONCASTER ROVERS	2-3	Snow, Shonakan	2390				4	6	3				10	11					9		7	8		1	2			
28	Feb 4	SOUTHPORT	1-3	WT Watson	3349			3	4	5	6				8	11					10		7			1	2	9		
29	18	ROTHERHAM UNITED	2-2	Snow, Beel	1932		2	3	4	5	10				6	11				8	9		7			1				
30	Mar 4	Darlington	1-5	WT Watson	2533		2	3	4	5	10				6	11					9	8	7			1				
31	11	STOCKPORT COUNTY	0-2		4151		2	3	4	5	8				6	11						10	7			1			9	
32	18	Gateshead	0-3		2797		2			4	6				10	11	7					3	8			1			9	5
33	25	WALSALL	1-1	Benton	2979		2	3	4		8				10	11						6	7			1			9	5
34	Apr 1	Wrexham	1-4	Snow	5505		2	3		4	6				10	11					7	8				1			9	5
35	8	TRANMERE ROVERS	0-3		3007		2	3		4	6				10	11						8	7			1			9	5
36	14	Chester	0-2		9870		2	3	4		8				10	11					9	6	7			1				5
37	15	Halifax Town	0-2		4032		2	3	4		8				10	11					9	6	7			1				5
38	17	CHESTER	2-0	Snow, Bennet (og)	3742		2	3	4		8				9	11	7					6				1			10	5
39	22	HARTLEPOOLS UNITED	6-2	Snow 2, Rigby 2, Benton, Williams	3249		2	3	4		8				10	11	7					6				1			9	5
40	29	Barnsley	1-3	Snow	1931		2	3	5	4	8				10	11	7					6				1			9	
41	May 3	Accrington Stanley	3-0	WT Watson, Bain, Rigby	1013		2	3	4	6	8				10	11	7					9				1				5
42	6	HULL CITY	3-2	Benton, Snow 2	4387		2	3	4	6	8				10	11	7					9				1				5

Played in one game: W Armstrong (4, at 5), B Lowery (5, at 4).

	Caunce L	Hamilton JS	Wheelhouse B	Gordon JG	Nuttall H	Benton WH	Bell SG	Watson TL	Rowe RK	Snow GEG	Watson WT	Rigby W	Hill T	Gardiner W	Beel GW	McAleer J	Bain D	Shonakan J	Williamson TW	Gregson W	Welch H	Sharples H	Worrall A	Williams RS	Bowsher SJ
Apps	18	38	39	32	35	42	2	7	1	41	39	14	7	1	20	15	20	27	7	1	24	2	1	8	10
Goals						5		6		12	12	3			8	1	5	2	2					1	

One own goal

F.A. Cup

	Date	Opponent	Score	Scorers	Att	Caunce L	Hamilton JS	Wheelhouse B	Gordon JG	Nuttall H	Benton WH	Bell SG	Watson TL	Rowe RK	Snow GEG	Watson WT	Rigby W	Hill T	Gardiner W	Beel GW	McAleer J	Bain D	Shonakan J	Williamson TW	Gregson W	Welch H	Sharples H	Worrall A	Williams RS	Bowsher SJ
R1	Nov 26	STOCKPORT COUNTY	0-2		9592	1		3	2	5	6				10	11				8		4	7	9						

		P	W	D	L	F	A	W	D	L	F	A	Pts
1	Hull City	42	18	3	0	69	14	8	4	9	31	31	59
2	Wrexham	42	18	2	1	75	15	6	7	8	31	36	57
3	Stockport County	42	16	2	3	69	30	5	10	6	30	28	54
4	Chester	42	15	4	2	57	25	7	4	10	37	41	52
5	Walsall	42	16	4	1	53	15	3	6	12	22	43	48
6	Doncaster Rovers	42	13	8	0	52	26	4	6	11	25	53	48
7	Gateshead	42	12	5	4	45	25	7	4	10	33	42	47
8	Barnsley	42	14	3	4	60	31	5	5	11	32	49	46
9	Barrow	42	12	3	6	41	24	6	4	11	19	36	43
10	Crewe Alexandra	42	16	3	2	57	16	4	0	17	23	68	43
11	Tranmere Rovers	42	11	4	6	49	31	6	4	11	21	35	42
12	Southport	42	15	3	3	54	20	2	4	15	16	47	41
13	Accrington Stanley	42	12	4	5	55	29	3	6	12	23	47	40
14	Hartlepools United	42	15	3	3	56	29	1	4	16	31	87	39
15	Halifax Town	42	12	4	5	39	23	3	4	14	32	67	38
16	Mansfield Town	42	13	4	4	57	22	1	3	17	27	78	35
17	Rotherham United	42	14	3	4	42	21	0	3	18	18	63	34
18	ROCHDALE	42	9	4	8	32	33	4	3	14	26	47	33
19	Carlisle United	42	8	7	6	34	25	5	0	16	17	50	33
20	York City	42	10	4	7	51	38	3	2	16	21	54	32
21	New Brighton	42	8	6	7	42	36	3	4	14	21	52	32
22	Darlington	42	9	6	6	42	32	1	2	18	24	77	28

1933/34

22nd in Division 3(N)

	Date		Opponent	Score	Scorers	Att.	Welch H	Webster WG	Wheelhouse B	Gordon JG	Bain D	Buckley W	Rigby W	Cairns J	Smith JR	Weldon A	Murfin C	Butler J	Hope H	Spargo S	Collins JH	McRorie D	Walmsley C	Slicer W	Fitton F(2)	Robson JC	Benton WH	Smith TS	Shepherd T	Coneys JJ	Biss APD
1	Aug	26	DARLINGTON	1-0	JR Smith	4633	1	2	3	4	5	6	7	8	9	10	11														
2		30	Hartlepools United	1-2	JR Smith	4580	1	2	3	4	5	6	7	8	9	10	11														
3	Sep	2	Gateshead	1-2	JR Smith	4226	1	2		4	3	6	7	8	9	10	11	5													
4		5	HARTLEPOOLS UNITED	3-0	Rigby, Weldon, Murfin	4766	1	2		4	3	6	7		9	10	11	5	8												
5		9	ACCRINGTON STANLEY	0-1		7437	1	2		4	3	6	7	8	9		11	5													
6		16	Chesterfield	0-3		9969	1	2	3	4	5	6	7	8	9	10															
7		23	CREWE ALEXANDRA	2-0	Weldon, Collins	5621	1	2		4	3	6	7		9	10				5	8										
8		30	TRANMERE ROVERS	1-0	Weldon	5229	1	2		4	3	6	7		9	10				5	8										
9	Oct	7	Barnsley	1-4	Murfin	8970	1	2		4	3	6	7		9	10	11			5	8										
10		14	MANSFIELD TOWN	2-2	Murfin, JR Smith	5334	1	2	3	4		6			9	10	11			5	8	7									
11		21	New Brighton	2-0	Murfin, JR Smith	4450		2	3	4	5	6			9	10	11				8	7	1								
12		28	ROTHERHAM UNITED	0-2		4322		2	3		5	6			9	10	11				8	7	1								
13	Nov	4	Walsall	0-2		5567		2	3		4	6	11			10		5	8		9	7	1								
14		18	Chester	1-7	Fitton	4477		2	3		4	6									10	7	1	5	9	11	8				
15	Dec	2	Barrow	3-5	Collins, Robson, Benton	3736	1		2	4	3	6					7				10				9	11	8	5			
16		9	BARNSLEY	3-1	Fitton, Robson, Benton	2641		2	3		4	6				10	7						1		9	11	8	5			
17		16	Stockport County	1-4	Robson	3790		2	3	4	6					10	7						1		9	11	8	5			
18		23	HALIFAX TOWN	1-2	Benton	3258		2	3		4	6				10					7		1		9	11	8	5			
19		25	Southport	0-3		4956		2	3		4	6	7			10							1		9	11	8	5			
20		26	SOUTHPORT	3-3	Fitton 2, Gordon	3944		2		4	3		7			10					8		1		9	11		5	6		
21		30	Darlington	1-1	Collins	3770		2		4	3		8			10	7				9		1			11		5	6		
22	Jan	6	GATESHEAD	2-0	Collins, Wheelhouse	3220		2	7	4	3	6	8			10					9		1			11		5			
23		13	DONCASTER ROVERS	0-2		3186		2		4	3	6	8			10	7				9		1			11		5			
24		20	Accrington Stanley	3-1	Collins, Rigby, Weldon	2851		2		4	3	6	8			10	7				9		1			11		5			
25		27	CHESTERFIELD	0-1		4151		2	7	4	3	6	8			10					9		1			11		5			
26	Feb	3	Crewe Alexandra	1-4	Robson	2766		2	7	4	3	6				10					9		1			11		5		8	
27		6	CARLISLE UNITED	0-1		1261		2	3	4	7	6	8								10		1		9	11		5			
28		10	Tranmere Rovers	0-4		3612			2	4	3	6	8		10		7				9		1			11		5			
29		20	YORK CITY	3-6	Robson 3	800			2	4	6		8		10		7				9		1	3		11		5			
30		24	Mansfield Town	0-5		4502			2	4	9		8		10		7	5					1	3		11		6			
31	Mar	3	NEW BRIGHTON	1-1	Fitton	2534		2		5			8		10		7						1	3	9	11			6		
32		10	Rotherham United	0-4		2227		2		5			7		8						9		1		10	11		3	6		
33		17	WALSALL	3-3	Weldon 3	2108		2	3		4		7		8	10							1		9	11		6			5
34		24	York City	1-6	Murfin	3382		2	3		4	6	7		10		11				9		1							8	5
35		30	WREXHAM	1-2	Buckley	3052		2	3	4		6	8		10		7				9		1			11					5
36		31	CHESTER	6-0	*See below	2942		2	3	4		6	7		8						10		1		9	11		5			
37	Apr	2	Wrexham	1-4	Robson	5061		2		4	3	6	7		8						10		1		9	11		5			
38		7	Doncaster Rovers	0-5		4873		2	3	4		6			8	10	7				9		1			11		5			
39		14	BARROW	1-2	Robson	2298		2	3	4		6	8		10		7				9		1			11		5			
40		21	Carlisle United	0-3		2762		2	3	4		6	8		10		7				9		1			11		5			
41		28	STOCKPORT COUNTY	1-1	Murfin	7544		2		4		6	8			10	7				9		1			11		5			3
42	May	5	Halifax Town	2-4	Murfin, Collins	3434		2		4		6	8			10	7				9		1			11		5			3
						Apps	11	38	27	34	32	34	32	5	25	27	26	5	2	4	30	5	31	4	13	28	6	25	4	2	5
						Goals			2	1		1	2		8	7	7				6				6	10	3				

Scorers in game 36: JR Smith, Wheelhouse, Fitton, Robson

Played in one game: H Chadwick (5, at 10), W Barrott (6,11), WT Peters (12, at 4).

Played in games 7 and 8: D Hoadley (11). In 31 and 32: H Longbottom (4).

F.A. Cup

	Date		Opponent	Score	Scorers	Att.	Welch H	Webster WG	Wheelhouse B	Gordon JG	Bain D	Buckley W	Rigby W	Cairns J	Smith JR	Weldon A	Murfin C	Butler J	Hope H	Spargo S	Collins JH	McRorie D	Walmsley C	Slicer W	Fitton F(2)	Robson JC	Benton WH	Smith TS	Shepherd T	Coneys JJ	Biss APD
R1	Nov	25	Sutton Town	1-2	Rigby	4946		2	3		5	6	7		9								1		10	11	8	4			

Third Division North Cup

	Date		Opponent	Score	Scorers	Att.	Welch H	Webster WG	Wheelhouse B	Gordon JG	Bain D	Buckley W	Rigby W	Cairns J	Smith JR	Weldon A	Murfin C	Butler J	Hope H	Spargo S	Collins JH	McRorie D	Walmsley C	Slicer W	Fitton F(2)	Robson JC	Benton WH	Smith TS	Shepherd T	Coneys JJ	Biss APD
R1	Jan	22	STOCKPORT COUNTY	2-4	Collins 2			2		4	3	6	8			10	7	5			9		1			11					

		P	W	D	L	F	A	W	D	L	F	A	Pts
1	Barnsley	42	18	3	0	64	18	9	5	7	54	43	62
2	Chesterfield	42	18	1	2	56	17	9	6	6	30	26	61
3	Stockport County	42	18	3	0	84	23	6	8	7	31	29	59
4	Walsall	42	18	2	1	66	18	5	5	11	31	42	53
5	Doncaster Rovers	42	17	1	3	58	24	5	8	8	25	37	53
6	Wrexham	42	14	1	6	68	35	9	4	8	34	38	51
7	Tranmere Rovers	42	16	2	3	57	21	4	5	12	27	42	47
8	Barrow	42	12	5	4	78	45	7	4	10	38	49	47
9	Halifax Town	42	15	2	4	57	30	5	2	14	23	61	44
10	Chester	42	11	6	4	59	26	6	0	15	30	60	40
11	Hartlepools United	42	14	3	4	54	24	2	4	15	35	69	39
12	York City	42	11	5	5	44	28	4	3	14	27	46	38
13	Carlisle United	42	11	6	4	43	23	4	2	15	23	58	38
14	Crewe Alexandra	42	12	3	6	54	38	3	3	15	27	59	36
15	New Brighton	42	13	3	5	41	25	1	5	15	21	62	36
16	Darlington	42	11	4	6	47	35	2	5	14	23	66	35
17	Mansfield Town	42	9	7	5	49	29	2	5	14	32	59	34
18	Southport	42	6	11	4	35	29	2	6	13	28	61	33
19	Gateshead	42	10	3	8	46	40	2	6	13	30	70	33
20	Accrington Stanley	42	10	6	5	44	38	3	1	17	21	63	33
21	Rotherham United	42	5	7	9	31	35	5	1	15	22	56	28
22	ROCHDALE	42	7	5	9	34	30	2	1	18	19	73	24

1934/35

20th in Division 3(N)

						Walmsley C	Worthy A	Ives A	Wyness GD	Jordan G	Buckley W	Ryder F	Humpish AE	Bartley PJ	Douglas WJ	Howe HG	Whyte C	Cook R	Nicol JM	Redfern L	Smith WH	Thomas WE	Sullivan LG	Dobson GF	Jones GT	Eaton C	Clarke L	Welch H	Skaife S
1	Aug 25	Lincoln City	0-3		6765	1	2	3	4	5	6	7	8	9	10	11													
2	28	BARROW	0-1		4396	1	2	3	4	5	6	8	10	9		11	7												
3	Sep 1	TRANMERE ROVERS	1-1	Whyte	6582	1	2		4	5	6	8	10	9		11	7	3											
4	3	Barrow	1-1	Bartley	5556	1	2		4	5	6	10	8	9		11	7	3											
5	8	Wrexham	0-2		6588	1	2		4	5	6		8	9		11	7	3	10										
6	15	HALIFAX TOWN	2-4	Nicol, Thomas	7830	1	2		4	5	9		8				7	3	10			6	11						
7	22	Rotherham United	0-4		3807	1	2		5		6	8	4	9			7	3	10				11						
8	29	WALSALL	1-0	Sullivan	2511	1	2	3		5	6		4				7		10	8		9	11						
9	Oct 6	Chesterfield	0-2		4413	1	2	3		5	6		4				7		10	8		9	11						
10	13	MANSFIELD TOWN	1-0	Sullivan (p)	3684	1	2	3		5	6		4	9			7		10	8			11						
11	20	ACCRINGTON STANLEY	2-2	Nicol, Redfern	5263	1	2	3		5	6		4	9					10	8			11	7					
12	27	Gateshead	0-2		3197	1	2		4	5	3	7		9					10	8				11	6				
13	Nov 3	STOCKPORT COUNTY	0-5		5045	1	2		4	5	3			9		11			10	8				7	6				
14	10	Crewe Alexandra	1-4	Clarke	3620	1	2			5	3					11			10	4	7				6	8	9		
15	17	HARTLEPOOLS UNITED	3-2	Nicol 2, Dobson	3782		2		5		3								10	6	11			7		8	9	1	4
16	Dec 1	SOUTHPORT	2-2	Clarke, Smith	2869					5	2		8							6	11			7	3	10	9	1	4
17	15	NEW BRIGHTON	3-1	Clarke 3	3095					5	2		8							6			11	7	3	10	9	1	4
18	22	York City	1-0	Eaton	3003					5	2		8							6			11	7	3	10	9	1	4
19	25	DARLINGTON	1-3	Sullivan	5466					5	2		8							6			11	7	3	10	9	1	4
20	26	Darlington	2-2	Sullivan, Clarke	6943		2		5										10	6			11	7	3	8	9	1	4
21	29	LINCOLN CITY	2-0	Nicol 2	4531				5		2					7			10	6			11		3	8	9	1	4
22	Jan 5	Tranmere Rovers	1-4	Clarke	6816				5		2		8			7				6			11		3	10	9	1	4
23	12	Doncaster Rovers	0-1		5895				5		2		8			7				6			11		3	10	9	1	4
24	19	WREXHAM	3-3	Humpsih, Howe, Sullivan (p)	4702				5		2		8			7			10	6			11		3		9	1	4
25	26	Halifax Town	1-1	Clarke	7133		2		5				8			7				6			11		3	10	9	1	4
26	Feb 2	ROTHERHAM UNITED	1-3	Humpish	4212		2		5				8			7				6			11		3	10	9	1	4
27	9	Walsall	0-0		6954		2		5				8			7				6			11		3	10	9	1	4
28	16	CHESTERFIELD	0-2		2033		2	3	5							7			10	6			11	8			9	1	4
29	23	Mansfield Town	0-1		4788	1	2		5		6			9					8				11	7	3	10			4
30	Mar 2	Accrington Stanley	5-2	Nicol 2, Sullivan 2, Clarke	2019	1	2		5		6					7			10	8			11		3		9		4
31	9	GATESHEAD	6-1	*See below	3562	1	2		5		6					7			10	8			11		3		9		4
32	16	Stockport County	1-3	Nicol	7735	1	2		5		3		6			7			10	8			11				9		4
33	23	CREWE ALEXANDRA	3-0	Sullivan, Clarke 2	1889	1	2		5		6		8			7			10				11		3		9		4
34	30	Hartlepools United	0-0		2955	1	2		5		6		8			7			10				11		3		9		4
35	Apr 3	Chester	0-1		3004	1	2		5		6		8			7			10				11		3	9			4
36	6	DONCASTER ROVERS	0-1		7154	1	2		5		6		8			7			10				11		3		9		4
37	13	Southport	1-2	Clarke	2315	1	2		5		6		8			7			10				11		3		9		4
38	19	Carlisle United	0-0		4417	1			5		6		8			7						2	11		3	10	9		4
39	20	CHESTER	3-3	Bartley 2, Dobson	6933	1			5		6		8	9					10			2	11	7	3				4
40	22	CARLISLE UNITED	3-1	Nicol, Dobson 2	5711	1			5		6		8	9					10			2	11	7	3				4
41	27	New Brighton	0-1		1875	1	2		5		6		8	9					10				11	7	3				4
42	May 4	YORK CITY	2-0	Redfern, Dobson	5212	1	2		5		6									8			11	7	3	10	9		4
					Apps	28	31	7	33	17	37	6	31	14	1	24	9	5	27	25	3	6	32	15	28	17	24	14	28
					Goals								2	3		3	1		11	3	1	1	9	5		1	13		

Scorers in game 31: Howe 2, Nichol, Redfern, Sullivan, Clarke

F.A. Cup

R1	Nov 24	Wrexham	1-4	Smith	5500	1				5	2		8							6	11			7	3	10	9		4

Third Division North Cup

R1	Dec 8	Carlisle United	1-1	Eaton	2000			3		5	2		8										11	7	6	10	9	1	4
rep	Jan 8	CARLISLE UNITED	3-0	Humpish, Clarke 2	1500				5		2		8			7				6			11		3	10	9	1	4
R3	Mar 25	Stockport County	0-3		1500	1	2			5	6	4	8									3	11	7		10	9		

Bye in R2

		P	W	D	L	F	A	W	D	L	F	A	Pts
1	Doncaster Rovers	42	16	0	5	53	21	10	5	6	34	23	57
2	Halifax Town	42	17	2	2	50	24	8	3	10	26	43	55
3	Chester	42	14	4	3	62	27	6	10	5	29	31	54
4	Lincoln City	42	14	3	4	55	21	8	4	9	32	37	51
5	Darlington	42	15	5	1	50	15	6	4	11	30	44	51
6	Tranmere Rovers	42	15	4	2	53	20	5	7	9	21	35	51
7	Stockport County	42	15	2	4	57	22	7	1	13	33	50	47
8	Mansfield Town	42	16	3	2	55	25	3	6	12	20	37	47
9	Rotherham United	42	14	4	3	56	21	5	3	13	30	52	45
10	Chesterfield	42	13	4	4	46	21	4	6	11	25	31	44
11	Wrexham	42	12	5	4	47	25	4	6	11	29	44	43
12	Hartlepools United	42	12	4	5	52	34	5	3	13	28	44	41
13	Crewe Alexandra	42	12	6	3	41	25	2	5	14	25	61	39
14	Walsall	42	11	7	3	51	18	2	3	16	30	54	36
15	York City	42	12	5	4	50	20	3	1	17	26	62	36
16	New Brighton	42	9	6	6	32	25	5	2	14	27	51	36
17	Barrow	42	11	5	5	37	31	2	4	15	21	56	35
18	Accrington Stanley	42	11	5	5	44	36	1	5	15	19	53	34
19	Gateshead	42	12	4	5	36	28	1	4	16	22	68	34
20	ROCHDALE	42	9	5	7	39	35	2	6	13	14	36	33
21	Southport	42	6	6	9	27	36	4	6	11	28	49	32
22	Carlisle United	42	7	6	8	34	36	1	1	19	17	66	23

1935/36

20th in Division 3(N)

	Date	Opponent	Score	Scorers	Att.	Baker TW	Worthy A	Jones GT	Huntley E	Wyness GD	Buckley W	Emmerson GAH	Duff JH	Wiggins JA	Marshall WH	Hales H	Taylor F	Johnson MH	Elliott SD	Skaife S	Taylor S	Brierley H	Eaton C	Emerson A	Huxley FR	Driver R	Clarke L	Comthwaite CH
1	Aug 31	CREWE ALEXANDRA	2-1	Marshall, Hales	9036	1	2	3	4	5	6	7	8	9	10	11												
2	Sep 2	Stockport County	0-4		11919	1	2	3	4	5	6	7	8	9	10	11												
3	7	Accrington Stanley	4-2	Marshall, Johnson 2, F Taylor	4212	1	2	3	4	5	6		8		10	11	7	9										
4	10	STOCKPORT COUNTY	1-1	F Taylor	10238	1	2	3	4	5	6		8		10	11	7	9										
5	14	SOUTHPORT	2-1	F Taylor, Marshall	5605	1	2	3	4	5	6		8		10	11	7	9										
6	21	Chester	2-5	Buckley, Marshall	6914	1	2	3	4	5	6		8		10	11	7		9									
7	28	LINCOLN CITY	0-0		7052	1	2	3	4		5		9		10	11	7					6	8					
8	Oct 5	Halifax Town	0-2		7396	1	2	3	4	5		7			10	11		9				6	8					
9	12	York City	1-2	Marshall	4487	1	2	3	4	5		7			10	11						6	8	9				
10	19	OLDHAM ATHLETIC	2-6	Worthy, Duff	4985	1	2		4	5		7	8		10	11			9			6			3			
11	26	Wrexham	1-0	Duff	4063	1	2	3			5	7	8		10			11	9	4		6						
12	Nov 2	ROTHERHAM UNITED	1-1	Marshall	5786	1	2	3			5	7	8		10			11	9	4		6						
13	9	Mansfield Town	0-3		4762		2	3			5	7	8		10			11	9	4		6				1		
14	16	HARTLEPOOLS UNITED	0-1		4878	1	2	3			5	7		9	10			11	8	4		6						
15	23	Carlisle United	3-4	Eaton, Hales 2	6029			3		6	5	7		2	8	11			9	4			10			1		
16	Dec 7	Tranmere Rovers	2-5	Wiggins 2	5657	1	2	3		5	6			9		11	7		8	4			10					
17	14	GATESHEAD	5-0	Wiggins 2, Clarke 3	2966	1	2	3		5		7		9		11					4	6	10				8	
18	21	Darlington	0-4		3422	1	2	3		5		7		9		11					4	6	10				8	
19	25	BARROW	1-1	Wiggins	5031	1	2	3		5	6	7		9		11				4			10				8	
20	26	Barrow	2-6	Wiggins, G Emmerson	4383	1	2			5	3	7	6	9		11			8	4			10					
21	28	Crewe Alexandra	1-3	Elliot	4856	1	2		4	5	3	7	6	9		11		10	8									
22	Jan 1	Chesterfield	2-2	Johnson 2	11138	1	2	3	4	5	6	7	8			11		9					10					
23	4	ACCRINGTON STANLEY	2-2	Duff, Johnson (p)	4822	1	2	3	4	5	6	7	8			11		9					10					
24	18	Southport	1-1	Wiggins	2475	1	2	3	4	5	6	7		9		11			8				10					
25	25	CHESTER	1-1	Eaton	4420	1	2	3	4	5	6	7		9		11							10				8	
26	Feb 1	Lincoln City	1-5	Clarke	4835	1	2	3	4	5	6	7		9		11							10				8	
27	8	HALIFAX TOWN	2-0	Duff, Williams (og)	4309	1	2	3	4	5	6	7	8	9	10	11												
28	15	YORK CITY	2-3	Wiggins 2	4670	1	2	3	4	5	6	7	8	9	10	11												
29	22	Oldham Athletic	3-3	Duff 2, Marshall	6051	1	2	3	4	5	6	7	8	9	10	11												
30	29	MANSFIELD TOWN	3-1	Duff 2, Wiggins	2227	1	2	3	4	5	6	7	8	9	10	11												
31	Mar 7	Rotherham United	0-6		2957	1	2		4	5	3	7	8	9	6	11		10										
32	14	WREXHAM	2-1	Wiggins 2	3307	1	2	3	4	5	6	7	8	9	10	11												
33	21	Hartlepools United	0-1		4110	1	2	3	4	5	6	7	8	9	10	11												
34	28	CARLISLE UNITED	0-0		3722		2	3	4	5	6	7	8	9	10	11												1
35	31	WALSALL	6-4	*See below	1942		2	3		5	6	7	8	9	10	11				4								1
36	Apr 4	Walsall	0-1		3396	1	2	3		5	6		8	9	10	11		7		4								
37	10	New Brighton	0-2		3299	1	2	3		5	6	7	8	9	10	11				4								
38	11	TRANMERE ROVERS	0-0		5760	1	2	3		5	6	7	8		10	11		9		4								
39	13	NEW BRIGHTON	1-0	Hales	4124	1	2	3		5	6	7	8		10	11		9		4								
40	18	Gateshead	0-1		1996	1	2	3		5	6	7	8	9	10	11				4								
41	25	DARLINGTON	1-1	Marshall	2927	1	2	3		5	6	7	8	9	10	11				4								
42	May 2	CHESTERFIELD	1-1	G Emmerson	3551	1	2	3		5	6	7	8	9	10	11				4								
					Apps	38	41	38	24	37	37	35	31	27	31	38	6	15	11	16	2	10	14	1	1	2	5	2
					Goals		1				1	3	10	14	9	4	3	5	1				2				4	

Scorers in gane 35: Duff 2, Wiggins 2, Marshall, G Emmerson

One own goal

F.A. Cup

	Date	Opponent	Score	Scorers	Att.	Baker TW	Worthy A	Jones GT	Huntley E	Wyness GD	Buckley W	Emmerson GAH	Duff JH	Wiggins JA	Marshall WH	Hales H	Taylor F	Johnson MH	Elliott SD	Skaife S	Taylor S	Brierley H	Eaton C	Emerson A	Huxley FR	Driver R	Clarke L	Comthwaite CH
R1	Nov 30	Halifax Town	0-4		7431	1	2	3	6	5		7	8			11		9		4			10					

Third Division North Cup

	Date	Opponent	Score	Scorers	Att.	Baker TW	Worthy A	Jones GT	Huntley E	Wyness GD	Buckley W	Emmerson GAH	Duff JH	Wiggins JA	Marshall WH	Hales H	Taylor F	Johnson MH	Elliott SD	Skaife S	Taylor S	Brierley H	Eaton C	Emerson A	Huxley FR	Driver R	Clarke L	Comthwaite CH
R1	Oct 1	Oldham Athletic	3-6	Worthy, Duff, Johnson		1	2	3	4		5		8			11	7	9				6	10					

		P	W	D	L	F	A	W	D	L	F	A	Pts
1	Chesterfield	42	15	3	3	60	14	9	9	3	32	25	60
2	Chester	42	14	5	2	69	18	8	6	7	31	27	55
3	Tranmere Rovers	42	17	2	2	75	28	5	9	7	18	30	55
4	Lincoln City	42	18	1	2	64	14	4	8	9	27	37	53
5	Stockport County	42	15	2	4	45	18	5	6	10	20	31	48
6	Crewe Alexandra	42	14	4	3	55	31	5	5	11	25	45	47
7	Oldham Athletic	42	13	5	3	60	25	5	4	12	26	48	45
8	Hartlepools United	42	13	6	2	41	18	2	6	13	16	43	42
9	Accrington Stanley	42	12	5	4	43	24	5	3	13	20	48	42
10	Walsall	42	15	2	4	58	13	1	7	13	21	46	41
11	Rotherham United	42	14	3	4	52	13	2	6	13	17	53	41
12	Darlington	42	16	3	2	60	26	1	3	17	14	53	40
13	Carlisle United	42	13	5	3	44	19	1	7	13	12	43	40
14	Gateshead	42	11	10	0	37	18	2	4	15	19	58	40
15	Barrow	42	9	9	3	33	16	4	3	14	25	49	38
16	York City	42	10	8	3	41	28	3	4	14	21	67	38
17	Halifax Town	42	12	3	6	34	22	3	4	14	23	39	37
18	Wrexham	42	12	3	6	39	18	3	4	14	27	57	37
19	Mansfield Town	42	13	5	3	55	25	1	4	16	25	66	37
20	ROCHDALE	42	8	10	3	35	26	2	3	16	23	62	33
21	Southport	42	9	8	4	31	26	2	1	18	17	64	31
22	New Brighton	42	8	5	8	29	33	1	1	19	14	69	24

1936/37

18th in Division 3(N)

	Date		Opponent	Score	Scorers	Att.	Fawcett DH	Worthy A	Jones GT	Robinson CA	Carr A	Skaife S	Emmerson GAH	Duff JH	Hunt SW	Marshall WH	Protheroe S	Huntley E	Clipson R	Johnson MH	Brierley H	Cook S	Marcroft EH	Smith W	Wynn J	McLaren H	Comthwaite CH	Rowbotham H	Crawshaw CB
1	Aug	29	Crewe Alexandra	2-2	Hunt 2	4754	1	2	3	4	5	6	7	8	9	10	11												
2		31	MANSFIELD TOWN	1-3	Hunt	5297	1	2	3	4	5	6	7	8	9	10	11												
3	Sep	5	CHESTER	0-1		5806	1	2	3		5	6	7	8	9	10	11	4											
4		9	Mansfield Town	2-6	Duff, Marshall	7404	1	2	3		5	6	7	8	9	10	11	4											
5		12	Stockport County	0-3		6722	1		3		5	6	7	8	9	10		4	2	11									
6		15	SOUTHPORT	2-1	Hunt, Emmerson	3256	1	2	3		5	6	7	8	9	10		4		11									
7		19	Barrow	0-3		3435	1	2	3		5	6	7	8	9		11	4			10								
8		26	YORK CITY	3-0	Protheroe, Hunt 2 (1p)	4598	1		3		5	4		8	9	10	11		2		6		7						
9	Oct	3	Carlisle United	0-1		6916	1		3		5	4		8	9	10	11		2		6		7						
10		10	HARTLEPOOLS UNITED	1-1	Marshall	5171	1		3		5	4		8	9	10			2	11	6		7						
11		17	WREXHAM	0-6		2380	1	2			5	4		8	9	10			3	11	6		7						
12		24	Darlington	1-4	Hunt	4796	1				5	6		8	9		11	4	3			2	7		10				
13		31	GATESHEAD	0-2		3991	1		3			4	7	6	9	10	11		2						8	5			
14	Nov	7	Hull City	1-1	Marshall	6963		2				4	7	6	9	10	11		3							5	1	8	
15		14	NEW BRIGHTON	4-0	Protheroe, Hunt 3	3356		2				4	7	6	9	10	11		3							5	1	8	
16		21	Lincoln City	3-5	Hunt 2, Marshall	4595		2			5		7	6	9	10	11		3							4	1	8	
17	Dec	5	Oldham Athletic	0-3		4872	1	2				4		6	9	10	11		3							5		8	7
18		12	PORT VALE	0-0		2218	1		3		5			6	9	10	11		2							4		8	7
19		19	Rotherham United	1-1	Protheroe	4043	1		3		5			6	9	10	11		2						7	4		8	
20		25	TRANMERE ROVERS	2-1	Hunt (p), Wynn	6558	1		3		5			6	9	10	11		2						7	4		8	
21		26	CREWE ALEXANDRA	2-0	Rowbotham, Protheroe	5099			3		5		7	6	9	10	11		2							4	1	8	
22	Jan	1	Southport	1-1	Emmerson	6579	1	2			5		7	6	9	10			3		11					4		8	
23		2	Chester	2-2	Emmerson, Hunt	4514	1	2			5		7	6	9	10			3		11					4		8	
24		9	STOCKPORT COUNTY	2-2	Emmerson, Brierley	10034	1	2			5		7	6	9	10			3		11					4		8	
25		16	Tranmere Rovers	3-4	Wynn 2, Hunt	5748	1	2			5		7	6	9		11		3						10	4		8	
26		23	BARROW	3-1	Wynn, Hunt, Brierley	2606	1	2			5		7	6	9				3		11				10	4		8	
27	Feb	6	CARLISLE UNITED	3-0	Wynn, Hunt, Emmerson	4428	1	2	3		5		7	6	9		11								10	4		8	
28		10	York City	1-4	Wynn	2292	1	2	3		5		7	6	9		11								10	4		8	
29		13	Hartlepools United	1-4	Wynn	4180	1		3		5		7	6	9		11		2						10	4		8	
30		20	Wrexham	1-0	Wynn	2844	1		3		5		7	6	9	10	11		2						8	4			
31		27	DARLINGTON	4-0	Wynn, Hunt, Emmerson, Protheroe	3179	1		3		5		7	6	9	10	11		2						8	4			
32	Mar	6	Gateshead	1-3	Wynn	1726	1		3		5		7	6	9	10	11		2						8	4			
33		13	HULL CITY	4-0	Wynn, Hunt, Emmerson, Marshall	3952	1		3				7	6	9	10	11		2					5	8	4			
34		20	New Brighton	1-5	Bullock (og)	2929	1	2					7	6	9	10	11		3					5	8	4			
35		26	HALIFAX TOWN	3-5	Wynn, Hunt, Marshall	5000	1	2			5		7	6	9	10	11		3						8	4			
36		27	LINCOLN CITY	2-3	Wynn, Marshall	6630	1	2		5	3			6	9	10	11								7	4		8	
37		29	Halifax Town	2-3	Wynn, Smith	5898	1	2		5	3			6		10	11							9	7	4		8	
38	Apr	3	Accrington Stanley	1-3	Wynn	4096	1	2		5	3		7	6							11			9	8	4		10	
39		10	OLDHAM ATHLETIC	3-0	Emmerson 2, Protheroe	7422	1	3		5			7	6	9	10	11		2						8	4			
40		17	Port Vale	1-1	Hunt	2148	1	3		5			7	6	9	10	11		2						8	4			
41		24	ROTHERHAM UNITED	1-0	Hunt	4243	1	3		5			7	6	9	10	11		2						8	4			
42		27	ACCRINGTON STANLEY	4-1	Hunt 2, Wynn, Protheroe	2820	1	3		5			7	6	9	10	11		2						8	4			
						Apps	38	27	22	9	32	16	31	42	40	34	33	6	31	4	10	1	5	4	22	30	4	19	2
						Goals							9	1	24	7	7				2			1	16			1	

One own goal

F.A. Cup

	Date		Opponent	Score	Scorers	Att.	Fawcett DH	Worthy A	Jones GT	Robinson CA	Carr A	Skaife S	Emmerson GAH	Duff JH	Hunt SW	Marshall WH	Protheroe S	Huntley E	Clipson R	Johnson MH	Brierley H	Cook S	Marcroft EH	Smith W	Wynn J	McLaren H	Comthwaite CH	Rowbotham H	Crawshaw CB
R1	Nov	28	Crewe Alexandra	1-5	Hunt	5000	1	2			5		7	6	9	10	11		3							4		8	

Third Division North Cup

	Date		Opponent	Score	Scorers	Att.	Fawcett DH	Worthy A	Jones GT	Robinson CA	Carr A	Skaife S	Emmerson GAH	Duff JH	Hunt SW	Marshall WH	Protheroe S	Huntley E	Clipson R	Johnson MH	Brierley H	Cook S	Marcroft EH	Smith W	Wynn J	McLaren H	Comthwaite CH	Rowbotham H	Crawshaw CB
R1	Oct	13	Southport	0-3		1620	1				5	6	7		9			4	3	10		2	11	8					

		P	W	D	L	F	A	W	D	L	F	A	Pts
1	Stockport County	42	17	3	1	59	18	6	11	4	25	21	60
2	Lincoln City	42	18	1	2	65	20	7	6	8	38	37	57
3	Chester	42	15	5	1	68	21	7	4	10	19	36	53
4	Oldham Athletic	42	13	7	1	49	25	7	4	10	28	34	51
5	Hull City	42	13	6	2	39	22	4	6	11	29	47	46
6	Hartlepools United	42	16	1	4	53	21	3	6	12	22	48	45
7	Halifax Town	42	12	4	5	40	20	6	5	10	28	43	45
8	Wrexham	42	12	3	6	41	21	4	9	8	30	36	44
9	Mansfield Town	42	13	1	7	64	35	5	7	9	27	41	44
10	Carlisle United	42	13	6	2	42	19	5	2	14	23	49	44
11	Port Vale	42	12	6	3	39	23	5	4	12	19	41	44
12	York City	42	13	3	5	54	27	3	8	10	25	43	43
13	Accrington Stanley	42	14	2	5	51	26	2	7	12	25	43	41
14	Southport	42	10	8	3	39	28	2	5	14	34	59	37
15	New Brighton	42	10	8	3	36	16	3	3	15	19	54	37
16	Barrow	42	11	5	5	42	25	2	5	14	28	61	36
17	Rotherham United	42	11	7	3	52	28	3	0	18	26	63	35
18	ROCHDALE	42	12	3	6	44	27	1	6	14	25	59	35
19	Tranmere Rovers	42	10	8	3	52	30	2	1	18	19	58	33
20	Crewe Alexandra	42	6	8	7	31	31	4	4	13	24	52	32
21	Gateshead	42	9	8	4	40	31	2	2	17	23	67	32
22	Darlington	42	6	8	7	42	46	2	6	13	24	50	30

1937/38

17th in Division 3(N)

						Fawcett DH	Baird TS	Sneddon T	McLaren H	Robinson CA	Duff JH	McMurdo AB	Burke M	Hunt SW	Marshall WH	Protheroe S	Sperry E	Graham A	Goodier E	Wilson F	Eastwood J	Wynn J	Millar JMcV	McMurray T	Haworth, Roland	Hardy R	Barks W	Williams I(2)	Sutcliffe A	Dawson A
1	Aug 28	YORK CITY	0-0		8448	1	2	3	4	5	6	7	8	9	10	11														
2	30	Tranmere Rovers	2-3	Hamilton (og), Marshall	8508	1	2		4	5	6		7	9	10	11	3	8												
3	Sep 4	Bradford City	1-3	Protheroe	5997	1	2		4	5			7	9	10	11	3	8	6											
4	7	TRANMERE ROVERS	0-0		4480	1	2	3	4	5		7		9	10	11		8	6											
5	11	SOUTHPORT	3-2	Hunt 2, Marshall	5915	1	2	3	4	5				9	10	11		8	6	7										
6	13	Halifax Town	3-2	Protheroe 2, Wilson	2409	1	2	3	4	5				9	10	11		8	6	7										
7	16	Doncaster Rovers	0-5		10647	1	2	3	4	5				9	10	11		8	6	7										
8	25	CREWE ALEXANDRA	1-4	Hunt	5632	1	2	3		5				9	10	11		8	6	7	4									
9	Oct 2	ROTHERHAM UNITED	2-0	Graham, Wynn	5019	1	2	3	6					9		11		10	5	7	4	8								
10	9	Chester	1-4	Hunt	5913	1	2	3		5	6			9		11		10		7	4	8								
11	16	Barrow	1-0	Graham	4332	1	2	3	6					9		11		10	5	7	4	8								
12	23	WREXHAM	6-1	Graham 2, Wynn 2, Hunt, Protheroe	4193	1	2	3	6					9		7		10	5		4	8	11							
13	30	Hartlepools United	3-3	Marshall 2, Wynn	5087	1	2	3	6					9	10	7			5		4	8	11							
14	Nov 6	LINCOLN CITY	0-1		9074	1	2	3	6					9	10	7			5		4	8	11							
15	13	Hull City	1-4	Wynn	8848	1	2				6			9	10	7	3		5		4	8	11							
16	20	NEW BRIGHTON	2-1	Wynn, Hunt	5295	1	2	3			6			9	10	11			5		4	8		7						
17	Dec 4	OLDHAM ATHLETIC	1-1	Hunt (p)	4460	1	2	3						9					5		4		11	7	6	8	10			
18	11	Darlington	4-2	Wynn 2, Millar 2	1378	1	2												5		4	9	11	7	6	8	10	3		
19	18	PORT VALE	1-1	Wynn	3560	1	2				6			10					5		4	9	11	7		8		3		
20	25	ACCRINGTON STANLEY	0-1		9146	1	2	3	6							11			5		4	9		7		8	10			
21	27	Accrington Stanley	1-0	Wynn	4700	1	2	3	6						10	11			5		4	8	9	7						
22	Jan 1	York City	5-0	Wynn 3, Millar, Marshall	5971	1	2	3	6						10	11			5		4	8	9	7						
23	8	Gateshead	1-3	Protheroe	9504	1	2	3	6						10	11			5		4	8	9	7						
24	15	BRADFORD CITY	2-0	Protheroe, Wynn	3234	1	2	3	6						10	11			5		4	8	9	7						
25	22	Southport	0-2		3282	1	2		6						10	11			5		4	8	9	7				3		
26	29	DONCASTER ROVERS	4-5	Millar 2, Marshall, Wynn	5069	1	2		6						10	11			5		4	8	9	7				3		
27	Feb 5	Crewe Alexandra	1-5	McLaren	3393	1	2		6		3				10	11			5		4	8	9	7						
28	12	Rotherham United	0-1		9282	1	2	3	6						10				5		4	8	11						7	9
29	19	CHESTER	4-0	Wynn (p), Dawson, Millar, Done (og)	5728	1	2	3	6						10				5		4	8	11	7						9
30	26	BARROW	3-3	McMurray, Dawson 2	6243	1	2	3	6						10				5		4	8	11	7						9
31	Mar 5	Wrexham	1-2	Tunney (og)	3620	1	2	3	6							10			5		4	8	11	7						9
32	12	HARTLEPOOLS UNITED	2-2	Dawson, Protheroe	5615	1	2	3			6				10	7			5		4	8	11							9
33	19	Lincoln City	0-2		6836	1	2	3	4		6								5		8		11	7		10				9
34	26	HULL CITY	0-0		5761	1	2	3	6		8				10	11			5		4		9	7						
35	Apr 2	New Brighton	0-2		3419	1	2	3	6		8				10				5		4		11	7						9
36	9	GATESHEAD	2-2	Wynn, Millar	5240	1	2	3	4		6		8		10				5			9	11	7						
37	15	CARLISLE UNITED	3-1	Wynn 2 (1p), Millar	4648	1	2	3	4		6		8		10				5			9	11	7						
38	16	Oldham Athletic	2-4	Duff, Eaves (og)	17106	1	2	3	4		6				10	11			5			8		7						9
39	18	Carlisle United	1-0	Dawson	5609	1	2	3	4		6		10						5			9	11	7						8
40	23	DARLINGTON	1-1	Dawson	4028	1	2	3	4		6		8		10				5				11	7						9
41	30	Port Vale	1-4	Wynn (p)	2992	1	2	3	4		6		7			11			5			9				10				8
42	May 7	HALIFAX TOWN	1-1	Craig (og)	2065	1	2	3	4		6				10	11			5							8			7	9
					Apps	42	42	34	34	9	18	2	8	18	30	30	3	11	39	7	28	28	26	23	2	7	3	4	2	12
					Goals				1		1			7	6	7		4		1		20	8	1						6

Five own goals

F.A. Cup

R1	Nov 27	LINCOLN CITY	1-1	Hunt	11500	1	2	3			6			9	10	11			5		4	8		7						
rep	Dec 1	Lincoln City	0-2		6474	1	2	3			6		10	9					5		4	8	11	7						

Third Division North Cup

R1	Sep 21	OLDHAM ATHLETIC	2-3	Hunt 2		1	2	3		5				9	10	11		8	6	7	4									

		P	W	D	L	F	A	W	D	L	F	A	Pts
1	Tranmere Rovers	42	15	4	2	57	21	8	6	7	24	20	56
2	Doncaster Rovers	42	15	4	2	48	16	6	8	7	26	33	54
3	Hull City	42	11	8	2	51	19	9	5	7	29	24	53
4	Oldham Athletic	42	16	4	1	48	18	3	9	9	19	28	51
5	Gateshead	42	15	5	1	53	20	5	6	10	31	39	51
6	Rotherham United	42	13	6	2	45	21	7	4	10	23	35	50
7	Lincoln City	42	14	3	4	48	17	5	5	11	18	33	46
8	Crewe Alexandra	42	14	3	4	47	17	4	6	11	24	36	45
9	Chester	42	13	4	4	54	31	3	8	10	23	41	44
10	Wrexham	42	14	4	3	37	15	2	7	12	21	48	43
11	York City	42	11	4	6	40	25	5	6	10	30	43	42
12	Carlisle United	42	11	5	5	35	19	4	4	13	22	48	39
13	New Brighton	42	12	5	4	43	18	3	3	15	17	43	38
14	Bradford City	42	12	6	3	46	21	2	4	15	20	48	38
15	Port Vale	42	11	8	2	45	27	1	6	14	20	46	38
16	Southport	42	8	8	5	30	26	4	6	11	23	56	38
17	ROCHDALE	42	7	10	4	38	27	6	1	14	29	51	37
18	Halifax Town	42	9	7	5	24	19	3	5	13	20	47	36
19	Darlington	42	10	4	7	37	31	1	6	14	17	48	32
20	Hartlepools United	42	10	8	3	36	20	0	4	17	17	60	32
21	Barrow	42	9	6	6	28	20	2	4	15	13	51	32
22	Accrington Stanley	42	9	2	10	31	32	2	5	14	14	43	29

1938/39

15th in Division 3(N)

No	Date	Opponent	Score	Scorers	Att	Fawcett DH	Baird TS	Sneddon T	Duff JH	Goodier E	Reeve FW	Howarth H(2)	Douglas TA	Haworth, Richard	Goodfellow S	Griffiths AA	Keenan WG	Royan W	Wynn J	Gregory A	Hobbs EC	Doyle T	Kilsby RH	Prest TW	Mee GW	Reynolds W	Vause PG	Firth J	Gastall JWH	Neary J
1	Aug 27	Rotherham United	1-7	Griffiths	7438	1	2	3	4	5	6	7	8	9	10	11														
2	30	CARLISLE UNITED	2-3	Griffiths, Howarth	5217	1		3		5	6	7	8	10	4	11	2	9												
3	Sep 3	OLDHAM ATHLETIC	1-2	Royan	7357	1	2	3	6	5		7			10	11		9	8											
4	6	DONCASTER ROVERS	1-1	Goodfellow	4469	1	2	3	6	5			8	7	10	11		9												
5	10	YORK CITY	2-2	Goodfellow, Griffiths	5494	1	2	3	6	5			8	7	10	11		9		4										
6	12	Doncaster Rovers	0-5		5530	1	2	3	6				8	7	10	11		9		4	5									
7	17	Wrexham	0-1		3565	1		3	6	5		7	8	9	10	11	2			4										
8	24	GATESHEAD	5-2	Duff,Griffiths,Wynn,Reeve,Conroy(og)	6393		2	3	8	5	6				4	11			9			1	7	10						
9	Oct 1	Hartlepools United	2-4	Wynn 2	4446		2	3	8	5	6			11	4				9			1	7	10						
10	8	DARLINGTON	6-1	Wynn 3, Reeve, Duff, Griffiths	5232		2	3	8	5	6				4	11			9			1	7	10						
11	15	Halifax Town	1-2	Kilsby	5626		2	3	8	5	6				4	11			9			1	7	10						
12	22	NEW BRIGHTON	2-0	Duff, Prest	7292		2		8	5	6				4	11	3		9			1		10						
13	29	Barrow	1-3	Goodier	6533		2		8	5	6				4	11	3		9			1	7	10						
14	Nov 5	CHESTER	5-2	Kilsby 2, Wynn 2 (2p), Duff	6732		2		8	5	6				4		3		9			1	7	10	11					
15	12	Bradford City	0-3		6615		2		6	5			8		4	11	3		9			1	7	10						
16	19	HULL CITY	4-0	Wynn 2, Reynolds, Prest	6690				3	5					4	11	2		9	6		1	8	10		7				
17	Dec 3	STOCKPORT COUNTY	0-1		6293				3	5	6		8		4		2		9			1	11	10		7				
18	10	Accrington Stanley	5-0	Kilsby 2, Prest, Duff, Wynn (p)	3836		2	3	8	5	6				4				9			1	11	10		7				
19	17	BARNSLEY	2-1	Wynn, Prest	5466		2	3	8	5	6				4				9			1	11	10		7				
20	24	ROTHERHAM UNITED	0-1		5811		2	3	8	5	6				4				9			1	11	10		7				
21	26	Southport	1-4	Vause	6606		2	3	8	5	6				4				9			1		10		7	11			
22	27	SOUTHPORT	5-0	Duff 2, Wynn, Prest, Reynolds	6293		2	3	8		6				4				9		5	1		10		7	11			
23	31	Oldham Athletic	2-1	Wynn, Reeve	11644		2	3	8		6				5				9			1		10		7	11	4		
24	Jan 11	Lincoln City	2-2	Duff 2	1847		2	3	10	5					4				9	6		1				7	11	8		
25	14	York City	7-0	Vause 3, Firth 2, Wynn (p), Duff	3826		2	3	10	5					4				9	6		1				7	11	8		
26	21	WREXHAM	0-0		7250		2	3	10	5					4				9	6		1				7	11	8		
27	28	Gateshead	2-2	Vause, Wynn	2846		2		3		6				4				9		5	1		10		7	11	8		
28	Feb 4	HARTLEPOOLS UNITED	3-4	Wynn 2 (1p), 1 missing	5557		2	3	8		6				4				9		5	1		10		7	11			
29	11	Darlington	2-1	Firth 2	3011		2	3	10						4				9	6	5	1				7	11	8		
30	18	HALIFAX TOWN	4-5	Wynn 3, Vause	6521		2	3	10						4				9	6	5	1				7	11	8		
31	25	New Brighton	1-3	Wynn	3296		2		3	5	6				4				9			1		10		7	11	8		
32	Mar 4	BARROW	2-2	Reynolds, Vause	4734		2		3		6				5				9			1	4	10		7	11	8		
33	11	Chester	0-0		4375		2		3		6				5				9			1	4			7		8		
34	18	BRADFORD CITY	1-1	Prest	5651		2		3		6			11	5				9			1	4	10		7		8		
35	25	Hull City	3-3	Duff, Wynn, Vause	3975		2	3	10		6				5				9			1	4			7	11	8		
36	Apr 1	LINCOLN CITY	4-0	Wynn 2, Vause, Kilsby	4314	1		3	10		6				5		2		9				4				11	8	7	
37	7	Crewe Alexandra	1-4	Firth	6678		2	3	10		6				5				9			1	4			7	11	8		
38	8	Stockport County	2-1	Wynn, Vause	6485	1	2	3	10	5	6				4				9				7				11	8		
39	10	CREWE ALEXANDRA	5-0	Wynn, Vause 2, Firth, Gastall	7786	1	2	3	10	5					4				9				6				11	8	7	
40	15	ACCRINGTON STANLEY	4-1	Duff 2, Vause, Wynn	3981	1	2	3	8					10	4				9				6				11		7	5
41	22	Barnsley	0-2		8403	1	2	3	10	5					4				9				6				11	8	7	
42	29	Carlisle United	1-5	Reynolds	2800	1	2	3	10	5	6								9				4			7	11	8		
					Apps	13	37	31	41	28	27	4	8	9	41	14	9	5	36	9	6	29	23	21	1	22	20	18	4	1
					Goals				14	1	3			1	2	5		,1	28				6	6		4	13	6	1	

Played in one game: AW Young (3, at 4), J Barrett (4,4), J Latimer (12,7), JC Briggs (33,10), DB Lewis (33,11).

One own goal

F.A. Cup

Rd	Date	Opponent	Score	Scorers	Att	Fawcett DH	Baird TS	Sneddon T	Duff JH	Goodier E	Reeve FW	Howarth H(2)	Douglas TA	Haworth, Richard	Goodfellow S	Griffiths AA	Keenan WG	Royan W	Wynn J	Gregory A	Hobbs EC	Doyle T	Kilsby RH	Prest TW	Mee GW	Reynolds W	Vause PG	Firth J	Gastall JWH	Neary J
R1	Nov 26	Halifax Town	3-7	Wynn, Duff, Goodier	10000		2		8	5	6				4				9			1	7	10	11					

Played at no. 3: H Roberts

Third Division North Cup

Rd	Date	Opponent	Score	Scorers	Att	Fawcett DH	Baird TS	Sneddon T	Duff JH	Goodier E	Reeve FW	Howarth H(2)	Douglas TA	Haworth, Richard	Goodfellow S	Griffiths AA	Keenan WG	Royan W	Wynn J	Gregory A	Hobbs EC	Doyle T	Kilsby RH	Prest TW	Mee GW	Reynolds W	Vause PG	Firth J	Gastall JWH	Neary J
R1	Jan 2	Accrington Stanley	1-2	Knowles	1600		2	3	10		6				5				9			1	4			7	11			

Played at no. 8: Knowles

		P	W	D	L	F	A	W	D	L	F	A	Pts
1	Barnsley	42	18	2	1	60	12	12	5	4	34	22	67
2	Doncaster Rovers	42	12	5	4	47	21	9	9	3	40	26	56
3	Bradford City	42	16	2	3	59	21	6	6	9	30	35	52
4	Southport	42	14	5	2	47	16	6	5	10	28	38	50
5	Oldham Athletic	42	16	1	4	51	21	6	4	11	25	38	49
6	Chester	42	12	5	4	54	31	8	4	9	34	39	49
7	Hull City	42	13	5	3	57	25	5	5	11	26	49	46
8	Crewe Alexandra	42	12	5	4	54	23	7	1	13	28	47	44
9	Stockport County	42	13	6	2	57	24	4	3	14	34	53	43
10	Gateshead	42	11	6	4	45	24	3	8	10	29	43	42
11	Rotherham United	42	12	4	5	45	21	5	4	12	19	43	42
12	Halifax Town	42	9	10	2	33	22	4	6	11	19	32	42
13	Barrow	42	11	5	5	46	22	5	4	12	20	43	41
14	Wrexham	42	15	2	4	46	28	2	5	14	20	51	41
15	ROCHDALE	42	10	5	6	58	29	5	4	12	34	53	39
16	New Brighton	42	11	2	8	46	32	4	7	10	22	41	39
17	Lincoln City	42	9	6	6	40	33	3	3	15	26	59	33
18	Darlington	42	12	2	7	43	30	1	5	15	19	62	33
19	Carlisle United	42	10	5	6	44	33	3	2	16	22	78	33
20	York City	42	8	5	8	37	34	4	3	14	27	58	32
21	Hartlepools United	42	10	4	7	36	33	2	3	16	19	61	31
22	Accrington Stanley	42	6	5	10	30	39	1	1	19	19	64	20

1946/47 6th in Division 3(N)

							Roberts WE	Pomphrey EA	Byrom W	Hallard W	Birch JW	McCormick JM	Makin SH	Wood E	Hargreaves J	Rodi J	Cunliffe A	Hurst C	West T	Hargreaves T	Barkas T	Partridge D	Henderson WJ	Kirkman N	Jackson L	Woods W	Carruthers AN	Jones W	Moorhouse A	Moss J	Sibley TI	O'Donnell H
1	Aug	31	Doncaster Rovers	1-2	A Cunliffe	8279	1	2	3	4	5	6	7	8	9	10	11															
2	Sep	3	WREXHAM	0-1		5515	1	2	3	4	5	6	7	8	9	10	11															
3		7	YORK CITY	0-1		8315	1	2		8	5	6	7	10			11	4	9													
4		9	Oldham Athletic	2-3	Wood, J Hargreaves	11470	1	2				6	7	8	9		11	4		5	10											
5		14	NEW BRIGHTON	2-2	Makin, Hurst	5612	1	2	3			6	7	8	9		11	4		5	10											
6		17	OLDHAM ATHLETIC	1-3	Barkas	8097	1	2	3					7	9		11	4	8	5	10	6										
7		21	Halifax Town	0-3		4119		2			5	4		9			11		7		10	6	1	3								
8		25	Wrexham	2-2	J Hargreaves, A Cunliffe	7775				6		4			9	7	11			5	10		1	3	2							
9		28	CARLISLE UNITED	6-0	* See below	7414				6		4			9	7	11			5	8		1	3	2	10						
10	Oct	5	Accrington Stanley	3-2	Rodi 2, Barkas	4865				6		4			9	7	11			5	8		1	3	2	10						
11		12	BARROW	1-1	A Cunliffe	7327		2		6		4			9	7	11			5	8		1	3		10						
12		19	Tranmere Rovers	3-2	Carruthers 2, Barkas	7553				6	5	4			9		11				8		1	3	2	10	7					
13		26	DARLINGTON	3-0	J Hargreaves, Barkas, Woods	6493				6	5	4			9	7	11				8		1	3	2	10						
14	Nov	2	Hull City	1-0	Hallard	22616				6	5	4			9		11				8		1	3	2	10	7					
15		9	GATESHEAD	2-3	J Hargreaves 2	8031				6	5	4			9	8	11						1	3	2	10	7					
16		16	Hartlepool United	3-0	Wood 2, Barkas	7323				6	5	4		9		7	11				8		1	3	2	10						
17		23	CREWE ALEXANDRA	1-1	Birch	6449				6	5	4		9			11				8		1	3	2	10	7					
18	Dec	7	SOUTHPORT	0-0		4467		2			5	4									8	6	1	3		10	7	9				
19		21	CHESTER CITY	2-1	Hallard, Barkas	7738				6	5	4			9		11				8		1	3	2	10	7					
20		25	STOCKPORT COUNTY	1-4	J Hargreaves	7153				6	5	4			9		11				8		1	3	2	10	7					
21		26	Stockport County	2-5	W Jones 2	14408					5	4		8			11					6	1	3	2	10		9				
22		28	DONCASTER ROVERS	2-3	J Hargreaves, Wood	13555			2	6	5			8	9		11					4	1	3		10	7					
23	Jan	4	York City	3-2	J Hargreaves 2, Carruthers	5363			2		5	4		6	9		11				8		1	3		10	7					
24		18	New Brighton	2-1	J Hargreaves 2	5380	1			10	5	4		6	9						8			3	2		7		11			
25		22	Lincoln City	3-2	A Cunliffe, Barkas, J Hargreaves	3249	1				5	4		6	9		10				8			3			7		11			
26		25	HALIFAX TOWN	1-0	Carruthers	7504	1				5	4		6	9						8			3	2		7		11	10		
27	Feb	1	Carlisle United	3-1	West 2, Moorhouse	9140	1		2		5	4		6					9		8			3			7		11	10		
28	Mar	1	Darlington	1-4	Moorhouse	4931	1				5	4		6	9						8			3	2				11	10		
29		8	HULL CITY	5-2	J Hargreaves, Barkas 2, Moss 2	6565	1				5	4		6	9						8			3	2					10	7	11
30		22	HARTLEPOOL UNITED	1-0	Barkas	7504	1				5	4		6	9						8			3	2					10	7	11
31		29	Crewe Alexandra	2-2	Sibley, O'Donnell	3247	1				5	4		6	9						8			3	2					10	7	11
32	Apr	4	BRADFORD CITY	0-1		10539	1				5	4		6	9						8			3	2					10	7	11
33		5	LINCOLN CITY	2-0	Sibley, O'Donnell	6634	1				5	4		6							8			3	2				11	10	7	9
34		7	Bradford City	1-0	Barkas	10267	1				5	4		6							8			3	2				11	10	7	9
35		12	Southport	2-0	Moss 2	4949	1				5	4		6							8			3	2				11	10	7	9
36		19	ROTHERHAM UNITED	1-1	O'Donnell	11908	1				5	4		6							8			3	2				11	10	7	9
37		26	Chester City	0-1		4278	1				5			6							4			3	2				11	8	7	10
38	May	10	Barrow	2-2	J Hargreaves 2	5322	1				5			6	9						8	4		3	2					10	7	11
39		17	Gateshead	2-2	J Hargreaves 2	4314					5	4		6	9						8			3	2					10		11
40		24	ACCRINGTON STANLEY	5-1	Moss, J Hargreaves, Barkas 3	6758					5			4	9						8			3	2					10		11
41		31	TRANMERE ROVERS	3-0	J Hargreaves 2, Barkas	5529			2		5			4	9						8			3						10		11
42	Jun	7	Rotherham United	3-3	O'Donnell 2, Barkas	10375			2		5			4	9						8			3						10		11
						Apps	21	9	9	17	35	35	5	31	30	9	23	4	4	7	36	6	17	36	27	15	13	2	10	17	10	14
						Gls				2	1		1	4	23	3	5	1	2		17					1	4	2	2	5	2	5

Scorers in game 9: J Hargreaves 3, Rodi, A Cunliffe, Barkas

Played in one game: F Walkden (18, at 11), Arthur Jones (21,7), R Rothwell (25,2), J Oakes (28,7), C Lawrence (37,9).

Played in games 3 and 4: T Sneddon (3). In games 7 and 8: JN Cunliffe (8).

Played in four games 39 to 42: CE Briggs (at 1), J Arthur (7). In three games 40 to 42: A Collier (at 6).

F.A. Cup

							Roberts WE	Pomphrey EA	Byrom W	Hallard W	Birch JW	McCormick JM	Makin SH	Wood E	Hargreaves J	Rodi J	Cunliffe A	Hurst C	West T	Hargreaves T	Barkas T	Partridge D	Henderson WJ	Kirkman N	Jackson L	Woods W	Carruthers AN	Jones W	Moorhouse A	Moss J	Sibley TI	O'Donnell H
R1	Nov	30	BISHOP AUCKLAND	6-1	*See below	8319				6	5	4			9		11				8		1	3	2	10	7					
R2	Dec	14	HARTLEPOOLS UTD.	6-1	Woods 3,A Cunliffe,Carruthers 2	6500				6	5	4			9		11				8		1	3	2	10	7					
R3	Jan	11	Charlton Athletic	1-3	Woods	23271				6	5	4			9		11				8		1	3	2	10	7					

Scorers in R1: J Hargreaves 2, A Cunliffe, Birch, Barkas, Woods

		P	W	D	L	F	A	W	D	L	F	A	Pts
1	Doncaster Rovers	42	15	5	1	67	16	18	1	2	56	24	72
2	Rotherham United	42	20	1	0	81	19	9	5	7	33	34	64
3	Chester	42	17	2	2	53	13	8	4	9	42	38	56
4	Stockport County	42	17	0	4	50	19	7	2	12	28	34	50
5	Bradford City	42	12	5	4	40	20	8	5	8	22	27	50
6	ROCHDALE	42	9	5	7	39	25	10	5	6	41	39	48
7	Wrexham	42	13	5	3	43	21	4	7	10	22	30	46
8	Crewe Alexandra	42	12	4	5	39	26	5	5	11	31	48	43
9	Barrow	42	10	2	9	28	24	7	5	9	26	38	41
10	Tranmere Rovers	42	11	5	5	43	33	6	2	13	23	44	41
11	Hull City	42	9	5	7	25	19	7	3	11	24	34	40
12	Lincoln City	42	12	3	6	52	32	5	2	14	34	55	39
13	Hartlepools United	42	10	5	6	36	26	5	4	12	28	47	39
14	Gateshead	42	10	3	8	39	33	6	3	12	23	39	38
15	York City	42	6	4	11	35	42	8	5	8	32	39	37
16	Carlisle United	42	10	5	6	45	38	4	4	13	25	55	37
17	Darlington	42	12	4	5	48	26	3	2	16	20	54	36
18	New Brighton	42	11	3	7	37	30	3	5	13	20	47	36
19	Oldham Athletic	42	6	5	10	29	31	6	3	12	26	49	32
20	Accrington Stanley	42	8	3	10	37	38	6	1	14	19	54	32
21	Southport	42	6	5	10	35	41	1	6	14	18	44	25
22	Halifax Town	42	6	3	12	28	36	2	3	16	15	56	22

1947/48

12th in Division 3(N)

							Briggs CE	Jackson L	Kirkman N	Wood E	Birch JW	Arthur J	Barkas T	Hargreaves J	Moss J	O'Donnell H	Lawrence C	McCormick JM	Withington R	Roberts WE	Sibley TI	Moorhouse A	Byrom W	Earl AT	Bywater NL	Johnston R	Britton J	Longdon CW	Rothwell R	Partridge D	Anderson A	Gallacher C	Reid DA	Livesey J
1	Aug	23	BARROW	2-2	Arthur, Hargreaves	9210	1	2	3	4	5	7	8	9	10	11																		
2		28	Hull City	0-0		25525	1	2	3	4	5	7	8		10	11	9																	
3		30	Wrexham	1-5	Wood	9926	1	2	3	4	5	7	8		10	11	9																	
4	Sep	2	HULL CITY	1-0	Moss	9027	1	2	3	4	5	7			10	11	9	6	8															
5		6	HALIFAX TOWN	2-1	Moss, Withington	10868	1	2	3	4	5	7	8		10	11		6	9															
6		9	ACCRINGTON STANLEY	1-3	Birch (p)	8551	1	2	3	4	5	7	8		10	11		6	9															
7		13	Oldham Athletic	1-1	Withington	15310		2	3	6	5			9	10			4	8	1	7	11												
8		20	New Brighton	0-0		7135		2	3	6	5		10	9	11			4	8	1	7													
9		27	SOUTHPORT	2-1	Moss, Arthur	8213		2	3	6	5	7	8		10	9		4		1	11													
10	Oct	4	Lincoln City	0-3		12246		2	3	6	5	7	8		10	9		4		1	11													
11		11	YORK CITY	3-0	O'Donnell 2, Sibley	8743		2	3	6	5	7			10	9		4	8	1	11													
12		18	Mansfield Town	1-1	O'Donnell	12268		2	3	6	5	7			10	9		4	8	1	11													
13		25	CHESTER	2-2	Arthur, Withington	9582		2	3	6	5	7			10	9		4	8	1	11													
14	Nov	1	Crewe Alexandra	1-2	O'Donnell	8552		2	3	6	5	7			10	9		4	8	1	11													
15		8	CARLISLE UNITED	2-1	O'Donnell, Withington	8777	1		3	6	5	7				9		4	8		11		2	10										
16		15	Rotherham United	1-4	Earl	13141	1	2	3	6	5	7				9		4	8		11			10										
17		22	HARTLEPOOLS UNITED	0-2		4502		2	3	4	5	7		9		11		6	8					10										
18	Dec	6	DARLINGTON	2-1	Davison (og), Johnston	7475		2		6	5	7						4	8		11		3	10	1	9								
19		25	Bradford City	0-4		13983					5	7						4	10			11	2		1	9	3	6						
20		27	BRADFORD CITY	2-0	Johnston, O'Donnell	6145					5				10	11	7		8				3		1	9	6		2	4				
21	Jan	1	Accrington Stanley	2-1	Wood, O'Donnell	5785		2		9	5				10	11	7		8				3		1		6			4				
22		3	WREXHAM	2-1	Johnston, Moss	9687		2			5				10	11	7	4	8				3		1	9	6							
23		10	Gateshead	0-5		3857		2			5				10	11	7		8				3		1	9	6			4				
24		17	Halifax Town	3-2	Johnston 2, O'Donnell	7310		2			5				10	11	7	4	8	1			3			9	6							
25		24	Tranmere Rovers	1-4	Johnston	4880		2			5				10	11	7	4	8	1			3			9	6							
26		31	OLDHAM ATHLETIC	2-0	Withington, Wood	12987		2		10	5					11	7	4	8	1			3			9	6							
27	Feb	7	NEW BRIGHTON	1-0	Lawrence	4496		2		10	5					11	7	4	8	1			3			9	6							
28		14	Southport	2-2	Withington, Arthur	7708				10	5	11					7	4	8	1			3			9	6		2					
29		28	York City	0-0		7311		2		10	5	8				11	7	4					3			9	6				1			
30	Mar	6	MANSFIELD TOWN	1-2	O'Donnell	9990		2		10	5					11	7	4					3			9	6				1			
31		13	Chester	1-2	Arthur	6427				9	5	8				11	7	10					2				6		3	4	1			
32		20	CREWE ALEXANDRA	1-2	Gallacher	7092		2			5	11					7	4	8				3		1	9	6					10		
33		26	STOCKPORT COUNTY	1-2	Lawrence	7183		2		9	5	11					7		8				3		1		6			4		10		
34		27	Carlisle United	0-5		10912				4		10							8		7	11				9	6		2		1			
35		29	Stockport County	0-4		11002				6	5						7		10		11		3		1	9		2		4		8		
36	Apr	3	ROTHERHAM UNITED	1-0	Arthur	7314		2			5	7		9				4	8			11	3		1					6		10		
37		6	LINCOLN CITY	1-1	Wood	8467		2		9	5						7	4	8			11	3		1					6		10		
38		10	Hartlepools United	1-4	Moorhouse	7907				9	5						7	4	8			11	2		1				3	6			10	
39		13	Barrow	1-0	Wood	5188		2		9	5						7	4	8	1		11							3	6			10	
40		17	GATESHEAD	2-1	Livesey, Reid	7031		2		9	5						7	4	8	1									3	6			10	11
41		24	Darlington	0-0		4614		2		8	5						7			1						9	4		3	6			10	11
42	May	1	TRANMERE ROVERS	1-1	Johnston	5269		2		10	5						7			1						9	4		3	6		8		11
						Apps	8	34	17	34	41	24	8	5	20	26	24	31	32	17	13	7	21	4	12	17	18	2	9	13	4	6	4	3
						Goals				5	1	6		1	4	9	2		6		1	1		1		7						1	1	1

Played in one game: WB Cornock (17, at 1), JJ Brindle (19, 8), H Colvan (30, 8), E Anderson (34,3), MN Skivington (34,5).

Played in 3 games 1 to 3: A Collier (6).

One own goal

F.A. Cup

							Briggs CE	Jackson L	Kirkman N	Wood E	Birch JW	Arthur J	Barkas T	Hargreaves J	Moss J	O'Donnell H	Lawrence C	McCormick JM	Withington R	Roberts WE	Sibley TI	Moorhouse A	Byrom W	Earl AT	Bywater NL	Johnston R	Britton J	Longdon CW	Rothwell R	Partridge D	Anderson A	Gallacher C	Reid DA	Livesey J
R1	Nov	29	York City	1-0	Birch (p)	9830		2		4	5	7				9		6	8	1	11		3	10										
R2	Dec	13	GILLINGHAM	1-1	O'Donnell	11110		2		6	5	7			10	11		4	8	1			3			9								
rep		20	Gillingham	0-3		17078		2		6	5	7						4	8	1	11		3	10		9								

Round 2 a.e.t.

		P	W	D	L	F	A	W	D	L	F	A	Pts
1	Lincoln City	42	14	3	4	47	18	12	5	4	34	22	60
2	Rotherham United	42	15	4	2	56	18	10	5	6	39	31	59
3	Wrexham	42	14	3	4	49	23	7	5	9	25	31	50
4	Gateshead	42	11	5	5	48	28	8	6	7	27	29	49
5	Hull City	42	12	5	4	38	21	6	6	9	21	27	47
6	Accrington Stanley	42	13	1	7	36	24	7	5	9	26	35	46
7	Barrow	42	9	4	8	24	19	7	9	5	25	21	45
8	Mansfield Town	42	11	4	6	37	24	6	7	8	20	27	45
9	Carlisle United	42	10	4	7	50	35	8	3	10	38	42	43
10	Crewe Alexandra	42	12	4	5	41	24	6	3	12	20	39	43
11	Oldham Athletic	42	6	10	5	25	25	8	3	10	38	39	41
12	ROCHDALE	42	12	4	5	32	23	3	7	11	16	49	41
13	York City	42	8	7	6	38	25	5	7	9	27	35	40
14	Bradford City	42	10	4	7	38	27	5	6	10	27	39	40
15	Southport	42	10	4	7	34	27	4	7	10	26	36	39
16	Darlington	42	7	8	6	30	31	6	5	10	24	39	39
17	Stockport County	42	9	6	6	42	28	4	6	11	21	39	38
18	Tranmere Rovers	42	10	1	10	30	28	6	3	12	24	44	36
19	Hartlepools United	42	10	6	5	34	23	4	2	15	17	50	36
20	Chester	42	11	6	4	44	25	2	3	16	20	42	35
21	Halifax Town	42	4	10	7	25	27	3	3	15	18	49	27
22	New Brighton	42	5	6	10	20	28	3	3	15	18	53	25

1948/49

7th in Division 3(N)

	Date	Opponent	Score	Scorers	Att.	Roberts WE	Watson W	Bonnell A	Heydon C	Price WB	Partridge D	Lawrence C	Eastham GR	Livesey J	Brown C	Dryburgh TJD	Birch JW	Reid DA	Arthur J	Moss J	Wood E	Bywater NL	Rothwell R	Middlebrough A	Britton J	Hood R	Hawson A	McGeachie G	Connor JT	Churchill T	Woods W	Hubbick H
1	Aug 21	Hartlepools United	1-6	Brown	10383	1	2	3	4	5	6	7	8	9	10	11																
2	24	GATESHEAD	3-0	Wood, Livesey, Arthur	9955	1	2	3			4			11	10		5	6	7	8	9											
3	28	DARLINGTON	3-4	Brown 2, Wood	12326	1	2	3			4			11	10		5	6	7	8	9											
4	30	Gateshead	1-2	Livesey	7410		2				4			11	10		5	6	7	8	9	1	3									
5	Sep 4	Oldham Athletic	1-0	Wood	18065		2				4	7	10			11	5	6		8	9	1	3									
6	7	CARLISLE UNITED	1-0	Moss	8343		2				4	7			10	11	5	6		8	9	1	3									
7	11	New Brighton	2-1	Livesey, Moss	8385		2				4			10		11	5	6	7	8	9	1	3									
8	16	Carlisle United	1-1	Birch (p)	12539		2				4			10		11	5	6	7	8	9	1	3									
9	18	CHESTER	3-1	Arthur, Dryburgh, Moss	11965		2				4			10		11	5	6	7	8	9	1	3									
10	25	Southport	1-3	Livesey	9643		2				4			10		11	5	6	7	8	9	1	3									
11	Oct 2	CREWE ALEXANDRA	3-0	Wood, Dryburgh, Reid	10836		2				4			10		11	5	6	7	8	9	1	3									
12	9	ACCRINGTON STANLEY	4-1	Wood, Dryburgh, Moss 2	11151		2				4			10		11	5	6	7	8	9	1	3									
13	16	Rotherham United	1-3	Birch (p)	16750		2				4			10		11	5	6	7	8	9	1	3									
14	23	HULL CITY	1-1	Birch (p)	14967		2				4			10		11	5	6	7	8	9	1	3									
15	30	Doncaster Rovers	0-1		18860		2				4					11	5	6	7	8	10	1	3	9								
16	Nov 6	BRADFORD CITY	1-1	Moss	8707		2				4			10		11	5		7	8	9	1	3		6							
17	13	Halifax Town	1-2	Wood	7743			3			4					11	5		7	8	9	1	2		6	10						
18	20	WREXHAM	2-1	Moss, Middlebrough	7760			3			4					11	5		7	10	6	1	2	9		8						
19	Dec 18	HARTLEPOOLS UNITED	0-1		5803		2				6			10		11	5		7	8	9	1	3				4					
20	25	Stockport County	2-2	Moss, Dryburgh	10641		3				6					11	5		7	10	8	1	2					4	9			
21	27	STOCKPORT COUNTY	2-0	Dryburgh, Birch (p)	10510		2				6	7				11	5			10	8	1	3					4	9			
22	Jan 1	Darlington	1-6	Middlebrough	9887		2				6	7				11	5			10	8	1	3	9				4				
23	15	OLDHAM ATHLETIC	1-2	Birch (p)	8252		2				6					11	5		7		8		3					4	9	1	10	
24	22	NEW BRIGHTON	1-1	Connor	5867		2				6					11	5		7		8							4	9	1	10	3
25	29	Barrow	1-0	Livesey	7321		2				4	7		8		11	5				6								9	1	10	3
26	Feb 5	Chester	1-2	Livesey	5570		2				4	7		8		11	5				6								9	1	10	3
27	12	Tranmere Rovers	0-0		7246		2				4			8		11	5							9		10		6	7	1		3
28	19	SOUTHPORT	1-0	Connor	4322		2				4			8		11	5		7			1				10		6	9			3
29	26	Crewe Alexandra	2-1	Connor 2	6062	1	2				4			8		11	5		7							10		6	9			3
30	Mar 12	ROTHERHAM UNITED	2-0	Arthur, Connor	9840		2				4			8		11	5		7							10		6	9	1		3
31	19	Hull City	1-1	Hood	36509		2				4			8		11	5		7							10		6	9	1		3
32	26	DONCASTER ROVERS	0-2		8637	1	2				4			8		11	5		7							10		6	9			3
33	Apr 2	Bradford City	0-1		10314		2				4			7	10	11	5									8		6	9	1		3
34	4	MANSFIELD TOWN	1-0	Connor	3362		2							8	10	11	5		7		6	1						4	9			3
35	9	HALIFAX TOWN	1-0	Connor	6885		2							8	10	11	5		7		6							4	9	1		3
36	15	York City	1-1	Livesey	12438		2							8	10	11	5		7		6							4	9	1		3
37	16	Wrexham	0-2		8494		2							8		11	5		7		6							4	9	1	10	3
38	18	YORK CITY	2-0	Connor, Birch (p)	7758		2					7		8		11	5				6							4	9	1	10	3
39	23	BARROW	3-0	Livesey, Lawrence, Connor	7757		2					7		8		11	5				6							4	9	1	10	3
40	27	Accrington Stanley	0-0		5446		2					7		8		11	5				6							4	9	1	10	3
41	30	Mansfield Town	0-2		9885		2					7		8		11	5				6							4	9	1	10	3
42	May 7	TRANMERE ROVERS	2-1	Dryburgh, Connor	5923		2					7		8		11	5				6	1						4	9		10	3
					Apps	5	40	5	1	1	33	12	2	32	9	39	41	14	28	21	34	22	20	4	2	9	1	21	22	15	10	19
					Goals							1		8	3	6	6	1	3	8	6			2		1			10			

F.A. Cup

	Date	Opponent	Score	Scorers	Att.	Roberts WE	Watson W	Bonnell A	Heydon C	Price WB	Partridge D	Lawrence C	Eastham GR	Livesey J	Brown C	Dryburgh TJD	Birch JW	Reid DA	Arthur J	Moss J	Wood E	Bywater NL	Rothwell R	Middlebrough A	Britton J	Hood R	Hawson A	McGeachie G	Connor JT	Churchill T	Woods W	Hubbick H
R1	Nov 27	BARROW	1-1	Middlebrough	12077						4			10		11	5		7	8	6	1	3	9	2							
rep	Dec 4	Barrow	0-2		9570		2				4	7	8			11	5			10	6	1	3	9								

First tie a.e.t. Played at Oldham.

		P	W	D	L	F	A	W	D	L	F	A	Pts
1	Hull City	42	17	1	3	65	14	10	10	1	28	14	65
2	Rotherham United	42	16	4	1	47	17	12	2	7	43	29	62
3	Doncaster Rovers	42	10	8	3	26	12	10	2	9	27	28	50
4	Darlington	42	10	3	8	42	36	10	3	8	41	38	46
5	Gateshead	42	10	6	5	41	28	6	7	8	28	30	45
6	Oldham Athletic	42	12	4	5	49	28	6	5	10	26	39	45
7	ROCHDALE	42	14	3	4	37	16	4	6	11	18	37	45
8	Stockport County	42	13	5	3	44	16	3	6	12	17	40	43
9	Wrexham	42	12	6	3	35	22	5	3	13	21	40	43
10	Mansfield Town	42	13	6	2	39	15	1	8	12	13	33	42
11	Tranmere Rovers	42	8	9	4	23	19	5	6	10	23	38	41
12	Crewe Alexandra	42	13	4	4	31	18	3	5	13	21	56	41
13	Barrow	42	10	8	3	27	13	4	4	13	14	35	40
14	York City	42	11	3	7	49	28	4	6	11	25	46	39
15	Carlisle United	42	12	7	2	46	32	2	4	15	14	45	39
16	Hartlepools United	42	10	5	6	34	25	4	5	12	11	33	38
17	New Brighton	42	10	4	7	25	19	4	4	13	21	39	36
18	Chester	42	10	7	4	36	19	1	6	14	21	37	35
19	Halifax Town	42	8	4	9	26	27	4	7	10	19	35	35
20	Accrington Stanley	42	11	4	6	39	23	1	6	14	16	41	34
21	Southport	42	6	5	10	24	29	5	4	12	21	35	31
22	Bradford City	42	7	6	8	29	31	3	3	15	19	46	29

1949/50

3rd in Division 3(N)

							Churchill T	Watson W	Hubbick H	McGeachie G	Birch JW	Wood E	Lawrence C	Livesey J	Connor JT	Williams WHJ	Dryburgh TJD	Woods W	Nicol B	Kapler K	Arthur J	Middlebrough A	Rothwell R	Brown C	Stanners W	Partridge D	Reid DA
1	Aug	20	GATESHEAD	1-3	Connor	6837	1	2	3	4	5	6	7	8	9	10	11										
2		25	Doncaster Rovers	0-0		21567	1	2	3	6	5	4	7	8	9		11	10									
3		27	Hartlepools United	2-1	Lawrence 2	10519	1	2	3	6	5	4	7	8	9				10	11							
4		30	DONCASTER ROVERS	0-1		11271	1	2	3	6	5	4	9	8					10	11	7						
5	Sep	3	DARLINGTON	2-0	Woods, Connor	8120	1	2	3	6	5	4	7	8	9			10		11							
6		5	CHESTER	0-1		7543	1	2	3	6	5	4	7	8	9			10		11							
7		10	New Brighton	4-0	Livesey, Williams, Dryburgh, Middlebrough	5986	1	2	3	6	5	4		10		8	11				7	9					
8		14	Chester	2-0	Dryburgh, Middlebrough	5165	1	2	3	6	5	4		10		8	11				7	9					
9		17	HALIFAX TOWN	1-0	Dryburgh	8755	1	2	3	6	5	4		10		8	11				7	9					
10		24	Oldham Athletic	0-0		23716	1	2	3	6	5	4		10		8	11				7	9					
11	Oct	1	Bradford City	1-2	Arthur	12707	1	2	3	6	5	4		10	9	8	11				7						
12		8	YORK CITY	3-1	Connor, Livesey 2	8049	1		3	6	5	4		8	9		11				7		2	10			
13		15	Tranmere Rovers	0-1		10820	1		3	6	5	4		8	9		11				7		2	10			
14		22	CREWE ALEXANDRA	2-1	Connor 2	9790	1	2	3	6	5	4		8	9		11				7			10			
15		29	Barrow	1-0	Arthur	5105	1	2	3	6	5	4		8	9		11				7			10			
16	Nov	5	LINCOLN CITY	2-0	Connor, Dryburgh	8867	1	2	3	6	5	4		8	9		11				7			10			
17		12	Rotherham United	3-4	Connor 2, Dryburgh	9113	1	2	3	6	5	4		8	9		11				7			10			
18		19	CARLISLE UNITED	1-0	Brown	7323		2	3	6	5	4		8	9		11				7			10	1		
19	Dec	3	ACCRINGTON STANLEY	2-0	Dryburgh, McGeachie	5349	1	2	3	6	5	4		8	9		11				7			10			
20		17	Gateshead	3-1	Livesey 3	3997		2	3	6	5	4		8	9		11				7			10	1		
21		24	HARTLEPOOLS UNITED	4-0	Dryburgh 2, Connor, Livesey	7439		2	3	6	5	4		8	9		11				7			10	1		
22		26	SOUTHPORT	2-0	Livesey, Connor	13406		2	3	6	5	4		8	9		11				7			10	1		
23		27	Southport	2-3	Brown, Dryburgh	14766		2	3	6	5	4		8	9		11				7			10	1		
24		31	Darlington	1-1	Livesey	8196	1	2	3	6	5	4		8	9		11				7			10			
25	Jan	14	NEW BRIGHTON	4-0	Birch (p), Livesey, McGeachie, Brown	9300	1	2	3	6	5	4		8	9		11				7			10			
26		21	Halifax Town	2-3	Connor 2	10398	1	2	3	6	5	4	7	8	9		11							10			
27		28	Mansfield Town	1-1	Nicol	11492	1	2	3	6		4		8	9		11		7					10		5	
28	Feb	4	OLDHAM ATHLETIC	1-0	Connor	14516	1	2	3	6		4		8	9		11		7					10		5	
29		11	Wrexham	0-3		5638	1	2	3	6	5	4		8	9		11				7			10			
30		18	BRADFORD CITY	2-2	Williams 2	8980	1	2	3		5	4			9	8	11				7			10		6	
31		25	Carlisle United	0-2		9525	1	2	3		5	4		10	7	8	11					9					6
32	Mar	4	MANSFIELD TOWN	7-1	Livesey 3, Middlebrough 2, Dryburgh, Arthur	6336	1	2	3		5	4		8			11				7	9		10			6
33		11	Crewe Alexandra	1-0	Brown	11781	1	2	3			4		8			11				7	9		10		5	6
34		18	BARROW	2-1	Livesey, Arthur	8391	1	2	3			4		8			11				7	9		10		5	6
35		25	Lincoln City	0-2		11009	1	2	3			4		8	9		11				7			10		5	6
36	Apr	1	ROTHERHAM UNITED	1-0	Connor	7653	1	2	3		5	4		8	9		11				7			10			6
37		7	Stockport County	1-1	Glover (og)	14751	1	2	3		5	4		8	9		11				7			10			6
38		8	York City	2-2	Livesey 2	6102	1	2	3		5			8	9		11				7			10		4	6
39		10	STOCKPORT COUNTY	1-1	Arthur	6711	1	2	3		5	4		8	9		11				7			10		6	
40		15	TRANMERE ROVERS	3-0	Connor, Brown, Dryburgh	7773	1	2	3	6	5	4		8	9		11				7			10			
41		22	Accrington Stanley	0-1		7302	1	2	3	6	5	4			9		11		8		7			10			
42		29	WREXHAM	1-1	Connor	3397	1		3		5	4		8	9		11				7		2	10			6
						Apps	37	39	42	31	37	41	7	40	34	8	38	3	5	4	33	8	3	30	5	8	9
						Goals				2	1		2	16	16	3	11	1	1		5	4		5			

One own goal

F.A. Cup

							Churchill T	Watson W	Hubbick H	McGeachie G	Birch JW	Wood E	Lawrence C	Livesey J	Connor JT	Williams WHJ	Dryburgh TJD	Woods W	Nicol B	Kapler K	Arthur J	Middlebrough A	Rothwell R	Brown C	Stanners W	Partridge D	Reid DA
R1	Nov	26	Rhyl	3-0	Connor 2, Dryburgh	7852		2	3	6	5	4		8	9		11				7			10	1		
R2	Dec	10	NOTTS COUNTY	1-2	Brown	24231	1	2	3	6	5	4		8	9		11				7			10			

		P	W	D	L	F	A	W	D	L	F	A	Pts
1	Doncaster Rovers	42	9	9	3	30	15	10	8	3	36	23	55
2	Gateshead	42	13	5	3	51	23	10	2	9	36	31	53
3	ROCHDALE	42	15	3	3	42	13	6	6	9	26	28	51
4	Lincoln City	42	14	5	2	35	9	7	4	10	25	30	51
5	Tranmere Rovers	42	15	3	3	35	21	4	8	9	16	27	49
6	Rotherham United	42	10	6	5	46	28	9	4	8	34	31	48
7	Crewe Alexandra	42	10	6	5	38	27	7	8	6	30	28	48
8	Mansfield Town	42	12	4	5	37	20	6	8	7	29	34	48
9	Carlisle United	42	12	6	3	39	20	4	9	8	29	31	47
10	Stockport County	42	14	2	5	33	21	5	5	11	22	31	45
11	Oldham Athletic	42	10	4	7	32	31	6	7	8	26	32	43
12	Chester	42	12	3	6	47	33	5	3	13	23	46	40
13	Accrington Stanley	42	12	5	4	41	21	4	2	15	16	41	39
14	New Brighton	42	10	5	6	27	25	4	5	12	18	38	38
15	Barrow	42	9	6	6	27	20	5	3	13	20	33	37
16	Southport	42	7	10	4	29	26	5	3	13	22	45	37
17	Darlington	42	9	8	4	35	27	2	5	14	21	42	35
18	Hartlepools United	42	10	3	8	37	35	4	2	15	15	44	33
19	Bradford City	42	11	1	9	38	32	1	7	13	23	44	32
20	Wrexham	42	8	7	6	24	17	2	5	14	15	37	32
21	Halifax Town	42	9	5	7	35	31	3	3	15	23	54	32
22	York City	42	6	7	8	29	33	3	6	12	23	37	31

1950/51

11th in Division 3(N)

	Date	Opponent	Score	Scorers	Att	Churchill T	Watson W	Hubbick H	McGeachie G	Birch JW	Reid DA	Arthur J	Livesey J	Connor JT	Brown C	Steen AW	Lomas A	Whitehouse JE	Medd GE	Hughes WA	Wood E	Partridge D	Foulds A	Smyth HR	Middlebrough A	Boyle H	Heaton WH	McNichol A	Buchan AR	Barber E
1	Aug 19	Darlington	2-0	Arthur, Connor	10530	1	2	3	4	5	6	7	8	9	10	11														
2	21	Bradford Park Avenue	1-0	Arthur	19058	1	2	3	4	5	6	7	8	9	10	11														
3	26	STOCKPORT COUNTY	1-1	Livesey	13075	1	2	3	4	5	6	7	8	9	10	11														
4	29	BRADFORD PARK AVE.	1-2	Livesey	10743		2	3	4	5	6	7	8	9	10	11	1													
5	Sep 2	Halifax Town	1-1	Connor	10219		2	3	4	5	6	7	10	9			1	8	11											
6	5	SHREWSBURY TOWN	5-0	Medd, Connor 3, Livesey	8863		2	3	4	5	6	7	10	9			1	8	11											
7	9	HARTLEPOOLS UNITED	3-1	Connor 2, Whitehouse	9146		2	3	4	5	6	7	10	9			1	8	11											
8	11	Shrewsbury Town	2-0	Connor 2	8017		2	3	4	5	6	7	10	9	11			8		1										
9	16	Gateshead	1-4	Whitehouse	13607		2	3	4	5	6	7	10	9		11		8		1										
10	23	CREWE ALEXANDRA	1-1	McGeachie	8576		2	3	6	5		7	10	9		11		8		1	4									
11	30	New Brighton	5-1	*See below	4852		2	3	6	5		7	8	9	10	11				1	4									
12	Oct 7	YORK CITY	0-1		8123		2	3	6			7	8	9					11	1	4	5	10							
13	14	Barrow	3-4	Whitehouse, Middlebrough, Brown	5645		2	3	5			7	11		10			8		1	4			6	9					
14	21	ACCRINGTON STANLEY	3-1	Connor, Birch (p), Smyth	8027		2	3	4	5		7	11	9	10			8		1				6						
15	28	Carlisle United	0-4		13295		2		4	5		7	11	9	10			8		1				6		3				
16	Nov 4	TRANMERE ROVERS	2-3	Arthur, Livesey	7886		2	3	6	5		7	11	9	10			8		1	4									
17	11	Southport	1-1	Brown	6374			3	6	5		7			10		1	8			4				9		11			
18	18	ROTHERHAM UNITED	0-2		7986			3	6	5		7	8		10		1	9			4						11			
19	Dec 2	SCUNTHORPE UNITED	2-0	Middlebrough 2	5213				4	5		7	8		6	11	1	10				2			9	3				
20	23	Stockport County	2-2	Whitehouse, Middlebrough	10152		2		4	5		7			6	11	1	8							9	3	10			
21	25	Lincoln City	2-4	Arthur, Middlebrough	9873				4	5		7			6	11	1	8	10			2			9	3				
22	Jan 13	Hartlepools United	0-0		7585	1	2			5		7	8	9	6	11					4					3	10			
23	16	CHESTER	2-3	Steen, Whitehouse	1435	1	2			5		7	10	9	6	11		8								3				
24	20	GATESHEAD	2-0	Livesey (p), Middlebrough	5612	1	2			5			8		6	11		7				4			9	3		10		
25	27	Chester	3-1	Livesey 2, Whitehouse	4534	1	2		4	5			8	9	6	11		7								3		10		
26	Feb 3	Crewe Alexandra	1-3	Livesey (p)	6941	1	2		4	5			8	9	6	11		7								3		10		
27	10	OLDHAM ATHLETIC	0-1		14238	1	2			5			8		6	11		7							9	3		10		
28	17	NEW BRIGHTON	1-0	Middlebrough	3689	1	2	3	4	5		7	8			11									9			10	6	
29	24	York City	2-2	Livesey (p), Steen	7664	1	2	3	4	5		7	8			11									9			10	6	
30	Mar 3	BARROW	1-0	Middlebrough	5509	1	2	3	4	5		7	8			11									9			10	6	
31	10	Accrington Stanley	2-1	Whitehouse, Connor	4281	1	2		4	5		7		9		11		8								3		10	6	
32	17	CARLISLE UNITED	4-1	Steen, Connor 2, McNichol	6190	1	2		4	5		7		9		11		8								3		10	6	
33	24	Tranmere Rovers	1-2	McNichol	8328	1	2		4	5		7		9		11		8								3		10	6	
34	26	BRADFORD CITY	4-0	Connor 2, McNichol, Steen	4233	1	2		4	5		7		9		11		8								3		10	6	
35	27	Bradford City	1-2	Connor	16164	1	2		4				8	9		11							7			3		10	6	
36	31	SOUTHPORT	1-1	Whitehouse	3781	1	2		4	5		7		9		11		8								3		10	6	
37	Apr 7	Rotherham United	0-3		14202	1	2		4	5			11	9		7		8								3		10	6	
38	10	HALIFAX TOWN	0-0		3342	1	2	3	4	5			11			7		8							9			10	6	
39	14	MANSFIELD TOWN	0-0		4000	1	2	3	4	5		7	8			11		10							9				6	
40	16	Mansfield Town	0-1		11384	1	2	3	4	5		7	8		10	11							9						6	
41	17	LINCOLN CITY	3-0	Foulds, McGeachie, Livesey	3533	1	2	3	4	5		7	10			11		8					9						6	
42	21	Scunthorpe United	0-3		9229	1	2	3		5		7	10			11							8						6	9
43	24	Oldham Athletic	0-2		13503	1	2	3		5			8			11						4			9			10	6	7
44	28	WREXHAM	2-0	Barber, Middlebrough	3288	1	2	3		5			11					8							9			10	6	7
45	May 2	Wrexham	1-3	Whitehouse	3633	1	2	3		5			11					8					10		9				6	7
46	5	DARLINGTON	0-0		3448	1	2	3	4	5			10					8									11		6	7
					Apps	28	42	29	38	43	9	35	38	26	22	32	9	32	5	9	8	5	6	3	15	17	5	17	19	5
					Goals				4	1		4	11	16	3	5		9	1				1	1	9			3		1

Scorers in game 11: Steen, Livesey, McGeachie 2(2p), Brown

Played in games 17 and 18: R Rothwell (at 2).

Played in games 23 and 27: K Crowther (at 4).

Played in game 35 (at 5), 42, 44 and 45 (at 4): ER Downes. In game 46: H Mills (at 9).

F.A. Cup

	Date	Opponent	Score	Scorers	Att	Churchill T	Watson W	Hubbick H	McGeachie G	Birch JW	Reid DA	Arthur J	Livesey J	Connor JT	Brown C	Steen AW	Lomas A	Whitehouse JE	Medd GE	Hughes WA	Wood E	Partridge D	Foulds A	Smyth HR	Middlebrough A	Boyle H	Heaton WH	McNichol A	Buchan AR	Barber E
R1	Nov 25	WILLINGTON	3-1	Whitehouse 2 (1p), Middlebrough	7657				4	5		7	8		6	11	1	10				2			9	3				
R2	Dec 9	Ashington	2-1	Livesey, Steen	13191		2		4	5		7	8		6	11	1								9	3	10			
R3	Jan 9	CHELSEA	2-3	Connor, Arthur	17817		2		6	5		7	10	9		11	1	8			4					3				

		P	W	D	L	F	A	W	D	L	F	A	Pts
1	Rotherham United	46	16	3	4	55	16	15	6	2	48	25	71
2	Mansfield Town	46	17	6	0	54	19	9	6	8	24	29	64
3	Carlisle United	46	18	4	1	44	17	7	8	8	35	33	62
4	Tranmere Rovers	46	15	5	3	51	26	9	6	8	32	36	59
5	Lincoln City	46	18	1	4	62	23	7	7	9	27	35	58
6	Bradford Park Ave.	46	15	3	5	46	23	8	5	10	44	49	54
7	Bradford City	46	13	4	6	55	30	8	6	9	35	33	52
8	Gateshead	46	17	1	5	60	21	4	7	12	24	41	50
9	Crewe Alexandra	46	11	5	7	38	26	8	5	10	23	34	48
10	Stockport County	46	15	3	5	45	26	5	5	13	18	37	48
11	ROCHDALE	46	11	6	6	38	18	6	5	12	31	44	45
12	Scunthorpe United	46	10	12	1	32	9	3	6	14	26	48	44
13	Chester	46	11	6	6	42	30	6	3	14	20	34	43
14	Wrexham	46	12	6	5	37	28	3	6	14	18	43	42
15	Oldham Athletic	46	10	5	8	47	36	6	3	14	26	37	40
16	Hartlepools United	46	14	5	4	55	26	2	2	19	9	40	39
17	York City	46	7	12	4	37	24	5	3	15	29	53	39
18	Darlington	46	10	8	5	35	29	3	5	15	24	48	39
19	Barrow	46	12	3	8	38	27	4	3	16	13	49	38
20	Shrewsbury Town	46	11	3	9	28	30	4	4	15	15	44	37
21	Southport	46	9	4	10	29	25	4	6	13	27	47	36
22	Halifax Town	46	11	6	6	36	24	0	6	17	14	45	34
23	Accrington Stanley	46	10	4	9	28	29	1	6	16	14	72	32
24	New Brighton	46	7	6	10	22	32	4	2	17	18	58	30

1951/52 21st in Division 3(N)

	Date		Opponent	Score	Scorers	Att	Churchill T	Watson W	Whitworth H	Birch JW	Buchan AR	Barber E	Whitehouse JE	Lynn J	Steen AW	Radford A	Hazzleton J	Hayton E	Arthur J	Middlebrough A	Nicholls JH	Downes ER	Rothwell R	Gilfillan R	Coupe JN	Betts E	Keeley W	Foulds A	Tomlinson F	Ball JA	Hindle T	Partridge D
1	Aug	18	CARLISLE UNITED	0-4		6026	1	2	4	5	6	7	8	10	11																	
2		22	Darlington	1-2	Jennings	5962	1	2	4	5	6	7	8		11	3	10															
3		25	Stockport County	0-1		9544	1	2	4	5	6	7	8	10		3																
4		28	DARLINGTON	6-2	*See below	4727	1	2		5	6		8		11	3	10	4	7	9												
5	Sep	1	WORKINGTON	2-0	Middlebrough, Whitehouse	5701	1	2		5	6		8		11	3	10	4	7	9												
6		4	MANSFIELD TOWN	1-0	Arthur (p)	6046		2		5	6		8		11	3	10	4	7	9	1											
7		8	Barrow	0-4		7326	1	2		5	6	11	8			3	10		7	9		4										
8		15	GRIMSBY TOWN	0-0		6181		2			6		8		11		10	4	7	9	1	5	3									
9		17	Mansfield Town	1-1	Whitehouse	10413		2	4		6		8		11			10	7		1	5	3	9								
10		22	Wrexham	0-2		7359		2	4		6		8	9	11			10	7		1	5	3									
11		29	CHESTERFIELD	2-0	Whitehouse, Barber	6496	1	2	10	5	6	9	8		11			4	7				3									
12	Oct	6	HARTLEPOOLS UNITED	3-0	Whitworth, Hazzleton, Steen	5574	1	2	7	5	6	9	8		11		10	4							3							
13		13	Bradford City	0-3		13505		2	9	5	6		8		7		10	4			1				3	11						
14		20	YORK CITY	0-2		4994	1	2	9	5	6		8		7			4							3	11	10					
15		27	Chester	0-4		4628		2	8	5	6								7	9	1	4			3	11	10					
16	Nov	3	LINCOLN CITY	0-1		2457	1	2	7		6	9		4								5			3	11	10	8				
17		10	Scunthorpe United	1-3	Betts	8374			9		6	7		4	8	3					1	5	2			11	10					
18		17	TRANMERE ROVERS	3-2	Tomlinson, Middlebrough 2	4158		2			6			4		3	10		7	9	1	5				11			8			
19	Dec	1	CREWE ALEXANDRA	1-0	Foulds	4278		2	4		6					3			7	9	1	5				11		10	8			
20		8	Gateshead	0-1		6055		2	4					6		3			7	9	1	5				11		10	8			
21		22	STOCKPORT COUNTY	0-0		5857		2			6			4		3			7	9	1	5				11		10	8			
22		25	Oldham Athletic	1-1	Betts	23001		2	9		6			4		3			7		1	5				11		10	8			
23		26	OLDHAM ATHLETIC	2-2	Tomlinson, Foulds	12430		2	9		6			4		3			7		1	5				11		10	8			
24		29	Workington	1-1	Middlebrough	6244		2			6			4		3			7	9	1	5				11		10	8			
25	Jan	5	BARROW	4-1	Foulds 2, Middlebrough 2	5451			2		6			4		3			7	9	1	5				11		10	8			
26		15	ACCRINGTON STANLEY	3-1	Betts, Middlebrough, Foulds	1792			2		6			4		3			7	9	1	5				11		10	8			
27		19	Grimsby Town	0-4		12780		2			6			4		3			7	9	1	5				11		10	8			
28		26	WREXHAM	1-5	Buchan	4244		2	7		6			4		3				9	1	5				11		10	8			
29	Feb	9	Chesterfield	1-5	Ball	9055	1	2	9	5	6	7		4											3	11		8		10		
30		16	Hartlepools United	1-1	Betts	8403		2			4			6					7		1	5			3	11			8	10		
31		23	HALIFAX TOWN	0-2		5703		2	10		4			6					7		1	5			3	11			8			
32	Mar	1	BRADFORD CITY	1-1	Foulds	4274		2		5				4					7	9	1		3	6		11		10	8			
33		6	Carlisle United	1-1	Hindle	3978			2	5	6			4							1		3	7				8	9	10	11	
34		8	York City	1-1	Foulds	8136			2	5	6	9		4							1		3					8	7	10	11	
35		15	CHESTER	0-5		4561			2	5	6			4							1		3	7				9	8	10	11	
36		22	Lincoln City	0-2		13646	1	3	2			9		6				10				5				11		8			7	4
37		29	SCUNTHORPE UNITED	1-2	Whitworth	1226		3	2					6				10	7	9	1	5							8		11	4
38	Apr	2	Accrington Stanley	0-0		4081		2	7		6			10		3	9				1	5				11		8				4
39		5	Tranmere Rovers	3-4	Gilfillan, Drury, Lynn (p)	3400		2	7		6			8		3	9				1	5		10								4
40		12	SOUTHPORT	1-0	Foulds	3916	1	2	7	5				8		3						6		10				9				4
41		14	BRADFORD PARK AVE.	1-1	Partridge	5540	1	2		5		7		8		3						6		10				9				4
42		15	Bradford Park Avenue	1-1	Arthur (p)	10235	1			5						3			7	9		6	2	10		11		8				4
43		19	Crewe Alexandra	0-1		4055	1			5						3			7	9		6	2	10				8			11	4
44		22	Southport	2-1	Foulds 2	2872	1			5	6			8		3							2	10		11		9	7			4
45		26	GATESHEAD	0-3		3174	1		7	5	6			8		3				9			2	10		11						4
46		28	Halifax Town	0-1		5635	1		2		6			9		3						5		10		11		8	7			4
						Apps	19	35	31	23	38	12	14	31	13	27	11	12	25	20	27	29	13	12	8	26	4	23	20	5	6	11
						Goals			2		1	1	4	1	3		1		2	10				1		4		10	2	1	1	1

Scorers in game 4: Middlebrough 3, Whitehouse, Steen 2

Played in game 1: FT Fisher (at 3).

Played in games 1 to 3: HW Jennings (at 9 - 1 goal).

Played in four games, 3, 39 to 41: J Drury (at 11 - 1 goal). In games 30 and 31: N Case (at 9).

F.A. Cup

	Date		Opponent	Score	Scorers	Att	Churchill T	Watson W	Whitworth H	Birch JW	Buchan AR	Barber E	Whitehouse JE	Lynn J	Steen AW	Radford A	Hazzleton J	Hayton E	Arthur J	Middlebrough A	Nicholls JH	Downes ER	Rothwell R	Gilfillan R	Coupe JN	Betts E	Keeley W	Foulds A	Tomlinson F	Ball JA	Hindle T	Partridge D
R1	Nov	24	Ilkeston Town	2-0	Betts 2 (1p)	9000		2			6			4		3			7	9	1	5				11	10	8				
R2	Dec	15	Gillingham	3-0	Tomlinson 2, Arthur	15686		2			6			4		3			7	9	1	5				11		10	8			
R3	Jan	12	LEEDS UNITED	0-2		21526			2		6			4		3			7	9	1	5				11		10	8			

		P	W	D	L	F	A	W	D	L	F	A	Pts
1	Lincoln City	46	19	2	2	80	23	11	7	5	41	29	69
2	Grimsby Town	46	19	2	2	59	14	10	6	7	37	31	66
3	Stockport County	46	12	9	2	47	17	11	4	8	27	23	59
4	Oldham Athletic	46	19	2	2	65	22	5	7	11	25	39	57
5	Gateshead	46	14	7	2	41	17	7	4	12	25	32	53
6	Mansfield Town	46	17	3	3	50	23	5	5	13	23	37	52
7	Carlisle United	46	10	7	6	31	24	9	6	8	31	33	51
8	Bradford Park Ave.	46	13	6	4	51	28	6	6	11	23	36	50
9	Hartlepools United	46	17	3	3	47	19	4	5	14	24	46	50
10	York City	46	16	4	3	53	19	2	9	12	20	33	49
11	Tranmere Rovers	46	17	2	4	59	29	4	4	15	17	42	48
12	Barrow	46	13	5	5	33	19	4	7	12	24	42	46
13	Chesterfield	46	15	7	1	47	16	2	4	17	18	50	45
14	Scunthorpe United	46	10	11	2	39	23	4	5	14	26	51	44
15	Bradford City	46	12	5	6	40	32	4	5	14	21	36	42
16	Crewe Alexandra	46	12	6	5	42	28	5	2	16	21	54	42
17	Southport	46	12	6	5	36	22	3	5	15	17	49	41
18	Wrexham	46	14	5	4	41	22	1	4	18	22	51	39
19	Chester	46	13	4	6	46	30	2	5	16	26	55	39
20	Halifax Town	46	11	4	8	31	23	3	3	17	30	74	35
21	ROCHDALE	46	10	5	8	32	34	1	8	14	15	45	35
22	Accrington Stanley	46	6	8	9	30	34	4	4	15	31	58	32
23	Darlington	46	10	5	8	39	34	1	4	18	25	69	31
24	Workington	46	8	4	11	33	34	3	3	17	17	57	29

1952/53   22nd in Division 3(N)

#		Date	Opponent	Score	Scorers	Att
1	Aug	23	CREWE ALEXANDRA	0-1		7000
2		25	Bradford Park Avenue	1-2	Whitworth	12060
3		30	Port Vale	2-5	Foulds, Gilfillan	15448
4	Sep	2	BRADFORD PARK AVE.	1-0	Foulds	6647
5		6	CHESTER	3-1	Betts, Gilfillan, Lynn	6557
6		9	Southport	0-1		5175
7		13	Scunthorpe United	1-5	Foulds	7381
8		16	SOUTHPORT	0-0		5330
9		20	Stockport County	2-2	Lynn, Gilfillan	8623
10		23	WORKINGTON	2-0	Murray, Betts	5075
11		27	Bradford City	3-0	Foulds 3	10898
12		30	GATESHEAD	2-3	Gilfillan 2	4848
13	Oct	4	Oldham Athletic	0-1		23026
14		11	WREXHAM	4-1	Arthur 2 (1p), Whitworth, Murray	8016
15		18	Barrow	1-2	Gilfillan	5789
16		25	GRIMSBY TOWN	0-2		12291
17	Nov	1	York City	0-2		9430
18		8	TRANMERE ROVERS	3-0	Gilfillan, Foulds, Betts	6101
19		15	Chesterfield	0-1		6752
20		29	Accrington Stanley	1-2	Gilfillan	4060
21	Dec	6	Chester	0-3		3324
22		13	Mansfield Town	1-2	Marriott	6211
23		20	Crewe Alexandra	2-4	Haddington, Whitworth	4454
24		26	Darlington	2-3	Lynn (p), Marriott	6406
25		27	DARLINGTON	3-1	Haddington 3	6461
26	Jan	1	Gateshead	1-3	Foulds	3729
27		3	PORT VALE	1-1	Lynn (p)	6899
28		10	Carlisle United	0-5		7282
29		24	SCUNTHORPE UNITED	2-2	Betts, Lynn (p)	5050
30		31	CARLISLE UNITED	1-2	Haddington	3447
31	Feb	7	Stockport County	0-2		5689
32		21	OLDHAM ATHLETIC	3-1	Buchan, Whitworth, Foulds	15502
33		28	Wrexham	0-3		7879
34	Mar	7	BARROW	6-2	Whitworth 3, Foulds, Morris, Graham	5239
35		14	Grimsby Town	2-3	Foulds 2	10578
36		21	YORK CITY	0-3		6373
37		24	BRADFORD CITY	2-1	Foulds, Haddington	2140
38		28	Tranmere Rovers	0-1		4276
39	Apr	3	Hartlepools United	1-2	Boxshall	8777
40		4	CHESTERFIELD	0-2		4803
41		6	HARTLEPOOLS UNITED	3-1	Murray 2, Arthur (p), Boxshall	3378
42		11	Workington	2-1	Haddington, Arthur (p)	3193
43		14	HALIFAX TOWN	1-1	Gilfillan	3429
44		18	ACCRINGTON STANLEY	1-0	Haddington	4706
45		25	Halifax Town	1-3	Boxshall	4826
46		29	MANSFIELD TOWN	1-0	Gilfillan	4282

Played in two games 1 (at 8) and 32 (at 7): AO Lister.

F.A. Cup

R1	Bradford Park Avenue	1-2	Lynn (p)	13525

Division 3(N) Final Table

		P	W	D	L	F	A	W	D	L	F	A	Pts
1	Oldham Athletic	46	15	4	4	48	21	7	11	5	29	24	59
2	Port Vale	46	13	9	1	41	10	7	9	7	26	25	58
3	Wrexham	46	18	3	2	59	24	6	5	12	27	42	56
4	York City	46	14	5	4	35	16	6	8	9	25	29	53
5	Grimsby Town	46	15	5	3	47	19	6	5	12	28	40	52
6	Southport	46	16	4	3	42	18	4	7	12	21	42	51
7	Bradford Park Ave.	46	10	8	5	37	23	9	4	10	38	38	50
8	Gateshead	46	13	6	4	51	24	4	9	10	25	36	49
9	Carlisle United	46	13	7	3	57	24	5	6	12	25	44	49
10	Crewe Alexandra	46	13	5	5	46	28	7	3	13	24	40	48
11	Stockport County	46	13	8	2	61	26	4	5	14	21	43	47
12	Tranmere Rovers	46	16	4	3	45	16	5	1	17	20	47	47
13	Chesterfield	46	13	6	4	40	23	5	5	13	25	40	47
14	Halifax Town	46	13	5	5	47	31	3	10	10	21	37	47
15	Scunthorpe United	46	10	6	7	38	21	6	8	9	24	35	46
16	Bradford City	46	14	7	2	54	29	0	11	12	21	51	46
17	Hartlepools United	46	14	6	3	39	16	2	8	13	18	45	46
18	Mansfield Town	46	11	9	3	34	25	5	5	13	21	37	46
19	Barrow	46	15	6	2	48	20	1	6	16	18	51	44
20	Chester	46	10	7	6	39	27	1	8	14	25	58	37
21	Darlington	46	13	4	6	33	27	1	2	20	25	69	34
22	ROCHDALE	46	12	5	6	41	27	2	0	21	21	56	33
23	Workington	46	9	5	9	40	33	2	5	16	15	58	32
24	Accrington Stanley	46	7	9	7	25	29	1	2	20	14	60	27

1953/54 19th in Division 3(N)

#	Date	Opponent	Score	Scorers	Att	Cordell JG	Potter H	Boyle H	Lynn J	Downes ER	Buchan AR	Rose K	Gilfillan R	Evans FJ	Black N	Anders J	Morton A	Haddington RW	Wasilewski A	Priday RH	Morgan WA	Arthur J	Partridge D	Kendall A	Watson W	Haines JTW	Lord F	Tolson W	Frost D	Lyons E	Glover BA
1	Aug 22	Carlisle United	0-7		8378	1	2	3	4	5	6	7	8	9	10	11															
2	25	TRANMERE ROVERS	0-1		5689		2	3	4	5	6	7	8	9		11	1	10													
3	29	ACCRINGTON STANLEY	1-0	Haddington	8375		2	3	4	5	6	7				11	1	10	9												
4	Sep 1	Tranmere Rovers	1-5	Priday	6100		2	3	4	5	6	7		8		11	1	10		9											
5	5	Grimsby Town	2-3	Haddington, Anders	12305		2	3	4	5			9			8	1	10		11	6	7									
6	8	HALIFAX TOWN	0-1		6105		2	3	4	5			9			8	1	10		11	6	7									
7	12	STOCKPORT COUNTY	0-0		7634		2	3	6	5			9	8		11	1	10				7	4								
8	14	Halifax Town	1-1	Haddington	6186		2	3	6	5			9	8			1	10		11		7	4								
9	19	Southport	1-1	Wasilewski	5748		2	3	4	5				8			1	10	9	11		7	6								
10	22	CHESTERFIELD	0-1		3070		2	3	6	5				8		11	1	10	9				4								
11	26	Wrexham	0-2		12602		2	3	6	5						11	1	10	9				4	7							
12	28	Chesterfield	1-2	Kendall	8308		2	3	6				9		10	11	1	8					4	7	5						
13	Oct 3	MANSFIELD TOWN	1-0	Haddington	7483		2	3	6				9			11	1	8					4	7	5	10					
14	10	SCUNTHORPE UNITED	1-1	Haines	7873		2	3	6				9			11	1	8					4	7	5	10					
15	17	Workington	1-0	Kendall	7070		2	3	6						10	11	1						4	7	5	8					
16	24	GATESHEAD	0-1		6308		2	3	6	5					10	11	1						4	7		8					
17	31	Hartlepools United	0-6		6763		2	3	6	5					10	11	1						4	7		8	9				
18	Nov 7	DARLINGTON	3-0	Haines 2, Frost	2601		2	3	6	5						11	1						4	7		8		10	9		
19	14	Barnsley	1-2	Frost	8146		2	3	6	5	4					11	1							7		8		10	9		
20	28	Port Vale	0-6		16841			3	6	5	4		10	2		11	1							7		8			9		
21	Dec 5	CREWE ALEXANDRA	4-1	Haines 3, Frost	4451			3	6					2	10	11	1				4			7	5	8			9		
22	12	Chester	0-2		3578			3	6					2	10	11	1				4			7	5	8			9		
23	19	CARLISLE UNITED	2-1	Kendall, Haines	4654		2	3	6						10	11	1				4			7	5	8			9		
24	25	BRADFORD CITY	3-2	Black 2, Anders	5693			3	6					2	10	11	1				4			7	5	8			9		
25	26	Bradford City	0-4		10366					5	6		8	2	10	11	1						4						9	3	
26	28	CHESTER	4-0	Lord 2, Anders, Kendall	7226			3			6			2	10	11	1				4			7	5	8	9				
27	Jan 9	YORK CITY	1-2	Haines	5575			3			6			2	10	11	1				4			7	5	8	9				
28	16	GRIMSBY TOWN	4-1	Lord 2, Haines, Lynn	4938				6					2	10	11	1				4			7	5	8	9			3	
29	23	Stockport County	2-1	Kendall, Anders	6651				6					2	10	11	1				4			7	5	8	9			3	
30	30	York City	2-1	Kendall, Lynn (p)	5650			2	6						10	11	1				4			7	5	8	9			3	
31	Feb 6	SOUTHPORT	2-0	Black, Kendall	6549			2	6						10	11	1				4			7	5	8	9			3	
32	13	WREXHAM	6-2	Lord 3, Kendall 2, Haines	5078			2	6						10	11	1				4			7	5	8	9			3	
33	20	Mansfield Town	0-2		8234			2	6						10	11	1				4		5	7		8			9	3	
34	27	Scunthorpe United	1-1	Arthur	7260			2	6		10					11	1				4	7	5				9	8		3	
35	Mar 6	WORKINGTON	4-2	E Lyons, G Lyons, Lynn, Anders	4683			2	6							11	1				4				5	8	9	10		3	
36	13	Gateshead	1-2	Lord	4847				6							11	1				4		5	7	2	8	9	10		3	
37	20	HARTLEPOOLS UNITED	2-2	Black, Haines	6583			2	6						10	11	1				4			7		8	9			3	5
38	27	Darlington	0-0		3978	1		3	6						10	11					4		2	7		8	9				5
39	Apr 3	BARNSLEY	1-1	Lord	5785	1		3	6						10	11					4			7	2	8	9				5
40	7	Accrington Stanley	0-1		5124	1		3	6						10	11					4			7	2	8	9				5
41	10	Bradford Park Avenue	2-2	Black, Anders	7099	1		3	6						10	11					4			7	2	8	9				5
42	16	BARROW	1-0	Kendall	5865	1		3	6						10	11					4			7	2	8	9				5
43	17	PORT VALE	0-0		14749	1		3	6						10	11					4			7	2	8	9				5
44	19	Barrow	2-4	Partridge, Lord	4306	1		2	6						10	11							4			9	8		3	5
45	24	Crewe Alexandra	1-2	Anders	2985			2	6							11	1				4			7		8	9	10		3	5
46	27	BRADFORD PARK AVE.	0-1		3818		2	3	6							11	1				4			7		8	9				5

Played in one game: BL Mottershead (11, at 8), GR Calderbank (46, 10).
Played in 3 games 10 (at 7), 15 and 16 (at 9): D Boxshall.
Played in 3 games, 25, 35 and 44 (at 7 - 1 goal): GW Lyons.

| Apps | 8 | 21 | 42 | 43 | 17 | 10 | 11 | 9 | 12 | 26 | 44 | 38 | 13 | 4 | 5 | .26 | 6 | 18 | 32 | 22 | 31 | 21 | 7 | 9 | 13 | 10 |
| Goals | | | | 4 | | | | | | 5 | 7 | | 4 | 1 | 1 | | 1 | 1 | 10 | | 11 | 10 | | 2 | 1 | |

F.A. Cup

| R1 | Nov 21 | Grimsby Town | 0-2 | | 8536 | | 2 | 3 | 6 | 5 | | | | | | 11 | 1 | | | | | | 4 | 7 | | 8 | | 10 | 9 | | |

		P	W	D	L	F	A	W	D	L	F	A	Pts
1	Port Vale	46	16	7	0	48	5	10	10	3	26	16	69
2	Barnsley	46	16	3	4	54	24	8	7	8	23	33	58
3	Scunthorpe United	46	14	7	2	49	24	7	8	8	28	32	57
4	Gateshead	46	15	4	4	49	22	6	9	8	25	33	55
5	Bradford City	46	15	4	4	40	14	7	3	13	20	41	53
6	Chesterfield	46	13	6	4	41	19	6	8	9	35	45	52
7	Mansfield Town	46	15	5	3	59	22	5	6	12	29	45	51
8	Wrexham	46	16	4	3	59	19	5	5	13	22	49	51
9	Bradford Park Ave.	46	13	6	4	57	31	5	8	10	20	37	50
10	Stockport County	46	14	6	3	57	20	4	5	14	20	47	47
11	Southport	46	12	5	6	41	26	5	7	11	22	34	46
12	Barrow	46	12	7	4	46	26	4	5	14	26	45	44
13	Carlisle United	46	10	8	5	53	27	4	7	12	30	44	43
14	Tranmere Rovers	46	11	4	8	40	34	7	3	13	19	36	43
15	Accrington Stanley	46	12	7	4	41	22	4	3	16	25	52	42
16	Crewe Alexandra	46	9	8	6	30	26	5	5	13	19	41	41
17	Grimsby Town	46	14	5	4	31	15	2	4	17	20	62	41
18	Hartlepools United	46	10	8	5	40	21	3	6	14	19	44	40
19	ROCHDALE	46	12	5	6	40	20	3	5	15	19	57	40
20	Workington	46	10	9	4	36	22	3	5	15	23	58	40
21	Darlington	46	11	3	9	31	27	1	11	11	19	44	38
22	York City	46	8	7	8	39	32	4	6	13	25	54	37
23	Halifax Town	46	9	6	8	26	21	3	4	16	18	52	34
24	Chester	46	10	7	6	39	22	1	3	19	9	45	32

1954/55 12th in Division 3(N)

#	Date		Opponent	Score	Scorers	Att	Morton A	McCulloch WD	Lyons E	Morgan WA	Glover BA	Lynn J	Kendall A	Haines JTW	Lord F	Mitcheson FJ	Anders J	Underwood G	Boyle H	Murphy D	Frost D	Black N	Tolson W	Green BG	Gemmell E	Cordell JG	Partridge D	Lyons GW	Johnson G
1	Aug	21	GRIMSBY TOWN	0-3		6915	1	2	3	4	5	6	7	8	9	10	11												
2		25	BRADFORD CITY	1-2	Kendall	5901	1				5	4	7	8		10	11	2	3	6	9								
3		28	Bradford Park Avenue	1-1	Frost	10819	1	8			5	4	7				11	2	3	6	9	10							
4	Sep	1	Bradford City	0-1		11604	1			8	5	4	7				11	2	3	6	9	10							
5		4	Oldham Athletic	0-0		11484	1				5	4	7				11	2	3	6	9	10	8						
6		8	CREWE ALEXANDRA	1-1	Anders	4154	1				5	4	7				11	2	3	6	9	10	8						
7		11	TRANMERE ROVERS	2-0	Kendall, Green	4313	1				5	4	7				11	2	3	6		10	8	9					
8		15	Crewe Alexandra	2-2	Haines 2	4022	1				5	4	7	8			11	2	3	6		10		9					
9		18	Stockport County	4-1	Frost 2, Black, Lynn	9923	1				5	4	7	8			11	2	3	6	9	10							
10		22	DARLINGTON	2-2	Anders, Frost	4099	1				5	4	7	8			11	2	3	6	9	10							
11		25	HARTLEPOOLS UNITED	2-1	Gemmell, Haines	6222	1				5	4	7	8			11	2	3	6		10			9				
12		29	Darlington	2-2	Gemmell 2	9598	1				5	4	7	8			11	2	3	6		10			9				
13	Oct	2	Gateshead	1-0	Haines	8010					5	4	7	10		8	11	2	3	6					9	1			
14		9	BARNSLEY	3-0	Lynn (p), Anders, Kendall	11552					5	4	7	10		8	11	2	3	6					9	1			
15		16	Scunthorpe United	2-2	Mitcheson, Anders	10331					5	4	7	10		8	11	2	3	6					9	1			
16		23	WREXHAM	2-1	Anders 2	5902					5	4	7	10		8	11	2	3	6					9	1			
17		30	Accrington Stanley	4-5	Anders, Gemmell 2, Lynn (p)	12626			3		5	4	7	10		8	11		2	6					9	1			
18	Nov	6	MANSFIELD TOWN	2-0	Lynn (p), Kendall	6527					5	4	7	10		8	11	2	3	6					9	1			
19		13	Workington	0-1		5653			3		5	4	7	10		8	11		2	6					9	1			
20		27	Southport	0-1		3365	1		3			4	7	8			11		2	6		10					5		
21	Dec	4	YORK CITY	1-1	Anders	4051	1		3		5	4	7	10		8	11		2	6					9				
22		18	Grimsby Town	1-1	Glover	7853	1				5	4	7			8	11	2	3	6					9			10	
23		25	Carlisle United	2-7	Anders, Gemmell	6556	1				5	4	7			10	11	2	3	6					9			8	
24		27	CARLISLE UNITED	1-2	Gemmell	8274	1				5	4	7	10		8	11	2	3	6					9				
25	Jan	1	BRADFORD PARK AVE.	3-2	Haines, Hindle (og), Gemmell	6976	1	2			5	4	7	10		8	11		3	6					9				
26		22	Tranmere Rovers	1-3	Gemmell	4644	1	2			5	4	7	10		8	11		3	6					9				
27		29	CHESTERFIELD	0-0		5171	1	2			5	4	7	10		8	11		3	6					9				
28	Feb	5	STOCKPORT COUNTY	1-0	Kendall	9026	1	2			5	4	7			8	10		3	6					9				11
29		12	Hartlepools United	1-3	Black	6611	1	2			5	4	7		9				3	6		10			8			11	
30		19	GATESHEAD	4-0	Kendall, G Lyons, Gemmell 2	4823	1	2			5	4	7	8		10			3	6					9			11	
31	Mar	5	SCUNTHORPE UNITED	2-0	Kendall, Lynn (p)	6078	1	2			5	4	7	8		10	11		3	6					9				
32		12	Wrexham	0-0		7048	1	2			5	4	7	8		10	11		3	6					9				
33		16	Halifax Town	2-1	Gemmell, Kendall	2836	1	2			5	4	7	8		10	11		3	6					9				
34		19	ACCRINGTON STANLEY	0-0		11654	1	2			5	4	7	8		10	11		3	6					9				
35		26	Mansfield Town	2-3	Gemmell, Mitcheson	2561	1	2			5	4	7	8		10	11		3	6					9				
36	Apr	2	WORKINGTON	2-1	Lynn 2 (2p)	5229	1	2			5	4		8		10	11		3	6					9			7	
37		8	Chester	2-1	Kendall, Lynn (p)	7293	1	2			5	4	7	8		10	11		3	6					9				
38		9	Barrow	2-4	Gemmell, G Lyons	5047	1	2	10		5		7		4	8			3	6					9			11	
39		11	CHESTER	2-0	Kendall, Anders	6466	1	2			5	4	7	10			8		3	6					9			11	
40		16	SOUTHPORT	0-0		5567	1	2			5	4	7		9	8	11		3	6					10				
41		20	OLDHAM ATHLETIC	2-1	Gemmell 2	6181	1	2			5	4	7			8	11		3	6	10				9				
42		23	York City	0-2		9981	1	2			5	4	7			8	11		3	6	10				9				
43		27	BARROW	4-1	Mitcheson 2, Black, Gemmell	2726	1	2			5	4	7			8			3	6	10				9			11	
44		30	HALIFAX TOWN	2-2	Kendall, Mitcheson	4850	1	2			5	4	7			8			3	6	10				9			11	
45	May	2	Chesterfield	1-3	Gemmell	5622	1	2			5	4	7			8	11		3	6	10				9				
46		3	Barnsley	0-2		11682	1	2			5	4	7			8	11		3	6	10				9				

Apps	39	24	6	2	45	45	45	29	4	33	41	19	45	45	7	18	3	2	36	7	1	9	1
Goals					1	8	10	5		5	10			4	3			1	19			2	

One own goal

F.A. Cup

	Date		Opponent	Score	Scorers	Att																						
R1	Nov	20	Tranmere Rovers	3-3	Mitcheson, Anders, Gemmell	8927			3		5	4	7	10		8	11		2	6					9	1			
rep		23	TRANMERE ROVERS	1-0	Gemmell	5652	1		3		5	4	7	10		8	11		2	6					9				
R2	Dec	11	HINCKLEY ATHLETIC	2-1	Kendall, Anders	8586	1		3		5	4	7	10		8	11		2	6					9				
R3	Jan	8	CHARLTON ATHLETIC	1-3	Haines	16938	1	2			5	4	7	10		8	11		3	6					9				

		P	W	D	L	F	A	W	D	L	F	A	Pts
1	Barnsley	46	18	3	2	51	17	12	2	9	35	29	65
2	Accrington Stanley	46	18	2	3	65	32	7	9	7	31	35	61
3	Scunthorpe United	46	14	6	3	45	18	9	6	8	36	35	58
4	York City	46	13	5	5	43	27	11	5	7	49	36	58
5	Hartlepools United	46	16	3	4	39	20	9	2	12	25	29	55
6	Chesterfield	46	17	1	5	54	33	7	5	11	27	37	54
7	Gateshead	46	11	7	5	38	26	9	5	9	27	43	52
8	Workington	46	11	7	5	39	23	7	7	9	29	32	50
9	Stockport County	46	13	4	6	50	27	5	8	10	34	43	48
10	Oldham Athletic	46	14	5	4	47	22	5	5	13	27	46	48
11	Southport	46	10	9	4	28	18	6	7	10	19	26	48
12	ROCHDALE	46	13	7	3	39	20	4	7	12	30	46	48
13	Mansfield Town	46	14	4	5	40	28	4	5	14	25	43	45
14	Halifax Town	46	9	9	5	41	27	6	4	13	22	40	43
15	Darlington	46	10	7	6	41	28	4	7	12	21	45	42
16	Bradford Park Ave.	46	11	7	5	29	21	4	4	15	27	49	41
17	Barrow	46	12	4	7	39	34	5	2	16	31	55	40
18	Wrexham	46	9	6	8	40	35	4	6	13	25	42	38
19	Tranmere Rovers	46	9	6	8	37	30	4	5	14	18	40	37
20	Carlisle United	46	12	1	10	53	39	5	5	15	25	50	36
21	Bradford City	46	9	5	9	30	26	4	5	14	17	29	36
22	Crewe Alexandra	46	8	10	5	45	35	2	4	17	23	56	34
23	Grimsby Town	46	10	4	9	28	32	3	4	16	19	46	34
24	Chester	46	10	3	10	23	25	2	6	15	21	52	33

1955/56 12th in Division 3(N)

#	Date		Opponent	Score	Scorers	Att	Morton A	Storey J	Boyle H	Lynn J	McCulloch WD	Murphy D	Kendall A	Mitcheson FJ	Gemmell E	McClelland JW	Anders J	Black N	Sutton B	Green BG	Andrews D	Aspden JR	Jones JA	Ferguson C	Lord F	Glover BA	Stonehouse B	McLaren A	Jackson H	Lyons GW	Molloy G
1	Aug	20	Grimsby Town	1-1	McClelland	11694	1	2	3	4	5	6	7	8	9	10	11													
2		24	Accrington Stanley	0-3		12016	1	2	3	4	5	6	7	8	9	10	11													
3		27	BRADFORD PARK AVE.	4-2	Mitcheson, Gemmell, Kendall, Black	4648	1	2	3	4	5	6	7	8	9	10		11													
4		29	ACCRINGTON STANLEY	1-1	Kendall	8086	1		3	4	5	6	7	8	9	10	11													
5	Sep	3	OLDHAM ATHLETIC	4-4	Lynn, Mitcheson, Kendall, Black	10824			3	4	2	6	7	8	9	10		11												
6		5	BARROW	5-1	*See below	4618			3	5	2	6	7		9	8		11	1	4	10									
7		10	Chesterfield	2-7	Gemmell, McClelland	9381			3	4	2	6	7		9	8		11	1		10	5								
8		15	Barrow	0-2		5157			3	5	2	6	7			8		11			10		1							
9		17	TRANMERE ROVERS	1-3	Anders	5518			3	4	2	6	7	8	9		10	11						1	5					
10		21	CHESTER	4-2	Gemmell 2, Lynn 2 (2p)	2936			3	4	2	6	7	8	9		10	11						1	5					
11		24	Southport	0-2		3949			3	4	2	6	7	8	9		10	11						1	5					
12		28	Darlington	0-2		5222			3	4	2	6	7	8	9		10		11					1	5					
13	Oct	1	GATESHEAD	1-1	Andrews	5358				4	2	3	7		9			11	10		8			1	5	6				
14		8	York City	2-1	Gemmell 2	9742				4	3	6	7	10	9	8		11						1	2	5				
15		15	SCUNTHORPE UNITED	3-2	Gemmell 2, Kendall	6110				4	3	6	7	10	9	8		11						1	2	5				
16		22	Crewe Alexandra	0-2		4922				4	3	6	7	8	9		10	11						1	2	5				
17		29	HARTLEPOOLS UNITED	1-4	Gemmell	4388				*6	3	10	7		9			11		4	8			1	2	5				
18	Nov	5	Stockport County	0-0		9337				4	3	6		8	9	10	11				7			1	2	5				
19		12	MANSFIELD TOWN	1-1	Mitcheson	4660				4	3	6		8	9	10	11				7			1	2	5				
20		26	HALIFAX TOWN	2-1	McClelland, Black	4354				4	3	6			9	11	10							1	2	5	7	8		
21	Dec	3	Bradford City	2-2	Whyte (og), McLaren	10072				4	3	6		10	9		7	11						1	2	5		8		
22		17	GRIMSBY TOWN	2-0	Gemmell, Anders	4547				4	3	6	7	10	9		11							1	2	5		8		
23		24	Bradford Park Avenue	3-3	Gemmell 2, Anders	7743				4	3	6	7		9		11				10			1	2	5		8		
24		26	CARLISLE UNITED	5-2	McLaren 2,Anders,Kendall,Lynn(p)	4698	1			4	3	6	7	10	9		11								2	5		8		
25		27	Carlisle United	2-1	Jackson, Anders	4429	1		3	4	2	6	7				11				10				5			8	9	
26		31	Oldham Athletic	2-2	Anders, McLaren	10179	1		3	4	2	6	7		9		11				10				5			8		
27	Jan	7	Wrexham	0-0		6679	1			4	3	6	7		9		11				10				2	5		8		
28		21	Tranmere Rovers	1-2	Andrews	4732	1			4	3	6	7				11			9	10				2	5		8		
29		28	DERBY COUNTY	0-5		7466				4	3	6	7		9		11				10			1	2	5		8		
30	Feb	4	SOUTHPORT	1-3	Lynn (p)	2845				4	3	6	7		9		11				10			1	2	5		8		
31		11	Gateshead	1-4	Black	1932			3	4	2	6	7		9		11	10			8			1		5				
32		18	YORK CITY	3-1	Anders 2, Storey	3923		9	3	4	2	6	7			8	10							1		5	11			
33	Mar	3	CREWE ALEXANDRA	1-0	Anders	4260		9	3	4	2	6	7			8	10							1		5	11			
34		10	Hartlepools United	0-1		8150		2	3		4	6			7	8	10			9				1	5		11			
35		17	WREXHAM	1-0	Anders	4285		2	3		4	6			9	7	10							1	5		11	8		
36		22	Scunthorpe United	2-1	Andrews, Anders (p)	4865		2	3		4	6			9		7				10			1	5		11	8		
37		24	Mansfield Town	0-6		8563		2	3		4	6	11		9		7				10			1	5			8		
38		30	WORKINGTON	1-0	Stonehouse	4057		2			4	6				9	11	10				3		1	5		7	8		
39		31	STOCKPORT COUNTY	0-0		4643		2	3		4	6					11	10						1	5	9	7	8		
40	Apr	2	Workington	1-0	Lord	5548		2	3	4		6									10			1	5	9	11	8	7	
41		7	Halifax Town	1-1	McCulloch	3212		2	3		4	6					11				10			1	5	9	7	8		
42		14	BRADFORD CITY	3-1	Lord, McLaren, McClelland	3879		2	3		4	6												1	5	9	11	8		
43		18	CHESTERFIELD	1-5	Lord	2518		2	3		4	6				10	11							1	5	9	7	8		
44		21	Derby County	0-2		13077		2			4	3			9						10			1	5		11	8	7	6
45		24	DARLINGTON	1-0	Lord	2542		2			4	3									10			1		9	5	11	8	7	6
46		28	Chester	0-0		4213		2			5	3					4	10						1		9	11	8	7	6

Scorers in game 6: Black, Andrews, McClelland, Gemmell, McCulloch
Played in one game: DR Neville (4, at 2), HL Fearnley (5, at 1),
D Partridge (5,5), R Moremont (8, 4), CRC Symonds (8,9).

	Apps	9	18	26	34	45	46	30	17	29	24	34	18	2	5	22	2	34	33	8	19	15	23	1	4	3
	Goals		1		5	2		5	3	13	5	11	5			4					4		1	5	1	

One own goal

F.A. Cup

| R1 | Nov | 19 | YORK CITY | 0-1 | | 8992 | | | 4 | 3 | 6 | | 8 | 9 | | 11 | 10 | | | 7 | | | 1 | 2 | 5 | | | | |

		P	W	D	L	F	A	W	D	L	F	A	Pts
1	Grimsby Town	46	20	1	2	54	10	11	5	7	22	19	68
2	Derby County	46	18	4	1	67	23	10	3	10	43	32	63
3	Accrington Stanley	46	17	4	2	61	19	8	5	10	31	38	59
4	Hartlepools United	46	18	2	3	47	15	8	3	12	34	45	57
5	Southport	46	12	9	2	39	18	11	2	10	27	35	57
6	Chesterfield	46	18	1	4	61	21	7	3	13	33	45	54
7	Stockport County	46	16	4	3	65	22	5	5	13	25	39	51
8	Bradford City	46	16	5	2	57	25	2	8	13	21	39	49
9	Scunthorpe United	46	12	4	7	40	26	8	4	11	35	37	48
10	Workington	46	13	4	6	47	20	6	5	12	28	43	47
11	York City	46	12	4	7	44	24	7	5	11	41	48	47
12	ROCHDALE	46	13	5	5	46	39	4	8	11	20	45	47
13	Gateshead	46	15	4	4	56	32	2	7	14	21	52	45
14	Wrexham	46	11	5	7	37	28	5	5	13	29	45	42
15	Darlington	46	11	6	6	41	28	5	3	15	19	45	41
16	Tranmere Rovers	46	11	4	8	33	25	5	5	13	26	59	41
17	Chester	46	10	8	5	35	33	3	6	14	17	50	40
18	Mansfield Town	46	13	6	4	59	21	1	5	17	25	60	39
19	Halifax Town	46	10	6	7	40	27	4	5	14	26	49	39
20	Oldham Athletic	46	7	12	4	48	36	3	6	14	28	50	38
21	Carlisle United	46	11	3	9	45	36	4	5	14	26	59	38
22	Barrow	46	11	6	6	44	25	1	3	19	17	58	33
23	Bradford Park Ave.	46	13	4	6	47	38	0	3	20	14	84	33
24	Crewe Alexandra	46	9	4	10	32	35	0	6	17	18	70	28

1956/57   13th in Division 3(N)

#		Date	Opponent	Score	Scorers	Att	Jones JA	Ferguson C	McCulloch WD	Grant JA	Glover BA	McGuigan J	Kendall A	Wainwright EF	Todd TB	Lewis G	Anders J	Murphy D	Lyons GW	Lord F	Stonehouse B	McLaren A	Morton A	Devlin J	Storey J	Green BG	Lello CF	Parr SV	Molloy G	Moran E	Pearson DT
1	Aug	18	BARROW	1-0	Lewis	3546	1	2	3	4	5	6	7	8	9	10	11														
2		20	Mansfield Town	3-2	Lewis 2, Todd	13441	1	2	3	4	5	6	7	8	9	10	11														
3		25	Hull City	0-2		13089	1	2	3		5	6	7	8	9	10	11	4													
4		29	MANSFIELD TOWN	0-0		7360	1	2	3	4	5	6	7	8	9	10			11												
5	Sep	1	WORKINGTON	0-0		7414	1	2	3	4	5	6		8		10	11		7	9											
6		8	Halifax Town	1-2	Lord	8137	1	2	3	4	5	6		8		10			7	9	11										
7		12	DARLINGTON	3-0	Wainwright 2, McLaren	3188	1	2	3	4	5	6		8		9			7		11	10									
8		15	OLDHAM ATHLETIC	0-2		10353		2	3	4	5	6			9	8			7		11	10	1								
9		19	Derby County	0-3		19405	1	2	3	4	5	6		8			11	7	9		10										
10		22	SCUNTHORPE UNITED	3-0	Devlin, McLaren, Wainwright	6320	1	2	3	4	5	6		8		9			7			10		11							
11		26	DERBY COUNTY	3-1	McLaren, Lewis 2	4835	1	2	3	4	5	6		8		9				7		10		11							
12		29	Crewe Alexandra	6-1	*see below	5947	1	2	3	4	5	6		8		9				7		10		11							
13	Oct	6	Southport	1-0	Lewis	5501	1	2	3	4	5	6		8		9				7		10		11							
14		13	CHESTERFIELD	1-0	Lewis	9011	1	2	3	4	5	6		8		9				7		10		11							
15		20	Tranmere Rovers	2-2	Lord, Lewis	6540	1	2	3	4	5	6		8		9				7		10		11							
16		27	HARTLEPOOLS UNITED	1-0	Wainwright	12237	1	2	3	4	5	6		8		9				7		10		11							
17	Nov	3	Bradford City	1-1	Wainwright	15887	1	2	3	4	5	6		8		9				7		10									
18		10	STOCKPORT COUNTY	2-2	Lord, Lewis	10394	1	2	3	4	5	6		8		9				7				11		10					
19		24	ACCRINGTON STANLEY	0-2		11071	1	5	3	4		6				9				11	7	8			2	10					
20	Dec	1	Chester	2-2	McLaren, McGuigan	5492	1	5	3	4		11				9				7		10			2	6					
21		15	Barrow	0-2		3718	1	2	5	4		6		8		9			7	11		10					3				
22		25	Wrexham	1-4	McLaren	5105	1	2	5	4		11		8						7		10					9	6	3		
23		26	WREXHAM	0-2		4375	1	2	5	4		7		8		10					11						9	6	3		
24		29	Workington	0-5		6144	1	2	5	4				8		10			7	11							9	6	3		
25	Jan	1	Darlington	3-4	McLaren, Wainwright 2	4461		5	2	4				8					7			10	1		3	9	6		11		
26		5	Gateshead	1-2	Lyons	1430		5	2	4				8		9			7			10	1		3	6			11		
27		12	HALIFAX TOWN	1-1	Lord	5527	1	5	2	4				8					7	9		10			3	6			11		
28		19	Oldham Athletic	1-0	Devlin	9006	1	5	2	4				8			6		7			10		11			3				
29		26	GATESHEAD	0-0		4561	1	5	2	4				8		9	6	7				10		11			3				
30	Feb	2	Scunthorpe United	0-1		6080	1	5	2	4				8		9	6		7					11			10	3			
31		9	CREWE ALEXANDRA	1-1	Lord	3829	1	5	2	4				8			6		7					11		9	10	3			
32		16	SOUTHPORT	6-1	Lord 3, Devlin 2, Green	3988	1	2	3	4	5			8			6			9				11		7				10	
33		23	Chesterfield	2-2	Lord, Moran	4200	1	2	3	4	5			8			6			9				11		7				10	
34	Mar	2	TRANMERE ROVERS	1-0	Grant	5499	1	2	3	4	5			8			6			9				11		7				10	
35		5	HULL CITY	4-3	McLaren, Lord 3	4296	1	2	3	4	5						6		9	8				11		7				10	
36		9	Hartlepools United	0-0		8339	1	2	3	4	5						6			9				11		7				10	
37		16	BRADFORD CITY	4-1	Wainwright(p),Moran,Pearson,Lord	7399	1	2	3	4	5		7				6			9				11						10	8
38		23	Stockport County	1-3	Moran	15652	1	2	3	4	5		7				6			9				11						10	8
39		30	CARLISLE UNITED	2-1	Devlin, Ferguson	5521	1	2	3	4	5						6			9				11		7				10	8
40	Apr	6	Accrington Stanley	1-2	Parr	9527	1		3	4	5						6		8					11	2	7		9		10	
41		13	CHESTER	2-1	Pearson 2	4501	1		3	4	5						6		9					11		7		2		10	8
42		20	York City	0-4		7203	1		3	4	5		7				6		9					11				2		10	8
43		22	BRADFORD PARK AVE.	2-1	Lord, Moran	5007	1		3	4	5	6		8					9					11				2		10	
44		23	Bradford Park Avenue	0-0		6280	1		3	4	5						6							11		9		2		10	
45		27	YORK CITY	1-0	Pearson	4215	1		3	4	5	6		8										11				2			9
46		30	Carlisle United	1-2	Bond (og)	3999	1		3	4	5	6		8										11				2		10	9

Scorers in game 12: Lewis 2, Lord, Devlin, Wainwright 2 (1p).
Played in game 17: R Tapley (11).
Played in games 36 (at 8) and 45 (at 10): T Mulvoy.
Played in four games 43 to 46: J Brown (at 7).

Apps	43	39	46	45	33	26	4	38	5	27	4	18	13	33	4	21	3	27	6	14	11	15	3	14	7
Goals		1		1		1		10	1	11			1	15		7		6		1		1		4	4

One own goal

F.A. Cup

| R1 | Nov | 17 | Scunthorpe United | 0-1 | | 8655 | 1 | 5 | 3 | 4 | | 6 | | 8 | | 9 | | | 7 | | 10 | | | 2 | | | | | | |

Played at no. 11: D Andrews

		P	W	D	L	F	A	W	D	L	F	A	Pts
1	Derby County	46	18	3	2	69	18	8	8	7	42	35	63
2	Hartlepools United	46	18	4	1	56	21	7	5	11	34	42	59
3	Accrington Stanley	46	15	4	4	54	22	10	4	9	41	42	58
4	Workington	46	16	4	3	60	25	8	6	9	33	38	58
5	Stockport County	46	16	3	4	51	26	7	5	11	40	49	54
6	Chesterfield	46	17	5	1	60	22	5	4	14	36	57	53
7	York City	46	14	4	5	43	21	7	6	10	32	40	52
8	Hull City	46	14	6	3	45	24	7	4	12	39	45	52
9	Bradford City	46	14	3	6	47	31	8	5	10	31	37	52
10	Barrow	46	16	2	5	51	22	5	7	11	25	40	51
11	Halifax Town	46	16	2	5	40	24	5	5	13	25	46	49
12	Wrexham	46	12	7	4	63	33	7	3	13	34	41	48
13	ROCHDALE	46	14	6	3	38	19	4	6	13	27	46	48
14	Scunthorpe United	46	9	5	9	44	36	6	10	7	27	33	45
15	Carlisle United	46	9	9	5	44	36	7	4	12	32	49	45
16	Mansfield Town	46	13	3	7	58	38	4	7	12	33	52	44
17	Gateshead	46	9	6	8	42	40	8	4	11	30	50	44
18	Darlington	46	11	5	7	47	36	6	3	14	35	59	42
19	Oldham Athletic	46	9	7	7	35	31	3	8	12	31	43	39
20	Bradford Park Ave.	46	11	2	10	41	40	5	1	17	25	53	35
21	Chester	46	8	7	8	40	35	2	6	15	15	49	33
22	Southport	46	7	8	8	31	34	3	4	16	21	60	32
23	Tranmere Rovers	46	5	9	9	33	38	2	4	17	18	53	27
24	Crewe Alexandra	46	5	7	11	31	46	1	2	20	12	64	21

1957/58 10th in Division 3(N)

						Jones JA	Ferguson C	Rudman H	Grant JA	Glover BA	McGlennon T	Lockhart C	Wainwright EF	Pearson DT	Moran E	Devlin J	McCready BT	Green BG	Vizard CJ	Torrance GS	McCulloch WD	McGuigan J	Dailey J	Parr SV	Dryburgh TJD	Newall G	Brown J	Spencer L	Wallace JC
1	Aug 24	Mansfield Town	4-2	Lockhart 2, Moran, Pearson	8925	1	2	3	4	5	6	7	8	9	10	11													
2	28	ACCRINGTON STANLEY	3-0	McGlennon, Devlin, Wainwright (p)	12030		2	3	4	5	6	7	8	9	10	11	1												
3	31	WORKINGTON	1-0	Pearson	10388		2	3	4	5	6	7	8	9	10	11	1												
4	Sep 2	Accrington Stanley	2-3	Vizard, Pearson	15454		2	3	4	5	6	7		9		11		1	8	10										
5	7	Bradford City	0-1		13223		2	3	4	5	6	7	8	9		11		1		10										
6	11	DARLINGTON	5-4	*See below	4037		2	3	4	5	6	7	8	9	10	11	1													
7	14	HULL CITY	2-1	Lockhart, Vizard	7612		2	3	4	5	6	7	8		10	11	1		9											
8	18	Darlington	2-4	Wainwright, Grant	3599		2	3	4	5	6	7	8		10	11			9	1										
9	21	Stockport County	3-0	Wainwright, Green, Lockhart	12480		2		4	5	6	7	8		10			9	11	1	3									
10	25	SCUNTHORPE UNITED	1-4	Bushby (og)	5278		2		4	5	6	7		8	10		1	9	11		3									
11	28	HALIFAX TOWN	5-1	Pearson 4, Moran	5309		2		4	5	11	7		9	10		1	8			3	6								
12	Oct 3	Scunthorpe United	0-2		11636		2		4	5		7		9	10		1	8	11		3	6								
13	5	BURY	1-1	Moran	18728		2	3	4	5		7	8	9	10	11	1					6								
14	12	Barrow	1-2	Vizard	5688		5	2	4			7	8	9		11	1		10		3	6								
15	19	CHESTERFIELD	3-4	Lockhart 2, McGuigan	6441		5	2	4			7	8		10	11	1				3	6	9							
16	26	Tranmere Rovers	1-3	Pearson	10425	1	5	2	4			7	8	10					11			6	9	3						
17	Nov 2	HARTLEPOOLS UNITED	7-0	Dailey 5, Lockhart, Moran	5508	1	2	3	4	5		7	8		10				11			6	9							
18	9	Bradford Park Avenue	2-2	Green, Wainwright	8965	1	2	3	4	5		7	8		10			9				6		11						
19	23	Southport	2-0	Green, Dailey	2880	1	2	3	4			7	8					10				6	9		11	5				
20	30	YORK CITY	2-1	Dailey 2 (1p)	6297	1	2	3	4			7	8					10			5	6	9		11					
21	Dec 14	Oldham Athletic	1-3	Dailey	6684	1	2	3	4	5		7	8					10				6	9		11					
22	21	MANSFIELD TOWN	3-0	Dailey, Vizard, Pearson	4371	1	2		4	5		7		8	10				11			3	6	9						
23	25	WREXHAM	2-0	Moran, Pearson	3342	1	2		4	5		7		8	10				11			3	6	9						
24	26	Wrexham	0-2		9204	1	2		4	5	3			8	10			7				6	9		11					
25	28	Workington	2-1	Vizard, Dailey (p)	8932	1	2		4	5		7	8		10				11			3	6	9						
26	Jan 4	CREWE ALEXANDRA	3-0	Moran, Lockhart, Wainwright	4784	1	2		4	5		7	8	9	10				11			3	6							
27	11	BRADFORD CITY	0-2		7277	1	2		4	5		7	8		10				11			3	6	9						
28	18	Hull City	1-2	Dailey	8991	1	2		4	5	11		8		10							3	6	9			7			
29	Feb 1	STOCKPORT COUNTY	3-0	Dailey 3	7804	1	2		4	5		7	8		10				11			3	6	9						
30	15	Bury	1-4	Lockhart	12308	1	2		4	5		7	8		10				11			3	6	9						
31	22	SOUTHPORT	2-0	Lockhart, Pearson	3734	1	2		4	5		7	8	10					11			3	6	9						
32	Mar 1	Chesterfield	2-2	Pearson, Wainwright	8533	1	2		4	5		7	8	10					11			3	6	9						
33	8	TRANMERE ROVERS	2-0	Vizard, Dailey	4018	1	2		4	5		7	8	10					11			3	6	9						
34	11	CARLISLE UNITED	1-0	Dailey	4079	1	2		4	5		7	8	10					11			3	6	9						
35	15	Hartlepools United	3-1	Lockhart, Dailey, Moran	5862	1	2		4	5	6	7	8		10				11			3		9						
36	22	BARROW	1-1	Grant	5082	1	2		4	5			8	7	10				11			3	6	9						
37	29	Carlisle United	0-1		3991	1	2		4	5		7		10	8				11			3	6	9						
38	Apr 4	GATESHEAD	0-0		5106	1	2		4	5		7	8	10					11			3	6	9						
39	5	CHESTER	1-1	Moran	3273	1	2		4	5	11	7			8			3					6	9				10		
40	7	Gateshead	2-3	Wainwright, Dailey	5110	1	2		4	5	6	7	8					3					10					11	6	
41	12	York City	0-1		5123	1	2		4	5	11		8	7								6	9				10	3	
42	16	Chester	0-2		3449	1	2		4	5	11		8									6	9				10	3	
43	19	BRADFORD PARK AVE.	1-2	Ferguson (p)	4912	1	2		4	5	11	7	8					3				6	9				10			
44	21	Crewe Alexandra	0-0		3000	1	2	4		5	11	7	8					9		3	6						10			
45	26	Oldham Athletic	0-0		10919	1	2	3	4	5		7	8								10		6	9			11			
46	29	Halifax Town	1-4	Pearson	7419	1	2	3	4	5	11	7	8	10								6	9							

Scorers in game 6: Wainwright 2(1p), Moran, Rudman, Ferguson.

	Apps	32	46	21	45	41	21	40	38	25	27	11	12	14	25	2	25	34	29	1	5	1	1	7	3
	Goals		1	2	2		1	11	9	13	9	1		3	6		1	19							

One own goal

F.A. Cup

|R1|Nov 16|DARLINGTON|0-2| |8395|1|2|3|4|5|11|7|8| |10| | | | | | |6|9| | | | | | | |

		P	W	D	L	F	A	W	D	L	F	A	Pts
1	Scunthorpe United	46	16	5	2	46	19	13	3	7	42	31	66
2	Accrington Stanley	46	16	4	3	53	28	9	5	9	30	33	59
3	Bradford City	46	13	7	3	42	19	8	8	7	31	30	57
4	Bury	46	17	4	2	61	18	6	6	11	33	44	56
5	Hull City	46	15	6	2	49	20	4	9	10	29	47	53
6	Mansfield Town	46	16	3	4	68	42	6	5	12	32	50	52
7	Halifax Town	46	15	5	3	52	20	5	6	12	31	49	51
8	Chesterfield	46	12	8	3	39	28	6	7	10	32	41	51
9	Stockport County	46	15	4	4	54	28	3	7	13	20	39	47
10	ROCHDALE	46	14	5	5	50	25	5	4	14	29	42	46
11	Tranmere Rovers	46	12	6	5	51	32	6	4	13	31	44	46
12	Wrexham	46	13	8	2	39	18	4	4	15	22	45	46
13	York City	46	11	8	4	40	26	6	4	13	28	50	46
14	Gateshead	46	12	5	6	41	27	3	10	10	27	49	45
15	Oldham Athletic	46	11	7	5	44	32	3	10	10	28	52	45
16	Carlisle United	46	13	3	7	56	35	6	3	14	24	43	44
17	Hartlepools United	46	11	6	6	45	26	5	6	12	28	50	44
18	Barrow	46	9	7	7	36	32	4	8	11	30	42	41
19	Workington	46	11	6	6	46	33	3	7	13	26	48	41
20	Darlington	46	15	3	5	53	25	2	4	17	25	64	41
21	Chester	46	7	10	6	38	26	8	3	14	35	55	39
22	Bradford Park Ave.	46	8	6	9	41	41	5	5	13	27	54	37
23	Southport	46	8	3	12	29	40	3	3	17	23	48	28
24	Crewe Alexandra	46	6	5	12	29	41	2	2	19	18	52	23

1958/59

24th in Division 3

#	Date	Opponent	Score	Scorers	Att.	Jones JA	Ferguson C	Whiston D	Grant JA	Glover BA	McGuigan J	McBain GA	Wainwright EF	Dailey J	Maguire JS	Spencer L	McCready BT	McGlennon T	Vizard CJ	Powell DM	Finney CW	Thomson B	Green BG	Heyes G	Wallace JC	Lord F	Brown J	Aspden JR	Moore A	Milburn S	Cooper G	Bodell N
1	Aug 23	Stockport County	0-1		12171	1	2	3	4	5	6	7	8	9	11																	
2	25	PLYMOUTH ARGYLE	0-2		8442	1	2	3	4	5	6	7	8	9	11	10																
3	30	READING	1-0	Dailey (p)	6629		2	3	4	5			8	9	11	10	1	6	7													
4	Sep 4	Plymouth Argyle	1-2	Spencer	26961		2	3	4	5			8	9	11	10	1	6	7													
5	6	Colchester United	1-2	Dailey (p)	8141		2		4	5			8	9	11		1	6	7	3												
6	10	SWINDON TOWN	1-1	Wainwright	6617		2	3	4	5			7	9	11	10	1	6			8											
7	13	BOURNEMOUTH	2-1	Dailey, Spencer	6361		2	3	4	5			7	9	11	10	1	6			8											
8	17	Swindon Town	1-2	Green	9558		2	3		5			7	11		10	1	6			8	4	9									
9	20	Norwich City	1-2	Spencer	16422		2	3		5				7	11	10	1	6			8	4	9									
10	23	TRANMERE ROVERS	1-4	Green	3854		2	3		5		7			11	10	1	6			8	4	9									
11	27	SOUTHEND UNITED	1-1	Spencer	5719		2	3		5		7			11	10		6	8			4	9	1								
12	29	Tranmere Rovers	1-2	McBain	16878		2		4	5		7		9		10		6	11				8	1	3							
13	Oct 4	Bury	1-6	Dailey	11865		2		4	5		7		9		10		6	11				8	1	3							
14	7	QUEEN'S PARK RANGERS	2-2	Green, Lord	4276		2		4	5	6	11				10	1				8		7		3	9						
15	11	NOTTS COUNTY	1-2	Ferguson (p)	5306		2		4	5	6	11				10	1				8		7		3	9						
16	18	Chesterfield	0-0		8253		2	3		5	4	11	8	9		10	1	6									7					
17	25	NEWPORT COUNTY	1-1	Wainwright	4998		2	3		5	4	11	8	9		10	1	6									7					
18	Nov 1	Halifax Town	1-2	Spencer	7129		2			5	4		8	9	11	10	1	6		3							7					
19	8	ACCRINGTON STANLEY	1-0	Wainwright	6286		2			5	4		8		11	10	1	6		3	9						7					
20	22	HULL CITY	0-1		5562		2		4				8		11	10	1	6		3	9							5	7			
21	29	Bradford City	1-7	Spencer	6223	1	2			5			8			10		6		3			4			9	7		11			
22	Dec 13	Brentford	1-2	Moore	9432	1		2			4		9			11		6		3	8					10		5	7			
23	20	STOCKPORT COUNTY	0-2		4056	1		2			4					10		6	8	3			9				7	5	11			
24	26	DONCASTER ROVERS	1-0	Wainwright	4075	1	2						8		11	10		6		3	9	4						5	7			
25	27	Doncaster Rovers	1-1	Vizard	7237	1	2									10		6	11	3	9	4				8		5	7			
26	Jan 3	Reading	0-3		11240	1	2									10		6	11	3	9	4				8		5	7			
27	24	WREXHAM	3-1	Wainwright 2, Moore	5200	1							8					6	11	3	9	4						5	7	2	10	
28	31	Bournemouth	0-0		9945	1							8					6	11	3	9	4						5	7	2	10	
29	Feb 2	Southampton	1-6	Wainwright	7199	1							8			7		6	11	3	9	5	4							2	10	
30	7	NORWICH CITY	1-2	Dailey	4608	1	2			5				8					11		9	4							7	3	10	6
31	14	Southend United	1-3	Lord	8766	1								8		9		11		3		4				7		5		2	10	6
32	21	BURY	1-0	Dailey	4241	1							8	9				6		3	11	4				7		5		2	10	
33	28	Notts County	1-1	Wainwright (p)	6394	1							8					6		3	11	4				9		5	7	2	10	
34	Mar 7	CHESTERFIELD	0-0		3340	1							8	7				6		3	11	4						5		2	10	
35	14	Newport County	0-1		4469								8	9			1	6		3	11	4					7	5		2	10	
36	16	COLCHESTER UNITED	0-1		3510								8	9			1	6		3	11	4					7	5		2	10	
37	21	HALIFAX TOWN	1-0	Spencer	3544	1	3							9		8		10			11	4					7	5		2		6
38	27	MANSFIELD TOWN	2-2	McGlennon, Finney	3537	1	3							9		8		10			11	4					7	5		2		6
39	28	Accrington Stanley	2-4	Spencer, Powell	4412		3							9		8		10		6	11	4		1			7	5		2		
40	30	Mansfield Town	0-0		5863	1	3								11	8		10									7	5		2	9	6
41	Apr 4	SOUTHAMPTON	1-0	Cooper	3948	1	3									8		10			11	4					7	5		2	9	6
42	11	Hull City	1-2	Cooper	13377	1	3									8		6		11	9						7	5		2	10	4
43	18	BRADFORD CITY	0-3		4330	1	3									8		11			9	4					7	5		2	10	6
44	20	Queen's Park Rangers	0-3		7280	1								7					11	3	10	4				9		5		2	8	6
45	25	Wrexham	0-1		5244	1										11		6	8	3	10	4					7	5		2		9
46	27	BRENTFORD	0-0		2191	1										11		6	8	3	10					9	7	5		2		4
					Apps	25	32	14	12	21	10	10	24	24	15	35	17	40	16	24	31	24	11	4	4	11	17	24	11	20	15	11
					Goals		1					1	8	6		8		1	1	1	1		3			2			2		2	

Played in one game: RP Entwistle (34, at 9), FM Hussey (40, 4).
Played in game 1 and 5: E Moran (at 10).

F.A. Cup

Rd	Date	Opponent	Score	Scorers	Att.	Jones JA	Ferguson C	Whiston D	Grant JA	Glover BA	McGuigan J	McBain GA	Wainwright EF	Dailey J	Maguire JS	Spencer L	McCready BT	McGlennon T	Vizard CJ	Powell DM	Finney CW	Thomson B	Green BG	Heyes G	Wallace JC	Lord F	Brown J	Aspden JR	Moore A	Milburn S	Cooper G	Bodell N
R1	Nov 15	Hartlepools United	1-1	Wainwright	7164		2			5	4		8		11	10	1	6		3	9						7					
rep	19	HARTLEPOOLS UNITED	3-3	Finney, Wainwright, Spencer	8763		2			5	4		8		11	10	1	6		3	9						7					
rep2	27	Hartlepools United	1-2	Wainwright	6126	1	2			5			8	7	11	10		6		3	9		4									

Both replays a.e.t. Replay 2 at Old Trafford

		P	W	D	L	F	A	W	D	L	F	A	Pts
1	Plymouth Argyle	46	14	7	2	55	27	9	9	5	34	32	62
2	Hull City	46	19	3	1	65	21	7	6	10	25	34	61
3	Brentford	46	15	5	3	49	22	6	10	7	27	27	57
4	Norwich City	46	13	6	4	51	29	9	7	7	38	33	57
5	Colchester United	46	15	2	6	46	31	6	8	9	25	36	52
6	Reading	46	16	4	3	51	21	5	4	14	27	42	50
7	Tranmere Rovers	46	15	3	5	53	22	6	5	12	29	45	50
8	Southend United	46	14	6	3	52	26	7	2	14	33	54	50
9	Halifax Town	46	14	5	4	48	25	7	3	13	32	52	50
10	Bury	46	12	9	2	51	24	5	5	13	18	34	48
11	Bradford City	46	13	4	6	47	25	5	7	11	37	51	47
12	Bournemouth	46	12	9	2	40	18	5	3	15	29	51	46
13	Queen's Park Rgs.	46	14	6	3	49	28	5	2	16	25	49	46
14	Southampton	46	12	7	4	57	33	5	4	14	31	47	45
15	Swindon Town	46	13	4	6	39	25	3	9	11	20	32	45
16	Chesterfield	46	12	5	6	40	26	5	5	13	27	38	44
17	Newport County	46	15	2	6	43	24	2	7	14	26	44	43
18	Wrexham	46	12	6	5	40	30	2	8	13	23	47	42
19	Accrington Stanley	46	10	8	5	42	31	5	4	14	29	56	42
20	Mansfield Town	46	11	5	7	38	42	3	8	12	35	56	41
21	Stockport County	46	9	7	7	33	23	4	3	16	32	55	36
22	Doncaster Rovers	46	13	2	8	40	32	1	3	19	10	58	33
23	Notts County	46	5	9	9	33	39	3	4	16	22	57	29
24	ROCHDALE	46	8	7	8	21	26	0	5	18	16	53	28

1959/60

12th in Division 4

							Jones JA	Milburn S	Powell DM	Bodell N	Aspden JR	Bushby A	Barnes CR	Cairns R	Lord F	Anderson JL	Collins AN	Thomson B	Edwards WJ	Cooper G	Spencer L	Brown J	Heyes G
1	Aug	22	Southport	2-2	Milburn (p), Lord	5168	1	2	3	4	5	6	7	8	9	10	11						
2		27	GILLINGHAM	1-0	Cairns	6382	1	2	3	9	5	6	7	8		10	11	4					
3		29	MILLWALL	0-1		6474	1	2	3	9	5	6	7	8		10	11	4					
4	Sep	3	Gillingham	0-2		5649	1		3	4	5	6	7	8			11		2	9	10		
5		5	Torquay United	1-1	Spencer	7369	1	5	3			6	7	8			11	4	2	9	10		
6		8	DARLINGTON	2-0	Spencer, Cooper	5135	1	5	3			6	7	8			11	4	2	9	10		
7		12	NORTHAMPTON T	2-2	Milburn (p), Thompson	5686	1	5	3			6	7	8			11	4	2	9	10		
8		16	Darlington	0-0		4951	1	5	3			6	7	8			11	4	2	9	10		
9		19	Doncaster Rovers	1-2	Cairns	5066	1	5	3			6	7	8	9		11	4	2		10		
10		22	BARROW	4-1	Milburn 3 (1p), Collins	5117	1	9	3		5	6	7	8		10	11	4	2				
11		26	WORKINGTON	1-1	Milburn	5671	1	9	3		5	6	7	8		10	11	4	2				
12		28	Barrow	0-3		5368	1	9	3		5	6	7	8		10	11	4	2				
13	Oct	3	CARLISLE UNITED	3-0	Milburn (p), Cairns, Barnes	4897	1	5	3			6	7	8		9	11	4	2	10			
14		5	Gateshead	2-1	Cooper, Milburn (p)	5804	1	5	3			6	7	8		9	11	4	2	10			
15		10	Walsall	2-4	Cooper, Milburn (p)	8552	1	5	3			6	7	8		9	11	4	2	10			
16		13	GATESHEAD	2-0	Cooper, Anderson	4770	1	5	3			6	7	8		9	11	4	2	10			
17		17	HARTLEPOOLS UNITED	2-0	Milburn (p), Anderson	4856	1	5	3			6	7	8		9	11	4	2	10			
18		24	Crewe Alexandra	3-1	Anderson, Cooper 2	7617	1	5	3			6	7	8		9	11	4	2	10			
19		31	CHESTER	0-0		5643	1	5	3			6	7	8		9	11	4	2	10			
20	Nov	7	Crystal Palace	0-4		14906	1	5	3			6	7	8		9	11	4	2	10			
21		21	Stockport County	1-2	Spencer	7629	1	5	3	6			7	10		9		4	2		8	11	
22		28	EXETER CITY	3-0	Cairns, Spencer, Collins	4856	1	5	3	4		6	7	10		9	11		2		8		
23	Dec	12	OLDHAM ATHLETIC	2-0	Cairns 2	5317	1	5	3	4		6	7	10		9	11		2		8		
24		19	SOUTHPORT	1-0	Cairns	2508	1	5	3	4		6	7	10		9	11		2		8		
25		26	Notts County	1-2	Cooper	14582	1	2		4	5	6	7	9					3	10	8	11	
26		28	NOTTS COUNTY	1-4	Brown	4044	1	2		4	5	6	7	10	9				3		8	11	
27	Jan	2	Millwall	0-2		9862		5		4		6	7	10		9		2	3		8	11	1
28		9	Aldershot	0-0		3537		5		4		6	7	10		9		2	3		8	11	1
29		16	TORQUAY UNITED	4-2	Milburn 2, Anderson, Barnes	3422		9		4	5	6	11			10		2	3	8	7		1
30		23	Northampton Town	1-3	Milburn	5355		9		4	5	6	11			10		2	3	8	7		1
31	Feb	6	DONCASTER ROVERS	2-0	Milburn, Edwards	3740		9		4	5	6	11	8		10		2	3		7		1
32		13	Workington	0-2		2486		9	3	4	5	6	11	8		10		2			7		1
33		27	WALSALL	0-2		4468		2	3	4	5	6	11	8		10			9		7		1
34	Mar	5	Hartlepools United	1-0	Anderson	3286		2	3		5	6	7	10		9	11	4			8		1
35		12	CREWE ALEXANDRA	4-2	Spencer, Collins, Milburn (p), Barnes	3826		2	3		5	6	7	10		9	11	4			8		1
36		15	BRADFORD PARK AVE.	0-1		3814		2	3	4	5	6	11	10	8	9					7		1
37		19	Chester	1-2	Lord	3965		4	3		5	6	11		9		10		2	8	7		1
38		26	CRYSTAL PALACE	4-0	Lord 2, Spencer, Cairns	2562			3	4	5	6	7	10	9		11		2		8		1
39		29	Carlisle United	1-1	Cairns	2258			3	4	5	6	7	10	9		11		2		8		1
40	Apr	2	Bradford Park Avenue	0-0		5955			3	4	5	6	7	10	9		11		2		8		1
41		9	STOCKPORT COUNTY	3-0	Spencer, Lord, Barnes	3422		2		4	5	6	7	10	9		11		3		8		1
42		16	Exeter City	1-4	Barnes	6419		2		4	5	6	7	10	9		11		3		8		1
43		18	ALDERSHOT	2-0	Cairns, Barnes	4301		2			5	6	7	10	9		11	4	3		8		1
44		23	WATFORD	3-3	Spencer, Lord, Collins	4371		2			5	6	7	10	9		11	4	3		8		1
45		26	Watford	1-2	Spencer	17774		2	3		5	6	11	10	9			4			8	7	1
46		30	Oldham Athletic	0-1		5199			3		5	6	7	10	9		11	4	2		8		1
						Apps	26	41	35	23	27	45	46	43	14	28	34	31	38	17	32	6	20
						Goals		15					6	10	6	5	4	1	1	7	9	1	

F.A. Cup

							Jones JA	Milburn S	Powell DM	Bodell N	Aspden JR	Bushby A	Barnes CR	Cairns R	Lord F	Anderson JL	Collins AN	Thomson B	Edwards WJ	Cooper G	Spencer L	Brown J	Heyes G
R1	Nov	14	CARLISLE UNITED	2-2	Cairns, Collins	5811	1	5	3			6	7	10		9	11	4	2		8		
rep		17	Carlisle United	3-1	Brown, Cairns, Barnes	10000	1	5	3	6			7	10		9		4	2		8	11	
R2	Dec	5	BRADFORD CITY	1-1	Spencer	11828	1	5	3	4		6	7	10		9	11		2		8		
rep		9	Bradford City	1-2	Anderson	16435	1	5	3	4		6	7	10		9	11		2		8		

R1 replay a.e.t.

		P	W	D	L	F	A	W	D	L	F	A	Pts
1	Walsall	46	14	5	4	57	33	14	4	5	45	27	65
2	Notts County	46	19	1	3	66	27	7	7	9	41	42	60
3	Torquay United	46	17	3	3	56	27	9	5	9	28	31	60
4	Watford	46	17	2	4	62	28	7	7	9	30	39	57
5	Millwall	46	12	8	3	54	28	6	9	8	30	33	53
6	Northampton Town	46	13	6	4	50	22	9	3	11	35	41	53
7	Gillingham	46	17	4	2	47	21	4	6	13	27	48	52
8	Crystal Palace	46	12	6	5	61	27	7	6	10	23	37	50
9	Exeter City	46	13	7	3	50	30	6	4	13	30	40	49
10	Stockport County	46	15	6	2	35	10	4	5	14	23	44	49
11	Bradford Park Ave.	46	12	10	1	48	25	5	5	13	22	43	49
12	ROCHDALE	46	15	4	4	46	19	3	6	14	19	41	46
13	Aldershot	46	14	5	4	50	22	4	4	15	27	52	45
14	Crewe Alexandra	46	14	3	6	51	31	4	6	13	28	57	45
15	Darlington	46	11	6	6	40	30	6	3	14	23	43	43
16	Workington	46	10	8	5	41	20	4	6	13	27	40	42
17	Doncaster Rovers	46	13	3	7	40	23	3	7	13	29	53	42
18	Barrow	46	11	8	4	52	29	4	3	16	25	58	41
19	Carlisle United	46	9	6	8	28	28	6	5	12	23	38	41
20	Chester	46	10	8	5	37	26	4	4	15	22	51	40
21	Southport	46	9	7	7	30	32	1	7	15	18	60	34
22	Gateshead	46	12	3	8	37	27	0	6	17	21	59	33
23	Oldham Athletic	46	5	7	11	20	30	3	5	15	21	53	28
24	Hartlepools United	46	9	2	12	40	41	1	5	17	19	68	27

1960/61

17th in Division 4

No.	Month	Day	Opponent	Score	Scorers	Att.	Jones JA	Milburn S	Powell DM	Phoenix RJ	Aspden JR	Bushby A	Barnes CR	Hepton S	Lord F	Cairns R	Brown J	Bodell N	Edwards WJ	McKay J	Pollitt J	McDowell KF	Owen B	Hardman JA	Richardson JAS	Collins AN	Burgin E	Norris OP	Thompson J	Birch B
1	Aug	20	Stockport County	0-1		6617	1	2	3	4	5	6	7	8	9	10	11													
2		22	Mansfield Town	2-0	Brown, Lord	8130	1	2	3	4	5	6	7	8	9	10	11													
3		27	EXETER CITY	3-1	Hepton, Lord 2	3099	1	2	3	4	5	6	7	8	9	10	11													
4		30	MANSFIELD TOWN	1-2	Lord	5547	1	2	3	4	5	6	7	8	9	10	11													
5	Sep	3	Peterborough United	3-4	Lord 2, Cairns	14285	1	2	3	8	5	6	7		9	10	11	4												
6		6	Carlisle United	2-1	Lord, Cairns	5262	1	2		8	5	6	7		9	10	11	4	3											
7		10	SOUTHPORT	0-1		4654	1	2		8	5	6		7	9	10	11	4	3											
8		13	CARLISLE UNITED	2-1	Lord 2	4023	1	2			5	6	7	8	9	10	11	4	3											
9		17	Darlington	0-1		4641	1	2			5	6	7	8	9	10	11	4	3											
10		20	OLDHAM ATHLETIC	3-0	Ferguson (og), Cairns, Lord	7353	1	2		6	5		7	8	9	10	11	4	3											
11		24	CRYSTAL PALACE	2-2	Hepton 2	4819	1	2		6	5		7	8	9	10	11	4	3											
12		27	Oldham Athletic	2-0	Brown, Lord	6477	1	2		6	5		7	8	9	10	11	4	3											
13	Oct	1	Doncaster Rovers	2-3	Cairns 2	3798	1	2	3	6	5		7	8	9	10	11	4												
14		3	HARTLEPOOLS UNITED	4-0	Lord 3, Brown	3852	1	2	3	4	5	6	7	8	9	10	11													
15		8	CHESTER	2-0	Lord, Hepton	3826	1	2	3	4	5	6	7	8	9	10	11													
16		15	Crewe Alexandra	0-3		7256	1	2	3	4	5	6	7	8	9	10	11													
17		22	YORK CITY	0-0		4889		2		4	5	6	7	8	9	10	11	3		1										
18		29	Accrington Stanley	0-2		4243		2		4	5	6	7	8	9	10	11	3		1										
19	Nov	12	Barrow	0-1		3801		2	3	4	5	6	7	8		10				1	9	11								
20		19	GILLINGHAM	2-0	Cairns 2	3044		2	3	4	5	6	7	8	9	10				1		11								
21	Dec	3	NORTHAMPTON T	1-1	Lord	2173		2	3	4	5	6	7	8	9	10				1		11								
22		10	Aldershot	0-3		4930		2	3	4	5		7	8	9	10				1		11		6						
23		26	WREXHAM	2-1	Milburn (p), Cairns	3305	1	2		4	5		7	8	9	10		6	3							11				
24		27	Wrexham	0-2		6754		2			5		7	4	9	10	11	6	3	1					8					
25		31	Exeter City	0-1		4365		2		4	5		7	8		10		6	3	1	9					11				
26	Jan	7	Bradford Park Avenue	1-2	Cairns	7375		2		4	5		7	8	9	10	11	6	3	1										
27		21	Southport	1-0	Hepton	3135		2		4	5		7	8	9	10		6	3							11	1			
28		28	MILLWALL	4-0	Hepton, Collins, Lord, Cairns	2840		2		4	5		7	8	9	10		6	3							11	1			
29	Feb	4	DARLINGTON	1-0	Hepton	3171		2		4	5		7	8	9	10		6	3							11	1			
30		11	Crystal Palace	1-4	Cairns	17655		2		4	5	6	7	8		10			3							11	1	9		
31		18	DONCASTER ROVERS	2-1	Norris, Cairns	3173		5	3	4		6	7	8		10			2							11	1	9		
32		25	Chester	1-3	Pollitt	3877		2		4	5	6	7	8		10	11		3		9						1			
33	Mar	4	CREWE ALEXANDRA	3-0	Hepton, Cairns 2	4035		2		4	5		7	8		10		6	3		9					11	1			
34		11	York City	0-2		5477		2		4	5		7	8		10	11	6	3		9						1			
35		18	ACCRINGTON STANLEY	3-2	Cairns 2, Hepton	4067		2			5		7	9		10		4	3							11	1		6	8
36		25	Millwall	1-4	Milburn (p)	7126		2			5		7	9		8		4	3			11					1		6	10
37		31	Workington	0-3		2871		2		4	5		7			10	11	8	3		9						1		6	
38	Apr	1	BARROW	0-0		2785				4	5		7	9		8		2	3							11	1		6	10
39		3	WORKINGTON	2-0	Cairns, Hepton	3086			3	4	5		7	8		9			2							11	1		6	10
40		8	Gillingham	0-0		4807			3	4	5		11	8		9			2						7		1		6	10
41		10	STOCKPORT COUNTY	1-1	Hepton	3215			3	4	5		7	8		9			2							11	1		6	10
42		15	BRADFORD PARK AVE.	2-3	Hepton, Thompson (p)	5342				3	5	6	7	8		9	11							2			1		4	10
43		18	PETERBOROUGH UTD.	2-2	Cairns 2	5424				4	5		11	7	9	8			3					2			1		6	10
44		22	Northampton Town	1-5	Cairns	9535				4	5		11	7	9	8			3					2			1		6	10
45		24	Hartlepools United	0-2		3771				5			7	4	9	10			3					2	8	11	1		6	
46		29	ALDERSHOT	1-1	Barnes	2648				5			7	4	9				3			11	2		8		1		6	10
						Apps	17	37	17	41	43	21	45	43	31	45	24	24	30	9	.6	6	1	5	4	13	20	2	12	10
						Goals		2					1	12	17	20	3				1					1		1	1	

One own goal

F.A. Cup

Round	Month	Day	Opponent	Score	Scorers	Att.	Jones JA	Milburn S	Powell DM	Phoenix RJ	Aspden JR	Bushby A	Barnes CR	Hepton S	Lord F	Cairns R	Brown J	Bodell N	Edwards WJ	McKay J	Pollitt J	McDowell KF	Owen B	Hardman JA	Richardson JAS	Collins AN	Burgin E	Norris OP	Thompson J	Birch B
R1	Nov	5	Crewe Alexandra	1-1	Pollitt	8923		2	3	4	5	6	7	8	9	10				1	11									
rep		8	CREWE ALEXANDRA	1-2	Cairns	7148		2	3	4	5	6	7	8	9	10				1	11									

F.L. Cup

Round	Month	Day	Opponent	Score	Scorers	Att.	Jones JA	Milburn S	Powell DM	Phoenix RJ	Aspden JR	Bushby A	Barnes CR	Hepton S	Lord F	Cairns R	Brown J	Bodell N	Edwards WJ	McKay J	Pollitt J	McDowell KF	Owen B	Hardman JA	Richardson JAS	Collins AN	Burgin E	Norris OP	Thompson J	Birch B
R1	Oct	10	SCUNTHORPE UNITED	1-1	Lord	4274	1	2	3	4	5	6	7	8	9	10	11													
rep		20	Scunthorpe United	1-0	Hepton	5727		2		4	5	6	7	8	9	10	11	3		1										
R2		25	SOUTHEND UNITED	5-2	Hepton, Lord, Cairns, Barnes 2	3591		2		4	5	6	7	8	9	10	11	3		1										
R3	Nov	21	Blackburn Rovers	1-2	Richardson	6316		2	3	4	5	6	7	9		10				1		11			8					

		P	W	D	L	F	A	W	D	L	F	A	Pts
1	Peterborough Utd.	46	18	3	2	85	30	10	7	6	49	35	66
2	Crystal Palace	46	16	4	3	64	28	13	2	8	46	41	64
3	Northampton Town	46	16	4	3	53	25	9	6	8	37	37	60
4	Bradford Park Ave.	46	16	5	2	49	22	10	3	10	35	52	60
5	York City	46	17	3	3	50	14	4	6	13	30	46	51
6	Millwall	46	13	3	7	56	33	8	5	10	41	53	50
7	Darlington	46	11	7	5	41	24	7	6	10	37	46	49
8	Workington	46	14	3	6	38	28	7	4	12	36	48	49
9	Crewe Alexandra	46	11	4	8	40	29	9	5	9	21	38	49
10	Aldershot	46	16	4	3	55	19	2	5	16	24	50	45
11	Doncaster Rovers	46	15	0	8	52	33	4	7	12	24	45	45
12	Oldham Athletic	46	13	4	6	57	38	6	3	14	22	50	45
13	Stockport County	46	14	4	5	31	21	4	5	14	26	45	45
14	Southport	46	12	6	5	47	27	7	0	16	22	40	44
15	Gillingham	46	9	7	7	45	34	6	6	11	19	32	43
16	Wrexham	46	12	4	7	38	22	5	4	14	24	34	42
17	ROCHDALE	46	13	7	3	43	19	4	1	18	17	47	42
18	Accrington Stanley	46	12	4	7	44	32	4	4	15	30	56	40
19	Carlisle United	46	10	7	6	43	37	3	6	14	18	42	39
20	Mansfield Town	46	10	3	10	39	34	6	3	14	32	44	38
21	Exeter City	46	12	3	8	39	32	2	7	14	27	62	38
22	Barrow	46	10	6	7	33	28	3	5	15	19	51	37
23	Hartlepools United	46	10	4	9	46	40	2	4	17	25	63	32
24	Chester	46	9	7	7	38	35	2	2	19	23	69	31

1961/62 12th in Division 4

#		Date	Opponent	Score	Scorers	Att	Burgin E	Milburn S	Winton GD	Phoenix RJ	Aspden JR	Thompson J	Wragg D	Hepton S	Bimpson JL	Cairns R	Whittaker C	Bodell N	Richardson JAS	Owen B	Hardman JA	Birch B	Whyke P
1	Aug	19	HARTLEPOOLS UNITED	3-1	Cairns, Whittaker, Milburn (p)	2400	1	2	3	4	5	6	7	8	9	10	11						
2		23	MILLWALL	4-1	Bimpson, Cairns, Wragg, Milburn (p)	3346	1	2	3	4	5	6	7	8	9	10	11						
3		26	Crewe Alexandra	1-2	Cairns	6731	1	2	3	4	5	6	7	8	9	10	11						
4		28	Millwall	1-1	Cairns	11672	1	2	3	4	5	6	7	8	9	10	11						
5	Sep	2	EXETER CITY	3-0	Whittaker 2, Milburn (p)	5062	1	2	3	4	5	6	7	8	9	10	11						
6		6	GILLINGHAM	3-1	Cairns 2, Hepton	5239	1	2	3	4	5	6	7	8	9	10	11						
7		9	Wrexham	0-3		11982	1	2	3	4	5	6	7	8	9	10	11						
8		16	DONCASTER ROVERS	2-3	Hepton, Bimpson	5138	1	2	3	4	5	6	7	8	9	10	11						
9		18	Darlington	0-2		7908	1	2	3		5	6	7	4	9	10	11		8				
10		23	Workington	1-2	Wragg	3659	1	2	3		5	6	7	4	9	10	11		8				
11		30	YORK CITY	3-1	Hepton, Bimpson 2	4201	1	3		4	5	6	7	8	9	10	11			2			
12	Oct	11	CHESTERFIELD	1-1	Cairns	4827	1	3		4	5		7	8	9	10	11	6		2			
13		14	Oldham Athletic	2-2	Cairns, Bimpson	17029	1	3		4	5		7	8	9	10	11			2	6		
14		18	DARLINGTON	1-3	Wragg	3702	1	2	3	4	5	6	7	8	9	10	11						
15		21	STOCKPORT COUNTY	3-3	Hepton, Cairns, Bimpson	4413	1	2	3		5	6	7	8	9	10	11			4			
16		28	Aldershot	0-3		7420	1	2	3	4	5	6	7	8	9	10	11						
17	Nov	11	Carlisle United	2-2	Hepton, Hardman	5263	1	2	3	4		6	7	8		9	11					5	10
18		18	COLCHESTER UNITED	0-1		4618	1	2	3	4		6	7	8	9	10	11					5	
19	Dec	2	TRANMERE ROVERS	1-0	Cairns	2872	1	2	3			6			9	10	11	4	8			5	7
20		9	Southport	0-3		4712	1	2	3			6		8	9	10	11	4				5	7
21		16	Hartlepools United	1-3	Richardson	2387	1	2	3			6		8		9	11	4	10			5	7
22		26	Mansfield Town	1-0	Richardson	6357	1	2	3		5	6	7	8		9	11	4	10				
23	Jan	13	Exeter City	3-1	Richardson 2, Cairns	4003	1	2	3		5	6	7	8		9	11	4	10				
24		20	WREXHAM	2-1	K Barnes (og), Hepton	4208	1	2	3		5	6	7	8		9	11	4	10				
25		27	Chester	3-2	Wragg 2, Richardson	4082	1	2	3		5	6	7	8		9	11	4	10				
26		31	BRADFORD CITY	4-1	Thompson, Richardson, Cairns, Hepton	1998	1	2	3		5	6	7	8		9	11	4	10				
27	Feb	3	Doncaster Rovers	2-1	Bodell, Whittaker	4032	1	2	3		5	6	7	8		9	11	4	10				
28		10	WORKINGTON	1-3	Hepton	4016	1	2	3		5	6	7	8		9	11	4	10				
29		17	York City	1-2	Richardson	5168	1	2	3		5	6	7	8		9	11	4	10				
30	Mar	3	OLDHAM ATHLETIC	3-1	Bimpson, Cairns, Wragg	9213	1	2	3		5	6	7		9	8	11	4	10				
31		9	Stockport County	2-5	Whittaker, Wragg	4248	1	2	3		5	6	7		9	8	11	4	10				
32		13	CREWE ALEXANDRA	3-0	Wragg, Bimpson, Thompson	3809	1	2	3	4	5	6	7		9	10	11	8					
33		17	ALDERSHOT	1-0	Cairns	3627	1	2	3	4	5	6	7		9	10	11	8					
34		23	Bradford City	0-1		6652	1	2	3	4		6	7		9	10	11	8			5		
35		31	CARLISLE UNITED	1-1	Whittaker	2453	1	2	3	4	5	6	7		9	10	11	8	2				
36	Apr	7	Colchester United	1-1	Richardson	4616	1	2	3		5	6	7	4	9	10	11	8					
37		11	MANSFIELD TOWN	3-2	Richardson, Bimpson, Aspden	3045	1	2	3		5	6	7	4	9	10	11	8					
38		14	CHESTER	3-2	Bimpson, Whittaker, Cairns	3061	1	2	3		5	6	7	4	9	10	11	8					
39		16	Chesterfield	0-1		2932	1	2	3		5	6	7	4	9	10	11	8					
40		20	Barrow	1-0	Wragg	6732	1	2	3		5	6	7	10		9	11	4	8				
41		21	Tranmere Rovers	0-2		3720	1	2	3	4	5	6	7	8	9		10	11					
42		23	BARROW	0-2		4008	1			4	5	6	7	8	9	10	11	3		2			
43		28	SOUTHPORT	2-0	English (og), Bimpson	1940	1	2	3	8	5	6			9	10	11	4					7
44	May	3	Gillingham	2-4	Milburn, Whittaker	2964	1	2	3	8	5	6			9	10	11	4					7

	Apps	44	42	40	23	38	42	39	35	33	44	44	18	23	5	8	1	5
	Goals		4			1	2	9	8	11	15	8	1	9		1		

Two own goals

F.A. Cup

R1	Nov	4	HALIFAX TOWN	2-0	Milburn (p), Hepton	6838	1	2	3	4	5	6	7	8		9	11				10		
R2		25	WREXHAM	1-2	Cairns	8741	1	2	3	4		6	7		9	8	10			5			11

F.L. Cup

R1	Sep	13	Southampton	0-0		7783	1	2	3		5	6	7	8	9	10	11	4					
rep		27	SOUTHAMPTON	2-1	Bimpson 2	5449	1	2	3	4	5	6	7	8	9	10	11						
R2	Oct	4	DONCASTER ROVERS	4-0	Bimpson 2, Hepton, Cairns	5476	1	2	3		5	6	7	8	9	10	11						
R3	Nov	14	CHARLTON ATHLETIC	1-0	Whittaker	5298	1	2	3	4		6	7		9	10	11			5			
R4	Feb	7	YORK CITY	2-1	Hepton, Thompson	7312	1	2	3		5	6	7	8		9	11	4	10				
SF1	Mar	19	BLACKBURN ROVERS	3-1	Richardson 2, Cairns	9828	1	2	3	4	5	6	7		9	8	11		10				
SF2	Apr	4	Blackburn Rovers	1-2	Hepton	11700	1	2	3		5	6	7	4	9	10	11		8				
F1	Apr	26	NORWICH CITY	0-3		11123	1	2	3		5	6	7	8	9	10	11	4					
F2	May	1	Norwich City	0-1		19709	1	2	3		5	6			9	10	11	4	8				7

		P	W	D	L	F	A	W	D	L	F	A	Pts
1	Millwall	44	16	3	3	47	18	7	7	8	40	44	56
2	Colchester United	44	17	4	1	78	24	6	5	11	26	47	55
3	Wrexham	44	12	6	4	56	23	10	3	9	40	33	53
4	Carlisle United	44	15	3	4	35	22	7	5	10	29	41	52
5	Bradford City	44	14	5	3	58	32	7	4	11	36	54	51
6	York City	44	17	2	3	62	19	3	8	11	22	34	50
7	Aldershot	44	16	4	2	56	20	6	1	15	25	40	49
8	Workington	44	12	6	4	40	23	7	5	10	29	47	49
9	Barrow	44	12	7	3	49	20	5	7	10	25	38	48
10	Crewe Alexandra	44	16	3	3	53	24	4	3	15	26	46	46
11	Oldham Athletic	44	12	7	3	47	26	5	5	12	30	44	46
12	ROCHDALE	44	14	5	3	47	28	5	4	13	24	43	45
13	Darlington	44	13	5	4	37	24	5	4	13	24	49	45
14	Mansfield Town	44	14	3	5	51	19	5	3	14	28	47	44
15	Tranmere Rovers	44	15	2	5	53	37	5	2	15	17	44	44
16	Stockport County	44	13	3	6	42	27	4	6	12	28	42	43
17	Southport	44	13	5	4	36	25	4	4	14	25	46	43
18	Exeter City	44	11	5	6	43	32	2	6	14	19	45	37
19	Chesterfield	44	11	3	8	43	38	3	6	13	27	49	37
20	Gillingham	44	10	6	6	48	30	3	5	14	25	64	37
21	Doncaster Rovers	44	8	5	9	34	29	3	2	17	26	56	29
22	Hartlepools United	44	6	5	11	27	35	2	6	14	25	66	27
23	Chester	44	5	9	8	36	37	2	3	17	18	59	26

1962/63 7th in Division 4

						Burgin E	Milburn S	Winton GD	Hepton S	Aspden JR	Thompson J	Wragg D	Watson D	Bimpson JL	Cairns R	Whittaker C	Martin JG	Hardman JA	Richardson JAS	Bodell N	Morton GE	Phoenix PP	Moulden A
1	Aug	18	Mansfield Town	0-1		6121	1	2	3	4	5	6	7	8	9	10	11							
2		25	WORKINGTON	3-2	Whittaker 2, Cairns	2850	1	2	3	4	5	6	7	8	9	10	11							
3		27	Stockport County	0-1		6389	1	5	3	4		6	7	8	9	10	11	2						
4	Sep	1	Exeter City	2-0	Hardman, Cairns	4320	1	5	3	4		6	7	8		10	11	2	9					
5		8	CHESTERFIELD	3-2	Watson 2, Cairns	3649	1	5	3	4		6	7	9		10	11	2		8				
6		12	Gillingham	1-2	Richardson	5851	1	5	3	4		6	7	9		10	11	2		8				
7		15	OLDHAM ATHLETIC	1-1	Watson	12125	1	2	3		5	6	7	9		10	11	4		8				
8		22	Brentford	0-1		10753	1	2	3	4	5	6	7	9		10	11			8				
9		29	YORK CITY	1-0	Bimpson	3030	1	2	3		5	6	7		9	10	11				4	8		
10	Oct	2	BARROW	6-0	Bimpson 2,Whittaker,Wragg,Morton 2	3244	1	2	3		5	6	7		9	10	11				4	8		
11		6	Hartlepools United	0-4		3850	1	2	3		5	6	7		9	10				8	4		11	
12		13	DARLINGTON	1-1	Bimpson	3131	1	2	3	4	5	6	7	10	9					8			11	
13		16	STOCKPORT COUNTY	1-0	Thompson (p)	3797	1	2	3	4	5	6	11	9	7							8		10
14		20	Southport	1-1	Milburn	4231	1	2	3	4	5	6	11	9	7							8		10
15		23	DONCASTER ROVERS	3-1	Morton 2, Aspden	3534	1	2	3	4	5	6	7	9								8	11	10
16		27	ALDERSHOT	1-1	Morton	2905	1	2	3	4	5	6	7	9								8	11	10
17		30	Doncaster Rovers	2-2	Moulden, Watson	9764	1	2	3	4	5	6	7	9								8	11	10
18	Nov	10	OXFORD UNITED	2-1	Cairns, Morton	2351	1	2	3	4	5	6	7	9		10						8	11	
19		17	Bradford City	2-1	Watson, Morton	4396	1	2	3	4	5		7	9		10				6		8	11	
20	Dec	1	Torquay United	1-2	Watson	4155	1	2	3	4	5	10	7	9		8				6			11	
21		15	MANSFIELD TOWN	3-1	Phoenix 2, Morton	2375	1	2	3	4	5	6	7	9		10						8	11	
22		22	Workington	0-1		2173	1	2	3	4	5	6	7	9		10						8	11	
23		29	CREWE ALEXANDRA	2-0	Phoenix, Watson	3596	1	2	3		5	6	7	9		10			4			8	11	
24	Feb	2	Oldham Athletic	1-5	Cairns	14839	1	2	3	4	5	6	7	9		10						8	11	
25	Mar	5	GILLINGHAM	1-1	Watson	2442	1	2	3	4	5	6	7	9		10						8	11	
26		9	SOUTHPORT	1-0	Bimpson	2327	1	2	3	4	5	6	7		8	9	10						11	
27		12	HARTLEPOOLS UNITED	2-1	Cairns, Milburn (p)	2857	1	2	3	4	5	6	7		9	10				8			11	
28		16	Aldershot	0-2		4693	1	2	3	4	5	6	7		9	10				8			11	
29		20	BRENTFORD	3-5	Milburn (p), Morton 2	5680	1	2	3	4	5	6	7		9							10	8	11	
30		23	NEWPORT COUNTY	3-3	Richardson 2, Morton	2829	1	2		4	5	6	7		9			3		10		8	11	
31		27	Crewe Alexandra	2-1	Phoenix, Richardson	6073	1	2		4	5		7	9				3		10		8	11	
32		30	Tranmere Rovers	2-3	Hepton, Cairns	8819	1	2		4	5	6		7	9			3		10		8	11	
33	Apr	6	BRADFORD CITY	2-1	Richardson, Thompson	2710	1	2		4	5	6		7	9			3		10		8	11	
34		8	Darlington	0-3		3129	1		3	4	5			7	9			2	6	10		8	11	
35		13	Oxford United	0-0		6085	1	2			5	6	7		9			3		10		8	11	
36		15	Chester	0-1		4979	1	2	3	4	5	6	7		9					10		8	11	
37		16	CHESTER	0-0		2926	1		3		5	6	7	4	9	10		2		8			11	
38		20	TORQUAY UNITED	3-0	Cairns, Wragg 2	1785	1		3		5	6	7	4	9	10		2		8			11	
39		22	Barrow	1-1	Cairns	3928	1		3		5	6	7	4	9	10		2	11			8		
40		27	Lincoln City	0-3		2281	1		3	6	5		7	4	9	10		2				8	11	
41	May	4	York City	0-1		4442	1		3	6	5		7	4	9	10		2	11			8		
42		7	LINCOLN CITY	1-0	Morton	2101	1	2	3		5	6	7	4		9						10	8	11	
43		11	EXETER CITY	3-0	Morton, Cairns 2	1403	1	2	3		5	6	7	4		9						10	8	11	
44		17	Chesterfield	3-1	Cairns 2, Richardson	4412	1	2	3	6	5		7	4		9						10	8	11	
45		20	Newport County	1-1	Morton	2387	1	2	3	6	5		7	4		9						10	8	11	
46		23	TRANMERE ROVERS	2-0	Wragg, Cairns	2385	1	2	3		5	6	7	4		9						10	8	11	
					Apps		46	40	41	35	42	40	42	33	21	40	10	16	6	24	3	30	32	5
					Goals			3		1	1	2	4	8	5	14	3		1	6		14	4	1

F.A. Cup

| R1 | Nov | 3 | York City | 0-0 | | 4663 | 1 | 2 | 3 | 4 | 5 | 6 | 7 | 9 | | | | | | | | 8 | 11 | 10 |
| rep | | 6 | YORK CITY | 1-2 | Phoenix | 6225 | 1 | 2 | 3 | 4 | 5 | 6 | 7 | 9 | | | | | | | | 8 | 11 | 10 |

F.L. Cup

| R1 | Sep | 5 | Southport | 0-0 | | 3555 | 1 | 5 | 3 | 4 | | 6 | 7 | 8 | | 10 | 11 | 2 | 9 | | | | | |
| rep | | 18 | SOUTHPORT | 1-2 | Watson | 3431 | 1 | 2 | 3 | 10 | 5 | 6 | 7 | 9 | | | 11 | 4 | | 8 | | | | |

Replay a.e.t.

		P	W	D	L	F	A	W	D	L	F	A	Pts
1	Brentford	46	18	2	3	59	31	9	6	8	39	33	62
2	Oldham Athletic	46	18	4	1	65	23	6	7	10	30	37	59
3	Crewe Alexandra	46	15	4	4	50	21	9	7	7	36	37	59
4	Mansfield Town	46	16	4	3	61	20	8	5	10	47	49	57
5	Gillingham	46	17	3	3	49	23	5	10	8	22	26	57
6	Torquay United	46	14	8	1	45	20	6	8	9	30	36	56
7	ROCHDALE	46	16	6	1	48	21	4	5	14	19	38	51
8	Tranmere Rovers	46	15	3	5	57	25	5	7	11	24	42	50
9	Barrow	46	14	7	2	52	26	5	5	13	30	54	50
10	Workington	46	13	4	6	42	20	4	9	10	34	48	47
11	Aldershot	46	9	9	5	42	32	6	8	9	31	37	47
12	Darlington	46	13	3	7	44	33	6	3	14	28	54	44
13	Southport	46	11	9	3	47	35	4	5	14	25	71	44
14	York City	46	12	6	5	42	25	4	5	14	25	37	43
15	Chesterfield	46	7	10	6	43	29	6	6	11	27	35	42
16	Doncaster Rovers	46	9	10	4	36	26	5	4	14	28	51	42
17	Exeter City	46	9	6	8	27	32	7	4	12	30	45	42
18	Oxford United	46	10	10	3	44	27	3	5	15	26	44	41
19	Stockport County	46	9	7	7	34	29	6	4	13	22	41	41
20	Newport County	46	11	6	6	44	29	3	5	15	32	61	39
21	Chester	46	11	5	7	31	23	4	4	15	20	43	39
22	Lincoln City	46	11	1	11	48	46	2	8	13	20	43	35
23	Bradford City	46	8	5	10	37	40	4	3	15	27	53	32
24	Hartlepools United	46	5	7	11	33	39	2	4	17	23	65	25

1963/64 20th in Division 4

		Date	Opponent	Score	Scorers	Att	Burgin E	Milburn S	Winton GD	Hepton S	Aspden JR	Thompson J	Wragg D	Morton GE	Cairns R	Richardson JAS	Storf DA	Phoenix PP	Kerry DT	Watson D	Wells WD	Jones SC	Martin JG	Taylor B	MacKenzie DA	Hardman JA
1	Aug	24	York City	3-0	Cairns, Richardson, Morton	5446	1	2	3	4	5	6	7	8	9	10	11									
2		28	BRIGHTON & HOVE ALB	1-1	Thompson	5662	1	2	3	4	5	6	7	8	9	10	11									
3		31	BARROW	1-3	Richardson	4216	1	2	3	4	5	6	7	8	9	10	11									
4	Sep	7	Torquay United	0-1		4787	1	2	3	4	5	6		8	9	10	11	7								
5		10	Brighton & Hove Albion	1-3	Kerry	7181	1	2	3	4	5	6				10	8	11	7	9						
6		14	Oxford United	1-1	Kerry	6761	1	2	3	9	5	6			10		11		7	8	4					
7		21	WORKINGTON	5-0	Richardson 2, Storf, Morton, Kerry	3366	1	2	3	4	5	6	7	10		8	11			9						
8		28	Newport County	1-1	Thompson	4878	1	2	3	4	5	6	7	8		10	11			9						
9	Oct	2	Chester	0-2		5220	1	2	3	4	5	6	7	10		8	11			9						
10		5	STOCKPORT COUNTY	1-0	Richardson	3995	1	2	3	4	5	6		10	9	8	11	7								
11		12	TRANMERE ROVERS	1-1	Kerry	3731	1	2	3	4	5	6		10	9	8	11		7							
12		16	CHESTERFIELD	0-1		2698	1	2	3	6	5		7	10		8	11		9	4						
13		19	Darlington	2-3	Storf, Morton	3439	1	2		4	5	6		10	7	8	11		9		3					
14		23	Bradford Park Avenue	2-2	Richardson, Morton	5484	1	5	3	4		6		10	7	8	11		9		2					
15		26	HARTLEPOOLS UNITED	2-0	Morton, Storf	2764	1	5	3			6		10	7	8	11		9	4	2					
16		30	BRADFORD PARK AVE.	0-0		2490	1	5	3	4		6		10	7	8	11		9		2					
17	Nov	2	Exeter City	1-0	Richardson	6249	1	5	3	4		6		10	7	8	11		9		2					
18		9	SOUTHPORT	4-0	Watson, Cairns 2, Richardson	2690	1	5	3	4		6		10	7	8	11			9	2					
19		23	LINCOLN CITY	2-2	Richardson, Cairns	2407	1	5	3	4		6		10	7	8	11			9	2					
20		30	Bradford City	0-2		4595	1	5	3	4		6		10	7	8	11			9	2					
21	Dec	14	YORK CITY	2-0	McKenzie, Watson	2203	1	2	3	4	5	6		8			10	11		9				7		
22		20	Barrow	2-1	Arrowsmith (og), Richardson	1978	1	2	3	4	5	6		8			10	11		9				7		
23		28	HALIFAX TOWN	4-1	McKenzie, Watson 2, Morton	3678	1	2	3	4	5	6		8			10	11		9				7		
24	Jan	4	Gillingham	0-0		8099	1	2	3	4	5	6		8			10	11		9				7		
25		11	TORQUAY UNITED	1-2	Storf	3080	1	2	3	4	5	6		8			10	11		9				7		
26		18	OXFORD UNITED	0-0		2436	1	2	3	4	5	6		8	10			11		9				7		
27	Feb	1	Workington	0-3		2832	1	2	3	4	5	6		8			10	11		9				7		
28		8	NEWPORT COUNTY	0-1		2444	1	2	3	9	5	6	7	8	10			11							4	
29		15	Stockport County	0-1		3487	1	2	3		5	6	7	8	9	10	11								4	
30		21	Tranmere Rovers	1-2	McKenzie	6560	1	2	3		5	6	7				11			8				9	10	4
31		25	ALDERSHOT	2-2	Wragg, Watson	2329	1	2	3		5	6	7				11			8				9	10	4
32		29	DARLINGTON	2-1	McKenzie, Thompson	2355	1	2	3		5	6	7	8			11			9				4	10	
33	Mar	4	CHESTER	1-0	Wragg	2322	1	2	3		5	6	7	8			11			9				4	10	
34		7	Hartlepools United	1-1	Milburn	2836	1	2	3		5	6	7	8			11			9				4	10	
35		11	Halifax Town	2-3	Watson, Morton	3911	1	2	3		5	6	7	8			11			9				4	10	
36		14	EXETER CITY	1-3	Morton	2113	1	2			5	6	7	8		9	11						3	4	10	
37		20	Southport	1-2	Thompson	2206	1	2		9	5	6	7	8			10	11					3	4		
38		24	Doncaster Rovers	0-2		5160		2		9	5	6	7	8			10	11				1	3	4		
39		28	CARLISLE UNITED	1-1	Morton	2736		2		9	5	6	7	8			10	11				1	3	4		
40		31	DONCASTER ROVERS	2-2	Richardson, Martin	2181		2		9	5	6		8		10	11					1	3	4	7	
41	Apr	4	Lincoln City	0-2		3643				9	5	6		10		8	11					1	3	4	7	2
42		6	Chesterfield	1-1	Cairns	4277			3	2	5	6	7	10	9		11			8		1		4		
43		11	BRADFORD CITY	1-2	Watson	4824		2	3		5	6	7		9		11			8		1		4	10	
44		18	Aldershot	1-1	Cairns	3742	1	2		3	5	6		7	9	10	11			8				4		
45		21	Carlisle United	0-1		11556	1	2	3	4	5	6		10			11		7	9				8		
46		25	GILLINGHAM	2-1	McKenzie, Cairns (p)	2737	1	2	3	4	5	6	7	9						10				8	11	
						Apps	40	44	38	36	39	45	22	40	23	33	45	4	12	25	8	6	8	15	18	5
						Goals		1				4	2	9	7	11	4		4	7			1		5	

One own goal

F.A. Cup

		Date	Opponent	Score	Scorers	Att																				
R1	Nov	18	CHORLEY	2-1	Watson, Richardson	5381	1	5	3	4		6		10	7	8	11			9	2					
R2	Dec	7	Barnsley	1-3	Richardson	9431	1	2	3	4	5	6		8	7	10	11			9						

F.L. Cup

		Date	Opponent	Score	Scorers	Att																				
R1	Sep	4	CHESTER	1-1	Morton	2919	1	2	3	4	5	6		8	9	10	11	7								
rep		18	Chester	5-2	Thompson, Morton 2, Kerry, Storf	5083	1	2	3	4	5	6	7	8		10	11		9							
R2		25	Halifax Town	2-4	Richardson, Morton	4774	1	2	3	4	5	6	7	8		10	11		9							

		P	W	D	L	F	A	W	D	L	F	A	Pts
1	Gillingham	46	16	7	0	37	10	7	7	9	22	20	60
2	Carlisle United	46	17	3	3	70	20	8	7	8	43	38	60
3	Workington	46	15	6	2	46	19	9	5	9	30	33	59
4	Exeter City	46	12	9	2	39	14	8	9	6	23	23	58
5	Bradford City	46	15	3	5	45	24	10	3	10	31	38	56
6	Torquay United	46	16	6	1	60	20	4	5	14	20	34	51
7	Tranmere Rovers	46	12	4	7	46	30	8	7	8	39	43	51
8	Brighton & Hove A.	46	13	3	7	45	22	6	9	8	26	30	50
9	Aldershot	46	15	3	5	58	28	4	7	12	25	50	48
10	Halifax Town	46	14	4	5	47	28	3	10	10	30	49	48
11	Lincoln City	46	15	2	6	49	31	4	7	12	18	44	47
12	Chester	46	17	3	3	47	18	2	5	16	18	42	46
13	Bradford Park Ave.	46	13	5	5	50	34	5	4	14	25	47	45
14	Doncaster Rovers	46	11	8	4	46	23	4	4	15	24	52	42
15	Newport County	46	12	3	8	35	24	5	5	13	29	49	42
16	Chesterfield	46	8	9	6	29	27	7	3	13	28	44	42
17	Stockport County	46	12	7	4	32	19	3	5	15	18	49	42
18	Oxford United	46	10	7	6	37	27	4	6	13	22	36	41
19	Darlington	46	8	9	6	40	37	6	3	14	26	56	40
20	ROCHDALE	46	9	8	6	36	24	3	7	13	20	35	39
21	Southport	46	12	6	5	42	29	3	3	17	21	59	39
22	York City	46	9	3	11	29	26	5	4	14	23	40	35
23	Hartlepools United	46	8	7	8	30	36	4	2	17	24	57	33
24	Barrow	46	4	10	9	30	36	2	8	13	21	57	30

1964/65   6th in Division 4

		Date	Opponent	Score	Scorers	Att	Burgin E	Ridge R	Calloway LJ	Cunliffe JG	Aspden JR	Thompson J	Richardson JAS	Morton GE	Turley JW	Jenkins R	Storf DA	Taylor B	Birch B(2)	MacKenzie DA	Milburn S	Hardman JA	Lister HF
1	Aug	22	York City	1-2	Richardson	4348	1	2	3	4	5	6	7	8	9	10	11						
2		26	STOCKPORT COUNTY	4-0	Jenkins 2, Morton 2	4458	1	2	3	4	5	6	7	8	9	10	11						
3		29	LINCOLN CITY	2-0	Morton, Richardson	4306	1	2	3	4	5	6	7	8	9	10	11						
4	Sep	5	Brighton & Hove Albion	0-3		14023	1	2	3	4	5	6	7	8	9	10	11						
5		7	TORQUAY UNITED	1-0	Morton	4641	1	2	3	4	5		10	8		9	11	6	7				
6		12	OXFORD UNITED	3-3	Jenkins, Beavon (og), Morton	4473	1	2	3	4	5	6	10	8		9	11		7				
7		16	Torquay United	1-2	Turley	5238	1	2	3		5	6	7	8	9	10	11	4					
8		19	Barrow	2-2	Morton, Jenkins	3159	1	2	3	4	5	6	7	8	9	10	11						
9		26	HARTLEPOOLS UNITED	3-0	Jenkins 2, Morton	3736	1	2	3	4	5	6	7	8	9	10	11						
10		30	BRADFORD CITY	3-1	Turley, Jenkins, Storf	4623	1	2	3	4	5	6	7	8	9	10	11						
11	Oct	3	Wrexham	3-2	Jenkins, Turley 2	7184	1	2	3	4	5	6	7	8	9	10	11						
12		7	Bradford City	2-0	Jenkins 2	3395	1	2	3	4	5	6	7	8	9	10	11						
13		10	DARLINGTON	1-1	Morton	5007	1	2	3	4	5	6	7	8	9	10	11						
14		14	CHESTER	2-1	Morton, Jenkins	4845	1	2	3	4	5	6		8	9	10		7		11			
15		17	Crewe Alexandra	1-1	Jenkins	3619	1	2	3	4	5	6	7	8	9	10				11			
16		24	NEWPORT COUNTY	2-0	Storf (p), Birch	4283	1	2	3	4	5	6		8	9	10	11		7				
17		26	Southport	0-1		3642	1	2	3	4	5	6	8		9	10	11		7				
18		31	Halifax Town	2-1	McKenzie, Jenkins	4089	1		3	4	5	6	8		9	10			7	11	2		
19	Nov	7	NOTTS COUNTY	1-1	Jenkins	4804	1	3		4	5	6	8		9	10			7	11	2		
20		21	DONCASTER ROVERS	2-1	Storf (p), Jenkins	4752	1		3	4	5	6	7			10	11		8		2	9	
21		28	Aldershot	2-1	Thompson, Jenkins	5412	1		3	4	5	6				10	11	8	7		2	9	
22	Dec	12	YORK CITY	1-2	Turley	3051	1		3	4	5	6	8		9	10	11		7		2		
23		18	Lincoln City	1-1	Jenkins	3177	1		3	4	5	6		8	9	10			7	11	2		
24		26	Tranmere Rovers	1-4	Morton	13497	1		3	4	5	6		8	9	10			7	11	2		
25		28	TRANMERE ROVERS	0-1		5008	1	2	3	4	5	6	7	8	9	10				11			
26	Jan	9	BRADFORD PARK AVE.	4-3	Jenkins 2, Thompson, McCalman (og)	4377	1	2	3	4	5	6	7			10		8		11	9		
27		16	Oxford United	2-2	Taylor, Richardson	8681	1	2	3	4	5	6				10		8		11	9		
28		23	BARROW	3-0	Milburn, Richardson, Taylor	3812	1	2			5	6	7			10		8		11	9	4	
29		30	Chesterfield	1-1	Jenkins	5091	1	2	3		5	6	7			10		8		11		4	9
30	Feb	6	Hartlepools United	1-1	Birch	5049	1	3	8		5	6				10			7	11	2	4	9
31		13	WREXHAM	2-1	Thompson, Lister	3728	1	2	3		5	6		8		10			7	11		4	9
32		15	Stockport County	2-1	Morton, Thompson	8645	1	2	3		5	6	7	8		10		4		11			9
33		20	Darlington	0-2		2606	1	2	3		5	6	7	8		10		4		11			9
34		27	CREWE ALEXANDRA	1-0	Jenkins	4442	1	2	3	4	5	6		8		10			7	11			9
35	Mar	10	Chester	1-0	Jenkins	8550	1	2	3	4	5	6		8		10			7	11			9
36		13	HALIFAX TOWN	3-0	McKenzie, Morton, Lister	4829	1	2	3	4	5	6		8		10			7	11			9
37		20	Notts County	0-0		3219	1	2	3	4	5	6		8		10			7	11			9
38		22	BRIGHTON & HOVE ALB	2-2	Thompson (p), Morton	7005	1	2	3	4	5	6		8		10			7	11			9
39		26	CHESTERFIELD	1-2	Morton	6383	1	2	3	4	5	6		8		10			7	11			9
40		29	Newport County	3-2	Birch, Jenkins, Lister	2761	1	2	3	4	5	6		8	7	10			11				9
41	Apr	3	Doncaster Rovers	2-2	Jenkins, Birch	7842	1	2	3	4		6	7	8		10			11		5		9
42		10	ALDERSHOT	3-1	Jenkins, Morton 2	4139	1	2	3	4	5	6	11	8		10			7				9
43		16	Millwall	0-0		15389	1	2	3	4	5	6	9	8		10			7	11			
44		17	Bradford Park Avenue	0-0		10636	1	2	3		5	6	11	8		10		4	7		9		
45		21	MILLWALL	0-2		8031	1	2	3		5	6		8		10		4		11	9		7
46		24	SOUTHPORT	2-0	Richardson, Morton	2882	1	2	3		5	6	7	8		10		4		11			9
					Apps		46	40	45	36	45	45	31	35	22	46	18	11	27	23	14	6	16
					Goals							5	5	17	5	25	3	2	4	2	1		3

Two own goals

F.A. Cup

		Date	Opponent	Score		Att																	
R1	Nov	14	Workington	0-2		5376	1		3	4	5	6			9	10	11		7		2	8	

F.L. Cup

		Date	Opponent	Score	Scorers	Att																	
R1	Sep	2	Stockport County	3-1	Turley, Richardson, Storf	3450	1	2	3	4	5	6	7	8	9	10	11						
R2		23	Rotherham United	0-2		8934	1	2	3	4	5	6	7	8		10	11	9					

		P	W	D	L	F	A	W	D	L	F	A	Pts
1	Brighton & Hove A.	46	18	5	0	68	20	8	6	9	34	37	63
2	Millwall	46	13	10	0	45	15	10	6	7	33	30	62
3	York City	46	20	1	2	63	21	8	5	10	28	35	62
4	Oxford United	46	18	4	1	54	13	5	11	7	33	31	61
5	Tranmere Rovers	46	20	2	1	72	20	7	4	12	27	36	60
6	ROCHDALE	46	15	4	4	46	22	7	10	6	28	31	58
7	Bradford Park Ave.	46	14	8	1	52	22	6	9	8	34	40	57
8	Chester	46	19	1	3	75	26	6	5	12	44	55	56
9	Doncaster Rovers	46	13	8	4	46	25	7	5	11	38	47	51
10	Crewe Alexandra	46	11	8	4	55	34	7	5	11	35	47	49
11	Torquay United	46	11	5	7	41	33	10	2	11	29	37	49
12	Chesterfield	46	13	5	5	36	22	7	3	13	22	48	48
13	Notts County	46	12	7	4	43	23	3	7	13	18	50	44
14	Wrexham	46	12	5	6	59	37	5	4	14	25	55	43
15	Hartlepools United	46	11	10	2	44	28	4	3	16	17	57	43
16	Newport County	46	14	5	4	54	26	3	3	17	31	55	42
17	Darlington	46	14	2	7	52	30	4	4	15	32	57	42
18	Aldershot	46	14	3	6	46	25	1	4	18	18	59	37
19	Bradford City	46	9	2	12	37	36	3	6	14	33	52	32
20	Southport	46	5	9	9	35	45	3	7	13	23	44	32
21	Barrow	46	9	4	10	30	38	3	2	18	29	67	30
22	Lincoln City	46	8	4	11	35	33	3	2	18	23	66	28
23	Halifax Town	46	9	4	10	37	37	2	2	19	17	66	28
24	Stockport County	46	8	4	11	30	34	2	3	18	14	53	27

1965/66 21st in Division 4

						Jones SC	Ridge R	Calloway LJ	Birch B(2)	Aspden JR	Thompson J	Bannister N	Morton GE	Stephenson GR	Jenkins R	Storf DA	Lister HF	Ratcliffe JB	Hardman JA	Sievwright GE	Taylor B	Burgin E	McQueen ID	Heath J	Connor KH	Handley B	Crossley P
1	Aug 21	ALDERSHOT	1-0	Storf	3955	1	2	3	4	5	6	7	8	9	10	11											
2	24	Bradford Park Avenue	2-1	Stephenson, Bannister	5486	1	2	3	4	5	6	7	8	9	10	11											
3	28	Newport County	1-1	Thompson	3673	1	2	3	4	5	6	7	8	9	10	11											
4	Sep 4	TORQUAY UNITED	2-3	Lister, Jenkins	3720	1	2	3	4		6	12	8	7	10		9	11	5								
5	11	Chesterfield	1-4	Morton	4887	1	2	3	4		6		8	7	10		9	11		5							
6	14	BRADFORD PARK AVE.	2-3	Jenkins, Morton	4806	1	2	3		5	6	7	8		10		9	11	4								
7	18	Colchester United	0-2		4919	1	2	3	11	5	6	7	8		10		9		4								
8	24	LUTON TOWN	1-2	Morton	3692		2	3	7	5	6	11	8		10		9		4	12	1						
9	Oct 2	Barrow	2-0	Morton, Jenkins	4763		2	3	4	5	6		8		10	11	9	7			1						
10	5	SOUTHPORT	3-0	Lister, Morton, Storf	4188		2	3	4	5	6		8		10	11	9	7			1						
11	8	BRADFORD CITY	5-1	Lister 2, Morton 2, Ratcliffe	4027		2	3	4	5	6		8		10	11	9	7			1						
12	16	Crewe Alexandra	1-3	Lister	4019		2	3	4	5	6		8		10	11	9	7			1						
13	22	PORT VALE	1-0	Morton	4195		2	3		5	6		8		10	11	9	7			4	1					
14	29	Halifax Town	1-4	Stephenson	2786		2	3		5	6		8	9	10	11		7			4	1					
15	Nov 5	CHESTER	3-0	Jenkins 3	3122		2	3	4	5		7	12	8	10		9	11			6	1					
16	20	LINCOLN CITY	0-1		2547		2	3	4	5		7	8		10		9	11			6	1					
17	22	Southport	0-4		2326		2	3	4		6		8		10		7	11		9	5	1					
18	Dec 10	Tranmere Rovers	2-6	Birch, Lister	6463		2	3	4	5		11	8	10			7				6	1	9				
19	18	CREWE ALEXANDRA	2-1	Taylor, Jenkins	1486	1	2	3		5		11	8	7	10						4	6	9				
20	27	WREXHAM	6-0	*See below	4187	1	2	3		5		11	8	7	10						4	6	9				
21	Jan 1	Bradford City	1-2	McQueen	4807	1	2	3		5		11	8	7	10						4	6	9				
22	8	NOTTS COUNTY	0-2		2677	1	2	3		5			7	8		10	11				4	6	9				
23	15	Port Vale	1-2	Taylor	4262	1	2	3		5		11	8	7	10		9				4	6					
24	29	Aldershot	3-2	Calloway, Taylor 2	2967	1	3	9		5			8		10	11	7				2	6					
25	Feb 5	NEWPORT COUNTY	2-1	Storf, Morton	2167	1	3	9	4	5			8	10		11	7				2	6					
26	12	DONCASTER ROVERS	0-1		2542	1	3	9	4	5			8	10		11	7				2	6					
27	19	Torquay United	0-4		5504	1	3	9	4	5				8	10	11	7				2	6					
28	26	CHESTERFIELD	1-1	Jenkins	2292			3	7	5				8	10	11					4	6		1	2	9	
29	28	Darlington	1-3	Stephenson	8633		3		4				7	8	10	11					6	5		1	2	9	
30	Mar 4	Doncaster Rovers	0-2		12255		3	2	4			7	8		10	11					6	5		1		9	
31	8	Barnsley	0-5		3426		3	2	4	5		7	8		10	11					9	6		1			
32	11	COLCHESTER UNITED	0-1		1780		3		4				8	10	9	11	7				6	5			1	2	
33	19	Luton Town	1-4	Storf	7381		3	2	4				7	10		11	9				6	5		8	1	12	
34	25	BARROW	4-0	Jenkins, Lister, Stephenson 2	1743	1	2	3	4	5			7	8	10	11	9				6						
35	30	Wrexham	2-2	Jenkins, Lister	5390	1	2	3	4	5			7	8	10	11	9				12	6					
36	Apr 2	Chester	2-1	Stephenson 2	6361	1	2	3		5		11	7	8	10		9				4	6					
37	9	STOCKPORT COUNTY	4-0	Lister, Calloway, Stephenson, Storf	3281	1	2	3		5			7	8	10	11	9				4	6					
38	11	BARNSLEY	2-1	Jenkins (p), Lister	3316	1	2	3		5			7	8	10	11	9				4	6					
39	16	Lincoln City	0-2		2884	1	2	3	4				7	8	10	11					6	5	9				
40	19	HALIFAX TOWN	0-1		2186	1	2	3	9	5			7	8	10	11					4	6					
41	22	DARLINGTON	1-2	Morton	2427	1	2	3	4	5			7	8	10	11	9					6					
42	26	HARTLEPOOLS UNITED	3-1	Stephenson 2, Lister	1964	1	2	3		5			7	8	10	11	9				6	4					
43	29	Stockport County	1-3	Sievwright	5503	1	2	3	12	5			7	8	10	11	9				6	4					
44	May 6	TRANMERE ROVERS	3-5	King (og), Stephenson, Birch	2085	1	2	3	4				8	10	9	11					6	5					7
45	16	Hartlepools United	0-0		5779	1	2	3	4	5			8		10	11					6		9				7
46	21	Notts County	3-3	McQueen, Storf, Stephenson	3488	1	2	3	4	5			8	10		11					6		9			12	7

Scorers in game 20: Jenkins 2, Morton, Bannister, McQueen, Stephenson

Apps	29	45	44	34	37	15	19	42	34	39	32	29	12	1	32	32	11	9	6	5	3	3
Goals		2	2		1	2	11	13	13	6	11	1			1	4		3				

One own goal

F.A. Cup

R1	Nov 13	Fleetwood	2-2	Lister, Sievwright	6150		2	3	4	5			7	8	10		9	11			6		1				
rep	17	FLEETWOOD	5-0	Jenkins 3, Calloway, Lister	5084		2	3	4	5	9		8		10		7	11			6		1				
R2	Dec 8	ALTRINCHAM	1-3	Jenkins	8367		2	3	8		6				10	11	9	7			4	5	1				

F.L. Cup

R1	Sep 1	Barrow	1-1	Stephenson	4814	1	2	3	4	5	6		8	7	10		9	11									
rep	8	BARROW	3-1	Lister, Jenkins 2	2090	1	2	3			6		8	7	10		9	11			4	5					
R2	22	Southampton	0-3		12188		2	3	11	5	6	7	8		10		9				4		1				

		P	W	D	L	F	A	W	D	L	F	A	Pts
1	Doncaster Rovers	46	15	6	2	49	21	9	5	9	36	33	59
2	Darlington	46	16	3	4	41	17	9	6	8	31	36	59
3	Torquay United	46	17	2	4	43	20	7	8	8	29	29	58
4	Colchester United	46	13	7	3	45	21	10	3	10	25	26	56
5	Tranmere Rovers	46	15	1	7	56	32	9	7	7	37	34	56
6	Luton Town	46	19	2	2	65	27	5	6	12	25	43	56
7	Chester	46	15	5	3	52	27	5	7	11	27	43	52
8	Notts County	46	9	8	6	32	25	10	4	9	29	28	50
9	Newport County	46	14	6	3	46	24	4	6	13	29	51	48
10	Southport	46	15	6	2	47	20	3	6	14	21	49	48
11	Bradford Park Ave.	46	14	2	7	59	31	7	3	13	43	61	47
12	Barrow	46	12	8	3	48	31	4	7	12	24	45	47
13	Stockport County	46	14	4	7	42	29	6	2	15	29	41	46
14	Crewe Alexandra	46	12	4	7	42	23	4	5	14	19	40	41
15	Halifax Town	46	11	6	6	46	31	4	5	14	21	44	41
16	Barnsley	46	11	6	6	43	24	4	4	15	31	54	40
17	Aldershot	46	12	6	5	47	27	3	4	16	28	57	40
18	Hartlepools United	46	13	4	6	44	22	3	4	16	19	53	40
19	Port Vale	46	12	7	4	38	18	3	2	18	10	41	39
20	Chesterfield	46	8	9	6	37	35	6	4	13	25	43	39
21	ROCHDALE	46	12	1	10	46	27	4	4	15	25	60	37
22	Lincoln City	46	9	7	7	37	29	4	4	15	20	53	37
23	Bradford City	46	10	5	8	37	34	2	8	13	26	60	37
24	Wrexham	46	10	4	9	43	43	3	5	15	29	61	35

1966/67 21st in Division 4

#	Date	Opponent	Score	Scorers	Att
1	Aug 20	Crewe Alexandra	1-2	Wheatley	3069
2	27	BARROW	1-3	Lister	2752
3	Sep 2	York City	1-1	Wheatley	5046
4	6	LUTON TOWN	3-0	Wheatley, Russell, Crossley	2472
5	10	LINCOLN CITY	1-0	Russell	2905
6	17	Chesterfield	0-0		5003
7	24	STOCKPORT COUNTY	1-0	Storf	5756
8	29	Luton Town	1-3	Crossley	6435
9	Oct 1	Aldershot	0-4		4273
10	8	BARNSLEY	1-1	Richardson	2784
11	15	Newport County	2-2	Wheatley, Stephenson	4850
12	19	Chester	2-3	Stephenson, Storf	4316
13	22	BRENTFORD	1-3	Russell	2632
14	29	Halifax Town	1-1	McQueen	2771
15	Nov 5	HARTLEPOOLS UNITED	3-2	Russell 2, Calder	2005
16	12	Exeter City	0-0		3625
17	19	BRADFORD CITY	0-1		3108
18	Dec 3	SOUTHEND UNITED	1-2	Lister	1733
19	10	Wrexham	2-4	Russell, Storf	6904
20	17	CREWE ALEXANDRA	0-1		1432
21	27	Notts County	0-2		4810
22	31	Barrow	0-2		6871
23	Jan 14	Lincoln City	2-0	Storf, Jenkins	3983
24	21	CHESTERFIELD	2-1	Jenkins 2	2255
25	27	NOTTS COUNTY	1-1	Jenkins	2358
26	Feb 3	Stockport County	2-2	Daubrey, Stephenson	9908
27	11	ALDERSHOT	2-1	Jenkins (1p)	2494
28	18	Bradford Park Avenue	3-0	Storf, Jenkins (p), McEwan	4823
29	25	Barnsley	1-3	Daubrey	7585
30	Mar 1	CHESTER	0-1		2140
31	4	NEWPORT COUNTY	2-0	Russell, Jenkins	2039
32	11	BRADFORD PARK AVE.	1-0	Jenkins	2143
33	18	Brentford	0-4		6610
34	25	TRANMERE ROVERS	1-2	Connor	2478
35	27	PORT VALE	1-2	Taylor	2254
36	28	Port Vale	0-5		3004
37	Apr 1	Hartlepools United	1-2	Jenkins	5952
38	8	EXETER CITY	1-0	Calloway	1294
39	10	SOUTHPORT	1-1	Smith	2644
40	15	Bradford City	1-4	Fletcher	4119
41	22	HALIFAX TOWN	3-0	Fletcher 2, Melledew	2416
42	24	Southport	2-1	Jenkins (p), Storf	5469
43	29	Southend United	0-0		8236
44	May 2	YORK CITY	2-2	Jenkins 2 (1p)	2017
45	6	WREXHAM	1-3	Fletcher	2066
46	12	Tranmere Rovers	1-3	Jenkins (p)	12123

Played in game 36: DJ Dow (at 5).

F.A. Cup

R1	Nov 26	BARROW	1-3	Storf	3784

F.L. Cup

R1	Aug 23	Bury	0-2		3724

		P	W	D	L	F	A	W	D	L	F	A	Pts
1	Stockport County	46	16	5	2	41	18	10	7	6	28	24	64
2	Southport	46	19	2	2	47	15	4	11	8	22	27	59
3	Barrow	46	12	8	3	35	18	12	3	8	41	36	59
4	Tranmere Rovers	46	14	6	3	42	20	8	8	7	24	23	58
5	Crewe Alexandra	46	14	5	4	42	26	7	7	9	28	29	54
6	Southend United	46	15	5	3	44	12	7	4	12	26	37	53
7	Wrexham	46	11	12	0	46	20	5	8	10	30	42	52
8	Hartlepools United	46	15	3	5	44	29	7	4	12	22	35	51
9	Brentford	46	13	7	3	36	19	5	6	12	22	37	49
10	Aldershot	46	14	4	5	48	19	4	8	11	24	38	48
11	Bradford City	46	13	4	6	48	31	6	6	11	26	31	48
12	Halifax Town	46	10	11	2	37	27	5	3	15	22	41	44
13	Port Vale	46	9	7	7	33	27	5	8	10	22	31	43
14	Exeter City	46	11	6	6	30	24	3	9	11	20	36	43
15	Chesterfield	46	13	6	4	33	16	4	2	17	27	47	42
16	Barnsley	46	8	7	8	30	28	5	8	10	30	36	41
17	Luton Town	46	15	5	3	47	23	1	4	18	12	50	41
18	Newport County	46	9	9	5	35	23	3	7	13	21	40	40
19	Chester	46	8	5	10	24	32	7	5	11	30	46	40
20	Notts County	46	10	7	6	31	25	3	4	16	22	47	37
21	ROCHDALE	46	10	4	9	30	27	3	7	13	23	48	37
22	York City	46	11	5	7	45	31	1	6	16	20	48	35
23	Bradford Park Ave.	46	7	6	10	30	34	4	7	12	22	45	35
24	Lincoln City	46	7	8	8	39	39	2	5	16	19	43	31

1967/68 19th in Division 4

#	Date		Opponent	Score	Scorers	Att	Green L	Melledew ST	Calloway LJ	Reid J	Smith GL	Eastham B	Winspear J	Russell W	Fletcher JM	Jenkins R	Riley HW	Taylor B	Cockroft VH	Hutchinson JB	Crompton DG	McEwen FK	Daubney R	Williamson R	Dow DJ	Harley LA	Butler DA	Rudd WT	Bracewell K	Wilkinson ES
1	Aug	19	Newport County	1-1	Calloway	4858	1	2	3	4	5	6	7	8	9	10	11												
2		26	YORK CITY	3-2	Riley 2, Fletcher	2536	1		3	8		6	7	4	9	10	11	5	2										
3	Sep	2	LINCOLN CITY	1-2	Melledew	2467	1	12	3	4	5			8	7	10	11	6	2	9									
4		4	Hartlepools United	1-1	Fletcher	8361	1	4	3	8	5			7	9	10	11	6	2										
5		9	Brentford	0-4		5646	1	4	3	8	5		7	6	9	10	11		2		12								
6		16	BRADFORD PARK AVE.	1-1	Fletcher	2579	1		3	11	5	6		7	9	10		4	2	8									
7		23	Doncaster Rovers	0-2		6530	1		3	10	5	6		7	9	11		4	2	8									
8		25	HARTLEPOOLS UNITED	1-1	Winspear	2041	1		3	11	5	6	7	10	9	12		4	2	8									
9		30	LUTON TOWN	2-2	Winspear, Jenkins	1884	1	12	3	8	5	6	7		9	10	11	4	2										
10	Oct	3	Barnsley	1-1	Fletcher	4663	1	8		10	5	3	7		9		11	4	2		6								
11		7	Bradford City	0-0		5174	1	4	3	8	5		7	10	9		11	6	2		12								
12		14	CREWE ALEXANDRA	1-1	Winspear	2397	1	4	3	10	5		7		9			6	2			11	8						
13		21	Notts County	0-2		5832	1	4	3	10	5	6	7		9				2			11	8						
14		23	BARNSLEY	1-0	Fletcher	3368	1	4	3	11	5	6	7		9	10			2	8									
15		28	Port Vale	3-1	Hutchinson, Reid, Jenkins (p)	2566	1	4		11	5	3	7	10		9		6	2	8									
16	Nov	4	Chester	1-0	Melledew	4068	1	4	3	11	5		7		9	10		6	2	8									
17		11	CHESTERFIELD	1-4	Jenkins	2391	1	4		11	5	3	7		9	10		6	2	8									
18		18	Exeter City	1-3	Jenkins	4072	1	4	3	11		6		8		10		5	2	9		7							
19		25	DARLINGTON	1-0	Jenkins	1692	1	4		3	5			11		10	7	6	2	8		9							
20	Dec	2	Aldershot	1-2	Fletcher	4687	1	4	3	11	5			8	9	10		6	2			7							
21		16	NEWPORT COUNTY	4-3	Reid 2, Fletcher, Melledew	1662	1	4	3	11	6		7	8	9	5			2	10				1					
22		23	York City	1-4	Russell	3329	1	8	3	11	4	6	12	7	9	5			2	10				1					
23		26	Wrexham	0-2		9767	1		3		6			8	9	5	7	4	2	10	11								
24		30	WREXHAM	3-0	Showell (og), Jenkins (p), Hutchinson	1799	1		3		6			7	9	5		4	2	10	11	8							
25	Jan	6	Lincoln City	2-3	Peden (og), McEwan	5480	1	12	3		6			7	9	5		4	2	10	11	8							
26		20	Bradford Park Avenue	0-0		3334	1	4	3		6			8	9	5	11		2	10			7						
27		27	WORKINGTON	1-3	Fletcher	1606	1	4		3	6		7	11	9	5	12	8	2	10									
28	Feb	3	DONCASTER ROVERS	2-0	Melledew, Fletcher	1728	1	8		3	6			10	9	5		4	2	11					7				
29		10	Luton Town	1-4	Fletcher	10040	1	8	12	3	6			10	9	5		4	2	11					7				
30		17	SOUTHEND UNITED	0-1		2370	1	4	3	8	5				9	10	12		2						6	7	11		
31		24	EXETER CITY	2-2	Melledew, Rudd	2159	1	2	3		6				9	10	4								5	7	11	8	
32	Mar	2	Crewe Alexandra	1-2	Fletcher	4570	1	2	3		6				9	10	4								5	7	11	8	
33		9	Halifax Town	0-2		4933	1	7	3	12	2				9	10	4								6		11	8	5
34		16	NOTTS COUNTY	0-0		1895	1	2			6				7	10			3	9							11	8	5	4
35		18	BRENTFORD	1-1	Melledew	1725	1	2		6	4				7	10			3	9							11	8	5	
36		23	Port Vale	1-1	Butler	3151	1	2		10	6				7	9			3								11	8	5	4
37		30	CHESTER	1-1	Fletcher	2212	1	2		10	6				7	9			3								11	8	5	4
38	Apr	6	Chesterfield	2-0	Fletcher, Kettlebrough (og)	7159	1	2		10	6				7	5			3	9							11	8		4
39		13	BRADFORD CITY	3-2	Fletcher 2, Hutchinson	4625	1	2		10	6				7	5			3	9							11	8		4
40		15	SWANSEA TOWN	1-2	Jenkins (p)	3076	1	2		10	6				7	5	12		3	9							11	8		4
41		16	Swansea Town	0-1		4978	1			10	2			7		5	11	6	3	9								8		4
42		20	Darlington	0-2		3241	1				8	2			12	5	7	4	3	9							11	10		6
43		27	ALDERSHOT	0-2		2001	1	10		12	2					5	7	6	3	9							11	8		4
44		29	HALIFAX TOWN	2-1	Melledew, Riley	1929	1	8		3					9	5	7	4	2						6		11	10		
45	May	4	Workington	1-0	Butler	1405	1	8		3					9	5	7	4	2						6		11	10		
46		10	Southend United	1-3	Riley	5744	1	9		3	4			8	7	5	11		2						6			10		

	Apps	44	38	27	39	42	13	16	27	38	42	20	30	42	27	8	7	1	2	7	5	15	16	5	9
	Goals		7	1	3			3	1	15	7	4			3		1					2	1		

Three own goals

F.A. Cup

R1	Dec	9	Tranmere Rovers	1-5	Fletcher	4500	1	4	3	11	5			8	9	10		6	2			7							

F.L. Cup

R1	Aug	23	BURY	0-1		4848	1	2	3	8	5	6		7	9	10	11	4											

		P	W	D	L	F	A	W	D	L	F	A	Pts
1	Luton Town	46	19	3	1	55	16	8	9	6	32	28	66
2	Barnsley	46	17	6	0	43	14	7	7	9	25	32	61
3	Hartlepools United	46	15	7	1	34	12	10	3	10	26	34	60
4	Crewe Alexandra	46	13	10	0	44	18	7	8	8	30	31	58
5	Bradford City	46	14	5	4	41	22	9	6	8	31	29	57
6	Southend United	46	12	8	3	45	21	8	6	9	32	37	54
7	Chesterfield	46	15	4	4	47	20	6	7	10	24	30	53
8	Wrexham	46	17	3	3	47	12	3	10	10	25	41	53
9	Aldershot	46	10	11	2	36	19	8	6	9	34	36	53
10	Doncaster Rovers	46	12	8	3	36	16	6	7	10	30	40	51
11	Halifax Town	46	10	6	7	34	24	5	10	8	18	25	46
12	Newport County	46	11	7	5	32	22	5	6	12	26	41	45
13	Lincoln City	46	11	3	9	41	31	6	6	11	30	37	43
14	Brentford	46	13	4	6	41	24	5	3	15	20	40	43
15	Swansea Town	46	11	8	4	38	25	5	2	16	25	52	42
16	Darlington	46	6	11	6	31	27	6	6	11	16	26	41
17	Notts County	46	10	7	6	27	27	5	4	14	26	52	41
18	Port Vale	46	10	5	8	41	31	2	10	11	20	41	39
19	ROCHDALE	46	9	8	6	35	32	3	6	14	16	40	38
20	Exeter City	46	9	7	7	30	30	2	9	12	15	35	38
21	York City	46	9	6	8	44	30	2	8	13	21	38	36
22	Chester	46	6	6	11	35	38	3	8	12	22	40	32
23	Workington	46	8	8	7	35	29	2	3	18	19	58	31
24	Bradford Park Ave.	46	3	7	13	18	35	1	8	14	12	47	23

1968/69 3rd in Division 4: Promoted

#	Date		Opponent	Score	Scorers	Att	Harker CJ	Radcliffe V	Ryder DF	Leech VG	Parry C	Ashworth JM	Whitehead NJ	Fletcher JM	Jenkins R	Rudd WT	Butler DA	Riley HW	Melledew ST	Smith GL	Melling T	Buck AR
1	Aug	10	SCUNTHORPE UNITED	3-2	Jenkins 2 (2p), Butler	3253	1	2	3	4	5	6	7	8	9	10	11					
2		17	Colchester United	0-0		3969	1	2	3	4	5	6	7	12	9	10	11		8			
3		24	EXETER CITY	1-1	Melledew	3225	1	2	3	4	5	6	7		9	10	11		8			
4		26	Brentford	1-1	Melledew	9149	1	2	3	4	5	6	7		9	10	11		8	12		
5		31	Port Vale	1-1	Melledew	4591	1	2	3	4	5	10	7		9	11	12		8	6		
6	Sep	7	PETERBOROUGH UTD.	1-1	Melledew	4030	1	2	3	4	5	6	7	12	9	10	11		8			
7		14	Chesterfield	1-1	Melledew	5903	1	2	3	4	5	6	12	7	9	10	11		8			
8		17	Doncaster Rovers	0-2		12183	1	2	3	4	5	6			9	10	11	7	8			
9		21	BRADFORD CITY	6-0	Fletcher 2, Melledew 2, Rudd, Butler	4136	1	2	3	4	5	6		7		10	11		8		9	
10		28	York City	0-0		3509	1	2	3	4	5	6		7		10	11		8		9	
11	Oct	5	WORKINGTON	0-0		4535	1	2	3	4	5	6		7	12	10	11		8		9	
12		7	BRENTFORD	0-0		5181	1	2	3	4	5	6	7			10	11		8		9	
13		12	Darlington	0-0		7113	1		3	4	5	6	7		9	10	11			2	8	
14		19	SWANSEA TOWN	0-1		4771	1	2	3	4	5	6	7		12	10	11		8		9	
15		26	Southend United	3-1	Butler 2, Melledew	9486	1	2	3	4	5		7			10	11		8	6	9	
16	Nov	2	BRADFORD PARK AVE.	6-0	Rudd 2 (1p), Butler, Melledew, Melling, Radcliffe	2795	1	2	3	4	5		7			10	11		8	6	9	
17		4	NEWPORT COUNTY	0-1		4223	1	2	3		5	6	7		12	10	11		8	4	9	
18		9	Aldershot	0-0		5185	1	2	3	4	5		7		9	10	11		8	6		
19		23	Wrexham	2-3	Melling 2	5663	1	2	3	4	5	6	7			10	11		8		9	
20		30	NOTTS COUNTY	0-0		2673	1	2	3		5	6	7	8		10	11		12	4	9	
21	Dec	7	Grimsby Town	0-2		2714	1	2	3		5	6	7	9		11	12		8	4	10	
22		21	Swansea Town	0-3		5703	1	2	3	4	5	6	7		10	8	11				9	
23		26	Workington	2-1	Jenkins 2	2921	1		3	4	5	6	7		10	8	11			2	9	
24	Jan	4	GRIMSBY TOWN	6-1	Jenkins 3 (1p), Melling, Rudd, Whitehead	2038	1		3	4	5	6	7		10	8	11			2	9	
25		11	Bradford Park Avenue	4-1	Melling 3, Whitehead	5453	1		3	4	5	6	7		10	8	11			2	9	
26		18	ALDERSHOT	3-0	Butler 2, Melling	3305	1		3	4	5	6	7			8	11		10	2	9	
27	Feb	1	Lincoln City	0-0		8621	1		3	4	5	6	7		10	8	11		12	2	9	
28		10	Newport County	1-1	Butler	2607	1	6	3	4	5		7		10	8	11			2	9	
29		24	DARLINGTON	2-0	Jenkins 2	3815	1		3	4	5	6	7		10	8	11			2		9
30	Mar	1	Scunthorpe United	0-0		3102	1	5	3	4		6	7			8	11			2	10	9
31		8	COLCHESTER UNITED	4-0	Butler 2, Jenkins, Buck	4988	1		3	4	5	6	7		10	8	11			2		9
32		10	LINCOLN CITY	2-1	Buck, Butler	5803	1		3	4	5	6	7		10	8	11			2		9
33		15	Exeter City	2-2	Buck 2	4061	1		3	4	5	6	7		10	8	11			2		9
34		22	PORT VALE	1-0	Butler	4860	1		3	4	5	6	7		10	8	11			2		9
35		29	Peterborough United	1-0	Buck	4107	1		3	4	5	6	7		10	8	11		12	2		9
36	Apr	5	YORK CITY	2-1	Buck, Smith	6886	1		3	4	5	6	7		10	8	11			2		9
37		7	DONCASTER ROVERS	0-0		12647	1		3	4	5	6	7		10	8	11			2		9
38		8	Chester	1-2	Melledew	3820	1		3	4	5	6	7		10	8	11		12	2		9
39		12	Bradford City	1-1	Ashworth	9449	1		3	4	5	6	7		10	8	11		12	2		9
40		14	CHESTER	4-1	Butler 2, Buck, Melledew	4884	1		3	4	5	6	7			8	11		10	2		9
41		19	CHESTERFIELD	0-0		7600	1		3	4	5	6	7		12	8	11		10	2		9
42		23	WREXHAM	2-1	Buck, Butler (p)	6635	1	6	3	4	5		7			8	11		10	2		9
43		28	Notts County	1-1	Jenkins	3678	1	6	3	4	5		7		12	8	11		10	2		9
44		30	HALIFAX TOWN	1-0	Butler	12806	1	6	3	4	5		7			8	11		9	2		
45	May	8	Halifax Town	0-1		17186	1		3	4	5	6	7			10	8	11		9	2	12
46		10	SOUTHEND UNITED	3-0	Mellewdew, Jenkins 2 (1p)	9095	1		3	4	5	6	7			10	8	11		9	2	12
					Apps		46	26	46	43	45	39	42	10	33	46	46	1	31	33	20	17
					Goals			1				1	2	2	13	4	16		12	1	8	8

F.A. Cup

	Date		Opponent	Score		Att																
R1	Nov	16	Barnsley	0-0		11414	1	2	3	4	5	6	7			10	11		8	9		
rep		18	BARNSLEY	0-1		7340	1	2	3	4	5	6	7		12	10	11		8	9		

F.L. Cup

	Date		Opponent	Score	Scorers	Att																
R1	Aug	14	Workington	1-2	Melledew	2558	1	2	3	4	5	6	7	8	9	10	11		12			

		P	W	D	L	F	A	W	D	L	F	A	Pts
1	Doncaster Rovers	46	13	8	2	42	16	8	9	6	23	22	59
2	Halifax Town	46	15	5	3	36	18	5	12	6	17	19	57
3	ROCHDALE	46	14	7	2	47	11	4	13	6	21	24	56
4	Bradford City	46	11	10	2	36	18	7	10	6	29	28	56
5	Darlington	46	11	6	6	40	26	6	12	5	22	19	52
6	Colchester United	46	12	8	3	31	17	8	4	11	26	36	52
7	Southend United	46	15	3	5	51	21	4	10	9	27	40	51
8	Lincoln City	46	13	6	4	38	19	4	11	8	16	33	51
9	Wrexham	46	13	7	3	41	22	5	7	11	20	30	50
10	Swansea Town	46	11	8	4	35	20	8	3	12	23	34	49
11	Brentford	46	12	7	4	40	24	6	5	12	24	41	48
12	Workington	46	8	11	4	24	17	7	6	10	16	26	47
13	Port Vale	46	12	8	3	33	15	4	6	13	13	31	46
14	Chester	46	12	4	7	43	24	4	9	10	33	42	45
15	Aldershot	46	13	3	7	42	23	6	4	13	24	43	45
16	Scunthorpe United	46	10	5	8	28	22	8	3	12	33	38	44
17	Exeter City	46	11	8	4	45	24	5	3	15	21	41	43
18	Peterborough Utd.	46	8	9	6	32	23	5	7	11	28	34	42
19	Notts County	46	10	8	5	33	22	2	10	11	15	35	42
20	Chesterfield	46	7	7	9	24	22	6	8	9	19	28	41
21	York City	46	12	8	3	36	25	2	3	18	17	50	39
22	Newport County	46	9	9	5	31	26	2	5	16	18	48	36
23	Grimsby Town	46	5	7	11	25	31	4	8	11	22	38	33
24	Bradford Park Ave.	46	5	8	10	19	34	0	2	21	13	72	20

1969/70

9th in Division 3

						Harker CJ	Smith GL	Ryder DF	Downes RD	Parry C	Ashworth JM	Whitehead NJ	Rudd WT	Buck AR	Jenkins R	Butler DA	Cross D	Melledew ST	Riley HW	Leech VG	Clarke PS	Blair RV
1	Aug	9 ORIENT	0-3		7114	1	2	3	4	5	6	7	8	9	10	11	12					
2		16 Stockport County	1-0	Jenkins	5338	1	2	3	4	5	6	7	8		10	11		9				
3		23 BURY	3-3	Melledew, Jenkins 2	9752	1	2	3	4	5	6	7	8		10	11		9				
4		27 Brighton & Hove Albion	0-2		13904	1	2	3	4	5	6	7	8	12	10	11		9				
5		30 Walsall	4-1	Jenkins 2 (1p), Butler, Melledew	6666	1	2	3	4	5	6	7	8		10	11		9				
6	Sep	6 BARROW	1-0	Melledew	6562	1	2	3	4	5	6	7	8		10	11		9				
7		13 Gillingham	2-2	Buck 2	4364	1	2	3	4	5	6	7	8	9	10	11						
8		15 ROTHERHAM UNITED	4-2	Downes 2, Buck, Jenkins (p)	6749	1	2	3	4	5	6	7	8	9	10	11						
9		20 BRADFORD CITY	1-2	Jenkins	9203	1	2	3	4	5	6	7	8	9	10	11			12			
10		27 Bristol Rovers	3-3	Buck 3	8673	1	2	3		5	6	7	8	9	10	11				4		
11		29 Bournemouth	3-0	Leech, Jenkins 2 (2p)	4775	1	2	3		5	6	7	8	9	10	11				4		
12	Oct	4 SHREWSBURY TOWN	3-0	Buck, Rudd, Wood (og)	6492	1	2	3	12	5	6	7	8	9	10	11				4		
13		6 STOCKPORT COUNTY	2-0	Jenkins, Butler	7889	1	2	3	12	5	6	7	8	9	10	11				4		
14		11 Plymouth Argyle	3-2	Butler 2, Jenkins	9458	1	2	3		5	6	7	8	9	10	11				4		
15		18 TRANMERE ROVERS	4-0	Butler 2, Buck, Jenkins	7892	1	2	3		5	6	7	8	9	10	11				4		
16		25 Southport	3-0	Jenkins, Buck, Dunleavy (og)	5834	1	2	3		5	6	7	8	9	10	11				4		
17	Nov	1 READING	3-2	Butler, Buck, Ryder	7977	1	2	3		5	6	7	8	9	10	11				4		
18		3 Mansfield Town	2-1	Jenkins (p), Butler	4588	1	2	3		5	6	7	8	9	10	11				4		
19		8 Halifax Town	1-3	Buck	7570	1	2	3		5	6	7	8	9	10	11				4		
20		22 Luton Town	0-2		15876	1	2	3		5	6	7	8	9	10	11				4		
21		24 MANSFIELD TOWN	2-1	Buck, Rudd	6833	1	2	3		5	6	7	8	9	10	11				4		
22	Dec	6 Bury	1-2	Buck	9849	1	2	3		5	6	7	8	9	10	11			12	4		
23		13 GILLINGHAM	0-0		5439	1	2	3	4	5	6	7	8	9	10	11			12			
24		20 Barrow	0-2		2128	1	2	3	4	5	6	7	8	9	10	11						
25	Jan	17 BRISTOL ROVERS	0-0		5701	1	2	3	4	5	6	7	8	9	10	11						
26		23 Doncaster Rovers	1-3	Jenkins	6237	1	2	3	4	5	6	7	8	9	10	11			12			
27		26 BOURNEMOUTH	0-1		5286	1	2	3		5	6	7	8	9	10	11	12		4			
28		31 Shrewsbury Town	0-1		4091	1	2	3		5	6	7	8	9	10	11			4			
29	Feb	4 Bradford City	3-0	Riley, Buck 2	10236	1	2	3		5	6	7	8	9	10	11			4			
30		7 PLYMOUTH ARGYLE	2-1	Riley, Cross	4833	1	2	3		5	6	7	8	9	10	11	12		4			
31		21 SOUTHPORT	1-1	Ashworth	4312	1	2	3		5	6	7	8	9		11	10		4			
32		28 Reading	0-1		14307	1	2	3	12	5	6	7	8	9		11	10		4			
33	Mar	3 Barnsley	0-1		9548	1	2	3	10	5		7	8			11	9		4		6	
34		9 TORQUAY UNITED	1-1	Butler	3604	1	2	3	10	5	6	7	8			11	9		4			
35		14 Fulham	0-2		6708	1	2	3	10	5	6	7	8			11	9		4			12
36		16 DONCASTER ROVERS	2-0	Riley, Cross	4496	1	2	3	10	5		7	8			11	9		4		6	
37		21 BARNSLEY	1-1	Cross	4887	1	2	3	11	5	6	7	8		10		9		4			
38		27 Tranmere Rovers	0-0		7192	1	2	3	11	5	6	7	8		10		9		4			
39		28 Torquay United	0-3		5280	1	2	3	12	5	6	7	8		10	11	9		4			
40		30 HALIFAX TOWN	5-0	Jenkins 3, Whitehead, Riley	5346	1	2	3	10	5	6	7	8		9	11	12		4			
41	Apr	4 BRIGHTON & HOVE ALB	2-1	Butler, Jenkins	4762	1	2	3	10	5	6	7	8		9	11			4			
42		9 WALSALL	1-2	Rudd	4404	1	2	3	11	5	6		8		9	7	12		4			10
43		11 Orient	2-2	Downes 2	13260	1	2	3	11	5	6		8		9	7	12		4			10
44		14 Rotherham United	1-3	Blair	6382	1	2	3	11	5	6		8		9	7			4			10
45		18 FULHAM	0-1		5077	1	2	3	11	5	6	12	8		9	7			4			10
46		25 LUTON TOWN	1-2	Jenkins	5886	1	2	3	11	5	6		8		10	7	9		4		12	
					Apps	46	46	46	30	46	44	42	46	28	40	44	16	5	24	13	3	5
					Goals			1	4		1	1	3	15	20	10	3	3	4	1		1

Two own goals

F.A. Cup

						Harker CJ	Smith GL	Ryder DF	Downes RD	Parry C	Ashworth JM	Whitehead NJ	Rudd WT	Buck AR	Jenkins R	Butler DA	Cross D	Melledew ST	Riley HW	Leech VG	Clarke PS	Blair RV
R1	Nov	15 Workington	1-2	Whitehead	2570	1	2	3	12	5	6	7	8	9	10	11				4		

F.L. Cup

						Harker CJ	Smith GL	Ryder DF	Downes RD	Parry C	Ashworth JM	Whitehead NJ	Rudd WT	Buck AR	Jenkins R	Butler DA	Cross D	Melledew ST	Riley HW	Leech VG	Clarke PS	Blair RV
R1	Aug	13 Bolton Wanderers	3-6	Butler 2, Jenkins	10057	1	2	3		5	6	7	8	9	10	1		4				

		P	W	D	L	F	A	W	D	L	F	A	Pts
1	Orient	46	16	5	2	43	15	9	7	7	24	21	62
2	Luton Town	46	13	8	2	46	15	10	6	7	31	28	60
3	Bristol Rovers	46	15	5	3	51	26	5	11	7	29	33	56
4	Fulham	46	12	9	2	43	26	8	6	9	38	29	55
5	Brighton & Hove A.	46	16	4	3	37	16	7	5	11	20	27	55
6	Mansfield Town	46	14	4	5	46	22	7	7	9	24	27	53
7	Barnsley	46	14	6	3	43	24	5	9	9	25	35	53
8	Reading	46	16	3	4	52	29	5	8	10	35	48	53
9	ROCHDALE	46	11	6	6	39	24	7	4	12	30	36	46
10	Bradford City	46	11	6	6	37	22	6	6	11	20	28	46
11	Doncaster Rovers	46	13	4	6	31	19	4	8	11	21	35	46
12	Walsall	46	11	4	8	33	31	6	8	9	21	36	46
13	Torquay United	46	9	9	5	36	22	5	8	10	26	37	45
14	Rotherham United	46	10	8	5	36	19	5	6	12	26	35	44
15	Shrewsbury Town	46	10	12	1	35	17	3	6	14	27	46	44
16	Tranmere Rovers	46	10	8	5	38	29	4	8	11	18	43	44
17	Plymouth Argyle	46	10	7	6	32	23	6	4	13	24	41	43
18	Halifax Town	46	10	9	4	31	25	4	6	13	16	38	43
19	Bury	46	13	4	6	47	29	2	7	14	28	51	41
20	Gillingham	46	7	6	10	28	33	6	7	10	24	31	39
21	Bournemouth	46	8	9	6	28	27	4	6	13	20	44	39
22	Southport	46	11	5	7	31	22	3	5	15	17	44	38
23	Barrow	46	7	9	7	28	27	1	5	17	18	54	30
24	Stockport County	46	4	7	12	17	30	2	4	17	10	41	23

1970/71 16th in Division 3

							Godfrey AW	Smith GL	Ryder DF	Riley HW	Parry C	Ashworth JM	Whitehead NJ	Arrowsmith AW	Jenkins R	Gowans PT	Butler DA	Cross D	Clarke PS	Blair RV	Downes RD	Tennant D	Pearson DAJ	Buck AR	Leech VG
1	Aug	15	BRISTOL ROVERS	1-1	Butler	4628	1	2	3	4	5	6	7	8	9	10	11								
2		22	Port Vale	1-4	Jenkins (p)	6196	1	2	3	4		6	7		9	10	11	8	5	12					
3		29	BRADFORD CITY	0-0		5600	1	2	3	4		6	7		9	10	11	8		5					
4		31	DONCASTER ROVERS	1-0	Robertson (og)	3551	1	2	3	4		6	7		9	11		8		5	10				
5	Sep	4	Torquay United	0-3		6165	1	2	3	4		6	7	12	9	11		8		5	10				
6		12	FULHAM	1-2	Gowans	4429	1	2	3	4		6	7	12	9	11		8		5	10				
7		19	Rotherham United	1-5	Butler	6928	1	2	3	4		6		8	9	11	7	12		5	10				
8		26	READING	1-2	Jenkins	3840		2	3	4		6	7		9	11	8		5		10	1			
9	Oct	3	Mansfield Town	2-3	Butler, Jenkins	7038		2	3	4		6	7	12	9	11	8			5	10	1			
10		10	ASTON VILLA	1-1	Jenkins	7537		2	3	4	5	6	7	9	8		11				10	1			
11		17	Bristol Rovers	2-2	Jenkins, Sheppard (og)	11794		2	3	4	5	6	7	9	8		11				10	1			
12		21	Brighton & Hove Albion	1-1	Arrowsmith	7551		2	3	4	5	6	7	9	8		11				10	1			
13		24	BARNSLEY	1-0	Arrowsmith	5462		2	3	4	5	6	7	9	8		11				10	1			
14		31	Walsall	3-0	Arrowsmith, Butler, Gowans	4667		2	3	4	5	6	7	9		8	11				10	1			
15	Nov	2	PLYMOUTH ARGYLE	1-1	Whitehead	5033		2	3	4	5	6	7	9		8	11	12			10	1			
16		7	WREXHAM	4-1	Smith, Gowans, Riley, Arrowsmith	4591		2	3	4	5	6	7	9		8	11			12	10	1			
17		10	GILLINGHAM	0-1		3291		2	3	4	5	6	7	9		8	11			12	10	1			
18		14	Preston North End	1-3	Whitehead	13451				4	5		7	9		11		8	6	3	10	1	2		
19		28	Swansea City	2-4	Cross, Whitehead	7178				4	5		7	9		10	11	8		6	3	1	2		
20	Dec	5	SHREWSBURY TOWN	1-2	Jenkins	3217		2	3	4	5	6	7	9	12	10	11			8		1			
21		19	PORT VALE	0-3		3619	1		3	4	5	6	7				11	9		8	10		2	12	
22		26	Halifax Town	4-1	Butler 3, Cross	5584		2	3	4	5	6	7				11	9		8	10	1			
23	Jan	9	Plymouth Argyle	2-2	Whitehead, Buck	6140		2	3	4	5	6	7				11	9			10	1		8	12
24		16	BRIGHTON & HOVE ALB	3-3	Riley 3	4938		2	3	4	5	6	7			12	11	9			10	1		8	
25		30	SWANSEA CITY	0-0		3220	1		3	4	5	6	7	8		10	11	9		2				12	
26	Feb	6	Shrewsbury Town	2-0	Cross 2	3759	1		3	11	5	6	7	9		10		8		2	12				4
27		10	Chesterfield	1-1	Arrowsmith	10466	1		3	11	5	6	7	9		10		8		2					4
28		13	CHESTERFIELD	2-0	Gowans, Arrowsmith	3750	1		3	11	5	6	7	9		10		8		2					4
29		20	Gillingham	0-0		3979	1		3	4	5	6	7	9		11		8		2	10				
30		22	BURY	2-0	Arrowsmith 2	9088	1		3	4	5	6	7	9		11		8		2	10				
31		27	WALSALL	2-0	Jenkins, Arrowsmith	4369	1		3		5	6	7	9	4	11		8		2	10				
32	Mar	6	Barnsley	2-2	Arrowsmith, Gowans	4872	1		3	4	5	6	7	9	10	11		8		2	12				
33		8	TRANMERE ROVERS	0-0		4498	1		3	4	5	6	7	9	8	11		12		2	10				
34		13	PRESTON NORTH END	1-2	Cross	10345	1		3		5	6	7	9	12	4	11	8		2	10				
35		16	Bury	2-0	Blair, Arrowsmith	8047	1		3	4	5	6	7	9	10			8		2	11				
36		20	Wrexham	1-3	Jenkins	4152	1		3	4	5	6	7	9	10			8		2	11				
37		27	TORQUAY UNITED	2-0	Jenkins, Cross	3704	1	2	3	4		6	7		8	11		9		5	10				
38	Apr	3	Bradford City	0-3		4536	1	2	3	4	5		7	12	8	11		9		6	10				
39		7	Fulham	0-2		10054	1	2	3	4		6	7		8	10	11	9		5					
40		10	HALIFAX TOWN	0-3		5756	1	2	3	4	5		7		8	10	11	9		6					
41		12	MANSFIELD TOWN	1-1	Arrowsmith	3898	1	2	3	4	5		7	9	10		12			6	11			8	
42		17	Aston Villa	0-1		18406	1	2	3	12	5		7	9	10		11			6	4			8	
43		19	Tranmere Rovers	2-0	Jenkins 2	3357	1	2	3	4	5		7		10		11	9		6	8				
44		24	ROTHERHAM UNITED	4-3	Cross, Jenkins 2 (1p), Mielczarek (og)	3561	1	2	3	4	5		7		10		11	9		6	8				
45		27	Doncaster Rovers	2-1	Butler, Cross	2884	1	2	3		5	6	7		10	12	11	9		4	8				
46	May	1	Reading	1-1	Cross	5746	1	2	3			6	7		10	4	11	9		5	8			12	

	Godfrey AW	Smith GL	Ryder DF	Riley HW	Parry C	Ashworth JM	Whitehead NJ	Arrowsmith AW	Jenkins R	Gowans PT	Butler DA	Cross D	Clarke PS	Blair RV	Downes RD	Tennant D	Pearson DAJ	Buck AR	Leech VG
Apps	30	31	44	42	35	38	45	31	30	33	30	33	3	36	37	16	3	7	4
Goals		1		4			4	12	13	5	8	9		1				1	

Three own goals

F.A. Cup

							Godfrey AW	Smith GL	Ryder DF	Riley HW	Parry C	Ashworth JM	Whitehead NJ	Arrowsmith AW	Jenkins R	Gowans PT	Butler DA	Cross D	Clarke PS	Blair RV	Downes RD	Tennant D	Pearson DAJ	Buck AR	Leech VG
R1	Nov	21	OLDHAM ATHLETIC	2-0	Arrowsmith 2	13879		2	3	4	5	6	7	9		11		12		8	10	1			
R2	Dec	12	Darlington	2-0	Downes, Blair	5595	1	2	3	4	5	6	7		9			8		11	10				
R3	Jan	11	COVENTRY CITY	2-1	Cross, Butler	13011		2	3	4	5	6	7				11	9			10	1		8	
R4		23	COLCHESTER UNITED	3-3	Ashworth, Buck 2	12321		2	3	4	5	6	7				11	9			10	1		8	
rep		25	Colchester United	0-5		11205	1	2	3	4	5	6	7				11	9		12	10			8	

F.L. Cup

							Godfrey AW	Smith GL	Ryder DF	Riley HW	Parry C	Ashworth JM	Whitehead NJ	Arrowsmith AW	Jenkins R	Gowans PT	Butler DA	Cross D	Clarke PS	Blair RV	Downes RD	Tennant D	Pearson DAJ	Buck AR	Leech VG
R1	Aug	19	SOUTHPORT	1-0	Jenkins	4057	1	2	3	4	5	6	7	8	9	10	11	12							
R2	Sep	9	Crystal Palace	3-3	Whitehead, Gowans, Jenkins	16265	1	2	3	4		6	7		9	11		8		5	10				
rep		14	CRYSTAL PALACE	1-3	Smith	8911	1	2	3	4		6	7		9	11		8		5	10				

		P	W	D	L	F	A	W	D	L	F	A	Pts
1	Preston North End	46	15	8	0	42	16	7	9	7	21	23	61
2	Fulham	46	15	6	2	39	12	9	6	8	29	29	60
3	Halifax Town	46	16	2	5	46	22	6	10	7	28	33	56
4	Aston Villa	46	13	7	3	27	13	6	8	9	27	33	53
5	Chesterfield	46	13	8	2	45	12	4	9	10	21	26	51
6	Bristol Rovers	46	11	5	7	38	24	8	8	7	31	26	51
7	Mansfield Town	46	13	7	3	44	28	5	8	10	20	34	51
8	Rotherham United	46	12	10	1	38	19	5	6	12	26	41	50
9	Wrexham	46	12	8	3	43	25	6	5	12	29	40	49
10	Torquay United	46	12	6	5	37	26	7	5	11	17	31	49
11	Swansea City	46	11	5	7	41	25	4	11	8	18	31	46
12	Barnsley	46	12	6	5	30	19	5	5	13	19	33	45
13	Shrewsbury Town	46	11	6	6	37	28	5	7	11	21	34	45
14	Brighton & Hove A.	46	8	10	5	28	20	6	6	11	22	27	44
15	Plymouth Argyle	46	6	12	5	39	33	6	7	10	24	30	43
16	ROCHDALE	46	8	8	7	29	26	6	7	10	32	42	43
17	Port Vale	46	11	6	6	29	18	4	6	13	23	41	42
18	Tranmere Rovers	46	8	11	4	27	18	2	11	10	18	37	42
19	Bradford City	46	7	6	10	23	25	6	8	9	26	37	40
20	Walsall	46	10	1	12	30	27	4	10	9	21	30	39
21	Reading	46	10	7	6	32	33	4	4	15	16	52	39
22	Bury	46	7	9	7	30	23	5	4	14	22	37	37
23	Doncaster Rovers	46	8	5	10	28	27	5	4	14	17	39	35
24	Gillingham	46	6	9	8	22	29	4	4	15	20	38	33

1971/72 18th in Division 3

						Jones RE	Blair RV	Ryder DF	Smith GL	Parry C	Ashworth JM	Buck AR	Jenkins R	Cross D	Downes RD	Butler DA	Gowans PT	Whitehead NJ	Clarke PS	Godfrey AW	Riley HW	Kinsella L	Arrowsmith AW	Darling M	Marsh A	Howarth J	Brogden L
1	Aug 14	Notts County	0-4		10879	1	2	3	4	5	6	7	8	9	10	11	12										
2	21	MANSFIELD TOWN	2-1	Cross, Jenkins	3554	1	2	3	4		6		8	9	10	11		7	5								
3	28	Aston Villa	0-2		24280		5	3	2		6	10	8	9	4	11	12	7		1							
4	Sep 3	TRANMERE ROVERS	2-1	Ashworth, Cross (p)	3691		5	3	2		6	10	8	9	4	11		7		1							
5	11	Bournemouth	1-4	Cross	8856		5	3	2		6	10	8	9	4	11		7		1							
6	13	Torquay United	1-1	Cross	8885		5	3	2		6		8	9	4	11	10	7		1							
7	18	OLDHAM ATHLETIC	1-1	Gowans	10926			3	2	5	6			9	4	11	10	7		1		8	12				
8	25	Barnsley	3-3	Jenkins 2, Cross	5805				2	5	6		8	9	3	11	4	7		1		12	10				
9	27	PLYMOUTH ARGYLE	3-2	Kinsella, Cross, Davey (og)	4519		6		2				8	9	3	11	4	7		1		10					
10	Oct 2	TORQUAY UNITED	5-0	*See below	4551		6	3	2	5			9	11		4	7		1		10	8					
11	9	Blackburn Rovers	0-3		8492		6	3	2	5		9				11	4	7		1		10	8	12			
12	16	NOTTS COUNTY	1-1	Darling	4848		6	3	2	5		9				11	4	7		1		12	10	8			
13	19	Halifax Town	2-2	Kinsella 2	3288		5	3	2			6	9			11	4	7		1		10	8				
14	23	BRISTOL ROVERS	3-1	Whitehead, Downes, Buck	4753		5	3	2		6	9			11		4	7		1		10	8				
15	30	Swansea City	0-1		7743		5	3	2	12	6	9				11	4	7		1		10	8				
16	Nov 6	CHESTERFIELD	0-2		4818		5	3	2	12	6		9			11		7		1	4	10	8				
17	13	Wrexham	3-1	Whitehead, Buck 2	7749		4	3	2	5		9	10				8	11		1		6	8	11			
18	26	Walsall	0-3		3575		4	3	2	5			8				10	7		1	12	6	9	11			
19	Dec 4	ROTHERHAM UNITED	2-1	Jenkins, Gowans	3384	1	4	3	2				10			11	8	7				6	9		5		
20	17	Tranmere Rovers	0-2		2800	1	4	3	2				10			11	8	7				6	9		5		
21	27	BRADFORD CITY	0-1		4722	1	4		2	5			10			11	8	7				6	9	12	3		
22	Jan 1	Oldham Athletic	2-3	Gowans 2	8885	9	3	2	5		12					11	8	7		1		6		10	4		
23	8	ASTON VILLA	1-0	Whitehead (p)	5874		3	2	5	9						11	8	7		1		6		10	4		
24	22	Plymouth Argyle	1-4	Darling	9187		3	2	5							11	12	8	7	1		6		10	4	9	
25	29	HALIFAX TOWN	3-2	Parry, Howarth 2	3124		3	2	5							11	8	7		1		6		10	4	9	
26	Feb 5	SHREWSBURY TOWN	0-0		3502		3	2	5							11	8	7		1		6	12	10	4	9	
27	12	Bristol Rovers	2-5	Darling 2	7344		3	2	5						12	11	8	7		1		6		10	4	9	
28	19	SWANSEA CITY	1-1	Arrowsmith	3097		3	2	5							11		8	7	1		6	12	10	4	9	
29	26	Chesterfield	0-2		6599		3	2	5		12					8		7		1		6		10	11	4	9
30	Mar 4	WREXHAM	1-0	Davis (og)	2643			3	2	5						6		8		1		12	11	10	4	9	7
31	11	BLACKBURN ROVERS	2-1	Howarth, Gowans	6542				2	5					3		8			1		6	10	11	4	9	7
32	13	PORT VALE	3-2	Howarth 2, Gowans	3157				2	5		12			3		8			1		6	10	11	4	9	7
33	18	Mansfield Town	1-3	Darling	5121			3	2	5						10	8			1		6		11	4	9	7
34	20	York City	0-2		4539			3	2					10		6	8		5	1				11	4	9	7
35	25	BOURNEMOUTH	1-1	Howarth	4437			3	2					10		6	8		5	1				11	4	9	7
36	Apr 1	Bradford City	1-1	Brogden	4889			3	2					10		6			5	1		8		11	4	9	7
37	3	BARNSLEY	0-2		3848		12	3	2					10		6			5	1		8		11	4	9	7
38	8	Shrewsbury Town	1-2	Blair	2539		11		2	5				10		3	8			1		6		12	4	9	7
39	12	Bolton Wanderers	1-2	Howarth	6057		4		2	5				10			8			1		6		11	3	9	7
40	15	WALSALL	0-0		3027		2		6	5				10		3	8			1				11	4	9	7
41	17	YORK CITY	1-2	Buck	2776		2		6	5		10	11			3	8			1				12	4	9	7
42	22	Rotherham United	1-5	Gowans	4569		4		2			8	10			3	6			1		12		11	5	9	7
43	24	BOLTON WANDERERS	2-2	Howarth, Darling	4826		4		2			8	10			3	6			1				11	5	9	7
44	29	BRIGHTON & HOVE ALB	1-2	Jenkins (p)	4283		4		2			8	10			3	6			1		7		11	5	9	12
45	May 3	Brighton & Hove Albion	1-1	Gowans	34644		2			5		7	8			3	4			1		10	9	11	6		
46	12	Port Vale	1-1	Jenkins (p)	2475		2			5		9	8			3				1		6	10	11	4		7

Scorers in game 10: Cross 2 (1p), Arrowsmith, Gowans, Whitehead.

Apps	5	30	32	44	30	12	27	20	10	36	18	38	27	5	41	5	35	15	34	28	21	16
Goals		1			1	1	4	6	8	1		9	4				3	2	6		8	1

Two own goals

F.A. Cup

| R1 | Nov 20 | BARNSLEY | 1-3 | Arrowsmith | 5185 | | 4 | 3 | 2 | 5 | | 9 | 10 | | | | 12 | 7 | | 1 | | 6 | 8 | 11 | | | |

F.L. Cup

R1	Aug 18	Halifax Town	1-1	Rhodes (og)	5195	1	2	3	4	5	6		8	9	10	11		7									
rep	24	HALIFAX TOWN	2-2	Cross 2	6016	1	2	3	4		6	12	8	9	10	11		7	5								
rep2	31	Halifax Town	0-2		5718		5	3	2		6	10	8	9	4	11		7		1							

First replay a.e.t.

		P	W	D	L	F	A	W	D	L	F	A	Pts
1	Aston Villa	46	20	1	2	45	10	12	5	6	40	22	70
2	Brighton & Hove A.	46	15	5	3	39	18	12	6	5	43	29	65
3	Bournemouth	46	16	6	1	43	13	7	10	6	30	24	62
4	Notts County	46	16	3	4	42	19	9	9	5	32	25	62
5	Rotherham United	46	12	8	3	46	25	8	7	8	23	27	55
6	Bristol Rovers	46	17	2	4	54	26	4	10	9	21	30	54
7	Bolton Wanderers	46	11	8	4	25	13	6	8	9	26	28	50
8	Plymouth Argyle	46	13	6	4	43	26	7	4	12	31	38	50
9	Walsall	46	12	8	3	38	16	3	10	10	24	41	48
10	Blackburn Rovers	46	14	4	5	39	22	5	5	13	15	35	47
11	Oldham Athletic	46	11	4	8	37	35	6	7	10	22	28	45
12	Shrewsbury Town	46	13	5	5	50	29	4	5	14	23	36	44
13	Chesterfield	46	10	5	8	25	23	8	3	12	32	34	44
14	Swansea City	46	10	6	7	27	21	7	4	12	19	38	44
15	Port Vale	46	10	10	3	27	21	3	5	15	16	38	41
16	Wrexham	46	10	5	8	33	26	6	3	14	26	37	40
17	Halifax Town	46	11	6	6	31	22	2	6	15	17	39	38
18	ROCHDALE	46	11	7	5	35	26	1	6	16	22	57	37
19	York City	46	8	8	7	32	22	4	4	15	25	44	36
20	Tranmere Rovers	46	9	7	7	34	30	3	9	13	16	41	36
21	Mansfield Town	46	5	12	6	19	26	3	8	12	22	37	36
22	Barnsley	46	6	10	7	23	30	3	8	12	9	34	36
23	Torquay United	46	8	6	9	31	31	2	6	15	10	38	32
24	Bradford City	46	6	8	9	27	32	5	2	16	18	45	32

1972/73 13th in Division 3

#	Date		Opponent	Score	Scorers	Att	Morritt GR	Smith GL	Downes RD	Gowans PT	Blant C	Kinsella L	Butler DA	Darling M	Howarth J	Jenkins R	Bebbington RK	Marsh A	Brogden L	Buck AR	Renwick R	Bradbury B	Wainman WH	Bowie JM	Jones RE	Fielding PA	Atkins WM	Simpson CWP	Skeete LA
1	Aug	12	PORT VALE	0-0		2661	1	2	3	4	5	6	7	8	9	10	11												
2		19	Blackburn Rovers	1-1	Howarth	6172	1	2	3	4	5	6	7	8	9	10	11		12										
3		26	CHARLTON ATHLETIC	0-2		2584	1	2	3	4	5	6		8	9	10	11	7		12									
4		28	Southend United	2-1	Jenkins, Howarth	8862	1	2	8	4	5	6		7	9	10	11				3								
5	Sep	2	Swansea City	3-2	Jenkins, Howarth, Gowans	2457	1	2	7	4	5	6		8	9	10	11				3								
6		9	TRANMERE ROVERS	1-1	Jenkins	2326	1	2		4	5	6	7	8	9	10	11				3								
7		16	Notts County	2-2	Brogden, Gowans	7991	1	2		10	5	6		8	9		11	4	7		3								
8		19	Scunthorpe United	2-1	Darling 2	3710	1	2		10	5	6		8	9		11	4	7		3								
9		23	WREXHAM	1-0	Brogden	3412	1	2		10	5	6		8	9		11	4	7		3								
10		25	WALSALL	2-1	Brogden, Bebbington	4749	1	2		10	5	6		8	9		11	4	7		3								
11		30	Grimsby Town	0-1		12173	1	2		10	5	6		8	9		11	4	7	12	3								
12	Oct	7	WATFORD	1-0	Franks (og)	3871		2		10	5	6		8	9	12	11	4	7		3	1							
13		9	HALIFAX TOWN	0-0		5425		2		10	5	6		8	9	12	11	4	7		3	1							
14		14	Shrewsbury Town	2-3	Darling, Jenkins (p)	2502		2		4	5	6		8	9	10	11		7		3	1							
15		21	BOLTON WANDERERS	2-2	Gowans, Jenkins	7168		2		4	5	6		8	9	10	11		7		3	1							
16		24	Bournemouth	2-4	Bebbington, Gowans	11741		2		4	5	6		8	9	10	11		7		3	1	12						
17		28	Brentford	0-1		9201		2		4	5	6		8	9	12	11		7		3	1	10						
18	Nov	4	Walsall	2-0	Howarth, Jenkins	5682		2		7	5	6		8	9	10	11	4			3	1							
19		11	SCUNTHORPE UNITED	0-2		2551		2		7	5	6		8	9	10	11	4			3	1	12						
20		25	CHESTERFIELD	1-2	Buck	1982		2			5	4		8			11	10	7	9	3	6	1		12				
21	Dec	2	Rotherham United	0-0		4590		2		8	5	6		10			11	3	7	9		4			1				
22		9	BRISTOL ROVERS	0-0		1792		2	12	8	5	6		10			11	3	7	9		4			1				
23		23	OLDHAM ATHLETIC	0-0		6702		2	4	10		6		8			11	5	7		3				1		9		
24		26	Wrexham	3-3	Atkins 2, Darling	3958		2	4	10		6		8			11	5	7		3				1		9		
25		30	BLACKBURN ROVERS	0-1		5116		2	4	10	5			8			11	6	7		3				1		9		
26	Jan	6	Charlton Athletic	0-1		5048		2	10		5	6		8			11	4	7		3				1		9		
27		29	BOURNEMOUTH	1-0	Darling	3575	1	2	4	7	5			8		10	11	6			3						9		
28	Feb	3	Halifax Town	0-0		2422	1	2	4	7	5			8		10	11	6			3						9		
29		6	Tranmere Rovers	1-0	Atkins	8329	1	2	4	7	5	11		8		10		6			3						9		
30		10	NOTTS COUNTY	4-1	Jenkins 2, Downes, Brindley (og)	3092	1	2	4	7	5	11		8		10		6			3						9		
31		24	PLYMOUTH ARGYLE	0-6		2622	1	2	4	7	5	11		8		10		6	12		3						9		
32	Mar	2	Watford	0-0		5338	1	2	4	7	5	11		8		10		6			3						9		
33		6	Bristol Rovers	0-0		11767	1	2	4	7	5	11		8		10		6			3						9		
34		10	SHREWSBURY TOWN	1-1	Darling	2195	1	2	4	7	5	11		8		10	6	12			3						9		
35		12	SWANSEA CITY	1-1	Darling	2037	1	2		10	5	6		8	9		11	4	7		3								
36		17	Bolton Wanderers	1-2	Atkins	18154	1	2	7	10	5	6		8			12	4	11		3						9		
37		19	YORK CITY	1-0	Bebbington	2100	1	2	8	10	5	6			9		11	4	7		3								
38		24	BRENTFORD	0-1		1747	1		10	4	5	6		8		9	11	2	7		3	12							
39		31	Chesterfield	1-2	Simpson	3576	1	2	12	10		6		8			11	5			3	7					9	4	
40	Apr	7	ROTHERHAM UNITED	0-1		1588	1	2	4	10		6		8			11	5	7		3						9		
41		9	Port Vale	0-0		6413	1	2	4	7	5	10		8				6	11		3						9		
42		14	York City	2-1	Gowans, Atkins	2387	1	2	4	10	5	11		8				6	7		3						9		
43		20	Oldham Athletic	0-0		9289	1	2	4	10	5	11		8				6	7		3						9		
44		23	GRIMSBY TOWN	3-2	Wiggington (og), Atkins, Skeete	1911	1	2	4	10	5	11		8				6			3						9		7
45		28	SOUTHEND UNITED	3-2	Darling, Skeete, Atkins	2081	1	2	4	10	5	11		8			12	6			3						9		7
46	May	1	Plymouth Argyle	2-3	Gowans, Skeete	9917	1	2	4	10	5	11		8			12	6			3						9		7
				Apps			31	45	29	44	42	43	3	45	19	25	37	37	28	5	41	5	9	3	6	1	21	1	3
				Goals					1	6				8	4	8	3		3	1							7	1	3

Three own goals

F.A. Cup

| R1 | Nov | 18 | BANGOR CITY | 1-2 | Jenkins (p) | 3181 | | 2 | | 4 | 5 | 6 | | 8 | 9 | 10 | 11 | | 7 | 12 | 3 | | | 1 | | | | | |

F.L. Cup

| R1 | Aug | 16 | Blackburn Rovers | 1-0 | Darling | 6292 | 1 | 2 | 3 | 4 | 5 | 6 | 7 | 8 | 9 | 10 | 11 | | | | | | | | | | | | |
| R2 | Sep | 6 | Manchester City | 0-4 | | 17222 | 1 | 2 | 7 | 4 | 5 | 6 | | 8 | 9 | 10 | 11 | 12 | | | 3 | | | | | | | | |

		P	W	D	L	F	A	W	D	L	F	A	Pts
1	Bolton Wanderers	46	18	4	1	44	9	7	7	9	29	30	61
2	Notts County	46	17	4	2	40	12	6	7	10	27	35	57
3	Blackburn Rovers	46	12	8	3	34	16	8	7	8	23	31	55
4	Oldham Athletic	46	12	7	4	40	18	7	9	7	32	36	54
5	Bristol Rovers	46	17	4	2	55	20	3	9	11	22	36	53
6	Port Vale	46	15	6	2	41	21	6	5	12	15	48	53
7	Bournemouth	46	14	6	3	44	16	3	10	10	22	28	50
8	Plymouth Argyle	46	14	3	6	43	26	6	7	10	31	40	50
9	Grimsby Town	46	16	2	5	45	18	4	6	13	22	43	48
10	Tranmere Rovers	46	12	8	3	38	17	3	8	12	18	35	46
11	Charlton Athletic	46	12	7	4	46	24	5	4	14	23	43	45
12	Wrexham	46	11	9	3	39	23	3	8	12	16	31	45
13	ROCHDALE	46	8	8	7	22	26	6	9	8	26	28	45
14	Southend United	46	13	6	4	40	14	4	4	15	21	40	44
15	Shrewsbury Town	46	10	10	3	31	21	5	4	14	15	33	44
16	Chesterfield	46	13	4	6	37	22	4	5	14	20	39	43
17	Walsall	46	14	3	6	37	26	4	4	15	19	40	43
18	York City	46	8	10	5	24	14	5	5	13	18	32	41
19	Watford	46	11	8	4	32	23	1	9	13	11	25	41
20	Halifax Town	46	8	6	9	29	23	4	7	12	14	30	41
21	Rotherham United	46	12	4	7	34	27	5	3	15	17	38	41
22	Brentford	46	12	5	6	33	18	3	2	18	18	51	37
23	Swansea City	46	11	5	7	37	29	3	4	16	14	44	37
24	Scunthorpe United	46	8	7	8	18	25	2	3	18	15	47	30

1973/74 24th in Division 3: Relegated

						Jones RE	Smith GL	Hanvey K	Arnold SF	Marsh A	Kinsella L	Taylor AD	Atkins WM	Darling M	Downes RD	Skeete LA	Gowans PT	Fielding PA	Blant C	Renwick R	Poole MD	Bebbington RK	Brennan M	Brogden L	Bradbury B	Kavanagh EA	Cooper GS	Horne SF	Grummett J	Buckley I	Seddon DA	Carrick MD	Tobin DJ
1	Aug 25	BRIGHTON & HOVE ALB	1-1	Darling	2665	1	2	3	4	5	6	7	9	10	11	12																	
2	Sep 1	Walsall	0-0		5211	1	2	3	5	6		7	9	10	11	8	4	12																
3	8	TRANMERE ROVERS	0-1		2749	1	2	3	5	6		7	9	10	11	8	4																	
4	11	Plymouth Argyle	0-5		7066	1	2	3	5	6		7		10	11	9	4	8																
5	15	Shrewsbury Town	0-2		2516	1	2	3			4	6	7	9	10	11	8	9	5															
6	17	BOURNEMOUTH	3-3	Skeete, Kinsella, Hanvey	2108	1	2	3	4		6	7		11		9	10	8	5																
7	22	SOUTHPORT	2-2	Darling, Skeete	2380		2	3	4			7		11		9	10	8	5	12	1														
8	29	Southend United	2-1	Arnold, Taylor (p)	5039		2	6	4			7		11	9	10			5	3		1	8												
9	Oct 3	Bournemouth	0-2		8836		2	6	4			7		12	9	10			5	3	1	8	11											
10	6	HUDDERSFIELD T	1-1	Skeete	3220		2	6	4			7		11	9				5	3	1	8	10											
11	13	Oldham Athletic	1-3	Brennan	7846			6	4			7		3		11	8	5		1	10	9	12											
12	20	Charlton Athletic	0-3		5038			6	8	5	4	7		11		12				3	1	10	9											
13	22	PLYMOUTH ARGYLE	1-3	Downes	1437			6	8	5	4	7		11						3	1	10	9	12										
14	27	GRIMSBY TOWN	1-1	Skeete	1549					6	4	7		11	10				5	3	1	8	9		2	12									
15	Nov 3	Port Vale	1-3	Skeete	3223				2	6	4	7		11	10				5	3	1	8	9											
16	10	WATFORD	1-3	Brogden	1459				5	6		7		3	10	11					1	8	9	12	2	4									
17	17	Wrexham	0-3		3793				5	6		7		3	10	11					1	8	9	12	2	4									
18	Dec 8	BLACKBURN ROVERS	1-2	Brogden	3660		2		5	6		8		11	9	10					1	4		7	3										
19	22	SOUTHEND UNITED	1-1	Brogden	1073		2	3	5	6		8		11							1			7				9	4	10					
20	26	Chesterfield	0-1		5775		2	3	5	6		8		11							1			7				9	4	10					
21	29	Tranmere Rovers	1-1	Downes (p)	2766		2	3	5	6		8		11							1			7				9	4	10					
22	Jan 1	WALSALL	0-1		2117		2	3	5	6		8		11							1			7				9	4	10					
23	5	York City	1-2	Horne	3923		2	3	5	6		8		11							1			7				9	4	10					
24	12	SHREWSBURY TOWN	3-2	Grummett, Downes, Skeete	957		2	3	5	6				11	8						1		7	12				9	4	10					
25	20	Brighton & Hove Albion	1-2	Skeete	18900		2	3	5	6				11	9	8					1		7		12				4	10					
26	26	Grimsby Town	1-5	Gowans	5548		2	3	5	6				11	9	8	12				1		7						4	10					
27	Feb 3	YORK CITY	1-3	Horne	2205		2	3	5	6				11	9	8	7				1		12						4	10					
28	5	CAMBRIDGE UNITED	0-2		588		2	6	5					3	9	8	7				1		11						4	10					
29	16	OLDHAM ATHLETIC	1-3	Bebbington	5923		2	6	5					7	9	8					1	10	11						4						
30	23	Huddersfield Town	0-5		5679		2	6	5			8		7	9						1	10							4		11				
31	26	HEREFORD UNITED	1-1	Brennan	1195		2	5						7		10					1	8	9						4	6	11	3			
32	Mar 2	CHESTERFIELD	1-2	Brennan	1566		2	5						7		10					1	8	9						4	6	11	3			
33	5	Bristol Rovers	1-1	Bebbington	11188		2	5	4			8		7		12					1	10	9					6		11	3				
34	10	Southport	0-0		1708		2	6	5			8		7	12	4					1	10	9						4		11				
35	13	Aldershot	0-4		1742		2	5	4					11	9	12					1	7	8					6	3			10			
36	16	CHARLTON ATHLETIC	1-1	Grummett	850	1	2	3		5		7		10		8							9					4	6	11					
37	23	Watford	0-4		5816	1		3	2	5		7		11				8					9					4	6			10	12		
38	25	BRISTOL ROVERS	0-1		1499			3	5	6				11		8				1	7	9		2				4				10			
39	30	PORT VALE	1-1	Horne	982			3	5	6		10		11		8				1	7	9		2				4							12
40	Apr 3	Hereford United	1-2	Hanvey	6659			6	5			4		11		8				1		9		2				3	12			7	10	
41	6	Cambridge United	3-3	Carrick 2, Downes (p)	2704			3	5	6		7		11	9					1				2				4				8	10		
42	13	WREXHAM	0-0		1119		2			12		7			9	11				1	6							4	5		3	8	10		
43	15	ALDERSHOT	2-2	Skeete, Bebbington	885					12		7			9		2			1	6	11					4	5		3	8	10		
44	20	Blackburn Rovers	1-3	Carrick	4517			5				7		11	9		2			1		10		12				4			3	8	6		
45	22	Halifax Town	0-1		1431			5	12			7		11		8	2			1		9						4			3	10	6		
46	27	HALIFAX TOWN	1-1	Skeete	1320			5				7		11		8	2			1		9						4			3	10	6		

Played in game 1: P Brears (at 8).
Played in 4 games, JHL Burt: Game 7 (at 6), 11 to 13 (at 2).
Played in games 29, 30: RW Denton (at 3).

	Apps	8	30	39	40	25	7	36	4	7	42	27	29	14	9	8	38	23	27	13	9	3	6	27	19	6	8	10	9
	Goals			2	1		1	1			2	4	9	1				3	3	3				3	2			3		

F.A. Cup

R1	Nov 24	SOUTH SHIELDS	2-0	Marsh, Brogden	1554		2		5	6		8		11	9	10				1	4		7	3											
R2	Dec 15	Grantham	1-1	Brogden	3224		2	6	4	5		8		11	9					1	10		7	3											
rep	18	GRANTHAM	3-5	Taylor, Hanvey, Downes	1266		2	6		5		8		11	9	10				1	4	12	7	3											

Replay a.e.t.

F.L. Cup

R1	Aug 29	HARTLEPOOL UNITED	5-3	*See below	1856	1	2	3		5	6	7	9	10	11	8	4																		
R2	Oct 10	BOLTON WANDERERS	0-4		7241		2	6	4			7		11	9				5	3	1	8	10												

Scorers in R1: Embleton (og), Atkins, Darling, Taylor, Skeete

			P	W	D	L	F	A	W	D	L	F	A	Pts
1	Oldham Athletic	46	13	6	4	50	23	12	6	5	33	24	62
2	Bristol Rovers	46	15	6	2	37	15	7	11	5	28	18	61
3	York City	46	13	8	2	37	15	8	11	4	30	23	61
4	Wrexham	46	15	6	2	44	15	7	6	10	19	28	56
5	Chesterfield	46	16	6	3	31	16	7	8	8	24	26	56
6	Grimsby Town	46	14	6	3	48	21	4	9	10	19	29	51
7	Watford	46	12	6	5	34	21	7	6	10	30	35	50
8	Aldershot	46	13	6	4	47	22	6	5	12	18	30	49
9	Halifax Town	46	9	11	3	23	15	5	10	8	25	36	49
10	Huddersfield Town	46	14	5	4	37	16	3	8	12	19	39	47
11	Bournemouth	46	11	5	7	25	23	5	10	8	29	35	47
12	Southend United	46	10	7	6	40	30	6	7	10	22	32	46
13	Blackburn Rovers	46	13	4	6	38	21	5	6	12	24	43	46
14	Charlton Athletic	46	13	5	5	43	29	6	3	14	23	44	46
15	Walsall	46	9	5	9	35	29	6	12	20	29	45
16	Tranmere Rovers	46	10	8	5	31	15	5	7	11	19	29	45
17	Plymouth Argyle	46	13	6	4	37	17	4	4	15	22	37	44
18	Hereford United	46	10	5	8	31	25	4	10	9	22	32	43
19	Brighton & Hove A.	46	10	3	10	31	31	6	8	9	21	27	43
20	Port Vale	46	12	6	5	37	23	2	8	13	15	35	42
21	Cambridge United	46	11	5	7	36	27	2	2	19	12	54	35
22	Shrewsbury Town	46	7	7	9	24	24	3	4	16	17	38	31
23	Southport	46	4	14	5	19	20	2	2	19	9	62	28
24	ROCHDALE	46	1	12	10	24	38	1	5	17	14	56	21

1974/75 19th in Division 4

					Att	Poole MD	Hallows PCR	Whelan AM	Home SF	Grummett J	Ferguson MK	Taylor AD	Carrick MD	Skeete LA	Brennan M	Young NJ	Martin HJ	Fielding PA	Cooper GS	Tobin DJ	Hanvey K	Brears P	Seddon DA	Taylor, John L	Hulmes G	Mulvaney R	Townsend GE	Hutchinson R	Mountford RW	Murty J	Bell WG
1	Aug 17	Shrewsbury Town	1-1	Young	3513	1	2	3	4	5	6	7	8	9	10	11														
2	24	TORQUAY UNITED	1-1	Taylor	1271	1	2	3	4	5	6	8	12	9		11		7	10											
3	30	Mansfield Town	0-2		3779	1	2	3	4	5	6	8		9		11	10	7	12											
4	Sep 7	BARNSLEY	3-1	Taylor, Home, Skeete	1376	1	2	3	4	5	6	8	7	9		11				10										
5	13	Doncaster Rovers	1-4	Carrick	1928	1	2	3	4	5	6	8	7	9		11				10										
6	16	Darlington	2-1	Taylor 2	2345	1	2	3	4	5		7	8	11	9				12	10	6									
7	21	WORKINGTON	2-0	Ferguson 2 (1p)	1385	1	2	3	4	5	7	8		11					9	10	6									
8	23	BRENTFORD	0-0		1587	1	2	3	4	5	7	8		11					9	10	6									
9	28	Lincoln City	0-3		2461	1	2	3	4	5	7	8		11		12			9	10	6									
10	30	READING	0-2		1684	1	2	3	4	5	7	8		11	9	10				6	12									
11	Oct 4	Stockport County	3-2	Brennan, Whelan, Crowther (og)	2354	1	2	11	4	5	7	8			10		6		9			3								
12	12	ROTHERHAM UNITED	1-2	Young	1684	1	2	11	4		7	8			10	12	6		9			3								
13	18	Swansea City	3-3	Skeete, Taylor, Hulmes	2767		2	11	4	5	7	8		10			6		9			3	1	12						
14	21	NORTHAMPTON T	2-2	Cooper, Home	1379		2	11	4		7	8		10			6		9			3	1		5					
15	26	NEWPORT COUNTY	2-4	Ferguson (p), Taylor	1208		2	11	4	3	7	8		10		12	6		9				1		5					
16	Nov 2	Chester	0-4		3291	1	2	11	4		7	8		10			6		9						5					
17	5	Northampton Town	1-0	Whelan	5695	1	2	9	4		7	8		11						6	10	3			5					
18	9	CAMBRIDGE UNITED	0-0		1116	1	2	9	4		7	8		11						6	10	3			5					
19	16	Scunthorpe United	2-2	Taylor, Whelan	1787	1	2	9	4		7	8		11						6	10	3			5					
20	30	EXETER CITY	1-1	Mulvaney	1033	1	2	9	4		7			8		11				6	10	3			5	12				
21	Dec 7	Crewe Alexandra	1-0	Young	1803	1	2	9	4		3	8				11				6	10	12			7	5				
22	21	Hartlepool	0-5		1991	1	2	9			7		11		8			4		6	10				12	5	3			
23	26	DONCASTER ROVERS	2-0	Fielding, Hutchinson	1077	1	2	9			7					12		4		11	6	10				5	3	8			
24	28	Bradford City	0-1		3250	1	2	9			7							4	12	11	6	10				5	3	8			
25	Jan 4	DARLINGTON	2-0	Mountford 2	1217	1	2	9			7							4		11	6	10				5	3		8		
26	11	CREWE ALEXANDRA	3-0	Ferguson, Whelan, Fielding	1749	1	2	9			7							4		11	6	10				5	3		8		
27	18	Exeter City	1-2	Fielding	3560	1	2	9			7							4		11	6	10				5	3		8		
28	Feb 1	Cambridge United	1-1	Mountford	3118	1	2	9			7							4	12	11	6	10				5	3		8		
29	8	CHESTER	0-1		2273	1	2	9			7							4		11	6	10				5	3		8	12	
30	14	Southport	0-1		1569	1	2	9			7				5			4		11	6	10				3			8	12	
31	17	BRADFORD CITY	1-1	Mountford	2004	1	2	9			7				5			4		11	6	10				3			8		
32	22	SCUNTHORPE UNITED	4-2	Whelan, Mountford 2, Hallows	1430	1	2	9			7				5			4		11	6					3			8	10	
33	Mar 1	MANSFIELD TOWN	0-1		2317	1	2	9			7							4		11	6	10				5	3		8		
34	8	Brentford	0-3		4460	1	2	9			7	10						4		11	6					5	3		8		12
35	11	SOUTHPORT	3-3	Mountford 2, Mulvaney	1191	1	2	9			7							4		11	6	10				5			8		
36	15	LINCOLN CITY	1-1	Whelan	1517	1	2	9			7						3	4		11	6	10				5			8	12	
37	17	SHREWSBURY TOWN	0-0		1427	1	2	9			7				11	12	4	8		6						5	3				10
38	22	Barnsley	3-5	Cooper 2, Young	3594	1	2	9			7				11			4	8	6						5	3				10
39	29	HARTLEPOOL	3-0	Fielding, Hanvey, Whelan	1297	1	2	9			7				11			4	8	6						5	3				10
40	31	Workington	1-2	Mulvaney	1870	1	2	9			7							4	8	6						5	3		8		10
41	Apr 5	Newport County	2-3	Mountford, Whelan	1801	1	2	9							12		4		7	11	6					5	3		8		10
42	9	Reading	1-2	Hanvey	3861	1	2	9			7							4		11	6	10				5	3				
43	12	STOCKPORT COUNTY	3-0	Whelan 2, Cooper	1880	1	2	9			7							4	8	11	6	10				5	3				
44	19	Rotherham United	1-3	Cooper	7536	1	2	9										4	8	11	6	10	12			5	3			7	
45	23	Torquay United	0-3		2718	1	2	9										4	8	11	6	10	12			5	3			7	
46	26	SWANSEA CITY	1-0	Mountford	1548	1	2	9							11			4		10	6	7	3			5			8		
				Apps		43	46	46	21	14	42	19	16	10	10	13	13	27	22	26	35	24	13	3	4	30	23	2	16	6	6
				Goals				10	2		5	6	1	2	1	4			4	5		2				1	3		1	10		

One own goal

F.A. Cup

R1	Nov 23	MARINE	0-0		2041	1	2	9	4		7		11	8	12					6	10	3			5					
rep	27	Marine	2-1	Carrick, Young	2540	1	2	9	4		7		8			11				6	10	3			5					
R2	Dec 14	TRANMERE ROVERS	1-1	Brears	2221	1	2	9	4		7		8			11				6	10	3			5					
rep	16	Tranmere Rovers	0-1		3244	1	2	3	4				8		9	11		7		6	10				12	5				

R1 replay a.e.t.

F.L. Cup

| R1 | Aug 20 | Preston North End | 0-1 | | 7780 | 1 | 2 | 3 | 4 | 5 | 6 | 7 | 8 | 9 | 10 | 11 | | 12 | | | | | | | | | | | | |

	P	W	D	L	F	A	W	D	L	F	A	Pts
1 Mansfield Town	46	17	6	0	55	15	11	6	6	35	25	68
2 Shrewsbury Town	46	16	3	4	46	18	10	7	6	34	25	62
3 Rotherham United	46	13	7	3	40	19	9	8	6	31	22	59
4 Chester	46	17	5	1	48	9	6	6	11	16	29	57
5 Lincoln City	46	14	8	1	47	14	7	7	9	32	34	57
6 Cambridge United	46	15	5	3	43	16	5	9	9	19	28	54
7 Reading	46	13	6	4	38	20	8	4	11	25	27	52
8 Brentford	46	15	6	2	38	14	3	7	13	15	31	49
9 Exeter City	46	14	3	6	33	24	5	8	10	27	39	49
10 Bradford City	46	10	5	8	32	21	7	8	8	24	30	47
11 Southport	46	13	7	3	36	19	2	10	11	20	37	47
12 Newport County	46	13	5	5	43	30	6	4	13	25	45	47
13 Hartlepool	46	13	6	4	40	24	3	5	15	12	38	43
14 Torquay United	46	10	7	6	30	25	4	7	12	16	36	42
15 Barnsley	46	10	7	6	34	24	5	4	14	28	41	41
16 Northampton Town	46	12	6	5	43	22	3	5	15	24	51	41
17 Doncaster Rovers	46	10	9	4	41	29	4	3	16	24	50	40
18 Crewe Alexandra	46	9	9	5	22	16	2	9	12	12	31	40
19 ROCHDALE	46	9	6	8	25	35	4	4	15	24	53	39
20 Stockport County	46	10	8	5	26	27	2	6	15	17	43	38
21 Darlington	46	11	4	8	38	27	2	6	15	16	40	36
22 Swansea City	46	9	4	10	25	31	6	2	15	21	42	36
23 Workington	46	7	5	11	23	29	3	6	14	13	37	31
24 Scunthorpe United	46	7	8	8	27	29	0	7	16	14	49	29

1975/76 15th in Division 4

	Date		Opponent	Score	Scorers	Att	Poole MD	Hallows PCR	Townsend GE	Mulvaney R	Summerscales WC	Hanvey K	Fielding PA	Mountford RW	Whelan AM	Lacey AJ	Sweeney A	Cooper GS	Ferguson MK	Murty J	Tobin DJ	Hulmes G	Duffey CP	Oliver BC	Mullington PT	Boslem W	Brears P	Ainsworth D
1	Aug	16	Reading	0-2		4717	1	2	3	4	5	6	7	8	9	10	11	12										
2		23	SWANSEA CITY	2-1	Mountford 2	1169	1	2	3		5	6		8	10	4	11	9	7	12								
3		30	Huddersfield Town	0-0		4185	1	2	3	4	5	6		8	10		11	9	7									
4	Sep	6	NEWPORT COUNTY	4-3	Cooper 2, Mountford 2	1119	1	2	3	4	5	6		8	10		11	9	7									
5		13	Torquay United	0-1		1852	1	2		4	5	6	12	8	10	3	11	9	7									
6		20	BRADFORD CITY	0-0		2004	1	2		4	5	6		8	10	3	11	9	7									
7		24	Crewe Alexandra	0-0		4294	1	2		4	5	6		8	10	3	11	9	7									
8		26	Stockport County	1-0	Mountford	3436	1	2		4	5	6	12	8	10	3	11	9	7									
9	Oct	4	EXETER CITY	0-1		1234	1	2		4	5	6	12	8	10	3	11	9	7									
10		11	Scunthorpe United	3-1	Mountford 2, Whelan	2671	1	2			5	6	4	8	10	3		9	7	12	11							
11		18	WATFORD	2-1	Summerscales, Tobin	1528	1	2			5	6	4	8	10	3		9	7		11							
12		22	Bournemouth	1-2	Tobin	4395	1			2	5	6	4	8	10	3		9	7		11							
13		25	Southport	1-0	Tobin	1447	1	2		5		6	4	8	10	3		9	7		11							
14	Nov	1	TRANMERE ROVERS	4-1	Tobin, Whelan, Mountford 2	2047	1	2		5		6	4	8	10	3		9	7		11							
15		3	NORTHAMPTON T	0-2		2995	1	2		5		6	4	8	10	3		9	7		11	12						
16		8	Lincoln City	0-2		7063	1	2		5	6		4	8	10	3	12	9	7		11							
17		14	CAMBRIDGE UNITED	1-1	Mulvaney	1562	1	2		5	6			8	10	3	11	9	7	12	4							
18		29	WORKINGTON	1-1	Tobin	1361	1	2	3		5			8	10	6		4	7		11		9					
19	Dec	6	Brentford	0-3		4853	1	2	12		5	6		8	10	3		4	7		11		9					
20		20	HARTLEPOOL	1-1	Murty	1156	1	2		4	5	6			10	3		9	7	11		8						
21		26	Barnsley	1-2	Mountford	3486	1	2		6	5			8	9	3		4		7	10	12			11			
22		27	DARLINGTON	1-0	Murty	1659	1	2	3	6	5			8	10	4		9		7					11			
23	Jan	17	Bradford City	0-3		3059	1	2		4	5	6	10	8	9	3			7						11			
24		20	Doncaster Rovers	2-1	Hanvey, Fielding	3586	1	2		4	5	6	10	8	9	3	12		7						11			
25		24	TORQUAY UNITED	2-2	Hanvey, Whelan	1448	1	2			5	6	10	8	9	3	12		7						11	4		
26	Feb	7	Northampton Town	1-1	Whelan	5393	1	2		4	5	6	10	8	9	3			7						11			
27		10	BOURNEMOUTH	2-2	Whelan, Mountford	1392	1	2		4	5	6	10	8	9	3			7						11			
28		14	LINCOLN CITY	0-0		2439	1	2		4	5	6		8	9	3		10	7						11			
29		21	Cambridge United	0-0		2048		2		4	5		6	8	9	3	7	10	12					1	11			
30		28	SOUTHPORT	2-0	Mountford, Summerscales	1261	1	2		4	5			8	9	3	11	10	7						6			
31	Mar	1	HUDDERSFIELD T	0-0		3791	1	2		4	5		6	8	9	3		10		7					11			
32		6	Tranmere Rovers	1-0	Mullington	3354	1	2		4	5		6	8	9	3		10		7					11			
33		9	Exeter City	0-1		3102	1	2		4	5		6	8	9	3		10		7		12			11			
34		12	SCUNTHORPE UNITED	1-1	Cooper	1430	1	2		4	5		6	8	9	3		10		7					11			
35		16	Watford	0-3		3886	1	2		4	5		6	8	9	3		10		7					11			12
36		20	Workington	0-0		941	1	2			5			8	9	3		10		7		11			6	4		
37		22	CREWE ALEXANDRA	0-1		1128	1	2			5			8	9	3	12	10		7		11			6	4		
38		27	BRENTFORD	1-2	Boslem	894		2	3	4	5		6	8				10		7				1	11	12	9	
39		31	Hartlepool	0-3		1561		2	3	4	5		7	8	9			10						1	11	6		
40	Apr	3	READING	0-0		913	1	2		4	5		7	8	3			10							11	6	9	
41		5	STOCKPORT COUNTY	2-3	Mountford, Whelan (p)	1287	1	2		4	5		7	8	9	3		10			6				11			
42		10	Newport County	1-1	Mullington	1331	1	2		4	5	6	7		9	3		10							11	8		
43		16	DONCASTER ROVERS	1-0	Mountford	1462	1	2		4	5	6	12	8	9	3		7							11	10		
44		17	BARNSLEY	0-0		1386	1	2		4	5	6	7	8	9	3		10							11			12
45		20	Darlington	0-4		1957	1	2		4	5	6		8	9	3		7							11	10		
46		23	Swansea City	1-1	Cooper	1664	1	2		4	5	6	7	8		3	12	10		9					11			
						Apps	43	45	9	38	43	28	30	44	44	41	17	41	27	15	12	6	2	3	26	9	2	2
						Goals				1	2	2	1	14	6			4		2	5				2	1		

F.A. Cup

	Date		Opponent	Score	Scorers	Att	Poole MD	Hallows PCR	Townsend GE	Mulvaney R	Summerscales WC	Hanvey K	Fielding PA	Mountford RW	Whelan AM	Lacey AJ	Sweeney A	Cooper GS	Ferguson MK	Murty J	Tobin DJ	Hulmes G	Duffey CP	Oliver BC	Mullington PT	Boslem W	Brears P	Ainsworth D
R1	Nov	22	Workington	1-1	Ferguson	1190	1	2		4	5	6		8	10	3		9	7		11							
rep		26	WORKINGTON	2-1	Mountford, Whelan	2354	1	2		5		6	4	8	10	3		9	7		11							
R2	Dec	13	Gateshead	1-1	Albeson (og)	4600		2	3		5	6		8	9		11	4	7		10			1				
rep		15	GATESHEAD	3-1	Mountford, Morrison (og), Tobin	2607	1	2	3		5	6		8	10	4		9	7		11							
R3	Jan	3	Norwich City	1-1	Mullington	14187	1	2		4	5	6		8	10	3		9	7						11			
rep		6	NORWICH CITY	0-0		8284	1	2		4	5	6		8	10	3		9	7	12					11			
rep2		13	Norwich City	1-2	Mountford	18868	1	2		4	5	6	10	8	9	3			7						11			

Round 1 replay and Round 3 replay a.e.t.

F.L. Cup

	Date		Opponent	Score	Scorers	Att	Poole MD	Hallows PCR	Townsend GE	Mulvaney R	Summerscales WC	Hanvey K	Fielding PA	Mountford RW	Whelan AM	Lacey AJ	Sweeney A	Cooper GS	Ferguson MK	Murty J	Tobin DJ	Hulmes G	Duffey CP	Oliver BC	Mullington PT	Boslem W	Brears P	Ainsworth D
R1/1	Aug	18	Bury	0-2		4561	1	2	3		5	6	4	8	9	10	11		7									
R1/2		26	BURY	0-2		3725	1	2	3	12	5	6		8	10	4	11	9	7									

		P	*W*	*D*	*L*	*F*	*A*	*W*	*D*	*L*	*F*	*A*	*Pts*
1	Lincoln City	46	21	2	0	71	15	11	8	4	40	24	74
2	Northampton Town	46	18	5	0	62	20	11	5	7	25	20	68
3	Reading	46	19	3	1	42	9	5	9	9	28	42	60
4	Tranmere Rovers	46	18	3	2	61	16	6	7	10	28	39	58
5	Huddersfield Town	46	11	6	6	28	17	10	8	5	28	24	56
6	Bournemouth	46	15	5	3	39	16	5	7	11	18	32	52
7	Exeter City	46	13	7	3	37	17	5	7	11	19	30	50
8	Watford	46	16	4	3	38	18	6	2	15	24	44	50
9	Torquay United	46	12	6	5	31	24	6	8	9	24	39	50
10	Doncaster Rovers	46	10	6	7	42	31	9	5	9	33	38	49
11	Swansea City	46	14	8	1	51	21	2	7	14	15	36	47
12	Barnsley	46	12	8	3	34	16	2	8	13	18	32	44
13	Cambridge United	46	7	10	6	36	28	7	5	11	22	34	43
14	Hartlepool	46	10	6	7	37	29	6	4	13	25	49	42
15	ROCHDALE	46	7	11	5	27	23	5	7	11	13	31	42
16	Crewe Alexandra	46	10	7	6	36	21	3	8	12	22	36	41
17	Bradford City	46	9	7	7	35	26	3	10	10	28	39	41
18	Brentford	46	12	7	4	37	18	2	6	15	19	42	41
19	Scunthorpe United	46	11	3	9	31	24	3	7	13	19	35	38
20	Darlington	46	11	7	5	30	14	3	3	17	18	43	38
21	Stockport County	46	8	7	8	23	23	5	5	13	20	53	38
22	Newport County	46	8	7	8	35	33	5	2	16	22	57	35
23	Southport	46	6	6	11	27	31	2	4	17	14	46	26
24	Workington	46	5	4	14	19	43	2	3	18	11	44	21

1976/77   18th in Division 4

#	Date		Opponent	Score	Scorers	Att
1	Aug	21	Scunthorpe United	1-0	Mountford	3536
2		23	CAMBRIDGE UNITED	2-2	Hanvey (p), Mullington	1716
3		28	COLCHESTER UNITED	1-0	Hanvey	1440
4	Sep	4	Halifax Town	0-0		2003
5		11	Exeter City	1-2	Hanvey (p)	2829
6		18	WATFORD	3-1	O'Loughlin, Mullington, Melledew	1760
7		25	Crewe Alexandra	1-1	Hanvey	2454
8	Oct	2	BOURNEMOUTH	0-0		1807
9		9	Workington	2-0	Mullington, Mountford	1423
10		16	SOUTHEND UNITED	0-0		2302
11		23	Hartlepool	0-2		1492
12		27	Aldershot	2-0	Whelan, O'Loughlin	4654
13		30	DONCASTER ROVERS	1-0	Mountford	2436
14	Nov	1	DARLINGTON	2-2	Tarbuck, Summerscales	2577
15		6	Southport	1-1	Whelan	1729
16		13	NEWPORT COUNTY	0-0		2482
17		26	Huddersfield Town	1-2	Cooper	5240
18	Dec	27	BRADFORD CITY	0-1		2942
19		29	Stockport County	1-0	Mountford	3842
20	Jan	8	SWANSEA CITY	1-0	Cooper	1436
21		11	Doncaster Rovers	0-2		3008
22		15	Cambridge United	0-0		3607
23		22	SCUNTHORPE UNITED	5-0	*See below	1640
24		25	BARNSLEY	2-3	Mullington, Mountford	2474
25		29	Torquay United	0-2		2453
26	Feb	5	Colchester United	0-1		4943
27		12	HALIFAX TOWN	4-1	*See below	2255
28		19	EXETER CITY	1-2	Whelan (p)	1523
29		22	Brentford	2-3	Melledew, Helliwell	3307
30		26	Watford	1-3	Melledew	6331
31	Mar	1	SOUTHPORT	3-0	Whelan, Melledew 2	1153
32		5	CREWE ALEXANDRA	0-1		1609
33		12	Bournemouth	1-1	Dungworth	3400
34		19	WORKINGTON	0-3		1737
35		25	Southend United	0-3		5677
36	Apr	2	HARTLEPOOL	0-1		858
37		6	Bradford City	0-3		5263
38		9	STOCKPORT COUNTY	1-0	Mountford	1489
39		12	Darlington	2-0	O'Loughlin, Dungworth	2586
40		16	ALDERSHOT	2-1	Earles (og), Helliwell	1038
41		23	Newport County	0-3		2206
42		26	TORQUAY UNITED	0-1		852
43		30	HUDDERSFIELD T	2-2	Mountford 2	1626
44	May	3	Swansea City	2-3	Mountford 2	10689
45		7	Barnsley	0-2		2531
46		14	BRENTFORD	2-3	Dungworth, Mullen	977

Scorers in game 23: Peacock (og), Melledew, O'Loughlin, Cooper 2.
Scorers in game 27: Summerscales, Mountford, Helliwell, Cooper

Two own goals

F.A. Cup

R1	Nov	20	NORTHWICH VICTORIA	1-1	Helliwell	3641
rep		22	Northwich Victoria	0-0		4273
rep2		29	Northwich Victoria	1-2	Tarbuck	4909

Replay a.e.t. Replay 2 at Maine Road.

F.L. Cup

R1/1	Aug	14	BLACKBURN ROVERS	0-1		3547
R1/2		18	Blackburn Rovers	1-4	Melledew	5232

		P	W	D	L	F	A	W	D	L	F	A	Pts
1	Cambridge United	46	16	5	2	57	18	10	8	5	30	22	65
2	Exeter City	46	17	5	1	40	13	8	7	8	30	33	62
3	Colchester United	46	19	2	2	51	14	6	7	10	26	29	59
4	Bradford City	46	16	7	0	51	18	7	6	10	27	33	59
5	Swansea City	46	18	3	2	60	30	7	5	11	32	38	58
6	Barnsley	46	16	5	2	45	18	7	4	12	17	21	55
7	Watford	46	15	7	1	48	13	3	8	12	21	37	51
8	Doncaster Rovers	46	16	2	5	47	25	5	7	11	24	40	51
9	Huddersfield Town	46	15	5	3	36	15	4	7	12	24	34	50
10	Southend United	46	11	9	3	35	19	4	10	9	17	28	49
11	Darlington	46	13	5	5	37	25	5	8	10	22	39	49
12	Crewe Alexandra	46	16	6	1	36	15	3	5	15	11	45	49
13	Bournemouth	46	13	8	2	39	13	2	10	11	15	31	48
14	Stockport County	46	10	10	3	29	19	3	9	11	24	38	45
15	Brentford	46	14	3	6	48	27	4	4	15	29	49	43
16	Torquay United	46	12	5	6	33	22	5	4	14	26	45	43
17	Aldershot	46	10	8	5	29	19	6	3	14	20	40	43
18	ROCHDALE	46	8	7	8	32	25	5	5	13	18	34	38
19	Newport County	46	11	6	6	33	21	3	4	16	9	37	38
20	Scunthorpe United	46	11	6	6	32	24	2	5	16	17	49	37
21	Halifax Town	46	11	6	6	36	18	0	8	15	11	40	36
22	Hartlepool	46	8	9	6	30	20	2	3	18	17	53	32
23	Southport	46	3	12	8	17	28	0	7	16	16	49	25
24	Workington	46	3	7	13	23	42	1	4	18	18	60	19

1977/78 24th in Division 4

						Poole MD	Hallows PCR	O'Loughlin N	Morrin AJ	Scott RW	Bannon I	Melledew ST	Seddon IW	Mountford RW	Esser ED	Tarbuck AD	Boslem W	Oliver EA	Cuddy P	Owen LT	Shyne C	Scaife RH	Shaw S	Green A	Hoy R	Hart BP	Slack A	Hilditch MW	Price J	Finc R
1	Aug	20	Barnsley	0-4		3901	1	3	9	10	5	6	7	8		11	4	2	12											
2		27	DARLINGTON	2-0	Seddon, Mountford	1295	1	2	3		5	6	7	8	9	10	11	4													
3	Sep	3	Grimsby Town	1-2	Seddon	2731	1	2	3	4	5	6	7	8	9	10	11														
4		10	Swansea City	0-3		4750	1	2	3	4	5	6	7	8	9	10	11				12										
5		13	BRENTFORD	1-2	Owen	1164	1	2	3	4	5	6	7	8		10	11				9										
6		17	NEWPORT COUNTY	0-1		1114	1	2	3	4	5	6	12	8	9	10	11				7										
7		24	Aldershot	0-2		3633	1	2	3	4	5	6	9	8		10	11				7										
8		27	Hartlepool United	0-1		3389	1	2	3	4	5	6	9	8		10	11	12			7										
9	Oct	1	WATFORD	2-3	Pritchett (og), Melledew	1278	1	2	3		5	6	9	8		10	11	4	12		7										
10		4	HALIFAX TOWN	3-1	Owen, Melledew 2	1201		2	4		5	6	9	8		10	11		3		7	1									
11		7	Stockport County	0-2		4927		2	3		5	6	9	8		10	11		12		7	1	4								
12		11	Northampton Town	1-3	Melledew	2965	1	2	3		5		9	8		10	11	6			7		4								
13		15	DONCASTER ROVERS	3-1	Owen, Melledew, Esser	1963	1	2	3		5		9	8		10	11	6			7		4								
14		17	HUDDERSFIELD T	0-0		2489	1	2	3		5	6	9	8		10	11				7		4								
15		21	York City	2-2	Melledew, Scaife	1669	1	2	3		5	6	9	8		10	11				7		4								
16		29	NORTHAMPTON T	1-1	O'Loughlin (p)	1198	1	2	3		5	6	9	8		10	11				7		4								
17	Nov	5	Crewe Alexandra	1-2	Seddon	2378	1	2	3	12		6	9	8		10	11	5			7		4								
18		12	BOURNEMOUTH	1-1	Owen	962	1	2	3	8	5	6	9			10	11	12			7		4								
19		19	Scunthorpe United	0-1		2204	1		3	8	5	6	9			10		2			7		4	11							
20	Dec	3	SOUTHEND UNITED	1-2	Scaife	902	1		3	4	5	6	9			10		2			7		8	11							
21		10	Torquay United	0-3		2144	1		10	4	5	6	9			12			2		7		8	11	3						
22		17	Halifax Town	1-3	Scott	1918	1	2	10	4	5		9					6			7		8		3	11					
23		26	WIMBLEDON	3-0	Scaife 2, O'Loughlin	1283	1	2	10		6	4	9			11		5			7		8		3						
24		28	Reading	3-4	Owen 2, Esser	5066	1	2	10	4	5	12	9			11		6			7		8		3						
25		31	Southport	1-3	Esser	1908	1	2		4		6				10		5	3		7		8	11	9						
26	Jan	2	CREWE ALEXANDRA	0-2		1441	1			4		6	9			10		5	2		7		8	11	3						
27		7	Huddersfield Town	1-3	Scaife	5486				4		6	9			10		5	2		7		8		3	11	1				
28		14	BARNSLEY	1-1	Owen	2668			3	4	5	6	9			10		2			7		8			11	1				
29		24	Darlington	0-1		1578			3	4	5	6	9			10		2	12		7		8			11	1				
30	Feb	11	Newport County	0-3		4288			3	4	5	6	9			10		2			7		8			11	1				
31		25	Watford	0-1		10139		2	3	4	5	6	9	12		10					7		8			11	1				
32		27	SWANSEA CITY	2-1	Hoy, Melledew	1057		2	3	4	5	6	9	7		10							8			11	1				
33	Mar	4	STOCKPORT COUNTY	2-1	Owen, O'Loughlin (p)	2278		2	3	4	5	6		7		10					9		8			11	1				
34		6	Brentford	0-4		7215		2	3	4		6	9	7		10					12		8			11	1				
35		10	Doncaster Rovers	1-1	Owen	2755		2	3	4	5	6	9	7		10					11		8				1				
36		18	YORK CITY	1-2	O'Loughlin (p)	1046		2	3	4	5	6	9	7		10					11		8				1				
37		20	GRIMSBY TOWN	1-3	Scaife	787			3	4	5	6	9	7		10		2			11		8				1				
38		27	Wimbledon	1-5	Esser	2737		2	11	4	5	6		7		10			3		12		8	9			1				
39	Apr	1	SOUTHPORT	2-1	Esser 2	966		2	11		5	6		4		10	7				9		8					3	1		
40		4	HARTLEPOOL UNITED	0-1		972		2	11		5	6		4		10	7				9		8					3	1		
41		8	Bournemouth	0-1		2549		2	11		5	6		4		10	7				9	1	8					3			
42		15	SCUNTHORPE UNITED	1-1	Hallows	857		2	11		5	6		4		10	7				9	1	8					3		12	
43		21	Southend United	1-3	Esser	11565		2	11		5	6		4		10	7				9	1	8					3			
44		24	READING	1-0	Hilditch	734		2	11		5	6		4			7				9	1	8					3		10	
45		29	TORQUAY UNITED	1-3	O'Loughlin (p)	742		2	11		5	6					7	4	8		9	1						3		10	12
46	May	1	ALDERSHOT	0-0		923		2	11		5	6					7	4	8		9	1						3		10	12

Apps	24	37	43	29	40	43	35	31	4	41	26	22	12	1	42	8	34	6	7	9	8	14	3	2	1
Goals		1	5		1		6	3	1	7					10		6			1			1		

One own goal

F.A. Cup

| R1 | Nov | 26 | Scarborough | 2-4 | Owen 2 | 4798 | 1 | | 3 | 8 | 5 | 6 | 9 | | | 10 | | 2 | | | 7 | | 4 | 11 | | | | | | | |

F.L. Cup

R1/1	Aug	13	HALIFAX TOWN	1-1	Tarbuck	1512	1	2	3	4	5	6	7	8	9	10	11	12													
R1/2		16	Halifax Town	2-1	Mountford, Esser	1784	1	2	3	4	5	6	7	8	9	10	11														
R2		31	LEEDS UNITED	0-3		8664	1		3	4	5	6	7	8	9	10	11	12	2												

		P	W	D	L	F	A	W	D	L	F	A	Pts
1	Watford	46	18	4	1	44	14	12	7	4	41	24	71
2	Southend United	46	15	5	3	46	18	10	5	8	20	21	60
3	Swansea City	46	16	5	2	54	17	7	5	11	33	30	56
4	Brentford	46	15	6	2	50	17	6	8	9	36	37	56
5	Aldershot	46	15	8	0	45	16	4	8	11	22	31	54
6	Grimsby Town	46	14	6	3	30	15	7	5	11	27	36	53
7	Barnsley	46	15	4	4	44	20	3	10	10	17	29	50
8	Reading	46	12	7	4	33	23	6	7	10	22	29	50
9	Torquay United	46	12	6	5	43	25	4	9	10	14	31	47
10	Northampton Town	46	9	8	6	32	30	8	5	10	31	38	47
11	Huddersfield Town	46	13	5	5	41	21	2	10	11	22	34	45
12	Doncaster Rovers	46	11	8	4	37	26	3	9	11	15	39	45
13	Wimbledon	46	8	11	4	39	26	6	5	12	27	41	44
14	Scunthorpe United	46	12	6	5	31	14	2	10	11	19	41	44
15	Crewe Alexandra	46	11	8	4	34	25	4	6	13	16	44	44
16	Newport County	46	14	6	3	43	22	2	5	16	22	51	43
17	Bournemouth	46	12	6	5	28	20	2	9	12	13	31	43
18	Stockport County	46	14	4	5	41	19	2	6	15	15	37	42
19	Darlington	46	10	8	5	31	22	4	5	14	21	37	41
20	Halifax Town	46	7	10	6	28	23	3	11	9	24	39	41
21	Hartlepool United	46	12	4	7	34	29	3	3	17	17	55	37
22	York City	46	8	7	8	27	31	4	5	14	23	38	36
23	Southport	46	5	13	5	30	32	1	6	16	22	44	31
24	ROCHDALE	46	8	6	9	29	28	0	2	21	14	57	24

1978/79 20th in Division 4

						Slack A	Hallows PCR	Snookes E	Hart BP	Scott RW	Bannon I	Owen LT	Scaife RH	Ashworth P	Mullington PT	O'Loughlin N	Esser ED	Shyne C	Hoy R	Hilditch MW	Price J	Oliver EA	Morrin AJ	Felgate DW	Forster GP	Creamer PA	Taylor B(2)	Jones CMN	Collins JD	Milne M
1	Aug 19	YORK CITY	1-2	Scaife	1241	1	2	3	4	5	6	7	8	9	10	11	12													
2	23	Reading	0-2		4481		2	3	4	5		7	6	9	10	11	12	1	8											
3	26	ALDERSHOT	1-1	Owen	976		2	3	4	5		7	6	9	10	11		1	8											
4	Sep 2	Port Vale	1-1	Owen	3222		2	3	4	5		7	6	9		11	10	1	8											
5	9	PORTSMOUTH	0-2		1479		2	3	4	5		7	6	9	12	11	10	1	8											
6	13	Wigan Athletic	0-3		5736		2		4	5		7	6	12	11	3		1	8	9	10									
7	16	Bournemouth	1-3	Owen	2674		2		4		5	7	6		11	3		1	8	9	10									
8	23	HEREFORD UNITED	0-2		1068		2		4	5		7	6	12	11	3	10	1	8	9										
9	25	WIMBLEDON	0-0		1263		2		4	5		7	6	9	11	3	10	1	8											
10	30	Grimsby Town	0-4		3929		2	3	4	5			6	9		11	10	1	8				7							
11	Oct 7	HALIFAX TOWN	1-1	Hoy	1579		2	3	4	5		7	6		10	11	9		8	12				1						
12	14	Torquay United	1-1	Scaife	2818		2	3	4	5		7	6			11	10			9	8			1						
13	17	Newport County	0-0		3472		2	3	4	5		7	6			11	10		12	9	8			1						
14	21	DARLINGTON	2-1	Owen, Esser	1272		2	3	4	5		7	6			11	10		8	9				1						
15	28	Hartlepool United	1-5	Esser	3084		2	3	4	5		7	6			11	9		8	12	10			1						
16	Nov 4	CREWE ALEXANDRA	2-1	Hoy 2 (1p)	1352		2	3	4	5		7	6	9			10		8	12	11			1						
17	11	PORT VALE	0-1		1882			3	4	5		7	6	9		2	10		8	11	12			1						
18	18	Aldershot	0-1		3043			3	4	5	12	7	6			2	10		8	9	11			1						
19	Dec 2	Doncaster Rovers	0-1		2248				4	5	2	7	6			3	10		8	9	11			1						
20	9	BARNSLEY	0-3		3136				4	5	2	7	6			3	10		8	9	11			1	12					
21	26	Bradford City	0-1		4940				6	5	12	8	4			10	11		7					1		2	3	9		
22	30	Scunthorpe United	4-0	Owen, Hoy 2, Jones	2714				6	5	12	8	4			10	11		7					1		2	3	9		
23	Jan 13	Portsmouth	1-1	Owen	11596			6		5	12	8	4			10	11		7					1		2	3	9		
24	Feb 3	Wimbledon	2-3	Jones, Hoy	3064			6		5	12	8	4			10	11		7					1		2	3	9		
25	Mar 3	Darlington	2-0	Jones, Esser	1495			6		5		8	4			10	11		7					1		2	3	9	12	
26	10	HARTLEPOOL UNITED	1-1	Hoy (p)	1931			6		5		8	4			10	11		7					1		2	3	9		
27	13	GRIMSBY TOWN	2-5	Jones, Snookes	2345			6		5		8	4			10	11		7					1		2	3	9	12	
28	19	WIGAN ATHLETIC	0-2		3627				6		5		4			10	11		7	12				1		2	3	9	8	
29	21	Hereford United	2-2	Jones 2	2351			3	2			11	4			10			7					1		6	5	9	8	
30	24	READING	1-0	Hoy	1567			3	2			11	4			10			7	12				1		6	5	9	8	
31	27	York City	1-2	Owen	2295			3	2			11	4			10	8		7					1		6	5	9		
32	31	Northampton Town	0-1		1653			3	2		5	11	4			10	8		7	12				1			6	9		
33	Apr 3	BOURNEMOUTH	2-1	Jones, Scott	1136			3	2	5		11	8			10	7							1		4	6	9		
34	7	DONCASTER ROVERS	2-0	Owen 2	1606			3	2	5		11	8			10	7			12				1		4	6	9		
35	11	HUDDERSFIELD T	0-2		2020			3	2	5		11				10	8		12	7				1		4	6	9		
36	14	BRADFORD CITY	1-0	Scott	2262			3	2	5		11				10			7	9				1		4	6		8	12
37	16	Stockport County	0-3		2863				2	5		11				10	12		7	9				1		4	6		8	3
38	17	Huddersfield Town	0-1		3346				2		5	11				10	8		7	9		3		1		4	6			
39	21	SCUNTHORPE UNITED	1-0	Taylor	1224			3			5	11				4	8		7	9				1		2	6		10	
40	23	NEWPORT COUNTY	1-0	Esser	1457			3	2		5	11				10	8		7	9		4		1			6			
41	28	Barnsley	3-0	Owen 2, Hoy	12051			3	2		5	11				10	8		7			4		1			6	9		
42	May 1	STOCKPORT COUNTY	2-0	Esser, Hoy	2117			3	2		5	11				10	8		7			4		1			6	9		
43	5	NORTHAMPTON T	4-1	Oliver, Jones 2, O'Loughlin	1751			3	2		5					10	8		7	11		4		1			6	9		
44	7	Halifax Town	1-2	Hilditch	2150			3	2		5	11				10	8		7	12		4		1			6	9		
45	9	TORQUAY UNITED	1-0	Hilditch	2359		7	3	2		5					10	8			11		4		1		12	6	9		
46	18	Crewe Alexandra	2-1	Jones, Hilditch	2031		2	3			5					10	8		7	11		4		1		12	6	9		
					Apps	1	18	35	39	31	20	41	34	11	9	45	40	9	41	27	10	8	1	36	1	20	26	21	8	2
					Goals			1		2		11	2			1	5		10	3		1					1	10		

F.A. Cup

R1	Nov 25	DROYLSDEN	0-1		3252			3	4	5		7	6			2	10	1	8	9	11									

F.L. Cup

R1/1	Aug 12	Crewe Alexandra	0-1		1914	1	2	3	4	5	6	7	8	9	10	11	12													
R1/2	14	CREWE ALEXANDRA	2-4	O'Loughlin, Ashworth	1344	1	2	3	4	5	6	7	8	9	10	11	12													

		P	W	D	L	F	A	W	D	L	F	A	Pts
1	Reading	46	19	3	1	49	8	7	10	6	27	27	65
2	Grimsby Town	46	15	5	3	51	23	11	4	8	31	26	61
3	Wimbledon	46	18	3	2	50	20	7	8	8	28	26	61
4	Barnsley	46	15	5	3	47	23	9	8	6	26	19	61
5	Aldershot	46	16	5	2	38	14	4	12	7	25	33	57
6	Wigan Athletic	46	14	5	4	40	24	7	8	8	23	24	55
7	Portsmouth	46	13	7	3	35	12	7	5	11	27	36	52
8	Newport County	46	12	5	6	39	28	9	5	9	27	27	52
9	Huddersfield Town	46	13	8	2	32	15	5	3	15	25	38	47
10	York City	46	11	6	6	33	24	7	5	11	18	31	47
11	Torquay United	46	14	4	5	38	24	5	4	14	20	41	46
12	Scunthorpe United	46	12	3	8	33	30	5	8	10	21	30	45
13	Hartlepool United	46	7	12	4	35	28	6	6	11	22	38	44
14	Hereford United	46	12	8	3	35	18	3	5	15	18	35	43
15	Bradford City	46	11	5	7	38	26	6	4	13	24	42	43
16	Port Vale	46	8	10	5	29	28	6	4	13	28	42	42
17	Stockport County	46	11	5	7	33	21	3	7	13	25	39	40
18	Bournemouth	46	11	6	6	34	19	3	5	15	13	29	39
19	Northampton Town	46	12	4	7	40	30	3	5	15	24	46	39
20	ROCHDALE	46	11	4	8	25	26	4	5	14	22	38	39
21	Darlington	46	8	8	7	25	21	3	7	13	24	45	37
22	Doncaster Rovers	46	8	8	7	25	22	5	3	15	25	51	37
23	Halifax Town	46	7	5	11	24	32	2	3	18	15	40	26
24	Crewe Alexandra	46	3	7	13	24	41	3	7	13	19	49	26

1979/80   24th in Division 4

						Watson I	Hallows PCR	Snookes E	Weir A	Bannon I	Taylor B(2)	Hoy R	Wann JD	Hilditch MW	O'Loughlin N	Jones CMN	Scaife RH	Esser ED	Hart BP	Oliver EA	Cliff E	McDermott JC	Milligan LC	Waldron C	Seal J	Felgate DW	Colbourn N
1	Aug 18	BOURNEMOUTH	0-2		2310	1	2	3	4	5	6	7		9	10	11	8	12									
2	20	Stockport County	1-1	Esser	3554	1	2	3	4	5	6			9	10	11	8	7									
3	24	HARTLEPOOL UNITED	1-0	Jones	2180	1	2	3	4	5	6			9	10	11	8	7									
4	31	Darlington	1-3	Weir (p)	1655	1		3	2	5	6	12	8	9	10	11	4	7									
5	Sep 8	WALSALL	1-1	Weir	2174	1		3	4	5	6	7	8	9	10		12	11	2								
6	15	Torquay United	0-3		2551	1		3	4	5	6	7	8	9	10		12	11	2								
7	18	Halifax Town	0-1		2390	1		3	4	5	6		10	9		12	8	11	2	7							
8	22	PORTSMOUTH	1-2	Weir	2423	1		3	4	5	6	7	8	9	11	10		12		2							
9	29	Port Vale	1-5	Esser	2835	1			3	5	6	7	11	9		10	4	8		2	12						
10	Oct 2	HALIFAX TOWN	2-2	Scaife, Hoy (p)	2351	1			4	5	6	7		9		11	10	8	2	3							
11	6	York City	2-3	McDermott, Jones	2462	1		3	4	5	6			9		10	11	8	12	2	7						
12	9	STOCKPORT COUNTY	0-1		2300	1			4		5	7		9	6	11	8	10	3	2	12						
13	12	PETERBOROUGH UTD.	0-0		1692	1			4	5	6	7	8	9	10	12			2	11	3						
14	20	Crewe Alexandra	1-2	Wann	2129	1			4		6		8	9	10	12		7		2	11	3	5				
15	24	Wigan Athletic	1-1	Jones	5036	1			4		6		8	9		10		7		2	11	3	5				
16	26	NORTHAMPTON T	3-2	Jones 3	1468	1			4		6		8	9		10		7		2	11	3	5				
17	Nov 3	Bournemouth	0-4		3188	1		3	4		6	12	8		11	10		7		2				5	9		
18	6	WIGAN ATHLETIC	0-2		2929	1		3	4		6	11	8	12		10		7		2				5	9		
19	17	Hereford United	1-1	Marshall (og)	2767	1	2	3	6	5			11	8	10	4		7	12						9		
20	30	Scunthorpe United	0-2		1887	1	2	3	4		6		8		10	11		7	5			12			9		
21	Dec 4	ALDERSHOT	2-1	Hilditch, Taylor	1230	1		3		6	4		8	11	10	12		7	2					5	9		
22	21	Huddersfield Town	1-5	Seal	4550	1		3	10	6	4		8	11		12		7	2					5	9		
23	29	Hartlepool United	1-1	Seal	3151	1		3		2	6		8	11	4		10	7						5	9		
24	Jan 1	Bradford City	2-1	Esser, Seal	5433	1		3	12	2	6		8	11	4		10	7						5	9		
25	11	DARLINGTON	2-2	Hilditch, Taylor	1693	1		3		2	6		8	11	4		10		7					5	9		
26	25	Tranmere Rovers	1-5	Esser (p)	1890	1		3		2	6		8	11	4		10	7	12					5	9		
27	Feb 9	Portsmouth	0-3		12207	1			3	4	6			11	8	10		7	2					5	9		
28	12	DONCASTER ROVERS	3-2	Jones 2, Taylor	1512	1			3	4	6			11	8	9		7	2					5	10		
29	15	PORT VALE	0-2		1784	1			3	4	6			11	8	9	12	7	2					5	10		
30	19	Walsall	0-2		6007	1			3		6			11	8	9	4	7	2					5	10		
31	23	Peterborough United	0-2		3796	1			3	12	6			11	8	9	4	7	2					5	10		
32	Mar 1	CREWE ALEXANDRA	0-0		1807	1			3	12	6			11	8	9	4	7		2				5	10		
33	8	Northampton Town	0-0		2370	1		3			6		11	9	8		4	7		2				5	10		
34	11	LINCOLN CITY	1-1	Esser	1108			3			6			11	8	9	4	7	12	2				5	10	1	
35	14	YORK CITY	0-2		1142			3			6		10	11	8	9	4	7	5	2					12	1	
36	22	Aldershot	0-3		2798			3	10	12				9	8		4	7	5	2		6			11	1	
37	Apr 1	HUDDERSFIELD T	0-2		4979			3	6	5				9	8	10	4	7	2						11	1	1
38	5	Lincoln City	0-0		3635			3	6	5				11	8	9	4	7	2						10	1	
39	7	BRADFORD CITY	0-1		3201			3	6	5				11	8	9	10	7	4	2					12	1	
40	12	Newport County	0-1		8127			3	6	5				11	8	9	4	7	2				12		10	1	
41	15	TORQUAY UNITED	0-0		958			3	6	5			11		8	9	4	7	2						10	1	
42	18	SCUNTHORPE UNITED	0-1		993			3	6	12	5		11	9	8		4	7	2						10	1	
43	26	Doncaster Rovers	0-2		2493			3	4	5			7	11	8	9			2		12	6			10	1	
44	29	NEWPORT COUNTY	2-0	Seal, O'Loughlin	1671				4	5			11	9	8	7			2		3	6			10	1	
45	May 2	TRANMERE ROVERS	2-0	Hilditch, Jones	1082				4	5	12		11	9	8	7			2		3	6			10	1	
46	6	HEREFORD UNITED	0-2		1318				6	5	4		11	9	8				2	7	3				10	1	
				Apps		33	5	30	39	36	36	12	27	44	36	35	30	39	31	2	21	8	9	19	30	12	1
				Goals				3		3	1	1	3	1	9	1	5				1			1	3		

One own goal

F.A. Cup

R1	Nov 24	SCUNTHORPE UNITED	2-1	Hart, Jones	1985	1	2	3		6			8	10	4	11		7	5						9		
R2	Dec 15	Tranmere Rovers	2-2	Hilditch 2	2529	1		3	10	4	6		8	11				7	2					5	9		
rep	18	TRANMERE ROVERS	2-1	Hilditch, Hart	2707	1		3	10	4	6		8	11				7	2					5	9		
R3	Jan 8	BURY	1-1	O'Loughlin	10739	1		3		2	6			11	4	12	10	7						5	9		
rep	21	Bury	2-3	Scaife 2	8082	1		3	6	5			8	11	4	12	10	7	2						9		

F.L. Cup

| R1/1 | Aug 11 | Blackpool | 1-1 | Jones | 5342 | 1 | 2 | 3 | 4 | 5 | 6 | 7 | 8 | 9 | 10 | 11 | 12 | | | | | | | | | | |
| R1/2 | 14 | BLACKPOOL | 0-1 | | 4500 | 1 | 2 | 3 | 4 | 5 | 6 | 7 | 8 | 9 | 10 | 11 | 12 | | | | | | | | | | |

		P	W	D	L	F	A	W	D	L	F	A	Pts
1	Huddersfield Town	46	16	5	2	61	18	11	7	5	40	30	66
2	Walsall	46	12	9	2	43	23	11	9	3	32	24	64
3	Newport County	46	16	5	2	47	22	11	2	10	36	28	61
4	Portsmouth	46	15	5	3	62	23	9	7	7	29	26	60
5	Bradford City	46	14	6	3	44	14	10	6	7	33	36	60
6	Wigan Athletic	46	13	5	5	42	26	8	8	7	34	35	55
7	Lincoln City	46	14	8	1	43	12	4	9	10	21	30	53
8	Peterborough Utd.	46	14	3	6	39	22	7	7	9	19	25	52
9	Torquay United	46	13	7	3	47	25	2	10	11	23	44	47
10	Aldershot	46	10	7	6	35	23	6	6	11	27	30	45
11	Bournemouth	46	8	9	6	32	25	5	9	9	20	26	44
12	Doncaster Rovers	46	11	6	6	37	27	4	8	11	25	36	44
13	Northampton Town	46	14	5	4	33	16	2	7	14	18	50	44
14	Scunthorpe United	46	11	9	3	37	23	3	6	14	21	52	43
15	Tranmere Rovers	46	10	4	9	32	24	4	9	10	18	32	41
16	Stockport County	46	9	7	7	30	31	5	5	13	18	41	40
17	York City	46	9	6	8	35	34	5	5	13	30	48	39
18	Halifax Town	46	11	9	3	29	20	2	4	17	17	52	39
19	Hartlepool United	46	10	7	6	36	28	4	3	16	23	36	38
20	Port Vale	46	8	6	9	34	24	4	6	13	22	46	36
21	Hereford United	46	8	7	8	22	21	3	7	13	16	31	36
22	Darlington	46	7	11	5	33	26	2	6	15	17	48	35
23	Crewe Alexandra	46	10	6	7	25	27	1	7	15	10	41	35
24	ROCHDALE	46	6	7	10	20	28	1	6	16	13	51	27

1980/81 15th in Division 4

#		Date	Opponent	Score	Scorers	Att	Pearce CL	Jones, Alan	Snookes E	Esser ED	Weir A	Taylor B(2)	Wann JD	O'Loughlin N	Hilditch MW	Wellings B	Martinez E	Burke P	Seal J	Cliff E	Hoy R	Crawford PG	Higgins RJ
1	Aug	16	Stockport County	2-2	Hilditch, Esser	2739	1	2	3	4		6	7	8	9	10	11		5				
2		19	SCUNTHORPE UNITED	4-0	Hilditch 2, Burke, Taylor	2427	1	2	3	4		6	7	8	9	10	11	5					
3		23	HARTLEPOOL UNITED	1-1	Hilditch	5230	1	2	3	4		6	7	8	9	10	11	5					
4		29	Tranmere Rovers	1-3	Esser	1828	1		2	4	5	6	7	8	9	10	11				3		
5	Sep	6	TORQUAY UNITED	2-1	Martinez, Wann	1777	1	2	3	4		6	7	8	9	10	11	5					
6		13	Peterborough United	2-2	Wellings, Hilditch	3906		2	3	4		6	7	8	9	10	11	5				1	
7		17	Hereford United	0-3		2475		2	3	4		6	7	8	9	10	11	5				1	
8		20	BRADFORD CITY	0-2		3221		2	3	4		6	7	8	9	10	11	5			12	1	
9		27	Bournemouth	1-2	Hilditch	2557		2	3	4		6	7	8	9	10	11	5				1	
10		30	HEREFORD UNITED	0-0		2328		2	3	4		6	7	8	9	10	11	5	12			1	
11	Oct	4	WIGAN ATHLETIC	3-0	Wann 2, Hilditch	3479		2	3	4		6	7	8	9	10	11	5				1	
12		8	Lincoln City	0-3		3641		2	3	4	12	6	7	8	9	10	11	5				1	
13		11	Aldershot	0-0		3017		2	3	4	12	6	7	8	9	10	11	5				1	
14		18	BURY	2-1	Hilditch, Wellings	4306		2	3	4		6		8	9	10	11	5			7	1	
15		21	WIMBLEDON	2-0	O'Loughlin, Wellings	2391		2	3	4		6		8	9	10	11	5	12		7	1	
16		25	Crewe Alexandra	0-1		3291		2		4	3	6	8	12	9	10	11	5			7	1	
17		28	Darlington	4-4	Taylor, Esser, Jones, Wellings	1579		2		4	3	6	7	8	9	10	11	5				1	
18	Nov	1	MANSFIELD TOWN	1-4	O'Loughlin	2636		2	3	4		6	7	8	9	10	11	5	12			1	
19		4	LINCOLN CITY	1-0	Hilditch	2257	7		3		2	6		8	9	10	11	5	4			1	
20		8	Port Vale	1-1	Esser	2774	7		3	12	2	6		8	9	10	11	5	4			1	
21		11	Scunthorpe United	1-1	Wellings	2030	7		3	12	2			8	9	10	11	5	4			1	6
22		29	Doncaster Rovers	2-1	Wellings, Lister (og)	2502			3	4	2	6		8	9	10	11	5	7			1	12
23	Dec	6	SOUTHEND UNITED	0-2		2214	12		3	4	2			8	9	10	11	5	7			1	6
24		12	STOCKPORT COUNTY	2-1	Martinez, Wellings	1901			3	4	2		7	8	9	10	11	5				1	6
25		20	Northampton Town	2-3	Wellings 2	1705	12		3	4	2		7	8	9	10	11	5				1	6
26		26	HALIFAX TOWN	1-1	Wellings (p)	2628	12		3	4	2	6	7	8	9	10	11	5				1	
27		27	York City	2-1	Wellings, Martinez	2828		2	3			6	7	8	9	10	11	5	4			1	
28	Jan	3	CREWE ALEXANDRA	2-0	Jones 2	2540		2	3		12	6	7	8	9	10	11	5	4			1	
29		17	DONCASTER ROVERS	2-2	Taylor, Wellings (p)	3021		2	3			6	7	8	9	10	11	5	4			1	
30		24	TRANMERE ROVERS	3-1	Wann, Seal, Wellings	2731		2	3		12	6	7	8	9	10	11	5	4			1	
31		31	Hartlepool United	2-2	Taylor, Esser	3867		2	3	4		6	7	8		10	11	5	9			1	
32	Feb	7	PETERBOROUGH UTD.	2-3	Wann, Burke	2865		2	3	4		6	7		9	10	11	5	8			1	
33		14	Torquay United	0-2		1628		2	3	4	8	6	7		9	10	11	5	12			1	
34		21	BOURNEMOUTH	0-0		1846		2	3	4		6	7	8	9	10	11	5				1	
35	Mar	7	Wigan Athletic	1-0	Taylor	6029		2		4		6	7	8		10	11	5	9	3		1	
36		8	Bradford City	1-2	Esser	2926		2		4		6	7	8	9	10		5	11	3		1	
37		14	ALDERSHOT	0-2		1834		2	3	4	12	6	7	8	9	10		5	11			1	
38		21	Bury	1-3	Hilditch	3931	12	3		4		6	7	8	9	10	11	5			2	1	
39		28	DARLINGTON	0-0		1656		2	3	4	5	6	7	8	9	10	11					1	
40	Apr	4	Mansfield Town	2-2	Hilditch, Wellings	2597		2	3	4	5	6	7	8	9	10	11		12			1	
41		12	PORT VALE	2-1	Esser, Martinez	2590		2	3	4		6	7	8	9	10	11	5	12			1	
42		18	YORK CITY	3-2	Taylor, Hilditch, Jones	1651		2	3		12	6	7	8	9	10	11	5	4			1	
43		20	Halifax Town	0-2		2278		2	3		6		7	8	9	10	11	5	4			1	
44		28	Wimbledon	1-4	Wann	3884		2	3		4	6	7	8	9	10	11	5				1	
45	May	1	Southend United	1-1	Jones	10857		2	3		4	6	7	8	9	10	11	5				1	
46		3	NORTHAMPTON T	0-1		1474		2	3	4	5	6	7	8	9	10	11		12			1	
					Apps		5	44	41	36	25	41	39	44	44	46	44	41	23	5	4	41	5
					Goals			5		7		6	6	2	12	14	4	2	1				

One own goal

F.A. Cup

| R1 | Nov | 22 | Mansfield Town | 1-3 | Jones (p) | 3280 | | 7 | 3 | 4 | 2 | 6 | | 8 | 9 | 10 | 11 | | | | | 1 | 5 |

F.L. Cup

| R1/1 | Aug | 9 | Carlisle United | 0-2 | | 2257 | 1 | 2 | 3 | 4 | 5 | 6 | 7 | 8 | 9 | 10 | 11 | | | | | | |
| R1/2 | | 12 | CARLISLE UNITED | 1-1 | Martinez | 1806 | 1 | 2 | 3 | 4 | 6 | | 7 | 8 | 9 | 10 | 11 | 5 | 12 | | | | |

		P	W	D	L	F	A	W	D	L	F	A	Pts
1	Southend United	46	19	4	0	47	6	11	3	9	32	25	67
2	Lincoln City	46	15	7	1	44	11	10	8	5	22	14	65
3	Doncaster Rovers	46	15	4	4	36	20	7	8	8	23	29	56
4	Wimbledon	46	15	4	4	42	17	8	5	10	22	29	55
5	Peterborough Utd.	46	11	8	4	37	21	6	10	7	31	33	52
6	Aldershot	46	12	9	2	28	11	6	5	12	15	30	50
7	Mansfield Town	46	13	5	5	36	15	7	4	12	22	29	49
8	Darlington	46	13	6	4	43	23	6	5	12	22	36	49
9	Hartlepool United	46	14	3	6	42	22	6	6	11	22	39	49
10	Northampton Town	46	11	7	5	42	26	7	6	10	23	41	49
11	Wigan Athletic	46	13	4	6	29	16	5	7	11	22	39	47
12	Bury	46	10	8	5	38	21	7	3	13	32	41	45
13	Bournemouth	46	9	8	6	30	21	7	5	11	17	27	45
14	Bradford City	46	9	9	5	30	24	5	7	11	23	36	44
15	ROCHDALE	46	11	6	6	33	25	3	9	11	27	45	43
16	Scunthorpe United	46	8	12	3	40	31	3	8	12	20	38	42
17	Torquay United	46	13	2	8	38	26	5	3	15	17	37	41
18	Crewe Alexandra	46	10	7	6	28	20	3	7	13	20	41	40
19	Port Vale	46	10	8	5	40	23	2	7	14	17	47	39
20	Stockport County	46	10	5	8	29	25	6	2	15	15	32	39
21	Tranmere Rovers	46	12	5	6	41	24	1	5	17	18	49	36
22	Hereford United	46	8	8	7	29	20	3	5	15	9	42	35
23	Halifax Town	46	9	3	11	28	32	2	9	12	16	39	34
24	York City	46	10	2	11	31	23	2	7	14	16	43	33

1981/82 21st in Division 4

	Date		Opponent	Score	Scorers	Att	Crawford PG	Weir A	Snookes E	Dolan TP	Taylor B(2)	Cooper T	Hamilton NR	O'Loughlin N	Esser ED	Wellings B	Martinez E	Hilditch MW	Poole MD	Burke P	Goodwin D	Warriner SW	Williams WR	Thompson DS
1	Aug	29	Bury	0-3		3925	1	2	3	4	5	6	7	8	9	10	11	12						
2	Sep	5	HARTLEPOOL UNITED	2-1	Martinez, Goodwin	1481			3	4	5	6		8	9	10	11	7	1	2	12			
3		12	Peterborough United	1-5	Wellings (p)	3768			3	4	5	6		8	9	10	11	7	1	2	12			
4		19	PORT VALE	1-2	O'Loughlin	1824		2	3			6	11	4	8	10	7		1	5	9			
5		22	BLACKPOOL	0-0		2763		2	3			6		4	8	10	7	9	1	5	11			
6		26	Bournemouth	0-1		5146		2	3	12		6		4	8	10	7	9	1	5	11			
7		30	Bradford City	0-2		5388		2	3	7		6		4	8	10		9	1	5	11			
8	Oct	4	ALDERSHOT	0-0		1821			3	4	6	2		8	7	10	11	9	1	5	12			
9		11	COLCHESTER UNITED	1-2	Wellings	1366			3	4	6	2	7	8		10	11	9	1	5	12			
10		17	Halifax Town	0-0		2140			3	4	6	2		8		10	11	9	1	5	7			
11		21	Crewe Alexandra	2-1	Goodwin, Wellings	1827			3	4	6	2		8		10	11	9	1	5	7			
12		24	STOCKPORT COUNTY	4-1	Martinez 2, Hilditch, Goodwin	1778		12	3	4	6	2		8		10	11	9	1	5	7			
13		31	Darlington	0-2		1454			3	4	6	2		8		10	11	9	1	5	7			
14	Nov	3	TRANMERE ROVERS	0-0		1663			3	4	6	2		8		10	11	9	1	5	7			
15		8	TORQUAY UNITED	1-0	Goodwin	1790		12	3	4	6	2		8		10	11	9	1	5	7			
16		14	Mansfield Town	3-4	Hilditch 2, Wellings (p)	2300			3	4	6	2		8		10	11	9	1	5	7			
17		28	WIGAN ATHLETIC	1-1	Hilditch	2765		2	3	4	6				8	10	11	9	1	5	7			
18	Dec	5	Hereford United	0-0		2312		3		4	6	2		8	7	10		9	1	5	11			
19	Jan	13	HALIFAX TOWN	0-1		1122		3		4	6	2	12		8	10	11	9	1	5	7			
20		16	SHEFFIELD UNITED	0-1		3966		2	3	4	6	5	7		8	10	11	9	1					
21		23	BURY	1-1	Martinez	3583		2	3	4	6	5			8	10	11	9	1		7			
22		30	Port Vale	1-1	Martinez	3835		2	3	4		6			8	10	11	9	1	5	7			
23	Feb	6	PETERBOROUGH UTD.	1-1	Hamilton	1241		2	3	4		6	8			10	11	9	1	5	7	12		
24		10	Blackpool	1-1	Hilditch	3294		2	3	4	5	6	8			10	11	9	1		7			
25		14	Aldershot	2-2	Cooper, Hilditch	2079		2	3	4	6	5		8		10	11	9	1		7			
26		20	BOURNEMOUTH	0-1		1295		2	3	4	6	5		8		10	11	9	1		7			
27		26	Colchester United	2-3	O'Loughlin, Hilditch	2760		2	3	4	6	5		8	11	10		9	1		7			
28	Mar	2	Northampton Town	1-2	O'Loughlin	1916		2	3	4	6	5		8	7	10	12	9	1		11			
29		9	CREWE ALEXANDRA	1-0	Goodwin	1060	1	2	3	4	6		7	8	12	10	11			5	9			
30		12	Stockport County	4-0	Martinez, Hilditch 2, Wellings	2079	1	2	3	4	6			8	12	10	11	9		5	7			
31		16	Tranmere Rovers	0-2		1141	1	2	3	4	6			8	7	10	11	9		5				
32		20	DARLINGTON	3-2	O'Loughlin, Wellings (p), Hilditch	1252	1	2	3	4		6		8	7	10	11	9		5	12			
33		27	Torquay United	1-2	Hilditch	1468	1	2	3	4	6	5		8		10	11	9			7			
34		31	Hartlepool United	1-1	Wellings (p)	1259	1	2	3	4		6	8			10	11	9		5	7		12	
35	Apr	3	MANSFIELD TOWN	1-1	Hilditch	1276	1	2	3	4		6	7			10	11	9		5			8	
36		6	HULL CITY	0-1		1738	1	2	3	4	6		8		12	10	11	9		5	7			
37		10	Scunthorpe United	0-1		1742	1	2	3	4	5	6	7	12		10	11				9		8	
38		12	YORK CITY	2-0	Martinez, Wellings (p)	1421	1	6	3	4	5		7	2	12	10	11				9		8	
39		17	HEREFORD UNITED	0-1		1342	1	6	3	4	5		7	2	8	10	11	12			9			
40		20	SCUNTHORPE UNITED	1-1	Wellings (p)	1129	1	6	3	4	5		7	8		12	11	9			10	2		
41		24	Wigan Athletic	1-1	Martinez	6153	1	6	3	4	5		7	8		10	11	9				2		
42		27	York City	2-1	Hilditch 2	2089	1	6	3	4	5		7	8		10	11	9				2		
43	May	1	BRADFORD CITY	1-1	Dolan (p)	3080	1		3	4	5	6	7			10	11	9				2	8	
44		4	Sheffield United	1-3	Wellings	21140	1		3	4	5	6	8			10	11	9			7	2		
45		8	Hull City	1-2	Cooper	3411	1		3	4	5	6	7		8	10	11				9	2		12
46		15	NORTHAMPTON T	5-3	*see below	1056	1	6	3		5		8	4		10	11				9	2	12	7

Scorers in game 46: Martinez, Wellings, Warriner, O'Loughlin, Goodwin

	Crawford PG	Weir A	Snookes E	Dolan TP	Taylor B(2)	Cooper T	Hamilton NR	O'Loughlin N	Esser ED	Wellings B	Martinez E	Hilditch MW	Poole MD	Burke P	Goodwin D	Warriner SW	Williams WR	Thompson DS
Apps	19	34	44	43	37	35	21	33	24	46	43	40	27	27	38	8	6	2
Goals				1		2	1	5		11	9	14			6	1		

F.A. Cup

	Date		Opponent	Score	Scorers	Att	Crawford PG	Weir A	Snookes E	Dolan TP	Taylor B(2)	Cooper T	Hamilton NR	O'Loughlin N	Esser ED	Wellings B	Martinez E	Hilditch MW	Poole MD	Burke P	Goodwin D	Warriner SW	Williams WR	Thompson DS
R1	Nov	21	HULL CITY	2-2	Dolan, Esser	2722			3	4	6	2		8	12	10	11	9	1	5	7			
rep		24	Hull City	2-2	Burke, Esser	4063		2	3	8	6	4			7	10	11	9	1	5				
rep2		30	Hull City	0-1		3628		3		4	6	2		8	7	10	11	9	1	5				

Both replays a.e.t. Second replay at Elland Road, Leeds.

F.L. Cup (MIlk Cup)

	Date		Opponent	Score	Scorers	Att	Crawford PG	Weir A	Snookes E	Dolan TP	Taylor B(2)	Cooper T	Hamilton NR	O'Loughlin N	Esser ED	Wellings B	Martinez E	Hilditch MW	Poole MD	Burke P	Goodwin D	Warriner SW	Williams WR	Thompson DS
R1/1	Sep	1	Huddersfield Town	1-3	Cooper	6713			3	4	5	2		8	9	10	7	11	1	6				
R1/2		15	HUDDERSFIELD TOWN	2-4	Wellings, Hilditch	3775	1	2	3		5	6	12	4	8	10	7	9			11			

		P	W	D	L	F	A	W	D	L	F	A	Pts
1	Sheffield United	46	15	8	0	53	15	12	7	4	41	26	96
2	Bradford City	46	14	7	2	52	23	12	6	5	36	22	91
3	Wigan Athletic	46	17	5	1	47	18	9	8	6	33	28	91
4	Bournemouth	46	12	10	1	37	15	11	9	3	25	15	88
5	Peterborough Utd.	46	16	3	4	46	22	8	7	8	25	35	82
6	Colchester United	46	12	6	5	47	23	8	6	9	35	34	72
7	Port Vale	46	9	12	2	26	17	9	4	10	30	32	70
8	Hull City	46	14	3	6	36	23	5	9	9	34	38	69
9	Bury	46	13	7	3	53	26	4	10	9	27	33	68
10	Hereford United	46	10	9	4	36	25	6	10	7	28	33	67
11	Tranmere Rovers	46	7	9	7	27	25	7	9	7	24	31	60
12	Blackpool	46	11	5	7	40	26	4	8	11	26	34	58
13	Darlington	46	10	5	8	36	28	5	8	10	25	34	58
14	Hartlepool United	46	9	8	6	39	34	4	8	11	34	50	55
15	Torquay United	46	9	8	6	30	25	5	5	13	17	34	55
16	Aldershot	46	8	7	8	34	29	5	8	10	23	39	54
17	York City	46	9	5	9	45	37	5	3	15	24	54	50
18	Stockport County	46	10	5	8	34	28	2	8	13	14	39	49
19	Halifax Town	46	6	11	6	28	30	3	11	9	23	42	49
20	Mansfield Town	46	8	6	9	39	39	5	4	14	24	42	47
21	ROCHDALE	46	7	9	7	26	22	3	7	13	24	40	46
22	Northampton Town	46	9	5	9	32	27	2	4	17	25	57	42
23	Scunthorpe United	46	7	9	7	26	35	2	6	15	17	44	42
24	Crewe Alexandra	46	3	6	14	19	32	3	3	17	10	52	27

1982/83
20th in Division 4

						Pearce CL	Warriner SW	Snookes E	Blair RV	Trainer J	Weir A	Thompson DS	Hamilton NR	French MJ	Wellings B	Farrell PJ	Martinez E	Williams WR	Hilditch MW	Keenan GP	Comstive PT	Garner W	Taylor B	Swan C	Greaves R	McElhinney GMA	Nicholson P	Thompson SC	Greenhoff J	Greenhoff B	Carr ED	Higgins AM	Crawford PG
1	Aug	28	Darlington	0-3		1672	1	2	3	4	5	6	7	8	9	10	11	12														
2	Sep	4	CHESTER	0-1		1490	1		3	2	5	6	7	8	9	10	7			4	11												
3		7	HARTLEPOOL UNITED	2-0	Stafford, Wellings	987	1	2	3	4	5		7		12	10	8			6	9												
4		10	Colchester United	1-4	Wellings (p)	2638	1	2	3		5	6	12	8	9	10	7			4	11													
5		18	SWINDON TOWN	1-1	Hilditch	1407	1	2			5		7	8	9	10	4	12	6	11	3													
6		25	Mansfield Town	1-2	Comstive	2002	1				5		7	8		10	4	11	6	9	2	3												
7		27	Stockport County	2-2	Hamilton, Wellings	1873	1				5		7	8		10	4	11	6	9	2	3												
8	Oct	2	BURY	0-0		3236	1		3				7	8		10	4		6	9	2	11	5												
9		8	Crewe Alexandra	1-1	French	2168	1		3				7	8	9	10	4		6	11	2		5												
10		16	BLACKPOOL	3-1	Hilditch, Wellings (p), Comstive	2001	1		3				7		9	10	4		6	11	2	8	5												
11		19	Wimbledon	0-3		2294	1		3				7		9	10	4	12	6	11	2	8		5											
12		23	HALIFAX TOWN	2-2	Hilditch, D Thompson	1733	1		3				7		9	10	4	12	6	11	2	8	5												
13		30	Hereford United	0-1		2402	1		3			5	7		9	10		4	6	11	2														
14	Nov	2	NORTHAMPTON T	2-0	Keenan, Hamilton	1019	1		3				7	8	9	10	4	11	6	11	2			5												
15		6	PORT VALE	3-3	French, Wellings 2	2220	1		3				7		9	10	4		6	11	2			5	8										
16		13	Peterborough United	0-1		2245	1		3				7		9	10	4	12	6	11	2			5	8										
17		27	Torquay United	2-3	Hamilton, Hilditch	2522	1		3			4	12	7		10	8	11		9	2				5	6									
18	Dec	4	BRISTOL CITY	1-0	Farrell	1307	1		3				12	11	7		10	8			9	2			4	5	6								
19		11	WIMBLEDON	0-2		1096	1		11				7			10	4		6	9	2				8	5	3	12							
20		18	ALDERSHOT	3-1	D Thompson,Martinez,French(p)	888	1		3				7		9		4	11	6	10	2				8	5									
21		27	Scunthorpe United	1-1	French (p)	4989	1		3				7		9		4	11	6	10	2				8	5									
22		28	YORK CITY	1-0	Farrell	2127	1		3				7		9	12	4	11	6	10	2				8	5									
23	Jan	1	Hull City	1-2	D Thompson	9059	1		3				7		9	10	4	11	6	2					8	5									
24		3	TRANMERE ROVERS	4-2	*See below	1758	1		3				7		9	12	4	11	6	10					8	5	2								
25		8	Chester	2-5	French, Zelem (og)	1729	1		3			4	7		9	12	8	11	6	10					5	2									
26		15	DARLINGTON	1-1	Farrell	1233	1		3				7		9		4	11	6	10					8	5	2								
27		22	Swindon Town	1-4	Hilditch	5442	1		3				7		9	12	4	11	6	10					8	5	2								
28	Feb	5	MANSFIELD TOWN	2-2	D Thompson, Farrell	1031	1		3				7		9		4	11	6	10	2				8	5									
29		12	Bury	0-0		4376	1		3				7		9		4			10	2	11		6	8	5									
30		26	Blackpool	0-1		2373	1		3				7		9		4	12	10	2	11			6	8	5									
31	Mar	4	Halifax Town	0-0		2128	1		3				7		9				2	10		11		6	4	5		8							
32		12	HEREFORD UNITED	4-1	French 3, S Thompson	2000	1		3				7		9		4	11		12				6	2	5		8	10						
33		15	CREWE ALEXANDRA	2-0	S Thompson, Farrell	2497	1		3				7		9		4	11						6	2	5		8	10						
34		19	Port Vale	0-4		5129	1		3		11	7				4				9				6	2	5		12	10	8					
35		26	PETERBOROUGH UTD.	1-1	Higgins	1560	1						7				4	11			2			6		5		8	10			3	9		
36	Apr	2	York City	0-1		3357	1						7				4	11	8		2			6		12		9	10			3	5		
37		4	SCUNTHORPE UNITED	0-1		2056							7				4	11	6	2				5		8	10				3	9	1		
38		9	Bristol City	0-0		4780							7		9		4			6	11	2								10	8	3	5	1	
39		16	STOCKPORT COUNTY	1-0	French (p)	1829							7		9		4			6	11	2								10	8	3	5	1	
40		19	Northampton Town	1-1	French	1728							7	8	9		4			6	11									10	2	3	5	1	
41		23	Aldershot	4-6	Farrell 2, Hilditch, D Thompson	1651							7	8	9		4		5	11		6						12		10	2	3			
42		26	COLCHESTER UNITED	2-1	Higgins, French	1270							7		9		4	11			3		6							8	10	2		5		1
43		30	TORQUAY UNITED	2-2	Farrell, S Thompson	1359							7		9		4	11	12		3		6							8	10	2		5		1
44	May	7	Hartlepool United	0-3		1015			3				7		9		4	11	6	10				12			8					2	5	1	
45		14	HULL CITY	1-3	Martinez	2730							7		9		4	11	6	10	2						8					3	5	1	
46		16	Tranmere Rovers			1985			3				7		9		4	11	12	10	2			6		8							5	1	

Scorers in game 24: Mooney(og), Hilditch, McElhinney, Martinez
Played in one game: AG Stafford (3, at 11 - 1 goal), GR Thomas (13, at 12), MJ O'Connor (37, at 12).

	Apps	36	4	33	3	7	8	46	14	36	24	43	29	37	39	30	9	4	14	3	21	20	7	12	12	7	9	11	10
	Goals							5	3	11	5	9	3		7	1	2				1		3			2			2		

Two own goals

F.A. Cup

|R1|Nov|20|Altrincham|1-2|Wellings (p)|3053|1| |3| | |6|7|12|9|10| |4| |11|2| | | |5|8| | | | | | | | | | |

F.L. Cup (Milk Cup)

R1/1	Aug	30	Port Vale	0-1		2565	1		3	2	5	6		8	9	10	7			4	11															
R1/2	Sep	14	PORT VALE	2-0	Wellings 2 (1p)	1536	1	2		3	5		7	8	9	10	4	12	6	11																
R2/1	Oct	5	BRADFORD CITY	0-1		2196	1		3				7	8		10	4		6	9	2	11	5													
R2/2		27	Bradford City	0-4		3206	1	4	3				7	12	9	10		8	6	11	2			5												

		P	W	D	L	F	A	W	D	L	F	A	Pts
1	Wimbledon	46	17	4	2	57	23	12	7	4	39	22	98
2	Hull City	46	14	8	1	48	14	11	7	5	27	20	90
3	Port Vale	46	15	4	4	37	16	11	6	6	30	18	88
4	Scunthorpe United	46	13	7	3	41	17	10	7	6	30	25	83
5	Bury	46	15	4	4	43	20	8	8	7	31	26	81
6	Colchester United	46	17	5	1	51	19	7	4	12	24	36	81
7	York City	46	18	4	1	59	19	4	9	10	29	39	79
8	Swindon Town	46	14	3	6	45	27	5	8	10	16	27	68
9	Peterborough Utd.	46	13	6	4	38	23	4	7	12	20	29	64
10	Mansfield Town	46	11	6	6	32	26	5	7	11	29	44	61
11	Halifax Town	46	9	8	6	31	23	7	4	12	28	43	60
12	Torquay United	46	12	3	8	38	30	5	4	14	18	35	58
13	Chester	46	8	6	9	24	24	7	5	11	27	36	56
14	Bristol City	46	10	8	5	32	25	3	9	11	27	45	56
15	Northampton Town	46	10	8	5	43	29	4	4	15	22	46	54
16	Stockport County	46	8	4	11	31	4	4	16	19	48	54
17	Darlington	46	8	5	10	27	30	5	8	10	34	41	52
18	Aldershot	46	11	5	7	40	35	1	10	12	21	47	51
19	Tranmere Rovers	46	8	8	7	30	29	5	3	15	19	42	50
20	ROCHDALE	46	11	8	4	38	25	0	8	15	17	48	49
21	Blackpool	46	10	8	5	32	23	3	4	16	23	51	49
22	Hartlepool United	46	11	5	7	30	24	2	4	17	16	52	48
23	Crewe Alexandra	46	9	5	9	35	32	2	3	18	18	39	41
24	Hereford United	46	8	6	9	19	23	3	2	18	23	56	41

1983/84   22nd in Division 4

#	Date		Opponent	Score	Scorers	Att	Conroy SH	Oates RA	Chapman L	Farrell PJ	Williams WR	Doyle M	Thompson DS	Hamilton NR	Higgins AM	O'Connor MJ	Griffiths IJ	Allatt V	Greenhoff J	Johnson SA	Thompson SC	Thomas GR	Keenan GP	Greenhoff B	McMahon ID	Reid S	Ennis ME	Blake JB	Heaton PJ	Humphreys JS	McCluskie JA
1	Aug	27	CREWE ALEXANDRA	1-0	Farrell (p)	1732	1	2	3	4		6	7	8	5			10	11	9											
2	Sep	3	York City	0-2		2772	1	2	3	4	6		7	8	5			10	11	9											
3		6	Wrexham	1-5	Johnson	1684	1	2	3	4	6		7	8	5			10	11	9											
4		10	READING	4-1	Farrell, Allatt 2, Johnson	1276	1	2	3	4		6	7	8	5		11	10		9											
5		17	Colchester United	0-4		1955	1	2	3	4		6	7	8	5		11	10		9											
6		24	NORTHAMPTON T	1-1	Johnson	1402	1	2	3	4	5	6	7	8			11	10		9	12										
7		27	HARTLEPOOL UNITED	2-0	Farrell 2	1380	1	2	3	4	5	6	7	8			11	10		9											
8	Oct	1	Swindon Town	1-2	Johnson	2808	1	6	3	4	2			8	5		11	10		9	7										
9		8	Blackpool	2-0	Farrell, S Thompson	3216	1	5	3	4	2	6	7		8		11	10		9	12										
10		15	CHESTERFIELD	2-4	Allatt, Scrimgeour (og)	1781	1	5	3	4	2	6	7	8	12		11	10			9										
11		18	PETERBOROUGH UTD.	2-1	Higgins, Doyle	1299	1	5	3	4	2	6	7	8	9		11	10													
12		22	Darlington	0-1		1307	1	5	3		2	6	7	8	12		4	10		9		11									
13		29	CHESTER CITY	1-1	Hamilton	1496	1	5	3	4		6	7	8	9		11	10			12		2								
14	Nov	1	Mansfield Town	0-3		2536	1	5	3	4		6	7	8	9		11	10			12		2								
15		5	STOCKPORT COUNTY	2-2	Farrell (p), Oates	1682	1	5	3	4		6	7	8		10	11			9			2								
16		12	Tranmere Rovers	2-2	Farrell (p), Johnson	2457	1	5	3	4	7	6		8		10	11			9			2								
17		26	Aldershot	1-2	Johnson	1686	1	5	3	4	7	6	12	8			11	10		9			2								
18	Dec	3	HEREFORD UNITED	3-3	O'Connor, Higgins, Farrell	1261	1		3	4	2	6	7	8	5	10			11	9				12							
19		17	BRISTOL CITY	0-1		1501	1		3	4	5	6	11	8	7		12	10		9				2							
20		26	Bury	1-3	Johnson	4097	1		3	4	5	6	7	8	11		12	10		9				2							
21		27	HALIFAX TOWN	1-1	Higgins	1870	1	2	3			6		7	4	5	8	11	10		9		12								
22		31	Torquay United	2-4	S Thompson, Williams	1801	1	2	3	4	6		7	8	5	12	11	10			9										
23	Jan	2	DONCASTER ROVERS	3-3	D Thompson, S Thompson 2	2001	1	2	3		6		7	8	5	10	11	9			4										
24		14	Crewe Alexandra	1-0	Thomas	2640	1	6	3				7				11	4			9	8		2	5	10					
25		28	Reading	0-0		4162	1	6	3				7				11	4			12	9	8	2	5	10					
26	Feb	4	SWINDON TOWN	3-3	Griffiths, D Thompson, Allatt (p)	1297	1	6	3				7				11	4			12	9	8		5	10	2				
27		11	Northampton Town	1-1	S Thompson	2022	1	6	3				7		5		11	4			9	8		2		10					
28		14	MANSFIELD TOWN	0-0		1095	1	6	3				7	12	5		11	4			9	8		2	10						
29		18	Chester City	0-1		1383	1	6	12				7	8	5			4			9	11		2	3	10					
30		25	DARLINGTON	2-0	Higgins, Allatt	995	1	2	3				7	8	9		11	10							2	5					
31	Mar	3	Peterborough United	0-2		2835	1	6	3		2		7	8			11	10			9	4			5						
32		5	Stockport County	1-2	McMahon	2115	1		3	4	6		7	8			11					10			5		2				
33		10	TRANMERE ROVERS	2-3	Griffiths, D Thompson	1263	1	6	3	4			7	8		12	11	9				10			5		2				
34		13	Bristol City	1-1	O'Connor	7101	1	2	3			6	7	8		9	11	10							5	4					
35		17	BLACKPOOL	1-0	Griffiths	3147	1	2	3	12	6			7	8	9	11	10							5	4					
36		24	Chesterfield	0-3		2955	1	6	3	7				8		9	11				12				5	4		2	10		
37		27	YORK CITY	0-2		1786	1	2	3			6		7	8	9	11	10							5	4		12			
38		31	Hartlepool United	2-1	Griffiths, O'Connor	1245	1	2	3			6			8	9	11	10							5	4			7		
39	Apr	7	WREXHAM	1-2	Allatt	1228	1	2	3			6			8	9	11	10							5	4			12	7	
40		14	Hereford United	1-2	Allatt	2796	1	2	3			6	5	7	8	9	11	10				4									
41		17	COLCHESTER UNITED	0-0		809	1	5	4			6	7	8			11	10			9				3	2					
42		21	BURY	0-2		2203	1	5	4				6	9			11	10							3	2		8	7	12	
43		23	Halifax Town	0-5		1422	1	5	4				6		8		11	10			9				3	2			12		7
44		28	ALDERSHOT	3-1	Allatt, D Thompson, Griffiths	853	1	2	3			6	7	8			11	10							5	4					9
45	May	5	Doncaster Rovers	0-3		3396	1	2			4	6	7	8			11								5					10	9
46		7	TORQUAY UNITED	1-0	Williams	943	1	2	3		8	6	7			12	11								5	4				10	9

Played in game 45: AG Dean (at 3).

	Apps	46	42	45	25	27	24	40	39	22	15	41	40	4	19	19	10	5	9	21	17	1	2	5	6	5
	Goals		1		8	2	1	4	1	4	3	5	8		7	5	1			1						

One own goal

F.A. Cup

R1	Nov	19	CREWE ALEXANDRA	1-0	Farrell	2465	1	5	3	4	2	6	7	8			11	10		9											
R2	Dec	13	York City	2-0	Johnson 2	5203	1		3	4	5	6	11	8	7			10		9			2								
R3	Jan	7	TELFORD UNITED	1-4	Allatt	4889	1	12	3		6		7	8	5	10	11	9			4		2								

F.L. Cup

R1/1	Aug	30	STOCKPORT COUNTY	0-3		1839	1	2	3	4		6	7	8	5		12	10	11	9											
R1/2	Sep	12	Stockport County	2-2	Griffiths, Johnson	2167	1	2	3	4		6	7	8	5		11	10		9											

Associate Members' Cup

R1	Feb	22	PRESTON NORTH END	0-3		1300	1	6	3	10		4	7	8		12	11	9					14	2	5						

1984/85   17th in Division 4

#	Date		Opponent	Score	Scorers	Att	Conroy SH	Edwards SG	Chapman L	Farrell PJ	Cooke J	Hanvey K	Thompson DS	Keegan GA	Lawrence LO	Diamond B	Heaton PJ	Reid S	McMahon ID	Williams WR	Griffiths IJ	Malcolm PA	Cavanagh JL	English TS	Fielding MA	Seasman J	Johnson I	Taylor SJ	Gamble F	McAllister D	Redfern D	Grant D	Dwyer PJ	Robinson P
1	Aug	25	HEREFORD UNITED	0-1		1396	1	2	3		5	6	7	8	9	10	11	4		12														
2	Sep	1	Mansfield Town	1-5	McMahon	2627	1		3	12	5	6	7	8	9	10		4	2	11														
3		8	WREXHAM	0-2		1162	1	2	3		5	6	7			10	11	12	8	4														
4		15	Hartlepool United	2-0	English, Lawrence	1574			3	10	5	6	7		9			4		11	1	2	8											
5		18	Northampton Town	0-0		1853			3	10	5	6	7		9			4		11	1	2	8											
6		22	TORQUAY UNITED	0-0		1006			3	10	5	6			9	7		4		11	1	2	8											
7		29	Tranmere Rovers	1-3	Heaton	1452			3	10	5	6			9	11	7	4	12	8	1	2												
8	Oct	2	ALDERSHOT	1-2	Lawrence	960		2	10		5	6	7		9	11	8	4	12		1													
9		5	Stockport County	1-1	Lawrence	2681		3	8		5	6	7		9	11		4	10		1	2												
10		13	PORT VALE	1-2	Cooke	1722			8		5	6	7		9	11	12	4	10		1	2												
11		20	PETERBOROUGH UTD.	2-1	Diamond 2	1063			8		5	6	7		9	10	11		3	2	1			4										
12		23	Darlington	0-1		3344			8		5	6	7		9	10	11		3	2	1			4										
13		27	Crewe Alexandra	1-3	Lawrence	2406			8		5		7		9	10	11	12	3	6	1			4										
14	Nov	3	SWINDON TOWN	0-1		1082			4			6	7		9	8	11		2	5	1				3	10								
15		6	BURY	1-1	Diamond (p)	3380			4			6	7		9	8	11			5	1	2			3	10								
16		10	Exeter City	1-1	Thompson	2323			4		5	6	7		9	8	11				1	2			3	10								
17		24	COLCHESTER UNITED	1-1	Cooke	1028					3		5		7		8	11	4		1	2				10	6	9						
18	Dec	11	Chester City	1-0	Heaton	1209					3		5		7		8	11	4		1	2				10		9						
19		15	SOUTHEND UNITED	2-2	Diamond, Taylor	1040					3		5		7		8	11	4	6	1	2				10		9						
20		21	CHESTERFIELD	3-1	Diamond, McMahon, Taylor	1177					3		5		7		8	11	4	6	1	2				10		9						
21		26	Blackpool	0-3		5641					3		5		7		8	11	4	6	1	2				10		9	12					
22	Jan	1	HALIFAX TOWN	2-0	Gamble, Taylor	1671					3		5		7		8	2	10	4	6		1					9	11					
23	Feb	2	TRANMERE ROVERS	2-1	Heaton, Taylor	1249					3		5		7			11	10	4	6		1	12				9	8	2				
24		9	Torquay United	0-1		1186					3		5		7		8	2	10	4	6		1					9	11					
25		16	NORTHAMPTON T	3-0	Diamond 2, Thompson	1228					3		5		7		8	2	10	4	6		1					9	11					
26		23	Swindon Town	1-2	Reid	2938					3				7		8	2	10	4	6		1	12				9	11	5				
27		26	Scunthorpe United	2-4	Taylor 2	1694					3		5		7		8	2	10	4			1					9	11	6				
28	Mar	2	CREWE ALEXANDRA	1-3	Diamond	1483					3		5				8	10		4	6			2				9	11		1			
29		5	DARLINGTON	1-2	Taylor	1341					10		5				8	2		4	6			12			3	9	7		1			
30		9	Peterborough United	1-1	Diamond	2475					10		5		7		8	2		4	6						3	9	11		1			
31		16	Port Vale	1-3	Gamble	2788					10		5		7		8	2		4	6						3	9	11		1			
32		29	Bury	2-2	Diamond, Gamble	4559					10		5		7		8	2		4								9	11		1	3	6	
33	Apr	3	Hereford United	2-1	Heaton, Larkin (og)	3426					10		5		7		8	2		4								9	11		1	3	6	12
34		6	BLACKPOOL	1-1	Taylor	3555					10		5		7		8	2		4								9	11		1	3	6	12
35		8	Halifax Town	2-0	Gamble, McMahon	1706					10		5		7		8	2	4									9	11		1	3	6	
36		13	EXETER CITY	2-0	Diamond, McMahon	1181					10		5		7		8	11	4									9			1	3	6	2
37		19	Colchester United	1-1	Diamond (p)	1858					10		5		7		8	11	4									9			1	3	6	2
38		23	Wrexham	0-2		1335					10		5				8	7	4									12	9	11	1	3	6	2
39		27	CHESTER CITY	1-2	Taylor	1358					10				7		8	2	4									12	9	11	1	3	6	5
40		30	HARTLEPOOL UNITED	4-3	*See below	910					10				7		8	2	4									12	9	11	1	3	6	5
41	May	3	Southend United	2-0	Dwyer, Taylor	1761					10		5		7		8	11	4									9			1	3	6	2
42		6	SCUNTHORPE UNITED	3-3	Diamond 2 (2p), Taylor	1482					10		5		7		8	11	4									9			1	3	6	2
43		8	STOCKPORT COUNTY	0-0		1399					10		5		7		8	11	4									9	12		1	3	6	2
44		11	Chesterfield	0-0		7006							5		7		8	11	10	4								9			1	3	6	2
45		14	MANSFIELD TOWN	2-1	Diamond (p), Cooke	1098					5		7				8	2	10	4								9	11		1	3	6	
46		17	Aldershot	0-5		1572					5		7				8	2	10	4							3	9	11		1		6	

Scorers in game 40: Brownlie (og), Gamble, Heaton, Taylor

Apps	3	4	43	5	41	15	40	2	15	43	41	21	38	25	1	24	17	3	6	8	8	30	21	3	19	14	15	12
Goals					3		2			4	15	5	1	4			1					12	5				1	

Two own goals

Played in 1 game: G Haworth (3, at 9), JM Pemberton (8, at 3), L Strong (10, at 3), S Tapley (28, at 7), N Ashworth, (46, at 7), GJ Hurst (46, at 12).
Played in games 11 and 12 at 12, and 13 at 2: AP Moore. Played in 28 at 12 and 29 at 11: MA Towers.

F.A. Cup

| R1 | Nov | 17 | DONCASTER ROVERS | 1-2 | Heaton | 2319 | | | | | 8 | 6 | 7 | | 9 | 10 | 11 | | 5 | | 1 | 2 | | 3 | 4 | | | | | | | | | |

F.L. Cup (Milk Cup)

| R1/1 | Aug | 27 | Stockport County | 1-3 | Lawrence | 2274 | 1 | 2 | 3 | | 5 | 6 | 7 | 10 | 9 | 11 | | 4 | | 8 | | | | | | | | | | | | | | |
| R1/2 | Sep | 4 | STOCKPORT COUNTY | 1-2 | Diamond (p) | 1211 | 1 | 2 | 3 | 4 | 5 | | 7 | | 9 | 10 | 12 | | 8 | 6 | 11 | | | | | | | | | | | | | |

A.M. Cup (Freight Rover Trophy)

R1/1	Feb	5	PRESTON NORTH END	2-2	Taylor, Gamble	1093			3		5		7				11	10	4	6		1	2					9	8					
R1/2		19	Preston North End	1-0	Taylor	1853			3				7				8	2	10	4	6		1	12				9	11	5				
R2	Mar	12	BOLTON WANDERERS	0-1		2650					10		5		7		8	3		4				2			6	9	11		1			

1985/86 18th in Division 4

							Redfern D	Heaton PJ	Johnson I	Reid S	Cooke J	Hicks K	Diamond B	Taylor SJ	Moore RD	McMahon ID	Gamble F	McCluskie JA	Grant D	Seasman J	Chambers PM	Hildersley R	Tong DJ	Haire G	Thompson DS	Towner AJ	Johnson SA	Mossman DJ	Carney S	Smart J	Measham I
1	Aug	17	ALDERSHOT	2-0	Taylor, Diamond (p)	1069	1	11	2	4	5	6	7	8	9	10			3		12										
2		24	Torquay United	2-1	Compton (og), Moore	1305	1	2	6		5		7	8	9	4	11			10	3										
3		26	STOCKPORT COUNTY	4-1	Heaton,Seasman,Taylor,Moore(p)	2053	1	7	2		5			8	9	4	11		6	10	3										
4		31	Port Vale	1-1	Taylor	3043	1	7	2		5			8	9	4	11		6	10	3										
5	Sep	7	PETERBOROUGH UTD.	2-1	Gamble 2	2600	1	7	2		5			8	9	4	11		6	10	3										
6		13	Hartlepool United	0-2		2148	1	7	2		5		12	8	9	4	11		6	10	3										
7		21	Burnley	0-1		4241	1	2	5				7	8	9	4	11		6	10	3	12									
8		28	NORTHAMPTON T	3-2	Heaton, Moore, Grant	1954	1	7	2		5			8	9	4	11		6	10	3		12								
9	Oct	1	Orient	0-5		2650	1	7	2		5			8	9	4	11		6	10	3		12								
10		5	Swindon Town	0-4		3299	1	7	2		5			8	9	4	11	12	6	10	3										
11		12	CREWE ALEXANDRA	1-0	Taylor	1776	1	7	2		5	6		8	9	4	11	12	3	10											
12		19	PRESTON NORTH END	1-1	Taylor	2527	1	2	3		5	6		8		4	11	9		10				7	12						
13		23	Hereford United	2-2	Taylor 2	2761	1	2	3			5	9	8		4	11		6	10				7	12						
14		26	Tranmere Rovers	0-2		1552	1	2	3			5		8	9	4	11		6	10				7	12						
15	Nov	2	WREXHAM	3-2	Taylor 2 (2p), Gamble	1600	1	2			5	6	12	8	9	4	11		3	10					7						
16		5	EXETER CITY	1-1	Taylor (p)	1243	1	2			5	6	7	8	9	4	11		3	10											
17		8	Colchester United	1-0	McMahon	2624	1	2			5	6	7	8	9	4	11		3	10											
18		23	SCUNTHORPE UNITED	1-0	Taylor	1586	1	2			5	6	7	8	9	4	11		3	10						12					
19		30	Mansfield Town	2-3	Taylor, Hicks	2593	1	2	12		5	6		8	9	4	11		3	10						7					
20	Dec	21	TORQUAY UNITED	5-0	Taylor 2, Moore 2, Thompson	1685	1	2			5	6		8	9	4			3	10					7	11	12				
21		26	Halifax Town	1-1	Taylor	2253	1	2			5	6		8	9	4			3	10					7	11	12				
22		28	Stockport County	0-3		4005	1	2			5	6		8	9	4			3	10					7	11	12				
23	Jan	1	CAMBRIDGE UNITED	2-1	Moore, Cooke	2049	1	2	12		5	6		8	9	4			3	10					7		11				
24		11	PORT VALE	3-3	Seasman, Gamble, Taylor (p)	2445	1	2	4			6		8	5		11		3	10					7		9				
25		18	Aldershot	1-2	S Johnson	1375	1	2	4			6		8	5		12		3	10					7		9	11			
26		25	HARTLEPOOL UNITED	0-2		2301	1	2	10			6		8	9	4	12		3						7			11	5		
27	Feb	4	HEREFORD UNITED	1-1	Moore	1081	1		2	10		6		8	9	4			3						7			11	5		
28		8	Preston North End	1-1	Taylor (p)	3268	1	4	2	10		6		8	9		7		3									11	5		
29		15	Chester City	1-1	Taylor	3259	1		2	10		6		8	9	4	7		3									11	5		
30	Mar	1	Northampton Town	0-1		2146	1	7	2		5	6		8	9	4			3	10		12						11			
31		8	SWINDON TOWN	1-2	Moore	1989	1	10	2		5	6		8	9	4	12		3			7						11			
32		11	Wrexham	0-2		1378	1	10	2		5	6		8	9	4	11		3			12			7						
33		15	Crewe Alexandra	2-4	McMahon, Booth (og)	1683	1	10	2		5	6		8	9	4			3			12			7			11			
34		18	BURNLEY	1-0	Taylor (p)	2406	1		2		5			8	9	4		11	3			10			7					6	
35		22	TRANMERE ROVERS	1-1	McMahon (p)	1558	1	8	2		5				9	4		11	3			10			7						6
36		28	Cambridge United	0-1		1992	1	4	2		5			8	9			11	3			10			7						6
37		31	HALIFAX TOWN	1-0	Moore	1931	1	4	2		5			8	9			11	3			10			7						6
38	Apr	4	Exeter City	0-2		1713	1	4	2		5			8	9			11	3			10			7						6
39		12	COLCHESTER UNITED	3-3	Taylor 2 (1p), Baker (og)	1182	1	7	2		5	6		8				11	3			10			9						4
40		18	Scunthorpe United	1-3	Heaton	1406	1	4	3		5	6		8	9			11		10					7						2
41		21	SOUTHEND UNITED	2-1	Taylor, Thompson	936	1	2	3		5	6		8	9					10		11			7						4
42		26	MANSFIELD TOWN	1-1	Taylor	1936	1	2	3		5	6		8	9			12		10		11			7						4
43		29	CHESTER CITY	1-2	Taylor (p)	1963	1	2	3	12	5			8	9				6	10		11			7						4
44	May	2	Southend United	0-5		1411	1	2	12	11		6		8	5			9	3	10					7						4
45		5	ORIENT	1-4	Taylor	1299	1	2	12	10		6		8	9			4	3			11			7						5
46		7	Peterborough United	1-1	Heaton	1592	1	2	3	10		6		8	9				5			11			7						4
						Apps	46	43	39	8	34	31	9	45	43	32	25	13	41	30	10	16	2	3	27	5	6	8	4	1	12
						Gls		4			1	1	1	25	9	3	4		1	2					2		1				

Three own goals

F.A. Cup

							Redfern D	Heaton PJ	Johnson I	Reid S	Cooke J	Hicks K	Diamond B	Taylor SJ	Moore RD	McMahon ID	Gamble F	McCluskie JA	Grant D	Seasman J	Chambers PM	Hildersley R	Tong DJ	Haire G	Thompson DS	Towner AJ	Johnson SA	Mossman DJ	Carney S	Smart J	Measham I
R1	Nov	16	DARLINGTON	2-1	Taylor 2	2153	1	2			5	6	7	8	9	4	11		3	10											
R2	Dec	7	Scunthorpe United	2-2	Taylor 2	2868	1	2			5	6		8	9	4	11		3	10					12	7					
rep		10	SCUNTHORPE UNITED	2-1	Taylor, Moore	5066	1	2			5	6		8	9	4			3	10					7	11					
R3	Jan	9	Manchester United	0-2		40223	1	2			5	6		8	9	4			3	10					7	12	11				

F.L. Cup (Milk Cup)

							Redfern D	Heaton PJ	Johnson I	Reid S	Cooke J	Hicks K	Diamond B	Taylor SJ	Moore RD	McMahon ID	Gamble F	McCluskie JA	Grant D	Seasman J	Chambers PM	Hildersley R	Tong DJ	Haire G	Thompson DS	Towner AJ	Johnson SA	Mossman DJ	Carney S	Smart J	Measham I
R1/1	Aug	20	Wrexham	0-4		1751	1	2	6	4	5		7	8	9	10				11	3										
R1/2	Sep	3	WREXHAM	2-1	Taylor, Cooke	1251	1	7	2		5		12	8	9	4	11		6	10	3										

Played in R1/1: N Ashworth (12)

A.M. Cup (Freight Rover Trophy)

							Redfern D	Heaton PJ	Johnson I	Reid S	Cooke J	Hicks K	Diamond B	Taylor SJ	Moore RD	McMahon ID	Gamble F	McCluskie JA	Grant D	Seasman J	Chambers PM	Hildersley R	Tong DJ	Haire G	Thompson DS	Towner AJ	Johnson SA	Mossman DJ	Carney S	Smart J	Measham I
R1	Jan	20	CHESTER CITY	1-0	Butler (og)	1164	1	2	3			6		8	9	4	12	14	5	10					7			11			
R1		28	Wigan Athletic	0-6		2106	1	2	10	8		6				4	12		3						7		9	11	5		

# 1986/87 — 21st in Division 4

#	Date	Opponent	Score	Scorers	Att
1	Aug 23	CREWE ALEXANDRA	1-1	Young	2004
2	30	Cardiff City	0-0		3546
3	Sep 6	NORTHAMPTON T	1-2	Taylor	1606
4	12	Stockport County	1-1	Taylor	2192
5	16	Orient	0-3		2100
6	20	COLCHESTER UNITED	1-0	Taylor	1276
7	26	Southend United	3-5	Reid, Seasman, Taylor	2225
8	Oct 4	EXETER CITY	0-0		1307
9	11	Peterborough United	1-1	Taylor (p)	2289
10	18	Lincoln City	1-1	CB Hudson	1357
11	21	HEREFORD UNITED	2-0	Young, Wakenshaw	1088
12	Nov 1	Swansea City	0-1		5612
13	4	Wolverhampton Wan.	0-0		3949
14	8	HARTLEPOOL UNITED	0-2		1467
15	22	Aldershot	1-2	Wakenshaw	1921
16	29	TORQUAY UNITED	3-3	Bramhall 2, Grant	1251
17	Dec 13	SCUNTHORPE UNITED	1-1	Woods	1244
18	20	Cambridge United	0-3		1838
19	26	TRANMERE ROVERS	0-1		1452
20	27	Halifax Town	1-3	Woods	1667
21	Jan 1	Burnley	3-0	Stanton, Woods, Parlane	4217
22	24	Northampton Town	0-5		5484
23	Feb 7	ORIENT	0-0		1419
24	13	Colchester United	0-2		2020
25	21	SOUTHEND UNITED	1-2	Bramhall	1262
26	24	ALDERSHOT	3-1	CJ Hudson, Smart, Stanton	1092
27	28	Wrexham	2-2	Stanton, Bramhall	1901
28	Mar 10	CARDIFF CITY	0-0		1386
29	14	LINCOLN CITY	1-1	Parlane	1490
30	18	Hereford United	1-0	Parlane	1890
31	21	PETERBOROUGH UTD.	3-2	Simmons 2, Bramhall	2170
32	25	WREXHAM	3-3	Parlane 2, Simmonds	1852
33	28	Exeter City	1-1	Simmonds	1977
34	31	Crewe Alexandra	1-5	Holden	1504
35	Apr 4	Hartlepool United	1-1	Bramhall	1168
36	7	PRESTON NORTH END	0-2		4986
37	11	WOLVERHAMPTON W.	0-3		3812
38	14	Preston North End	4-2	Johnson, Simmonds, Wakenshaw 2	10212
39	18	BURNLEY	0-2		5739
40	20	Tranmere Rovers	1-1	Simmonds (p)	2168
41	25	CAMBRIDGE UNITED	2-0	Simmonds (p), Parlane	1698
42	29	SWANSEA CITY	2-0	Conning, Simmonds (p)	2052
43	May 2	Torquay United	1-2	Bramhall	3020
44	4	HALIFAX TOWN	5-3	*See below	2990
45	6	STOCKPORT COUNTY	2-1	Parlane, Simmonds	4840
46	9	Scunthorpe United	0-2		2347

Scorers in game 44: Simmonds (p), Bramhall 2, Wakenshaw, Holden
Played in 1 game: K Hicks (1, at 6), MG Hunt (46, at 12).

F.A. Cup

Round	Date	Opponent	Score	Scorers	Att
R1	Nov 15	Nuneaton Borough	3-0	Wakenshaw, Mills, Johnson	3586
R2	Dec 6	WREXHAM	1-4	Wakenshaw	2822

F.L. Cup (Littlewoods Challenge Cup)

Round	Date	Opponent	Score	Scorers	Att
R1/1	Aug 26	BURNLEY	1-1	Taylor	1937
R1/2	Sep 2	Burnley	3-1	Shearer 2, Mills	2605
R2/1	23	Watford	1-1	Conning	9670
R2/2	Oct 7	WATFORD	1-2	Taylor (p)	5449

A.M. Cup (Freight Rover Trophy)

Round	Date	Opponent	Score	Scorers	Att
PR	Dec 2	Darlington	2-2	Conning, CB Hudson	766
PR	Jan 6	YORK CITY	1-1	Wakenshaw	783
R1	27	CHESTERFIELD	3-0	Bramhall, Young, Wakenshaw	890
QF	Feb 10	MIDDLESBROUGH	0-0		2615

QF lost on penalties 3-4 a.e.t

1987/88 21st in Division 4

							Welch KJ	Lomax GW	Hampton PJ	Reid S	Bramhall J	Seasman J	Stanton B	Simmonds RL	Gavin MW	Smart J	Holden SJ	Parlane DJ	Hunt MG	Walling DA	Thompson ND	Coyle RP	Hughes ZD	Parker HD	Mycock DC	Warren LA	Duggan AJ	Mellish SM	Moore J	Harris CS	Hancox PA	Moss E	Crerand DB
1	Aug	15	Hereford United	0-0		2652	1	2	3	4	5	6	12	8	11			9			7	10											
2		22	PETERBOROUGH UTD.	1-1	Parlane	1770	1	2	3	4	5	7		8	11	6		9				10											
3		28	Halifax Town	2-1	Simmonds 2 (1p)	2275	1	2	3	4	5	7		8	11	6		9				10											
4		31	CREWE ALEXANDRA	2-2	Gavin, Stanton	2346	1	2	3	4	5	7	12	8	11	6		9				10											
5	Sep	5	Scunthorpe United	0-1		1959	1	2	3	4	5	7	8		11	6		9		12	14	10											
6		12	STOCKPORT COUNTY	0-1		2124	1	2		4	5	7	8		11	6	12	9			3	10											
7		15	Torquay United	0-5		1965	1	2	3	4	5	7		8	11	6		9		14	12	10											
8		19	Exeter City	1-1	Hunt	2628	1	2	3	4		7	12	8	11	6			9			10	5										
9		26	BURNLEY	2-1	Bramhall, Parlane	4655	1	2	3	4	5	7	12	8	11	6		9				10											
10		29	Wolverhampton Wan.	0-2		5533	1		3	4	5	2	7	8		6	12	9		14	11	10											
11	Oct	3	CARLISLE UNITED	1-2	Smart	1940	1	2	3	4	5	7	12	8	11	6		9				10											
12		9	Tranmere Rovers	1-6	Bramhall	2303	1	2	3	4	5	7	12	8		6		9				10		11									
13		17	DARLINGTON	1-3	Parker	1471	1	2	3		5		7		11	4	12	9				10	6	8									
14		20	Leyton Orient	0-8		2995	1	2	3		5			8	11	6	12	9				10		7	4								
15		24	BOLTON WANDERERS	2-2	Bramhall, Parlane	4294	1	2	3	4	5	7		8		6		9				10		11									
16		31	Cardiff City	0-1		3046	1	2	3	4	5			8		6		9				10		11		7							
17	Nov	3	COLCHESTER UNITED	1-4	Simmonds	1399	1	2	3	4	5			8		6		9				10		11		7							
18		7	SWANSEA CITY	2-3	Simmonds, Gavin	1253	1		3	4		2		8	11	6		9				10		12		7	5						
19		21	Cambridge United	2-1	Simmonds, Hampton	2104	1	6	3	4		2		8	11			9				10				7	5						
20		28	SCARBOROUGH	1-1	Coyle	1838	1	6	3	4		2		8	11			9				10				7	5						
21	Dec	12	Wrexham	3-2	Gavin, Bramhall, Simmonds	1409	1	6			5	4		8	11	2	7			9					3	10							
22		19	NEWPORT COUNTY	3-0	Walling, Gavin 2	1491	1	6			5	4		8	11	2	7			9					3	10							
23		26	Burnley	0-4		7013	1	6			5	4		8	11	2	7			9		12			3	10							
24		28	HARTLEPOOL UNITED	0-2		1851	1	6		4	5	2	12	8	11					9		7			3	10							
25	Jan	1	HALIFAX TOWN	0-0		2050	1	6		4	5	2		8	11		12			9		7			3	10							
26		2	Stockport County	1-1	Gavin	2441	1	6		4	5		2	8	11					9		7			3	10							
27		9	Peterborough United	1-1	Moore	3230	1	6		4	5		3	8	11	2	7									10			9				
28		16	EXETER CITY	0-0		1431	1	6		4	5		3	8	11	2	12									10			9	7			
29		26	TORQUAY UNITED	1-1	Smart	1281	1	6		4	5		3	8		2	11									10			9	7			
30		29	Crewe Alexandra	1-0	Simmonds	2107	1	6		4	5		3	8		2	7									10			9	11			
31	Feb	6	SCUNTHORPE UNITED	2-1	Russell (og), Mooney (og)	1455	1	6		4	5		3	8		2	7									10			9	11			
32		13	Hartlepool United	1-1	Simmonds (p)	2120	1	6		4	5		3	8		2	7									10			9	11			
33		20	HEREFORD UNITED	3-1	Moore, Simmonds, Holden	1568	1	6		4	5		3	8		2	7								12	10			9	11			
34		27	Carlisle United	0-2		1983	1	6					2	8		5	7			11					3	10		4	9		12		
35	Mar	1	WOLVERHAMPTON W.	0-1		2805	1	6					2	8		5	7			11					3	10		4	9		12		
36		5	Darlington	1-2	Seasman	1773	1	6			5	7	3	8		2	11									10		4	9				
37		12	TRANMERE ROVERS	0-0		1622	1	6			5	7	3	8		2	11									10		4				9	
38		26	Bolton Wanderers	0-0		4875	1	6			5	2	3	8			7								12	10		4		11		9	
39		29	CARDIFF CITY	2-2	Harris, Simmonds (p)	1435	1	6			5	7	3	8		2										10		4		11		9	
40	Apr	2	Swansea City	3-0	Simmonds 2, Moss	5367	1	6			5	7	3	8		2										10		4		11		9	
41		4	CAMBRIDGE UNITED	2-1	Smart, Holden	1596	1	6			5	7	3	8		2	12									10		4		11		9	
42		8	Colchester United	0-1		1864	1	6			5	7	3	8		2	12									10		4		11		9	
43		23	LEYTON ORIENT	1-3	Moss	1390	1	6			5	7	3	8		2	12									10		4		11		9	
44		30	Scarborough	1-2	Harris	1852	1	6			5	2	3	8			12									10		4		11		9	7
45	May	2	WREXHAM	1-2	Warren	1539	1	6			5	2	3	8			4									10				11		9	7
46		7	Newport County	1-0	Walling	2560	1	6			5	2	3	8						12						10		4		11		9	7
						Apps	46	44	19	28	40	32	32	43	23	36	25	19	1	12	5	24	2	7	11	31	3	12	10	15	2	10	3
						Gls			1		4	1	1	12	5	3	2	3	1	2		1		1		1			2	2		2	

Two own goals

F.A. Cup

R1	Nov	14	WREXHAM	0-2		1831	1		3	4		2		8	11	6		9		12		10				7	5						

F.L. Cup (Littlewoods Challenge Cup)

R1/1	Aug	18	TRANMERE ROVERS	3-1	Reid, Coyle, Parlane	1598	1	2	3	4	5	7	12	8	11	6		9				10											
R1/2		25	Tranmere Rovers	0-1		2314	1	2	3	4	5	7		8	11	6		9				10											
R2/1	Sep	22	WIMBLEDON	1-1	Simmonds (p)	2801	1	2	3	4	5	7	12	8	11	6			9			10											
R2/2	Oct	6	Wimbledon	1-2	Parker	2605	1	2	3		5	7	12	8		6	4	9				10		11									

A.M. Cup (Sherpa Van Trophy)

PR	Oct	13	TRANMERE ROVERS	0-0		920	1		3	4	5		2	8			7			12		10	6	9	11								
PR	Nov	24	Burnley	2-3	Seasman, Simmons (p)	2677	1	6	3	4		2		8	11			9				10				7	5						
R1	Jan	19	Preston North End	1-3	Simmons	2983	1	3		4	5			8	11	2	12		9				6			10				7			

1988/89 — 18th in Division 4

#	Date		Opponent	Score	Scorers	Att
1	Aug	27	Burnley	1-2	Frain	7511
2	Sep	3	ROTHERHAM UNITED	0-2		2107
3		10	Scarborough	3-3	Harris, Sutton, O'Shaughnessy	2456
4		17	EXETER CITY	2-1	Smith, Frain	1375
5		20	DONCASTER ROVERS	2-0	Edmonds, Frain (p)	1645
6		24	Grimsby Town	3-1	Smith 2, Mellish	2939
7	Oct	1	CREWE ALEXANDRA	2-1	Edmonds, Smith	2227
8		4	Hartlepool United	1-0	Toman (og)	2363
9		8	STOCKPORT COUNTY	1-1	Reid	3021
10		14	Halifax Town	1-4	Smith	2553
11		22	SCUNTHORPE UNITED	1-0	Edmonds	2250
12		26	Hereford United	4-4	Frain 2, Beaumont, Sutton	2071
13		29	DARLINGTON	2-2	Edmonds 2	2462
14	Nov	4	Tranmere Rovers	0-2		3740
15		8	Torquay United	0-1		1931
16		12	WREXHAM	3-3	Reid, Beaumont, Frain	2280
17		26	YORK CITY	2-0	Smith, Beaumont	1886
18	Dec	3	Peterborough United	0-1		3272
19		16	COLCHESTER UNITED	1-1	O'Shaughnessy	1261
20		26	Carlisle United	0-1		10013
21		30	Cambridge United	0-2		2319
22	Jan	2	LEYTON ORIENT	0-3		2036
23		7	LINCOLN CITY	2-2	Smith, Walling	1515
24		14	Rotherham United	1-3	Frain	4530
25		21	BURNLEY	2-1	Frain (p), Beaumont	5812
26		28	Exeter City	1-5	Beaumont	2428
27	Feb	4	Doncaster Rovers	1-1	Beaumont	1868
28		11	GRIMSBY TOWN	0-2		1621
29		17	Stockport County	0-3		2848
30		28	HEREFORD UNITED	2-2	O'Shaughnessy, Taylor	1060
31	Mar	4	Scunthorpe United	0-4		4098
32		11	TRANMERE ROVERS	3-1	Beaumont, O'Shaughnessy 2	2168
33		14	Darlington	2-1	Taylor, Walling	1876
34		18	SCARBOROUGH	2-1	Jones 2	1636
35		25	Leyton Orient	0-3		4591
36		27	CARLISLE UNITED	0-0		2145
37		31	Colchester United	0-3		3631
38	Apr	5	Lincoln City	1-4	Edmonds	2033
39		8	CAMBRIDGE UNITED	2-1	Frain, Edmonds	1314
40		14	Crewe Alexandra	1-3	Frain	4144
41		22	HARTLEPOOL UNITED	0-0		1406
42		25	HALIFAX TOWN	1-1	Frain	1378
43		29	York City	3-3	Walling, Edmonds, O'Shaugh'ssy	1920
44	May	1	TORQUAY UNITED	2-1	Taylor, Frain (p)	1239
45		6	PETERBOROUGH UTD.	0-0		1430
46		13	Wrexham	1-2	Taylor	3125

One own goal

F.A. Cup

R1	Nov	19	Huddersfield Town	1-1	Edmonds	6178
rep		28	HUDDERSFIELD TOWN	3-4	Beaumont, Reid (p), Frain	5645

F.L. Cup (Littlewoods Challenge Cup)

R1/1	Aug	30	BURNLEY	3-3	O'Shaugh'ssy, Reid (p), Beaumont	3669
R1/2	Sep	6	Burnley	1-2	O'Shaughnessy	6673

Played in R1/2: ZD Hughes (4)

A.M. Cup (Sherpa Van Trophy)

PR	Dec	6	Blackpool	0-2		1228
PR		13	WIGAN ATHLETIC	0-2		1134

1989/90

12th in Division 4

						Welch KJ	Goodison CW	Chapman VJ	Cole DA	Ward P	Small C	Holmes MA	Whellans R	Burns W	Stonehouse K	Hill JW (2)	Edmonds NA	Hasford JW	Dawson J	Ainscow A	Walling DA	Brown AJ	O'Shaughnessy S	Elliott SB	Johnson SA	Graham J	Milner AJ	Duxbury LE	Henshaw G	Milligan SJF	Lockett PB
1	Aug 19	BURNLEY	2-1	Walling, Harris (og)	5420	1	2	3	5	6		8		10	11					7	9	4									
2	26	Scunthorpe United	1-0	Cole	2808	1	2		5	6		8		10	11	3				7	9	4									
3	Sep 2	WREXHAM	0-3		2331	1	2		5	6		8	14	10	11	3	12			7	9	4									
4	9	York City	0-1		2250	1	2	3	5	6		8	9	10	11					7		4	12								
5	16	COLCHESTER UNITED	2-2	Whellans, Walling	1466	1	2		5			8	9	12	11	3				7	10	4	6								
6	23	Torquay United	0-1		1809	1	2		5		14	8	9	12	11	3				7	10	4	6								
7	26	HARTLEPOOL UNITED	0-0		1511	1	2	3	5		14	8	9	6		7	11	12			10	4									
8	30	Chesterfield	1-2	Stonehouse (p)	3047	1	2		5	6	9	8	14	7	11	3				12	10	4									
9	Oct 7	Grimsby Town	2-1	Elliott, Jobling (og)	3996	1	2		5	6		8		10	11	3				7	12	4		9							
10	14	PETERBOROUGH UTD.	1-2	Elliott	1767	1	2		5	12		8		6	11	3				7	10	4		9							
11	17	EXETER CITY	1-0	Holmes	1337	1	2		5	6		8	11	10		3				7	12	4		9							
12	21	Halifax Town	0-1		1864	1	2		5	6		8		10		3	14			7	12	4		9	11						
13	28	SCARBOROUGH	1-0	Johnson	1402	1	2		5	6		12		10	11	3				7			4	9	8						
14	31	Gillingham	0-1		3127	1	2		5	6		12		10	11	3				7	14		4	9	8						
15	Nov 4	Hereford United	3-1	Johnson, Elliott 2	2235	1	2			6		7		10		3						5	4	9	8	11					
16	11	DONCASTER ROVERS	1-3	Goodison (p)	1716	1	2		12	6		7		10		3					14	5	4	9	8	11					
17	25	CARLISLE UNITED	1-2	O'Shaughnessy	1920	1	2		5	6					9	3	7					4	10	12	8	11					
18	Dec 2	Cambridge United	3-0	O'Shaughnessy, Elliott, Dawson	2289	1	2		5	6		7		3					12			4	10	9	8	11					
19	16	LINCOLN CITY	1-0	Stonehouse (p)	1216	1	2		5			7		3	6				9			4	10		8	11					
20	26	Stockport County	1-2	Goodison (p)	4216	1	2		5	6		7	12	3		14			9			4	10		8	11					
21	30	Aldershot	1-1	Ward	2055	1	2		5	6		7		3					9			4	10	12	8	11					
22	Jan 1	SOUTHEND UNITED	0-1		1521	1	2		5	6		7		3	12				9				4	10	8	11					
23	13	SCUNTHORPE UNITED	3-0	Burns, O'Shaughnessy 2	1781	1	2		5	6		7		3					9			4	10		8	11					
24	20	Burnley	1-0	Ward	8174	1	2		5	6		7	12	3					9			4	10			11	8				
25	Feb 3	TORQUAY UNITED	0-0		1909	1	2		5	6		7				3			9			4			12	11	8	10			
26	6	YORK CITY	0-1		1821	1	2		5	6		7		3		11			9			4	10		12		8	14			
27	10	Colchester United	2-1	Cole, Johnson	2744	1	2		5	6				3		11			9			4	10		8			7			
28	13	Wrexham	1-1	Cole	1552	1	2	11	5	6				3					9			4	10		8		12	7			
29	24	Carlisle United	1-0	Walling	4904	1	2		5	6		7		3					9			4	10		8			11			
30	Mar 3	MAIDSTONE UNITED	3-2	Cole, Holmes, Johnson	2085	1	2		5	6		7		3					9			4	10		8			11			
31	6	CHESTERFIELD	1-0	Ward	2810	1	2		5	6		7		3					9			4	10		8			11			
32	10	Hartlepool United	1-2	O'Shaughnessy	2771	1	2		5	6		7	12	3		14					9	4	10		8			11			
33	17	GRIMSBY TOWN	0-1		3059	1	2		5	6		7	12	3		14			8			4	10		9			11			
34	21	Peterborough United	1-0	Ward	3445	1	2		5	6		7		3		10			9			4					12	11	8		
35	24	Exeter City	0-5		4701	1	2		5			7		3		6			10		12	4			9		11		8		
36	27	CAMBRIDGE UNITED	2-0	Milner, O'Shaughnessy	1669	1	2		5			7		3		6			9			4	10		12		11		8		
37	31	HALIFAX TOWN	0-2		2499	1	2		5	9		7		3		6						4	10	14	12		11		8		
38	Apr 4	Maidstone United	0-2		1507	1	2		5	6	8	12		3					9	7	14	4	11	10							
39	7	Scarborough	1-2	Cole	1799	1	2		5	6	8	12		3					14	7		4	10	9			11				
40	10	GILLINGHAM	1-0	Ward	1334	1			5	6	8			3					10	2		4		9			7			11	
41	14	Southend United	2-3	Small, Goodison (p)	2584	1	2		5	6	8			3					10	11		4		9			7		12		
42	16	STOCKPORT COUNTY	1-1	Goodison (p)	3194	1	2		5	6				3					10	11		4		9			7		8		
43	21	Lincoln City	2-1	Milligan, Elliott	2470	1	2			6				3					10	11		4		9			7		8	5	
44	24	ALDERSHOT	2-0	Henshaw, Dawson	1419	1	2			6		14		3					10	11		4	12	9			7		8	5	
45	28	Doncaster Rovers	0-4		2191	1	2		5	6		12		3					10			4	14	9			7		8	11	
46	May 5	HEREFORD UNITED	5-2	O'Shaughnessy 2 (1p), Milner 3	1429	1	2		12	6		11		5					8			4	10	9			7			3	14
					Apps	46	45	4	43	40	7	39	11	44	14	25	4	1	27	20	16	43	30	22	24	11	16	10	9	5	1
					Goals		4		5	5	1	2	1	1	2				2		3		8	6	4		4		1	1	

Two own goals

F.A. Cup

						Welch KJ	Goodison CW	Chapman VJ	Cole DA	Ward P	Small C	Holmes MA	Whellans R	Burns W	Stonehouse K	Hill JW (2)	Edmonds NA	Hasford JW	Dawson J	Ainscow A	Walling DA	Brown AJ	O'Shaughnessy S	Elliott SB	Johnson SA	Graham J	Milner AJ	Duxbury LE	Henshaw G	Milligan SJF	Lockett PB
R1	Nov 17	Marine	1-0	Stonehouse	3525	1	2		5	6					9	3	7			12		4	10		8	11					
R2	Dec 9	LINCOLN CITY	3-0	Ward, Johnson, O'Shaughnesssy	2369	1	2		5	6		7		3					9			4	10		8	11					
R3	Jan 6	WHITLEY BAY	1-0	Johnson	5781	1	2		5	6		7		3		12			9			4	10		8	11					
R4	27	NORTHAMPTON T	3-0	O'Shaugh'ssy,Dawson,Goodison(p	9048	1	2		5	6		7		3					9			4	10			11	8				
R5	Feb 17	Crystal Palace	0-1		17044	1	2		5	6		7		3		14			9			4	10		12		11	8			

R1 played at Anfield

F.L. Cup (Littlewoods Challenge Cup)

						Welch KJ	Goodison CW	Chapman VJ	Cole DA	Ward P	Small C	Holmes MA	Whellans R	Burns W	Stonehouse K	Hill JW (2)	Edmonds NA	Hasford JW	Dawson J	Ainscow A	Walling DA	Brown AJ	O'Shaughnessy S	Elliott SB	Johnson SA	Graham J	Milner AJ	Duxbury LE	Henshaw G	Milligan SJF	Lockett PB
R1/1	Aug 22	BOLTON WANDERERS	2-1	Holmes, Goodison	3464	1	2		5	6		8		10	11	3				7	9	4									
R1/2	28	Bolton Wanderers	1-5	Burns	4637	1	2		5	6		8	12	10	11	3				7	9	4									

A.M. Cup (Leyland DAF Cup)

						Welch KJ	Goodison CW	Chapman VJ	Cole DA	Ward P	Small C	Holmes MA	Whellans R	Burns W	Stonehouse K	Hill JW (2)	Edmonds NA	Hasford JW	Dawson J	Ainscow A	Walling DA	Brown AJ	O'Shaughnessy S	Elliott SB	Johnson SA	Graham J	Milner AJ	Duxbury LE	Henshaw G	Milligan SJF	Lockett PB
PR	Nov 28	Chester City	0-0		1222	1	2		5	6		7				3						4	10	9	8	11					
PR	Dec 12	TRANMERE ROVERS	0-1		1078	1	2			6		7		3	12				9			4	10	5	8	11					
rep	20	CHESTER CITY	1-2	Holmes	787	1	2		5			7		3	6	12			9	14	8		10			11					

Played in replay: ZD Hughes (4)

1990/91 12th in Division 4

	Date	Opponent	Score	Scorers	Att	Welch KJ	Goodison CW	Graham J	Brown AJ	Cole DA	Burns W	Milner AJ	Lee C	Elliott SB	Holmes MA	Dawson J	Hill JW (2)	Butler PJ	Chapman VJ	O'Shaughnessy S	Hilditch MW	Costello P	Ward P	Blundell CK	Norton DW	Doyle SC	Lockett PB	McInerney ID	Rose KP	Anders JS	Morgan SJ
1	Aug 25	ALDERSHOT	4-0	Hilditch, Holmes, Ward 2	1619	1		3	4		2	7	8	12	11					5	9	10	6								
2	Sep 1	Blackpool	0-0		3357	1	4	3		14	2	7	8	12	11					5	9	10	6								
3	8	STOCKPORT COUNTY	1-0	Elliott	2825	1	2	3		5	4	7	8	6	11	14		12			9	10									
4	15	DONCASTER ROVERS	0-3		2607	1	2	3		12		7	8	11	14					5	9	10	6	4							
5	18	Hartlepool United	2-2	McPhail (og), Costello	5725	1	2	3	4	5			8	9	11	12				6		7	10								
6	22	SCARBOROUGH	1-1	Holmes	1715	1	2	3		5	4		8	9	11	12				6		7	10								
7	29	WALSALL	3-2	Elliott, Holmes (p), Costello	1930	1		3			2	7	8	9	11	14		12		5		10	6	4							
8	Oct 2	Cardiff City	1-0	Milner	3391	1		3		2		7	8	9	11	12				5		10	6	4							
9	6	Gillingham	2-2	Milner, Holmes (p)	3340	1		3		2		7	8	9	11	14				5		10	6	4							
10	13	CHESTERFIELD	3-0	Costello 2, Ward	2492	1		3		2		7	8	9	11	14	12			5		10	6	4							
11	20	TORQUAY UNITED	0-0		3385	1		3		5		7	8	9	11						12	10	6	4	2						
12	24	Lincoln City	2-1	Holmes (p), Dawson	1974	1				5			8	9	11	12				3	7	10	6	4	2						
13	27	Burnley	0-1		7969	1				5			8	9	11	12				3	7	10	6	4	2						
14	Nov 3	DARLINGTON	1-1	O'Shaughnessy	2881	1	12	3		5		7	8	9	11	14				4		10	6		2						
15	10	Scunthorpe United	1-2	Elliott	3070	1		3	7	5			8	9	11	12				4		10	6		2						
16	24	CARLISLE UNITED	0-1		1733	1		3		5		7	8	9		12				4		10	6		2	11					
17	Dec 1	Northampton Town	2-3	Milner, Lee	3809	1		3			5	7	8			14				12	9	10	6	4	2	11					
18	15	WREXHAM	2-0	Costello, Graham	1510	1		3		6	5	7	8							4		10	9		2	11					
19	21	Halifax Town	0-2		1831	1	6	3		12	5	7	8		14					4		10	9		2	11					
20	29	MAIDSTONE UNITED	3-2	Burns (p), Milner, Lee	1778	1	4			5	2	7	8	9		10			3				6			11					
21	Jan 2	Peterborough United	1-1	Cole	3687	1	4		12	5	2	7	8	9		10			3			14	6			11					
22	12	BLACKPOOL	2-1	Costello, Dawson	2661	1	2	3	4	5		7	8	9		10						12	6			11					
23	19	Aldershot	2-2	Dawson 2	1856	1	2	3	4	5			8	9		10			12			7	6			11					
24	25	Doncaster Rovers	0-1		3433	1	2		4	5			8	12		10			3	6		7	9			11					
25	30	Hereford United	0-2		1925	1	2		4	5			12	9					3	6		10	11			8	7				
26	Feb 6	Scarborough	0-0		955	1	2		4	5				9		7			3	6		12	10			8		11			
27	16	Carlisle United	1-1	McInearny	2505		2		4	5		14				9	12		3	6		10	11			8		7	1		
28	23	SCUNTHORPE UNITED	2-1	Costello 2	1832		2			5	4					9			3	6		10	11			8		7	1		
29	Mar 2	NORTHAMPTON T	1-1	Costello	1890		2			5	4		14			9	12		3	6		10	11			8		7	1		
30	9	Wrexham	1-2	Dawson	1323	1	2	12		5	4	7				9			3	6		10	11			8				14	
31	12	CARDIFF CITY	0-0		1569	1	2		14	5	4	7				9			3	6		10	11			8	12				
32	16	Walsall	1-0	Costello	2890	1	2		6		4	12		9		14			3	5	10	7	11			8					
33	19	Chesterfield	1-1	O'Shaughnessy	3048	1	2		6	12	4	14		9		10			3	5		7	11			8					
34	23	GILLINGHAM	1-3	Ward	1654	1	2	12	6	9	4	10							3	5	14	7	11			8					
35	26	Stockport County	0-3		3697	1	2	7	4	5		12				14			3	6	10	9	11			8					
36	30	York City	2-0	Morgan 2	2120	1	2	3	6	12		10					14			5	9		11			8					7
37	Apr 1	HALIFAX TOWN	1-1	Hilditch	2040	1	2	3	6	4	12	10								5	9		11			8					7
38	6	Maidstone United	1-0	Milner	1340	1	2	3	4	6	5	12					14			7	10		11			8					9
39	13	PETERBOROUGH UTD.	0-3		2382	1	2	3	4	6	5	7					11							10		8				12	9
40	16	YORK CITY	2-1	Cole, Hill	1331	1	2	3	4	6	5	7					12			10			11	14		8					9
41	20	Torquay United	1-3	Morgan	3049	1	2	3	4	6	5	7					12			10			11	14		8					9
42	23	HARTLEPOOL UNITED	0-0		1686	1	2		4		5	7		9			11		3				6	12		8					10
43	27	LINCOLN CITY	0-0		1481	1	2		4	12	5	7		9			11		3	14			6			8					10
44	30	HEREFORD UNITED	2-1	Chapman, Ward	1166	1	2		4	12	5	7		10					3	6			11			8					9
45	May 4	BURNLEY	0-0		7344	1	2		4	12	5	7		10			14		3	6			11			8					9
46	11	Darlington	0-2		9160	1	2		4	12	5	7		10		14			3	6			11			8					9
					Apps	43	34	28	26	41	27	35	26	30	16	28	11	2	20	38	14	34	44	13	9	31	2	4	3	2	11
					Goals			1		2	1	5	2	3	5	5	1		1	2	2	10	5					1			3

Played in 1 game: A Colleton (28, at 12), AJ Duggan (36, at 4), PJ Herring (39, at 14).

One own goal

F.A. Cup

	Date	Opponent	Score	Scorers	Att	Welch KJ	Goodison CW	Graham J	Brown AJ	Cole DA	Burns W	Milner AJ	Lee C	Elliott SB	Holmes MA	Dawson J	Hill JW (2)	Butler PJ	Chapman VJ	O'Shaughnessy S	Hilditch MW	Costello P	Ward P	Blundell CK	Norton DW	Doyle SC	Lockett PB	McInerney ID	Rose KP	Anders JS	Morgan SJ
R1	Nov 17	SCUNTHORPE UNITED	1-1	Costello	3259	1		3		5	2		8	9	11	7				4		10	6								
rep	20	Scunthorpe United	1-2	Costello	3761	1		3		5	2	12	8	9	11	7				4	14	10	6								

Replay a.e.t.

F.L. Cup (Rumbelows League Cup)

	Date	Opponent	Score	Scorers	Att	Welch KJ	Goodison CW	Graham J	Brown AJ	Cole DA	Burns W	Milner AJ	Lee C	Elliott SB	Holmes MA	Dawson J	Hill JW (2)	Butler PJ	Chapman VJ	O'Shaughnessy S	Hilditch MW	Costello P	Ward P	Blundell CK	Norton DW	Doyle SC	Lockett PB	McInerney ID	Rose KP	Anders JS	Morgan SJ
R1/1	Aug 28	SCARBOROUGH	4-0	Lee, O'Shaugh'ssy, Milner, Costell	1448	1	12	3	4		2	7	8		11					5	9	10	6								
R1/2	Sep 5	Scarborough	3-3	Elliott, Goodison (p), Milner	968	1	2	3		5	4	7	8	6	11						9	10									
R2/1	25	SOUTHAMPTON	0-5		3885	1		3		5	2	7	8	9	12	14				6		11	10	4							
R2/2	Oct 10	Southampton	0-3		6754	1		3		2			8	9	11	7	12			5		10	6	4							

A.M. Cup (Leyland DAF Cup)

	Date	Opponent	Score	Scorers	Att	Welch KJ	Goodison CW	Graham J	Brown AJ	Cole DA	Burns W	Milner AJ	Lee C	Elliott SB	Holmes MA	Dawson J	Hill JW (2)	Butler PJ	Chapman VJ	O'Shaughnessy S	Hilditch MW	Costello P	Ward P	Blundell CK	Norton DW	Doyle SC	Lockett PB	McInerney ID	Rose KP	Anders JS	Morgan SJ
PR	Nov 27	Preston North End	1-3	Milner	1951	1		3			5	7	8	9		14					12	10	6	4	2	11					
PR	Dec 18	CARLISLE UNITED	1-0	Burns (p)	718		12	3		6	5	7	8							4		10	9	11	2						
R1	Jan 22	Wigan Athletic	0-2		1200	1	2		4	5			8	14		10			3	6		7	9	12		11					

Played at no. 1 in Carlisle game: G Gray

1991/92 8th in Division 4

						Ryan JB	Brown AJ	Reeves A	Jones, Alex	Payne MRC	Doyle SC	Flounders AJ	Milner AJ	Halpin JW	Whitehall SC	Morgan SJ	Graham J	Butler PJ	Hilditch MW	Gray G	Brown M	Williams DP	Bowden JL	Palin LG	Kinsey S	Rose KP	Kilner AW	Cowdrill BJ	Parker C	Stiles JC	Leonard MA
1	Aug 17	YORK CITY	1-1	Tuthill (og)	2247	3	4	5	6		8	9	10	11	2	12	7	14													
2	31	LINCOLN CITY	1-0	Flounders (p)	2086	3	4	5	6	12	8	9	10	11	2	14	7														
3	Sep 3	Walsall	3-1	Flounders 2 (1p), Milner	3111	3	4	5	6	11	8	9	10	12	2		7				1										
4	7	Cardiff City	2-1	Ryan, Reeves	4029	3	4	5	6	11	8	9	12	10	2		7				1										
5	14	NORTHAMPTON T	1-0	Milner	2631	3	4	5	6	11		9	8	10	2	12	7				1										
6	17	ROTHERHAM UNITED	1-1	Whitehall	4033	3	4	5	6	11		9	8	10	2		7		12		1										
7	21	Burnley	1-0	Milner	8633	3	4	5	6	11		9	8	12	2		7				1		10								
8	28	DONCASTER ROVERS	1-1	Bowden	2653	3	4	5	6	12	8	9	11		2		7		14		1		10								
9	Oct 12	MANSFIELD TOWN	0-2		3871		4	5	6	10	8	9	12	3	11		7			1	2		14								
10	19	Maidstone United	1-1	M Brown	1016		4	5	6		8	9	12	11	10		3	14		1	2		7								
11	26	HALIFAX TOWN	1-0	Flounders	2323	3	4	5			8	9		6	14		7			1	2		12	10	11						
12	Nov 2	CHESTERFIELD	3-3	Flounders, Halpin, Kinsey	1852	3	4	5			8	9		6	14		7			1	2		12	10	11						
13	5	Scunthorpe United	2-6	Bowden 2	2331	3	4	5	12		8	9		6			7			1	2		14	10	11						
14	9	Hereford United	1-1	Judge (og)	2942	7	4	5	6			9	12	11	10		3			1	2		8								
15	23	BARNET	1-0	Bowden	3033		4	5	6	7	8	9	14	11			3				2		10			12	1				
16	30	Scarborough	2-3	Flounders, Milner	1643		4		6	8	9	7	11	3				5			2		10				1				
17	Dec 14	BLACKPOOL	4-2	Flounders, Milner, Whitehall 2	2892	7	4		6		9	8	11	12			3	5			2		10			14	1				
18	26	York City	1-0	Flounders	2788	7	4		6	8	9	11	12	14			3	5			2		10				1				
19	28	Lincoln City	3-0	Whitehall, Milner, Flounders	2916	7	4		6	5	9	8	11	10			3	12			2						1				
20	Jan 1	WALSALL	1-1	Flounders (p)	3001	7	4		6		9	8	11	10	14	3	5				2					12	1				
21	11	Carlisle United	0-0		2494		4		6	7	9	8	11	12		3	5				2		10				1				
22	18	CREWE ALEXANDRA	1-0	Flounders	2965		4		6	7	9	8	11	12		3	5				2		10				1				
23	Feb 8	Halifax Town	1-1	Flounders	2213		4		6	7	9	8	12			3	5				2		10				1	11			
24	11	SCARBOROUGH	2-2	Flounders (p), Reeves	2069		4	14	6	7	9	8	12			3	5				2		10				1	11			
25	15	Blackpool	0-3		4632	14	4	2	6	8	9		11	12			5				10					1	7	3			
26	22	CARLISLE UNITED	3-1	Milner, Bowden, Whitehall	1691	12	4	2	6	8	9	7	14	11			5				10					1		3			
27	29	Wrexham	1-2	Whitehall	3458	12	4	2	6	8	9	7	14	11			5				10					1		3			
28	Mar 3	Crewe Alexandra	1-1	Flounders	3870	11	4	5	6	8	9	7					2				10					1		3			
29	7	GILLINGHAM	2-1	Flounders, Milner	1941	11	4	5	6	8	9	7		12	14		2				10					1		3			
30	10	SCUNTHORPE UNITED	2-0	Milner, Lister (og)	2036	11	4	5	6	8	9	7		12	14		2				10					1		3			
31	14	Chesterfield	1-0	Whitehall	3231	11	4	5			9		6	7	12		2				10					1		3			
32	17	Gillingham	0-0		2322	11	4	5			9		6	7	14	12	2									1		3	10		
33	21	HEREFORD UNITED	3-1	Payne, Whitehall, Flounders (p)	2122		4	5	6	8	9		12	7	10	11	2									1		3	14		
34	28	Barnet	0-3		3099			5	6		9		12	11			2				10					1		3	4	7	8
35	31	Northampton Town	2-2	Cowdrill, Bowden	2010	11	4	2	6		9					12	5				10					1		3		7	8
36	Apr 4	CARDIFF CITY	2-0	Reeves, Milner	2651	11	4	2	6		9	7	14				5				10					1		3		12	8
37	7	MAIDSTONE UNITED	1-2	Flounders	2248	11	4	5	6		9	7		12		2					10					1		3			8
38	11	Rotherham United	0-2		5112	11		5	6		9	8		12		2			4		10					1		3		14	7
39	20	Doncaster Rovers	0-2		2255	7	4	5	6		9	8	11	14		12					10					1		3			2
40	22	WREXHAM	2-1	Parker, Leonard	1944	7	4	5	6		9	8				14	3	2			12					1			11		10
41	May 2	Mansfield Town	1-2	Patne	5671	7	4	5	6		9	8				14	3	2			12					1			11		10
42	5	BURNLEY	1-3	Ryan	8175	7	4	5	6		9	8		12			3				2					1			11		10

Played in games 1 and 2: KC Dearden (at 1).

Apps	32	40	34	13	34	27	42	33	31	34	12	31	25	2	6	18	6	31	3	6	28	3	15	6	4	9
Goals	2		3		2		17	10	1	8						1		6			1		1	1		

Three own goals

F.A. Cup

R1	Nov 16	Gretna	0-0		2037	7	4	5	6			9	14	11	10		3			1	2		8		12						
rep	27	GRETNA	3-1	Bowden, Milner, Flounders	4300		4		5	6	8	9	7	11	14			12		1	2		10	3							
R2	Dec 7	HUDDERSFIELD T	1-2	Halpin	5776	7	4			6	5	9	8	11	14		3	12			2		10			1					

F.L. Cup (Rumbelows League Cup)

R1/1	Aug 20	CARLISLE UNITED	5-1	Milner 2, Ryan, Whitehall 2	1650	3	4	5	6		8	9	10	11	2		7			1											
R1/2	27	Carlisle United	1-1	Ryan	1572	3	4	5	6		8	9	12	11	2		7		1		10										
R2/1	Sep 25	Coventry City	0-4		5982	3	4	5	6	2	8	9	10	11	12		7	14			1										
R2/2	Oct 8	COVENTRY CITY	1-0	Milner	2288	3	4	5	6	14	8	9	10		12		7	11		1	2										

A.M. Cup (Autoglass Trophy)

PR	Oct 22	PRESTON NORTH END	1-1	Whitehall	1255		4	5	6		8	9	11	3	10				12	1	2		7								
PR	Dec 10	Bolton Wanderers	1-4	Milner	1507	7	4		6		9	8	11				3	5			2		10			1					

1992/93

11th in the new Football League Division 3

	Date	Opponent	Score	Scorers	Att.	Rose KP	Thackeray AJ	Graham J	Reid S	Brown AJ	Bowden JL	Ryan JB	Payne MRC	Flounders AJ	Whitehall SC	Parker C	Howard AP	Anders JS	Milner AJ	Reeves A	Ashurst J	Jones, Alex	Butler PJ	Beever AM	Mulrain S	Doyle SC	Clarke TJ	Snowden T	Page DR	Luke NE
1	Aug 15	HALIFAX TOWN	2-3	Flounders, Milner	2497	1	2	3	4	5	6	7	8	9	10				11	12										
2	22	Wrexham	1-3	Whitehall	2661	1	2	3	8	4	11	7	6	9	14				12	5	10									
3	29	SCARBOROUGH	3-0	Whitehall 2, Thackeray	1585	1	2	3	4	6		7	8	9	10	14	12		11	5										
4	Sep 5	Shrewsbury Town	2-1	Milner, Whitehall	2547	1	2	3	4		9	7	8		10		12		11	5		6								
5	15	GILLINGHAM	1-1	Payne (p)	1879	1	2	3	4		9	7	8		10				11	5		6								
6	19	DARLINGTON	3-1	Whitehall, Reeves, Bowden	1854	1	2	3	4		9	7	8	12	10				11	5		6								
7	26	Hereford United	1-1	Jones	1834	1	2	3	4		7		8	9	10		14	12	11	5		6								
8	Oct 3	Cardiff City	1-1	Payne (p)	6486	1	2	3	4		9	7	8		10		14	12	11	5		6								
9	10	CARLISLE UNITED	2-2	Whitehall 2	2543	1	2	3	4	12		7	8	9	10			14	11	5			6							
10	17	York City	0-3		4161	1	2	3	4	6	12	7	8	9	10			14	11	5										
11	24	WALSALL	4-3	Whitehall, Milner, Payne, Flounders	1834	1	2	3	4		7		8	9	10				11	5			6							
12	31	Chesterfield	3-2	Bowden 2, Anders	3094	1	2	3	4		7		8	9	10			12	11	5			6							
13	Nov 3	Torquay United	2-0	Whitehall, Reid	2064	1	2	3	4		7	6	8	9	10	12		14	11	5										
14	7	CREWE ALEXANDRA	0-1		3058	1	2	3	4		7	6	8	9	10			12	11	5										
15	21	Colchester United	4-4	Payne (p), Milner, Flounders 2 (1p)	3172	1	2	3	4		7	6	8	9	10	12		14	11	5										
16	28	DONCASTER ROVERS	1-1	Flounders (p)	2094	1	2	3	4		7	6	8	9	10	11		14		5				12						
17	Dec 12	Barnet	0-2		2778	1	2		4		10	7	8	9	11		3			5		6			12					
18	19	LINCOLN CITY	5-1	Flounders 3, Whitehall, Howard	1793	1	2		4		7	3	8	9	11	12	14		10	5		6								
19	26	SCUNTHORPE UNITED	2-0	Whitehall, Flounders	3043	1	2		4		7	3	8	9	11		12		10	5		6								
20	Jan 2	Doncaster Rovers	1-1	Payne	2559	1	2	12	4		7	3	8	9	11				10	5		6								
21	8	Gillingham	2-4	Thackeray, Payne (p)	3050	1	2	11	4		7	3	8	9	10	14	12			5		6								
22	16	HEREFORD UNITED	1-3	Reid	1751	1	2		4		11	7	8	9	10	3	12			5		6								
23	23	Darlington	4-0	Flounders 2, Whitehall 2	1710	1	2	11	4			7	8	9	10	3				5		6			12					
24	30	WREXHAM	1-2	Mulrain	4500	1	2	11	4			7	8	9	10	3				5		6	14		12					
25	Feb 6	Halifax Town	3-2	Butler, Reid (p), Mulrain	1906	1		3	4		9	7			10					5		6	2		11	8				
26	13	SHREWSBURY TOWN	2-0	Reeves 2	2446		2	3	4		12	7		9	10					5		6			8	11	1	14		
27	20	Scarborough	1-1	Page	1765		2	3	4		12	7			10					5		6			8	11	1	14	9	
28	27	Carlisle United	0-3		3021	1	2	3	4		8	7			10					5		6				11		12	9	
29	Mar 6	CARDIFF CITY	1-2	Bowden	2831	1	2	3	4		7		8		10			14		5		6				11		12	9	
30	9	NORTHAMPTON T	0-3		1446	1	2	3	4		9				10			7		5		6				8		11	12	
31	12	Crewe Alexandra	1-1	Thackeray	3515	1	2	3	4		7				10			12		5		6	9			8		11		
32	16	Bury	2-2	Thackeray 2	3315	1	2	3	4		7				10			8		5		6	9			11				
33	20	TORQUAY UNITED	1-0	Saunders (og)	1594	1	2	3	4		7			9	10					5		6	8			11				
34	27	COLCHESTER UNITED	5-2	* See below	1783	1	2	3			12			9	10		7	14		5		6	4			11				8
35	Apr 2	Northampton Town	0-1		3037	1	2	3	4				12	9	10		7	14		5		6	8			11				
36	6	BARNET	0-1		1661	1	2	3	4					9	10		12			5			8			11		7		6
37	10	Scunthorpe United	1-5	Reid	2926	1	2	3	4					9	10		14			5		6	8			11		7		12
38	13	BURY	1-2	Flounders	2905	1	2	3	4		8		12	9	10					5		6				11		7		
39	17	Lincoln City	2-1	Bowden 2	2922	1	2	3			8		4	9	10	14				5		6	12			11		7		
40	24	YORK CITY	1-0	Bowden	3920	1	2	3	4		8	12		9	10					5		14	6			11		7		
41	May 1	Walsall	1-3	Flounders	4118	1	2	3	4		8			9	10		12			5			6			11		7		
42	8	CHESTERFIELD	2-1	Flounders, Butler	1544	1	2	3	4		8			9	10		7					5	6			11		12		
					Apps	40	41	38	40	5	35	26	28	32	42	10	15	15	18	41	1	29	16	1	6	18	2	13	4	3
					Goals		6		4		8		6	14	14		2	1	4	3		2	2		2				1	

Scorers in game 34: Jones, Howard, Thackeray, Whitehall, Bowden.

One own goal

F.A. Cup

	Date	Opponent	Score	Scorers	Att.	Rose KP	Thackeray AJ	Graham J	Reid S	Brown AJ	Bowden JL	Ryan JB	Payne MRC	Flounders AJ	Whitehall SC	Parker C	Howard AP	Anders JS	Milner AJ	Reeves A	Ashurst J	Jones, Alex	Butler PJ	Beever AM	Mulrain S	Doyle SC	Clarke TJ	Snowden T	Page DR	Luke NE
R1	Nov 14	Blackpool	1-1	Whitehall	4069	1	2	3	4		7	6	8	9	10	12			11	5										
rep	25	BLACKPOOL	1-0	Reid	3408	1	2	3	4		7	6	8	9	10	14		12	11	5										
R2	Dec 5	Bolton Wanderers	0-4		6876	1	2	3	4		10	7	8	9	11		12			5		6								

R1 replay a.e.t.

F.L. Cup (Coca Cola Cup)

	Date	Opponent	Score	Scorers	Att.	Rose KP	Thackeray AJ	Graham J	Reid S	Brown AJ	Bowden JL	Ryan JB	Payne MRC	Flounders AJ	Whitehall SC	Parker C	Howard AP	Anders JS	Milner AJ	Reeves A	Ashurst J	Jones, Alex	Butler PJ	Beever AM	Mulrain S	Doyle SC	Clarke TJ	Snowden T	Page DR	Luke NE
R1/1	Aug 18	Crewe Alexandra	1-4	Reeves	2558	1	2	3	8	4	11	7	6	9					10	5										
R1/2	25	CREWE ALEXANDRA	1-2	Ryan	1302	1	2	3	4	12		7	8	9	14		10		11	5	6									

A.M. Cup (Autoglass Trophy)

	Date	Opponent	Score	Scorers	Att.	Rose KP	Thackeray AJ	Graham J	Reid S	Brown AJ	Bowden JL	Ryan JB	Payne MRC	Flounders AJ	Whitehall SC	Parker C	Howard AP	Anders JS	Milner AJ	Reeves A	Ashurst J	Jones, Alex	Butler PJ	Beever AM	Mulrain S	Doyle SC	Clarke TJ	Snowden T	Page DR	Luke NE
R1	Dec 1	BOLTON WANDERERS	0-0		1348	1	2	3	4		10	7	12	9	11	8		14		5		6								
R1	Jan 12	Bury	2-1	Thackeray 2	1215	1	12		4		9	7	8		10	2	11			5		6		3						
R2	Feb 2	SCUNTHORPE UTD.	1-2	Graham	1312	1		3				7		9	10	2	11	12		5		6	14		8	4				

1993/94 9th in Division 3

		Date	Opponent	Score	Scorers	Att	Hodge MJ	Matthews NP	Graham J	Reid S	Reeves A	Butler PJ	Ryan JB	Doyle SC	Lancaster D	Whitehall SC	Stuart MRN	Thackeray AJ	Jones, Alex	Bowden JL	Flounders AJ	Snowden T	Taylor JL	Milner AJ	Mulrain S	Oliver D	Howard AP	Williams PA	Finley AJ	Shelton G	Peake JW	Formby K
1	Aug	14	Darlington	1-1	Thackeray	2327	1		3	4	5	6		8	11	10	7	2		12	9											
2		21	GILLINGHAM	3-0	Butler, Whitehall, Stuart	2092	1		3	4	5	6		8	11	10	7	2			9			12								
3		28	Carlisle United	1-0	Reeves	5438	1		3	4	5	6		8	11	10	7	2		14	9			12								
4		31	WIGAN ATHLETIC	1-2	Whitehall	2628	1		3	4	5	6		8	11	10	7	2		14	9			12								
5	Sep	4	CHESTER CITY	2-0	Whitehall, Doyle	3063	1		3	4	5	6	12	8	11	10	7	2			9											
6		11	Colchester United	5-2	*See below	2776	1		3	4	5	6	12		11	10	7	2		8	9			14								
7		18	HEREFORD UNITED	2-0	Lancaster 2	2645	1		3	4	5	6	11	8	9	10	7	2						14	12							
8		25	CHESTERFIELD	5-1	Reid, Whitehall 2, Lancaster, Stuart	2481	1		3	4	5	6	11	8	9	10	7	2				14		12								
9	Oct	2	Doncaster Rovers	1-2	Lancaster	3101	1		3	4	5	6	11	8	9	10	7	2				12		14								
10		9	Torquay United	1-1	Stuart	3874	1		3	4	5	6			9	10	7	2	14					12		8						
11		16	WALSALL	0-0		2923	1		3	4	5	6	11	8	9	10	7	2								12						
12		23	Preston North End	1-2	Stuart	8491	1	14		4	5	6	11	8	9	10	7	2						12		3						
13		30	LINCOLN CITY	0-1		2551	1	8	3	4	5	6		12	9	10	7	2						11		14						
14	Nov	2	MANSFIELD TOWN	1-1	Howard	2042	1	2		4	5	6		8	9	10	7	12						11		3	14					
15		6	Crewe Alexandra	1-2	Williams	4049	1	2			5	6		8	9	10	7			4					14	3	12	11				
16		20	BURY	2-1	Bowden, Williams	3758	1		12		5	6	11	8	9		7	2		4						3		10				
17		27	Scunthorpe United	1-2	Stuart (p)	3106	1		9		5	6	11	8	14		7	12	2	4						3		10				
18	Dec	11	Gillingham	2-1	Lancaster 2	2493	1	2		4	5	6	7		9	10	11					8	14	12		3						
19		18	DARLINGTON	0-0		2205	1			4	5			7	14	9	10	11	2	6	8		12			3						
20	Jan	1	NORTHAMPTON T	6-2	Lancaster 3, Whitehall, Stuart, Taylor	2453	1			4	5			8	9	10	11	2		12			14	7		3			6			
21		4	Wigan Athletic	0-0		1912	1			4	5	6		8	9	10	11	2		12			14	7		3						
22		15	Walsall	0-1		4437	1			4	5	6		8	9	10	11	2		14			12	7		3						
23		22	TORQUAY UNITED	4-1	Thackeray, Lancaster 2, Whitehall	2319	1			4	5	6		8	9	14	11	2		12			10	7		3						
24		29	Lincoln City	1-1	Milner	2703	1		3	4	5	6			9	10	11	2		8				7			12					
25	Feb	5	PRESTON NORTH END	2-1	Stuart, Whitehall	4317	1		3	4	5				9	10	11	2	6	8				7			12					
26		12	Shrewsbury Town	1-1	Whitehall	4882	1		3	4	5				9	14	11	2	6	12				7			10		8			
27		19	CARLISLE UNITED	0-1		2926	1		3	4	5	6				14	10	11	2	12				7			9		8			
28		26	Chester City	1-3	Milner	3475	1		3	4	5	6				10	11	2		12				7		14	9		8			
29	Mar	1	SCARBOROUGH	2-1	Reid, Stuart	1827	1	2	3	4	5	6		8	12	10	7							11		14	9					
30		5	COLCHESTER UNITED	1-1	Stuart	2202	1		3	4	5	6		8	9	10	7	2		12				11			14					
31		12	Hereford United	1-5	Whitehall	1964	1		3	4	5	6		8	9	10	7			2	11			14		12						
32		19	Chesterfield	1-1	Whitehall	3282	1		3	4	5	6		8	9	11	7	2		10						12						
33		26	DONCASTER ROVERS	0-1		2165	1			4	5	6		8		10	7	2		14						3		9			11	12
34	Apr	2	Scarborough	1-2	Thackeray	1448	1			4	5	6		8	9		12	2					14	7		3		10			11	
35		4	WYCOMBE WANDERERS	2-2	Whitehall, Bowden	2575	1		3	4	5	6		8	9	10	7	2		12				14							11	
36		9	Northampton Town	2-1	Stuart, Bowden	3330	1		3	4	5	6		8	9	10	7	2		12				14							11	
37		12	SHREWSBURY TOWN	1-2	Reid	2402	1		3	4	5	6		8	9	10	7	2		12				14							11	
38		16	Mansfield Town	1-0	Thackeray	2362	1		3	4	5	6		8	9	10	7	2		12											11	14
39		19	Wycombe Wanderers	1-1	Stuart	5266	1		3	4		6		8	9	10	7	2		5											11	12
40		23	CREWE ALEXANDRA	2-1	Stuart, Whitehall	3096	1		3	4	5	6		8	9	10	7	2		12				14							11	
41		30	Bury	1-0	Stuart	3272	1			4	5	6		8	9	10	7			2											11	3
42	May	7	SCUNTHORPE UNITED	2-3	Reeves, Lancaster	3118	1			4	5	6		8	9	10	7	2		12							14				11	3

Scorers in game 6: Lancaster 2, Butler, Reeves, Whitehall.

	Apps	42	6	29	39	41	38	12	34	40	39	42	37	4	29	11	1	10	25	2	19	5	11	1	3	10	5
	Goals				3	3	2		1	14	14	13	4		3			1	2			1	2				

F.A. Cup

		Date	Opponent	Score	Scorers	Att																										
R1	Nov	13	Chesterfield	1-0	Stuart (p)	3457	1			5	6	11	8	9	10	7		2	4						3							
R2	Dec	4	Burnley	1-4	Whitehall (p)	11388	1		3	8	5	6	11		9	10	7	2	12	4				14									

F.L. Cup (Coca Cola Cup)

R1/1	Aug	17	YORK CITY	2-0	Stuart, Flounders (p)	1952	1		3	4	5	6		8	11	10	7	2		14	9			12								
R1/2		24	York City	0-0		2835	1		3	4	5	6		8	11	10	7	2			9			12								
R2/1	Sep	21	LEICESTER CITY	1-6	Carey (og)	4499	1		3	4	5	6	11	8	9	10	7	2						12								
R2/2	Oct	6	Leicester City	1-2	Lancaster	7612	1		12	4	5	6	11	8	9		7	2	3				14	10								

A.M. Cup (Autoglass Trophy)

| R2 | Nov | 30 | Stockport County | 0-4 | | 2484 | 1 | | 10 | 14 | 5 | 6 | 11 | 8 | 9 | | 7 | 12 | 2 | 4 | | | | | | 3 | | | | | | |

1994/95   15th in Division 3

League

		Date	Opponent	Score	Scorers	Att
1	Aug	13	Bury	1-0	Thompson	3230
2		20	CHESTERFIELD	4-1	*See below	2122
3		27	Gillingham	1-1	Hall	3009
4		30	LINCOLN CITY	1-0	Whitehall	1974
5	Sep	3	HEREFORD UNITED	1-3	Williams	2258
6		10	Northampton Town	2-1	Reid, Thompson	2887
7		13	Barnet	2-6	Reid (p), Williams	1688
8		17	BURY	0-3		3748
9		24	Scarborough	4-2	Williams 2, Whitehall, Butler	1201
10	Oct	1	DONCASTER ROVERS	2-0	Peake, Williams	2445
11		8	FULHAM	1-2	Whitehall	2573
12		15	Wigan Athletic	0-4		2007
13		22	Torquay United	1-4	Thackeray	2547
14		29	MANSFIELD TOWN	3-3	Butler, Whitehall 2	1968
15	Nov	5	Carlisle United	1-4	Stuart	6000
16		19	COLCHESTER UNITED	0-0		1903
17		26	Hartlepool United	0-1		1387
18	Dec	10	Chesterfield	2-2	Russell, Whitehall (p)	2457
19		17	GILLINGHAM	2-1	Stuart, Valentine	1665
20		26	Preston North End	0-3		10491
21		27	WALSALL	0-2		2438
22		31	Scunthorpe United	1-4	Butler	2653
23	Jan	7	TORQUAY UNITED	2-0	Sharpe, Thompson	1636
24		14	Exeter City	0-0		2316
25		21	CARLISLE UNITED	1-1	Peake	3289
26	Feb	4	HARTLEPOOL UNITED	1-0	Deary	1848
27		11	Colchester United	0-0		3080
28		18	EXETER CITY	0-1		1945
29		25	Doncaster Rovers	1-0	Sharpe	2246
30	Mar	7	Mansfield Town	1-1	Whitehall	2931
31		11	NORTHAMPTON T	0-0		1894
32		18	Lincoln City	2-2	Thompson, Valentine	2939
33		21	DARLINGTON	2-0	Thompson, Whitehall	1471
34		25	Hereford United	0-0		1998
35	Apr	1	BARNET	2-2	MacDonald (og), Thackeray	1834
36		8	SCUNTHORPE UNITED	1-2	Ryan	1720
37		15	Walsall	0-0		3766
38		17	PRESTON NORTH END	0-1		4012
39		22	Darlington	0-4		1886
40		25	SCARBOROUGH	1-1	Ryan	1170
41		29	WIGAN ATHLETIC	1-0	Whitehall (p)	1949
42	May	6	Fulham	0-5		4342

Scorers in game 2: Reid, Thompson, Thackeray, Whitehall.
Played in games 10 and 11: N Dunford (at 1).
Played in game 17: C Whitington (9). In game 35: DA Bayliss (at 6).

One own goal

F.A. Cup

	Date	Opponent	Score	Att
R1	Nov 12	Walsall	0-3	3619

Played at no. 1: N Dunford

F.L. Cup (Coca Cola Cup)

	Date	Opponent	Score	Scorer	Att
R1/1	Aug 16	MANSFIELD TOWN	1-2	Whitehall	1746
R1/2	23	Mansfield Town	0-1		2234

A.M. Cup (Auto Windscreens Shield)

	Date	Opponent	Score	Scorers	Att
R1	Sep 27	Blackpool	2-1	Stuart, Burke (og)	1817
R1	Oct 18	WIGAN ATHLETIC	1-0	Taylor	1004
R2	Nov 28	DARLINGTON	2-2	Whitehall 2	1069
QFN	Jan 11	STOCKPORT COUNTY	2-1	Whitehall 2	2154
SFN	Feb 7	Bury	2-1	Sharpe, Reid	3341
FN1	28	Carlisle United	1-4	Whitehall (p)	8647
FN2	Mar 14	CARLISLE UNITED	2-1	Whitehall, Reid	4082

R2 won 4-3 on penalties a.e.t.

1983/84: Division 4

1	York City	46	18	4	1	58	16	13	4	6	38	23	101
2	Doncaster Rovers	46	15	6	2	46	22	9	7	7	36	32	85
3	Reading	46	17	6	0	51	14	5	10	8	33	42	82
4	Bristol City	46	18	3	2	51	17	6	7	10	19	27	82
5	Aldershot	46	14	6	3	49	29	8	3	12	27	40	75
6	Blackpool	46	15	4	4	47	19	6	5	12	23	33	72
7	Peterborough Utd.	46	15	5	3	52	16	3	9	11	20	32	68
8	Colchester United	46	14	7	2	45	14	3	9	11	24	39	67
9	Torquay United	46	13	7	3	32	18	5	6	12	27	46	67
10	Tranmere Rovers	46	11	5	7	33	26	6	10	7	20	27	66
11	Hereford United	46	11	6	6	31	21	5	9	9	23	32	63
12	Stockport County	46	12	5	6	34	25	5	6	12	26	39	62
13	Chesterfield	46	10	11	2	34	24	5	4	14	25	37	60
14	Darlington	46	13	4	6	31	19	4	4	15	18	31	59
15	Bury	46	9	7	7	34	32	6	7	10	27	32	59
16	Crewe Alexandra	46	10	8	5	35	27	6	3	14	21	40	59
17	Swindon Town	46	11	7	5	34	23	4	6	13	24	33	58
18	Northampton Town	46	10	8	5	32	32	3	6	14	21	46	53
19	Mansfield Town	46	9	7	7	44	27	4	6	13	22	43	52
20	Wrexham	46	7	6	10	34	33	4	9	10	25	41	48
21	Halifax Town	46	11	6	6	36	25	1	6	16	19	64	48
22	ROCHDALE	46	8	9	6	35	31	3	4	16	17	49	46
23	Hartlepool United	46	7	8	8	31	28	3	2	18	16	57	40
24	Chester City	46	7	5	11	23	35	0	8	15	22	47	34

1984/85 Division 4

1	Chesterfield	46	16	6	1	40	13	10	7	6	24	22	91
2	Blackpool	46	15	7	1	42	15	9	7	7	31	24	86
3	Darlington	46	16	4	3	41	22	8	9	6	25	27	85
4	Bury	46	15	6	2	46	20	9	6	8	30	30	84
5	Hereford United	46	16	2	5	38	21	6	9	8	27	26	77
6	Tranmere Rovers	46	17	1	5	50	21	7	2	14	33	45	75
7	Colchester United	46	13	7	3	49	29	7	7	9	38	36	74
8	Swindon Town	46	16	4	3	42	21	5	5	13	20	37	72
9	Scunthorpe United	46	14	6	3	61	33	5	8	10	22	29	71
10	Crewe Alexandra	46	10	7	6	32	28	8	5	10	33	41	66
11	Peterborough Utd.	46	11	7	5	29	21	5	7	11	25	32	62
12	Port Vale	46	11	8	4	39	24	3	10	10	22	35	60
13	Aldershot	46	11	6	6	33	20	6	2	15	23	43	59
14	Mansfield Town	46	10	8	5	25	15	3	10	10	16	23	57
15	Wrexham	46	10	6	7	39	27	5	3	15	28	43	54
16	Chester City	46	11	3	9	35	30	4	6	13	25	42	54
17	ROCHDALE	46	8	7	8	33	30	5	7	11	22	39	53
18	Exeter City	46	9	7	7	30	27	4	7	12	27	52	53
19	Hartlepool United	46	10	6	7	34	29	4	4	15	20	38	52
20	Southend United	46	8	8	7	30	34	5	3	15	28	49	50
21	Halifax Town	46	9	3	11	26	32	6	2	15	16	37	50
22	Stockport County	46	11	5	7	40	26	2	3	18	18	53	47
23	Northampton Town	46	10	1	12	32	32	4	4	15	21	42	47
24	Torquay United	46	5	11	7	18	24	4	3	16	20	39	41

1985/86 Division 4

1	Swindon Town	46	20	2	1	52	19	12	4	7	30	24	102
2	Chester City	46	15	5	3	44	16	8	10	5	39	34	84
3	Mansfield Town	46	13	8	2	43	17	10	4	9	31	30	81
4	Port Vale	46	13	9	1	42	11	8	7	8	25	26	79
5	Orient	46	11	6	6	39	21	9	6	8	40	43	72
6	Colchester United	46	12	6	5	51	22	7	7	9	37	41	70
7	Hartlepool United	46	15	6	2	41	20	5	4	14	27	47	70
8	Northampton Town	46	9	7	7	44	29	9	3	11	35	29	64
9	Southend United	46	13	4	6	43	27	5	6	12	26	40	64
10	Hereford United	46	15	6	2	55	30	3	4	16	19	43	64
11	Stockport County	46	9	9	5	35	28	8	4	11	28	43	64
12	Crewe Alexandra	46	10	6	7	35	26	8	3	12	19	35	63
13	Wrexham	46	11	5	7	34	24	6	4	13	34	56	60
14	Burnley	46	11	3	9	35	30	5	8	10	25	35	59
15	Scunthorpe United	46	11	7	5	33	23	4	7	12	17	32	59
16	Aldershot	46	12	5	6	45	25	5	2	16	21	49	58
17	Peterborough Utd.	46	9	11	3	31	19	4	6	13	21	45	56
18	ROCHDALE	46	12	7	4	41	29	2	6	15	16	48	55
19	Tranmere Rovers	46	9	1	13	46	41	6	8	9	28	32	54
20	Halifax Town	46	10	8	5	35	27	4	4	15	25	44	54
21	Exeter City	46	10	4	9	26	25	3	11	9	21	34	54
22	Cambridge United	46	12	2	9	45	38	3	7	13	20	42	54
23	Preston North End	46	7	4	12	32	41	4	6	13	22	48	43
24	Torquay United	46	8	5	10	29	32	1	5	17	14	56	37

1986/87 Division 4

1	Northampton Town	46	20	2	1	56	20	10	7	6	47	33	99
2	Preston North End	46	16	4	3	36	18	10	8	5	36	29	90
3	Southend United	46	14	4	5	43	27	11	1	11	25	28	80
4	Wolverhampton Wan.	46	12	3	8	36	24	12	4	7	33	26	79
5	Colchester United	46	15	3	5	41	20	6	4	13	23	36	70
6	Aldershot	46	13	5	5	40	22	7	5	11	24	35	70
7	Orient	46	15	2	6	40	25	5	7	11	24	36	69
8	Scunthorpe United	46	15	3	5	52	27	3	9	11	21	30	66
9	Wrexham	46	8	13	2	38	24	7	7	9	32	27	65
10	Peterborough Utd.	46	10	7	6	29	21	7	7	9	28	29	65
11	Cambridge United	46	12	6	5	37	23	5	5	13	23	39	62
12	Swansea City	46	13	3	7	31	21	4	8	11	25	40	62
13	Cardiff City	46	6	12	5	24	18	9	4	10	24	32	61
14	Exeter City	46	11	10	2	37	17	0	13	10	16	32	56
15	Halifax Town	46	10	5	8	32	32	5	5	13	27	42	55
16	Hereford United	46	10	6	7	33	23	4	5	14	27	38	53
17	Crewe Alexandra	46	8	9	6	38	35	5	5	13	32	37	53
18	Hartlepool United	46	6	11	6	24	30	5	7	11	20	35	51
19	Stockport County	46	9	6	8	25	27	4	6	13	15	42	51
20	Tranmere Rovers	46	6	10	7	32	37	5	7	11	22	35	50
21	ROCHDALE	46	8	8	7	31	30	3	9	11	23	43	50
22	Burnley	46	9	7	7	31	35	3	6	14	22	39	49
23	Torquay United	46	8	8	7	28	29	2	10	11	28	43	48
24	Lincoln City	46	8	7	8	30	27	4	5	14	15	38	48

1987/88 Division 4

1	Wolverhampton Wan.	46	15	3	5	47	19	12	6	5	35	24	90
2	Cardiff City	46	15	6	2	39	14	9	7	7	27	27	85
3	Bolton Wanderers	46	15	6	2	42	12	7	6	10	24	30	78
4	Scunthorpe United	46	14	5	4	42	20	6	12	5	34	31	77
5	Torquay United	46	10	7	6	34	16	11	7	5	32	25	77
6	Swansea City	46	9	7	7	35	28	11	3	9	27	28	70
7	Peterborough Utd.	46	10	5	8	28	26	10	5	8	24	27	70
8	Leyton Orient	46	13	4	6	55	27	6	8	9	30	36	69
9	Colchester United	46	10	5	8	23	22	9	5	9	24	29	67
10	Burnley	46	12	5	6	31	22	8	2	13	26	40	67
11	Wrexham	46	13	3	7	46	26	7	3	13	23	32	66
12	Scarborough	46	12	8	3	38	19	5	6	12	18	29	65
13	Darlington	46	13	6	4	39	25	5	5	13	32	44	65
14	Tranmere Rovers	46	14	2	7	43	20	5	7	11	18	33	64
15	Cambridge United	46	10	6	7	32	24	6	7	10	18	28	61
16	Hartlepool United	46	9	7	7	25	25	6	7	10	25	32	59
17	Crewe Alexandra	46	7	11	5	25	19	6	8	9	32	34	58
18	Halifax Town	46	11	7	5	37	25	3	7	13	17	34	55
19	Hereford United	46	8	7	8	25	27	6	5	12	16	32	54
20	Stockport County	46	7	7	9	26	26	5	8	10	18	32	51
21	ROCHDALE	46	5	9	9	28	34	6	6	11	19	42	48
22	Exeter City	46	8	6	9	33	29	3	7	13	20	39	46
23	Carlisle United	46	9	5	9	38	33	3	3	17	19	53	44
24	Newport County	46	4	5	14	19	36	2	2	19	16	69	25

1988/89 Division 4

1	Rotherham United	46	13	6	4	44	18	9	10	4	32	17	82
2	Tranmere Rovers	46	15	6	2	34	13	6	11	6	28	30	80
3	Crewe Alexandra	46	13	7	3	42	24	8	8	7	25	24	78
4	Scunthorpe United	46	11	9	3	40	22	10	5	8	37	35	77
5	Scarborough	46	12	7	4	33	23	9	7	7	34	29	77
6	Leyton Orient	46	16	2	5	61	19	5	10	8	25	31	75
7	Wrexham	46	12	7	4	44	28	7	7	9	33	35	71
8	Cambridge United	46	13	7	3	45	25	5	7	11	26	37	68
9	Grimsby Town	46	11	9	3	33	18	6	6	11	32	41	66
10	Lincoln City	46	12	6	5	39	26	6	4	13	25	34	64
11	York City	46	10	8	5	43	27	7	5	11	19	36	64
12	Carlisle United	46	9	6	8	26	25	6	9	8	27	27	60
13	Exeter City	46	14	4	5	46	23	4	2	17	19	45	60
14	Torquay United	46	15	2	6	32	23	2	6	15	13	37	59
15	Hereford United	46	11	8	4	40	27	3	8	12	26	45	58
16	Burnley	46	12	6	5	35	20	2	7	14	17	41	55
17	Peterborough Utd.	46	10	3	10	29	32	4	9	10	23	42	54
18	ROCHDALE	46	10	10	3	32	26	3	4	16	24	56	53
19	Hartlepool United	46	10	6	7	33	33	4	4	15	17	45	52
20	Stockport County	46	8	10	5	31	20	2	11	10	23	32	51
21	Halifax Town	46	10	7	6	42	27	3	4	16	27	48	50
22	Colchester United	46	8	7	8	35	30	4	7	12	25	48	50
23	Doncaster Rovers	46	9	6	8	32	32	4	4	15	17	46	49
24	Darlington	46	3	12	8	28	38	5	6	12	25	38	42

1989/90 Division 4

1	Exeter City	46	20	3	0	50	14	8	2	13	33	34	89
2	Grimsby Town	46	14	4	5	41	20	8	9	6	29	27	79
3	Southend United	46	15	3	5	35	14	7	6	10	26	34	75
4	Stockport County	46	13	6	4	45	27	8	5	10	23	35	74
5	Maidstone United	46	14	4	5	49	21	8	3	12	28	40	73
6	Cambridge United	46	14	3	6	45	30	7	7	9	31	36	73
7	Chesterfield	46	12	9	2	41	19	7	5	11	22	31	71
8	Carlisle United	46	15	4	4	38	20	6	4	13	23	40	71
9	Peterborough Utd.	46	10	8	5	35	23	7	9	7	24	23	68
10	Lincoln City	46	11	6	6	30	27	7	8	8	18	21	68
11	Scunthorpe United	46	9	9	5	42	25	8	6	9	27	29	66
12	ROCHDALE	46	11	4	8	28	23	9	2	12	24	32	66
13	York City	46	10	5	8	29	24	6	11	6	26	29	64
14	Gillingham	46	9	8	6	28	21	8	3	12	18	27	62
15	Torquay United	46	12	2	9	33	29	3	10	10	20	37	57
16	Burnley	46	6	10	7	19	18	8	4	11	26	37	56
17	Hereford United	46	7	4	12	31	32	8	6	9	25	30	55
18	Scarborough	46	10	5	8	35	28	5	5	13	25	45	55
19	Hartlepool United	46	12	4	7	45	33	3	6	14	21	55	55
20	Doncaster Rovers	46	7	7	9	29	29	7	2	14	24	31	51
21	Wrexham	46	8	8	7	28	28	5	4	14	23	39	51
22	Aldershot	46	8	7	8	28	26	4	7	12	21	43	50
23	Halifax Town	46	5	9	9	31	29	7	4	12	26	36	49
24	Colchester United	46	9	3	11	26	25	2	7	14	22	50	43

1990/91 Division 4

1	Darlington	46	13	8	2	36	14	9	9	5	32	24	83
2	Stockport County	46	16	6	1	54	19	7	7	9	30	28	82
3	Hartlepool United	46	15	5	3	35	15	9	5	9	32	33	82
4	Peterborough Utd.	46	13	9	1	38	15	8	8	7	29	30	80
5	Blackpool	46	17	3	3	55	17	6	7	10	23	30	79
6	Burnley	46	17	5	1	46	16	6	5	12	24	35	79
7	Torquay United	46	14	7	2	37	13	4	11	8	27	34	72
8	Scunthorpe United	46	17	4	2	51	20	3	7	13	20	42	71
9	Scarborough	46	13	5	5	36	21	6	7	10	23	35	69
10	Northampton Town	46	14	5	4	34	21	4	8	11	23	37	67
11	Doncaster Rovers	46	12	5	6	36	22	5	9	9	20	24	65
12	ROCHDALE	46	10	9	4	29	22	5	8	10	21	31	62
13	Cardiff City	46	10	6	7	26	23	5	9	9	17	31	60
14	Lincoln City	46	10	7	6	32	27	4	10	9	18	34	59
15	Gillingham	46	9	9	5	35	27	3	9	11	22	33	54
16	Walsall	46	7	12	4	25	17	5	5	13	23	34	53
17	Hereford United	46	9	10	4	32	19	4	4	15	21	39	53
18	Chesterfield	46	8	12	3	33	26	5	2	16	14	36	53
19	Maidstone United	46	9	5	9	42	34	4	7	12	24	37	51
20	Carlisle United	46	12	3	8	30	30	1	6	16	17	59	48
21	York City	46	8	6	9	21	23	3	7	13	24	34	46
22	Halifax Town	46	9	6	8	34	29	3	4	16	25	50	46
23	Aldershot	46	8	7	8	38	43	2	4	17	23	58	41
24	Wrexham	46	8	7	8	33	34	2	3	18	15	40	40

1991/92: Diviison 4

1 Burnley	42	14	4	3	42	16	11	4	6	37	27	83
2 Rotherham United	42	12	6	3	38	16	10	5	6	32	21	77
3 Mansfield Town	42	13	4	4	43	26	10	4	7	32	27	77
4 Blackpool	42	17	3	1	48	13	5	7	9	23	32	76
5 Scunthorpe United	42	14	5	2	39	18	7	4	10	25	41	72
6 Crewe Alexandra	42	12	6	3	33	20	8	4	9	33	31	70
7 Barnet	42	16	1	4	48	23	5	5	11	33	38	69
8 ROCHDALE	42	12	6	3	34	22	6	7	8	23	31	67
9 Cardiff City	42	13	3	5	42	26	4	12	5	24	27	66
10 Lincoln City	42	9	5	7	21	24	8	6	7	29	20	62
11 Gillingham	42	12	5	4	41	19	3	7	11	22	34	57
12 Scarborough	42	12	5	4	39	28	3	7	11	25	40	57
13 Chesterfield	42	6	7	8	26	28	8	4	9	23	33	53
14 Wrexham	42	11	4	6	31	26	3	5	13	21	47	51
15 Walsall	42	5	10	6	28	26	7	3	11	20	32	49
16 Northampton Town	42	5	9	7	25	23	6	4	11	21	34	46
17 Hereford United	42	9	4	8	31	24	3	4	14	13	33	44
18 Maidstone United	42	6	9	6	24	22	2	9	10	21	34	42
19 York City	42	6	9	6	26	23	2	7	12	16	35	40
20 Halifax Town	42	7	5	9	23	35	3	3	15	11	40	38
21 Doncaster Rovers	42	6	2	13	21	35	3	6	12	19	30	35
22 Carlisle United	42	5	9	7	24	27	2	4	15	17	40	34
23 Hartlepool United	46	7	8	8	31	28	3	2	18	16	57	40
24 Chester City	46	7	5	11	23	35	0	8	15	22	47	34

1992/93 Football League Division 3

1 Cardiff City	42	13	7	1	42	20	12	1	8	35	27	83
2 Wrexham	42	14	3	4	48	26	9	8	4	27	26	80
3 Barnet	42	16	4	1	45	19	7	6	8	21	29	79
4 York City	42	13	6	2	41	15	8	6	7	31	30	75
5 Walsall	42	11	6	4	42	31	11	1	9	34	30	73
6 Crewe Alexandra	42	13	3	5	47	23	8	4	9	28	33	70
7 Bury	42	10	7	4	36	19	8	2	11	27	36	63
8 Lincoln City	42	10	6	5	31	20	8	3	10	26	33	63
9 Shrewsbury Town	42	11	3	7	36	30	6	8	7	21	22	62
10 Colchester United	42	13	3	5	38	26	5	2	14	29	50	59
11 ROCHDALE	42	10	3	8	38	29	6	7	8	32	41	58
12 Chesterfield	42	11	3	7	32	28	4	8	9	27	35	56
13 Scarborough	42	7	7	7	32	30	8	2	11	34	41	54
14 Scunthorpe United	42	8	7	6	38	25	6	5	10	19	29	54
15 Darlington	42	5	6	10	23	31	7	8	6	25	22	50
16 Doncaster Rovers	42	6	5	10	22	28	5	9	7	20	29	47
17 Hereford United	42	7	9	5	31	27	3	6	12	16	33	45
18 Carlisle United	42	7	5	9	29	27	4	6	11	22	38	44
19 Torquay United	42	6	4	11	18	26	6	3	12	27	41	43
20 Northampton Town	42	6	5	10	19	28	5	3	13	29	46	41
21 Gillingham	42	9	4	8	32	28	0	9	12	16	36	40
22 Halifax Town	42	3	5	13	20	35	6	4	11	25	33	36

1993/94 Football League Division 3

1 Shrewsbury Town	42	10	8	3	28	17	12	5	4	35	22	79
2 Chester City	42	13	5	3	35	18	8	6	7	34	28	74
3 Crewe Alexandra	42	12	4	5	45	30	9	6	6	35	31	73
4 Wycombe Wanderers	42	11	6	4	34	21	8	7	6	33	32	70
5 Preston North End	42	13	5	3	46	23	5	8	8	33	37	67
6 Torquay United	42	8	10	3	30	24	9	6	6	34	32	67
7 Carlisle United	42	10	4	7	35	23	8	6	7	22	19	64
8 Chesterfield	42	8	8	5	32	22	8	6	7	23	26	62
9 ROCHDALE	42	10	5	6	38	22	6	7	8	25	29	60
10 Walsall	42	7	5	9	28	26	10	4	7	20	27	60
11 Scunthorpe United	42	9	7	5	40	26	6	7	8	24	30	59
12 Mansfield Town	42	9	3	9	28	30	6	7	8	25	32	55
13 Bury	42	9	6	6	33	22	5	5	11	22	34	53
14 Scarborough	42	8	4	9	29	28	7	4	10	26	33	53
15 Doncaster Rovers	42	8	6	7	24	26	6	4	11	20	31	52
16 Gillingham	42	8	8	5	27	23	4	7	10	17	28	51
17 Colchester United	42	8	4	9	31	33	5	6	10	25	38	49
18 Lincoln City	42	7	4	10	26	29	5	7	9	26	34	47
19 Wigan Athletic	42	6	7	8	33	33	5	5	11	18	37	45
20 Hereford United	42	6	4	11	34	33	6	2	13	26	46	42
21 Darlington	42	7	5	9	24	28	3	6	12	18	36	41
22 Northampton Town	42	6	7	8	25	23	3	4	14	19	43	38

1994/95 Football League Division 3

1 Carlisle United	42	14	5	2	34	14	13	5	3	33	17	91
2 Walsall	42	15	3	3	42	18	9	8	4	33	22	83
3 Chesterfield	42	11	7	3	26	10	12	5	4	36	27	81
4 Bury	42	13	7	1	39	13	10	4	7	34	23	80
5 Preston North End	42	13	3	5	37	17	6	7	8	21	24	67
6 Mansfield Town	42	10	5	6	45	27	8	6	7	39	32	65
7 Scunthorpe United	42	12	2	7	40	30	6	6	9	28	33	62
8 Fulham	42	11	5	5	39	22	5	9	7	21	32	62
9 Doncaster Rovers	42	9	5	7	28	20	8	5	8	30	23	61
10 Colchester United	42	8	5	8	29	30	8	5	8	27	34	58
11 Barnet	42	8	7	6	37	27	7	4	10	19	36	56
12 Lincoln City	42	10	7	4	34	22	5	4	12	20	33	56
13 Torquay United	42	10	8	3	35	25	4	5	12	19	32	55
14 Wigan Athletic	42	7	6	8	28	30	7	4	10	25	30	52
15 ROCHDALE	42	8	6	7	25	23	4	8	9	19	44	50
16 Hereford United	42	9	6	6	22	19	3	7	11	23	43	49
17 Northampton Town	42	8	5	8	25	29	2	9	10	20	38	44
18 Hartlepool United	42	9	5	7	33	32	2	5	14	10	37	43
19 Gillingham	42	8	7	6	31	25	2	4	15	15	39	41
20 Darlington	42	7	5	9	25	24	4	3	14	18	33	41
21 Scarborough	42	4	7	10	26	31	4	3	14	23	39	34
22 Exeter City	42	5	5	11	25	36	3	5	13	11	34	34

LEAGUE RECORD AGAINST ALL OTHER CLUBS

	P	W	D	L	F	A	W	D	L	F	A	TF	TA	% won
Accrington Stanley	64	20	6	6	70	40	13	4	15	54	58	124	98	51.56
Aldershot	48	14	7	3	41	20	3	7	14	21	50	62	70	35.42
Ashington	16	5	2	1	18	6	1	1	6	11	23	29	29	37.50
Aston Villa	4	1	1	0	2	1	0	0	2	0	3	2	4	25.00
Barnet	6	1	1	1	3	3	0	0	3	2	11	5	14	16.67
Barnsley	32	7	5	4	23	19	1	3	12	17	41	40	60	25.00
Barrow	78	24	8	7	96	46	11	7	21	47	77	143	123	44.87
Blackburn Rovers	6	1	0	2	3	4	0	1	2	2	7	5	11	16.67
Blackpool	12	4	2	0	11	5	1	2	3	3	8	14	13	41.67
Bolton Wanderers	6	0	3	0	6	6	0	1	2	2	4	8	10	0.00
Bournemouth	24	3	6	3	12	13	1	2	9	10	24	22	37	16.67
Bradford City	70	14	9	12	58	42	6	7	22	27	64	85	106	28.57
Bradford Park Avenue	44	10	4	8	39	31	4	11	7	28	36	67	67	31.82
Brentford	20	0	4	6	9	17	0	1	9	4	26	13	43	0.00
Brighton & Hove Alb.	12	1	4	1	10	10	0	2	4	4	12	14	22	8.33
Bristol City	4	1	0	1	1	1	0	2	0	1	1	2	2	25.00
Bristol Rovers	10	1	3	1	4	3	0	4	1	8	11	12	14	10.00
Burnley	14	4	1	2	8	8	3	0	4	6	8	14	16	50.00
Bury	24	4	5	3	14	15	3	3	6	13	25	27	40	29.17
Cambridge Utd.	18	5	3	1	13	8	2	4	3	9	11	22	19	38.89
Cardiff City	10	1	3	1	5	4	2	2	1	4	3	9	7	30.00
Carlisle United	70	18	6	11	63	40	6	8	21	29	85	92	125	34.29
Charlton Athletic	4	0	1	1	1	3	0	0	2	0	4	1	7	0.00
Chester	72	18	8	10	67	41	8	5	23	36	78	103	119	36.11
Chesterfield	82	17	7	17	70	60	7	14	20	43	76	113	136	29.27
Colchester U	34	5	7	5	23	20	3	5	9	18	31	41	51	23.53
Coventry City	2	1	0	0	4	1	0	1	0	2	2	6	3	50.00
Crewe Alexandra	112	36	9	11	98	44	12	12	32	64	111	162	155	42.86
Crystal Palace	4	1	1	0	6	2	0	0	2	1	8	7	10	25.00
Darlington	108	29	17	8	106	56	8	13	33	57	113	163	169	34.26
Derby County	4	1	0	1	3	6	0	0	2	0	5	3	11	25.00
Doncaster Rov.	88	22	7	15	80	62	5	9	30	34	94	114	156	30.68
Durham City	14	6	0	1	15	3	3	2	2	12	8	27	11	64.29
Exeter City	36	8	6	4	25	14	3	6	9	16	31	41	45	30.56
Fulham	6	0	0	3	2	5	0	0	3	0	9	2	14	0.00
Gateshead	48	11	4	9	43	28	4	3	17	28	56	71	84	31.25
Gillingham	26	8	3	2	19	10	1	7	5	12	19	31	29	34.62
Grimsby Town	34	7	2	8	30	28	2	4	11	15	37	45	65	26.47
Halifax Town	118	26	18	15	100	76	10	16	33	61	104	161	180	30.51
Hartlepool Utd.	114	32	11	14	113	58	12	16	29	65	112	178	170	38.60
Hereford Utd.	36	7	5	6	30	25	3	9	6	20	28	50	53	27.78
Huddersfield T	12	0	4	2	3	7	0	1	5	3	16	6	23	0.00
Hull City	28	8	2	4	29	20	1	5	8	14	27	43	47	32.14
Leyton Orient	10	0	1	4	2	13	0	1	4	2	21	4	34	0.00
Lincoln City	80	18	10	12	61	42	12	8	20	43	77	104	119	37.50
Luton Town	8	1	1	2	7	6	0	0	4	3	13	10	19	12.50
Maidstone Uutd.	6	2	0	1	7	6	1	1	1	2	3	9	9	50.00
Mansfield Town	66	15	12	6	52	37	6	6	21	36	74	88	111	31.82
Millwall	8	2	0	2	8	4	0	2	2	2	7	10	11	25.00
Nelson	18	6	1	2	18	13	2	1	6	10	20	28	33	44.44
New Brighton	42	16	5	0	48	14	7	3	11	27	39	75	53	54.76
Newport Co.	30	8	3	4	26	18	2	8	5	14	21	40	39	33.33
Northampton	38	8	7	4	36	26	3	6	10	18	34	54	60	28.95
Norwich City	2	0	0	1	1	2	0	0	1	1	2	2	4	0.00
Notts County	18	1	5	3	9	12	0	5	4	8	17	17	29	5.56
Oldham Ath.	44	8	6	8	35	34	4	9	9	23	35	58	69	27.27
Oxford Utd.	6	1	2	0	5	4	0	3	0	3	3	8	7	16.67
Peterborough	28	4	7	3	18	19	2	6	6	13	22	31	41	21.43
Plymouth Argyle	12	2	1	3	7	15	1	1	4	9	18	16	33	25.00
Port Vale	40	5	9	6	22	25	0	10	10	19	52	41	77	12.50
Portsmouth	4	0	0	2	1	4	0	1	1	1	4	2	8	0.00

Preston NE	10	1	1	3	4	7	1	1	3	7	11	11	18	20.00
QPR	2	0	1	0	2	2	0	0	1	0	3	2	5	0.00
Reading	16	5	1	2	11	7	0	2	6	5	15	16	22	31.25
Rotherham U	56	14	5	9	45	37	4	5	19	31	79	76	116	32.14
Scarborough	16	4	4	0	13	7	1	3	4	13	15	26	22	31.25
Scunthorpe U	60	16	7	7	55	33	6	6	18	31	61	86	94	36.67
Sheffield Utd.	2	0	0	1	0	1	0	0	1	1	3	1	4	0.00
Shrewsbury T	18	4	3	2	16	7	3	2	4	11	11	27	18	38.89
Southampton	2	1	0	0	1	0	0	0	1	1	6	2	6	50.00
Southend U	26	3	4	6	15	17	4	2	7	18	29	33	46	26.92
Southport	88	25	13	6	81	42	12	12	20	48	66	129	108	42.05
Stalybrdge Celtic	4	2	0	0	4	1	0	1	1	0	1	4	2	50.00
Stockport County	104	24	17	11	76	51	11	12	29	58	108	134	159	33.65
Stoke City	2	1	0	0	4	0	0	0	1	1	3	5	3	50.00
Swansea	22	5	3	3	13	10	2	2	7	14	22	27	32	31.82
Swindon Town	10	0	3	2	6	8	0	0	5	4	14	10	22	0.00
Torquay Utd.	56	14	10	4	48	24	2	4	22	18	60	66	84	28.57
Tranmere Rovers	104	27	11	14	87	61	6	8	38	58	146	145	207	31.73
Walsall	46	10	7	6	42	30	8	4	11	27	31	69	61	39.13
Watford	12	3	1	2	12	11	0	1	5	2	13	14	24	25.00
Wigan Athletic	12	2	1	3	6	7	1	3	2	3	9	9	16	25.00
Wigan Borough	20	8	1	1	22	13	3	1	6	14	27	36	40	55.00
Wimbledon	8	2	1	1	5	2	0	0	4	4	15	9	17	25.00
Wolves	6	0	1	2	0	4	0	2	1	0	2	0	6	0.00
Workington	34	10	4	3	28	16	7	2	8	14	23	42	39	50.00
Wrexham	104	31	8	13	114	77	5	11	36	44	120	158	197	34.62
Wycombe Wan.	2	0	1	0	2	2	0	1	0	1	1	3	3	0.00
York City	90	21	7	17	69	63	13	9	23	62	83	131	146	37.78

Rochdale's complete League record to end 1994/95

Overall Totals:

		Home:					Away:					Total Goals		
	P	*W*	*D*	*L*	*F*	*A*	*W*	*D*	*L*	*F*	*A*	*F*	*A*	*Pts*
	2966	712	380	391	2520	1745	268	365	850	1527	2996	4047	4741	2896

Made up as follows:

In Division 3 (North)

1282	348	130	163	1269	804	124	138	379	738	1435	2007	2239	1212

In Division 3

276	47	48	43	170	166	21	36	81	140	272	310	438	220

In Division 4 (includes the new Football League Division 3)

1408	317	202	185	1081	775	123	191	390	649	1289	1730	2064	1464

F.A. Cup Record 1908/09 to 1920/21 and 1945/46

Players appearances and goals are included in the A-Z section only if they also made a League appearance.

1908/09

PR	Sep	19	ACCRINGTON STANLEY	3-5	Plant, Meadowcroft, Openshaw	2000	Taylor	Kelly	Openshaw	Holden	Galvin	Ball	Meadowcroft	Thornley	Bowden	Plant	J Hardman

1909/10

PR	Sep	18	RAMSBOTTOM	1-1	Barnes	2500	Taylor	Robinson	Openshaw	Morgan	Greenhalgh	Freeborough	Hall	Fleetwood	Barnes	Mitchell	Worth
rep		21	RAMSBOTTOM	4-0	Hall 2, Fleetwood, Barnes	500	Taylor	Buckley	Openshaw	Morgan	Greenhalgh	Freeborough	Hall	Fleetwood	Barnes	Petty	Worth
Q1	Oct	2	Haslingden	1-3	Worth	3000	Taylor	Buckley	Openshaw	Morgan	Greenhalgh	Freeborough	Hall	Fleetwood	Jones	Bracey	Worth

1010/11

PR	Sep	17	EARLESTOWN	2-1	Grierson, Fleetwood	2500	Biggar	E Blacket	Freeborough	Cooper	Thomason	Hartley	Manning	Fleetwood	Henderson	Grierson	A Smith
Q1	Oct	1	St. Helens Town	2-1	Grierson, Henderson	2000	Biggar	E Blacket	Freeborough	Morgan	Thomason	Hartley	Cooper	Fleetwood	Henderson	Grierson	A Smith
Q2		15	Heywood United	4-3	Fleetwood, Grierson, Smith(p), Kenyon	8000	Biggar	E Blacket	Riddell	Cooper	Thomason	Henderson	Manning	Fleetwood	Kenyon	Grierson	A Smith
Q3	Nov	5	St. Helens Recreation	1-0	Grierson	4000	Biggar	E Blacket	Riddell	Cooper	Thomason	Henderson	Manning	Fleetwood	Kenyon	Grierson	A Smith
Q4		19	STOCKPORT COUNTY	0-0		6941	Biggar	E Blacket	Riddell	Cooper	Greenhalgh	Henderson	Manning	Fleetwood	Kenyon	Grierson	A Smith
rep		21	Stockport County	0-0		1500	Biggar	E Blacket	Riddell	Cooper	Freeborough	Henderson	Manning	Fleetwood	Kenyon	Grierson	A Smith
rep2		28	Stockport County	1-0	Blackett	2276	Biggar	E Blacket	Riddell	Cooper	Thomason	Henderson	Manning	Fleetwood	Kenyon	Grierson	A Smith
Q5	Dec	3	LUTON TOWN	1-1	Fleetwood	9833	Biggar	E Blacket	Riddell	Cooper	Thomason	Henderson	Manning	Fleetwood	Kenyon	Grierson	A Smith
rep		7	Luton Town	2-3	Kenyon, Smith(p)	4000	Biggar	E Blacket	Riddell	Cooper	Freeborough	Henderson	Manning	Fleetwood	Kenyon	Grierson	A Smith

Q4 replay 2 at Oldham

1911/12

Q4	Nov	18	Barrow	0-1		7000	Biggar	Morgan	Crossan	Chick	Maynell	Henderson	Reynolds	Gregson	T Page	Lovett	A Smith

1912/13

Q1	Oct	12	Macclesfield Town	5-3	Smith, Tully 2, Birnie, Gregson		Biggar	J Page	Crossan	Chick	Birnie	Henderson	Spink	Gregson	T Page	Tully	A Smith
Q2	Nov	2	Newton Heath Athletic	5-0	*see below	2000	Biggar	J Page	Crossan	Chick	Birnie	Henderson	Spink	Lovett	T Page	Tully	A Smith
Q3		16	STALYBRIDGE CELTIC	2-1	Gregson 2	3000	Biggar	J Page	Crossan	Chick	Broome	Henderson	Spink	Gregson	T Page	McKinlay	A Smith
Q4		30	ACCRINGTON STANLEY	6-1	Tully, Chick(p), T Page 4	5000	Biggar	Goodwin	Crossan	Chick	Broome	Henderson	Spink	Cunliffe	T Page	Tully	A Smith
Q5	Dec	14	DARLINGTON	1-1	Gregson	7045	Biggar	Goodwin	Crossan	Chick	Broome	Henderson	Spink	Gregson	T Page	Tully	A Smith
rep		18	Darlington	1-0	Chick(p)	7018	Biggar	Henderson	Crossan	Chick	Broome	Birnie	Spink	Gregson	Cunliffe	Tully	A Smith
R1	Jan	11	SWINDON TOWN	0-2		8801	Biggar	Barton	Henderson	Chick	Broome	Birnie	Spink	Gregson	T Page	Tully	A Smith

Scorers in Q2: Henderson, Tully, Birnie, Chick (p), T Page.

1913/14

Q4	Nov	29	Barrow	0-3		7000	Biggar	Barton	Camberlain	Milne	Broome	Henderson	Spink	Tully	Watson	Hawksworth	A Smith

1914/15

Q4	Nov	21	STALYBRIDGE CELTIC	3-2	Kelly 3	4000	Biggar	Barton	Lilley	Tully	Milne	Kay	Rawlings	Kelly	Brown	Neave	A Smith
Q5	Dec	5	HARTLEPOOLS UNITED	2-0	Brown, Neave	2000	Biggar	Barton	Lilley	Tully	Milne	Kay	Rawlings	Kelly	Brown	Neave	A Smith
Q6		19	WATFORD	2-0	Kelly, Hawksworth		Biggar	Barton	Neave	Tully	Milne	Kay	Rawlings	Kelly	Brown	Hawksworth	A Smith
R1	Jan	9	GILLINGHAM	2-0	Walker, Hawksworth	6000	Biggar	Barton	Neave	Tully	Milne	Kay	Walker	Kelly	Brown	Hawksworth	A Smith
R2		30	Oldham Athletic	0-3		18668	Biggar	Barton	Neave	Tully	Milne	Kay	Rawlings	Kelly	Brown	Hawksworth	A Smith

1919/20

Q4	Nov	22	MONKS HALL	1-0	Daniels	1000	Hurst	Nuttall	Wood	Tully	Milne	Tierney	Challinor	Meehan	Walker	Lingard	Daniels
Q5	ec	6	STALYBRIDGE CELTIC	1-0	Milne	2000	Hurst	Nuttall	Wood	Tully	Milne	Tierney	Walker	Meehan	Horridge	Lingard	Daniels
Q6		20	South Liverpool	2-1	Milne, Walker	6000	Hurst	Nuttall	Henderson	Tully	Milne	Tierney	Meehan	Horridge	Walker	Daniels	Lingard
R1	Jan	10	Arsenal	2-4	Mallalieu 2	27000	Hurst	Nuttall	Wood	Tully	Milne	Tierney	Mills	Horridge	Walker	Mallalieu	Lingard

1920/21

Q4	Nov	20	FLEETWOOD	1-0	Connor	3000	Crabtree	Nuttall	Baines	Yarwood	Wilson	Mallalieu	Clifton	Byron	Dennison	Lowe	Connor
Q5	Dec	4	TRANMERE ROVERS	1-0	Dennison	3000	Crabtree	Nuttall	Baines	Broster	Wilson	Yarwood	Clifton	Byron	Dennison	Lowe	Turner
Q6		18	Coventry City	1-1	Lowe	18000	Crabtree	Nuttall	Baines	Broster	Wilson	Yarwood	Clifton	Byron	Dennison	Lowe	Connor
rep		21	COVENTRY CITY	2-1	Lowe, Byrom (p)	9000	Crabtree	Nuttall	Baines	Broster	Wilson	Yarwood	Davie	Byron	Dennison	Lowe	Connor
R1	Jan	8	Plymouth Argyle	0-2		24287	Crabtree	Nuttall	Baines	Broster	Wilson	Yarwood	Davie	Hoad	Dennison	Lowe	Connor

1945/46

R1/1	Nov	17	Stockport County	2-1	Brindle, Woods	4500	Chesters	Pomphrey	Sneddon	Duff	Pearce	Partridge	A Jones	Brindle	Hargreaves	Woods	A Cunliffe
R1/2		24	STOCKPORT COUNTY	1-1	Hargreaves	6156	Chesters	Pomphrey	Sneddon	Duff	Pearce	Partridge	A Jones	Brindle	Hargreaves	Woods	A Cunliffe
R2/1	Dec	8	Tranmere Rovers	1-3	Wood	5700	Chesters	Pomphrey	Duff	McCormick	Pearce	Partridge	Makin	Brindle	Hargreaves	Wood	A Cunliffe
R2/2		15	TRANMERE ROVERS	3-0	Hargreaves 2, Makin	6500	Chesters	Pomphrey	Sneddon	McCormick	Pearce	Partridge	Makin	Brindle	Hargreaves	Wood	A Cunliffe
R3/1	Jan	5	Bury	3-3	A Cunliffe, Hargreaves, Reynolds	13248	Chesters	Duff	Sneddon	McCormick	Neary	Partridge	Reynolds	Brindle	Hargreaves	Wood	A Cunliffe
R3/2		8	BURY	2-4	Hargreaves 2	8712	Chesters	Duff	Sneddon	McCormick	Neary	Partridge	Reynolds	Brindle	Hargreaves	Wood	A Cunliffe

MISCELLANEOUS GAMES

Appearances and goals do not count towards a player's career record.

Season 1939/40

1	Aug	26	Doncaster Rovers	0-2		10564	Robertson	Keenan	Sneddon	Rhodes	Pearce	Kilsby	Ferguson	Duff	Wynn	Dutton	Vause
2		29	WREXHAM	1-0	Wynn	6300	Robertson	Keenan	Sneddon	Rhodes	Pearce	Kilsby	Reynolds	Pollard	Wynn	Duff	Vause
3	Sep	2	YORK CITY	1-0	Reynolds	6288	Robertson	Keenan	Sneddon	Rhodes	Pearce	Kilsby	Reynolds	Pollard	Wynn	Duff	Vause

Other expunged games

1961/62

Oct	7	ACCRINGTON STANLEY	1-0	Whittaker	5364	Burgin	Milburn	Winton	R Phoenix	Aspden	Thompson	Wragg	Hepton	Bimpson	Cairns	Whittaker
Feb	24	Accrington Stanley	2-0	Bimpson, Cairns	2650	Burgin	Milburn	Winton	Bodell	Aspden	Thompson	Wragg	Cairns	Bimpson	Richardson	Whittaker

1991/92

Oct	4	Aldershot	1-1	Halpin	2443	Williams	M Brown	Ryan	A Brown	Reeves	Jones	Graham	Doyle	Flounders	Whitehall	Halpin

Graham and Whitehall substituted by Milner and Payne.

Abandoned Games in League and Cup

1923/24

Apr	10	Tranmere Rovers	2-2	Prouse, Whitehead	6000	Moody	Bissett	Brown	Willis	Parkes	McGarry	Tompkinson	Prouse	Whitehurst	Pearson	Clark

1925/26 (FAC R1)

Nov	28	WEST STANLEY	1-1	Hughes	5000	Moody	Hopkins	Brown	Hillhouse	Thorpe	Christie	Highes	Bertram	Fergusson	Anstiss	Martin

1927/28

Nov	5	ACCRINGTON STANLEY	1-1	Tompkinson	3000	Moody	Brown	Ward	Braidwood	Parkes	Barber	Tompkinson	Bertram	Whitehurst	Clennell	Hughes

1929/30

Dec	28	LINCOLN CITY	1-1			Lynch	Watson	Oliver	Williams	Baker	Barber	Stott	Bertram	Tippett	Lewis	Brown

1933/34

Nov	11	YORK CITY	1-2	Robson		Warmsley	Webster	Slicer	Bain	Butler	Buckley	McRorie	Collins	Fitton	Weldon	Robson

1960/61

Jan	14	PETERBOROUGH UTD.	1-0	Hepton	5424	Burgin	Milburn	Edwards	Phoenix	Aspden	Bodell	Barnes	Hepton	Lord	Cairns	Collins

1964/65

Dec	5	TRANMERE ROVERS	0-1		5008	Burgin	Milburn	Calloway	Cunliffe	Aspden	Thompson	Birch	Morton	Turley	Jenkins	Stort

1969/70

Nov	29	FULHAM	2-2	Buck, Riley	6861	Harker	Smith	Ryder	Leech	Parry	Ashworth	Whitehead	Rudd	Buck	Jenkins	Butler
Jan	10	Bradford City	0-1			Harker	Smith	Ryder	Downes	Parry	Ashworth	Whitehead	Rudd	Buck	Jenkins	Butler

Buck substituted for Riley in Fulham game.

1992/93 (Freight Rover Trophy)

Jan	19	SCUNTHORPE UNITED	0-0		1046	Rose	Thackeray	Parker	Reid	Reeves	Jones	Ryan	Payne	Flounders	Whitehall	Bowden

Graham and Howard substituted for Reid and Flounders

Rochdale in the Lancashire Cup

1910/11

| R1 | Sep 26 | COLNE | 2-0 | Smith 2 | 1000 |
| R" | Oct 10 | Burnley | 0-1 | | 1500 |

1911/12

| R1 | Sep 19 | BARROW | 1-2 | Spriggs | 600 |

1912/23

| R1 | Sep 23 | ACCRINGTON STANLEY | 3-1 | T Page, Lovett, Smith | 400 |
| R2 | Oct 7 | Barrow | 1-2 | Gregson | 3000 |

1913/14

R1	Sep 23	Nelson	3-1	Smith, Broome, Spink	1000
R2	Oct 6	BARROW	2-0	Watson, Milne	
R3	20	BOLTON WANDERERS	3-2	Allan 2, Grierson	1200
SF	Nov 10	Blackpool at Blackburn	1-4	Broome (p)	2000

1914/15

R1	Sep 23	Fleetwood	3-2	Brown 2, Anderson	1000
R2	Oct 5	NELSON	3-2	Anderson, Brown, Tully	1000
R3	Oct 20	SOUTH LIVERPOOL	2-0	Kelly, Smith	1000
SF	Nov 9	Oldham Athletic at Bury	2-0	Brown 2	1500
F	Dec 7	Burnley at Hyde Road.	1-4	Smith	2000

Team: Biggar, Barton, Lilley, Tully, Milne, Kay, Rawlings, Kelly, Brown, Neave, Smith

1921/22

| R1 | Sep 14 | Stockport County | 0-2 | | 2000 |

1922/23

PR	Aug 30	Accrington Stanley	2-1	Guy, Gee	7000
PR	Sep 12	MANCHESTER UNITED	1-0	Sandham	5000
PR	Oct 2	Stockport County	2-2	Campbell, Gee	3000
rep	10	STOCKPORT COUNTY	0-0		3000
rep2	18	Stockport County	1-4	Guy	3000

Second Replay at Hyde Road

1923/24

R1	Sep 12	Wigan Borough	0-0		6000
rep	Oct 2	WIGAN BOROUGH	1-0	Peart	
R2	16	OLDHAM ATHLETIC	1-5	Prouse	

1924/25

| R1 | Sep 2 | Southport | 3-5 | Tompkinson, Anstiss, Oxley | 5000 |

1925/26

| R1 | Oct 6 | Nelson | 1-3 | Bertram | 2500 |

1926/27

| R2 | Sep 28 | Burnley | 0-1 | | |

1927/28

| R2 | Oct 12 | Manchester United | 2-4 | Whitehurst 2 | |

1928/29

| R1 | Sep 17 | Barrow | 1-2 | H Martin | 2758 |

1929/30

| R1 | Sep 9 | Nelson | 4-3 | Milsom, Tippett, Bertram, Stott | |
| R2 | Oct 16 | Manchester United | 0-5 | | |

1930/31

| R2 | Sep 29 | BURY | 2-1 | Stott, Bertram | 1700 |
| R3 | Nov 11 | MANCHESTER UTD. | 0-1 | | 1950 |

1931/32

| R2 | Sep 22 | ACCRINGTON STANLEY | 0-1 | | 1500 |

1932/33

| R1 | Sep 19 | ACCRINGTON STANLEY | 2-2 | Snow, WT Watson | 1300 |
| rep | Oct 5 | Accrington Stanley | 2-4 | Snow, Beel | 1300 |

1933/34

| R2 | Sep 26 | BURY | 1-2 | JR Smith | 2500 |

1934/35

| R1 | Sep 11 | OLDHAM ATHLETIC | 2-3 | Buckley, Smith | 4000 |

1935/36

| R1 | Sep 23 | New Brighton | 1-3 | Wiggins | |

1936/37

| R1 | Sep 23 | ACCRINGTON STANLEY | 3-2 | Duff, Marcroft, Hunt | |
| R2 | Oct 20 | BLACKBURN ROVERS | 1-3 | Hunt | 1000 |

1937/38

| R1 | Apr 25 | Blackburn Rovers | 1-4 | Dawson | |

1938/39

R1	Sep 21	Oldham Athletic	0-0		
rep	Oct 11	OLDHAM ATHLETIC	2-2	(aet) Duff, Wynn	
rep2	18	OLDHAM ATHLETIC	1-2	(aet) Kilsby	

1945/46

| R1/1 | Sep 5 | Manchester United | 1-5 | Constantine | |
| R1/2 | Jan 1 | MANCHESTER UTD. | 2-0 | Brindle, Hargreaves | |

1946/47

| R1/1 | Oct 15 | Chester | 0-2 | | 3000 |
| R1/2 | 22 | CHESTER | 0-1 | | 2456 |

1947/48

| R1 | Sep 23 | PRESTON NORTH END | 3-0 | Barkas, O'Donnell, Withington | 5000 |
| R2 | Oct 28 | Southport | 0-1 | | 3000 |

1948/49

R1	Oct 26	Bury	2-1	Dryburgh 2	3300
R2	Nov 9	EVERTON	1-1	Birch (p)	2372
rep	16	Everton	1-0	Middlebrough	5103
SF	May 3	Manchester City	2-0	Livesey, Connor	3812
F	14	Blackpool	1-0	Connor	13174

Final at Oldham. Team: Bywater, Watson, Hubbick, McGreachie, Birch, Wood, Lawrence, Livesey, Connor, Woods, Dryburgh.

1949/50

R1	Oct 25	BLACKPOOL	0-0		1413
rep	Nov 9	Blackpool	1-0	(aet) Dryburgh	2500
R2	Feb 8	Bolton Wanderers	1-0	Dryburgh	3339
SF	Apr 18	BURNLEY	1-2	Connor	7878

1950/51

| R1 | Oct 11 | Accrington Stanley | 1-2 | Middlebrough | 2000 |

1951/52

| R1 | Oct 11 | Preston North End | 0-1 | | |

1952/53

| R1 | Oct 14 | BLACKPOOL | 0-1 | | 2205 |

1953/54

| R1 | Oct 20 | SOUTHPORT | 0-2 | | 862 |

1954/55

R1	Oct 6	BLACKBURN ROVERS	4-1	Gemmell, Haines, Murphy, Anders	4300
R2	Feb 14	BURNLEY	2-1	Black, Kendall	2186
R3	Mar 28	OLDHAM ATHLETIC	0-1		5510

1955/56

R1	Oct 24	BOLTON WANDERERS	1-1	Andrews	3070
rep	Feb 15	BOLTON WANDERERS	2-0	Stonehouse, Anders	1432
R2	Mar 7	BLACKBURN ROVERS	1-2	Anders	2733

1956/57

R1	Oct 29	CHESTER	0-3		2086

1957/58

R1	Dec 2	MANCHESTER CITY	0-2		1795

1958/59

R1	Oct 13	Preston North End	1-1	Ferguson (p)	
rep	27	PRESTON NORTH END	1-0	Spencer	1540
R2	Dec 8	Manchester United	1-3	Moore	7644

1959/60

R1	Oct 28	Accrington Stanley	1-0	Bodell	1500
R2	Feb 9	Preston North End	1-2	Bodell	3661

1960/61

R1	Nov 14	Manchester City	1-0	Hepton	2500
R2	Feb 21	Burnley	0-3		4416

1961/62

R1	Oct 25	EVERTON	1-0	Cairns	1971
R2	Apr 17	Liverpool	0-0		2600
rep	May 7	LIVERPOOL	1-3	Cairns	1799

1962/63

R1	Sep 26	Blackpool	0-3		

1963/64

R1	Nov 27	Chester	0-1		2096

1964/65

R1	Nov 3	Bury	1-2	Richardson	2608

1965/66

R1	Nov 2	MANCHESTER CITY	1-0	Ratcliffe	1115
R2	Feb 23	Chester	3-1	Taylor, Jenkins, Lister	2104
SF	Apr 14	Burnley	0-2		1338

1966/67

R1	Dec 6	BURY	1-2	Calloway (p)	709

1967/68

R1	Oct 31	MANCHESTER UTD.	1-1	Hutchinson	1981
rep	Jan 15	Manchester United	0-7		5367

1968/69

R1	Oct 22	Oldham Athletic	1-1	Melledew	
rep	28	OLDHAM ATHLETIC	2-2	Melledew, Hunter (og)	1977
rep2	Nov 25	OLDHAM ATHLETIC	0-1		2458

1969/70

R1	Sep 24	Burnley	0-2		

1970/71

R1	Sep 16	Burnley	1-1	Butler (p)	
rep	23	BURNLEY	1-0	Jenkins	1802
R2	Oct 13	Blacknburn Rovers	2-0	Arrowsmith 2	
R3	Feb 15	EVERTON	3-1	Jenkins 2, Riley	1111
SF	Mar 4	Chorley	0-0		
rep	29	CHORLEY	2-1	Jenkins, Whitehead	1410
F	May 3	OLDHAM ATHLETIC	3-2	Cross 2, Arrowsmith	7003

Godfrey, Smith, Ryder, Gowans, Blair, Ashworth, Whitehead, Downes, Cross, Jenkins, Butler

1971/72

R1	Oct 13	BLACKPOOL	3-0	Gowans, Buck, Arrowsmith	
R2	Dec 6	MANCHESTER UTD.	1-1	Jenkins	3764
rep	22	Manchester United	1-4	Jenkins	

1972/73

R2	Oct 16	MANCHESTER CITY	1-1	Smith	1521
rep	Nov 8	Manchester City	4-2	Howarth, Darling, Jenkins 2	
R3	Dec 13	BURY	0-0		
rep	Jan 13	Bury	1-5	Darling	

1973/74 (Final year of old competition)

R1	Oct 15	Bolton Wanderers	0-4	

1982/83

Aug 14	Bury	1-2	French
17	BURNLEY	0-0	
21	Oldham Athletic	2-2	D Thompson, Wellings (p)

1983/84

Aug 13	BOLTON WANDERERS	3-3	O'Connor, Chapman, D Thompson
16	Bury	2-2	Allatt, Higgins
20	WIGAN ATHLETIC	2-3	Higgins, Farrell (p)

1984/85

Aug 11	Wigan Athletic	1-3	Diamond	1217
14	BURNLEY	1-0	Diamond	1344
18	Blackpool	0-1		1363

1985/86

Aug 3	Bolton Wanderers	0-2		
6	BURNLEY	0-7		1099
10	BURY	0-1		1005

1986/87

Aug 9	Blackburn Rovers	1-1	Fairclough	1577
12	BURY	1-2	Johnson	1722
16	Blackpool	0-0		1175

1987/88

Aug 1	Preston North End	0-1	
5	Bury	0-2	
8	Wigan Athletic	0-4	

1988/89

Aug 6	WIGAN ATHLETIC	1-0	Walling	866
9	BURY	1-0	Walling	1129
13	Bolton Wanderers	1-1	Reid	2423

Lost 4-5 on penalties

1989/90

Aug 5	BLACKPOOL	0-0		1085
8	BURY	1-3	Burns	1382
12	Preston North End	2-1	Stonehouse, Ainscow	

1990/91

Aug 11	Preston North End	1-1	Lee	
14	Bury	1-1	Costello	
18	BLACKBURN ROVERS	0-2		1483

1991/92

Aug 5	Bolton Wanderers	1-0	Payne	
7	WIGAN ATHLETIC	2-3	Whitehall, Reeves	953
10	BLACKPOOL	2-1	Ryan, Flounders (p)	950

1992/93

Jul 29	Bury	0-1	
Aug 1	Bolton Wanderers	0-0	

1993/94

Jul 23	BOLTON WANDERERS	3-4	Thackeray, Flounders, Seagraves (og)
26	Blackpool	1-2	Bowden
31	BURNLEY	4-1	Stuart, Lancaster, Flounders, Jones

1994/95

Jul 23	MANCHESTER UTD.	3-2	Stuart (p), Williams, Reid	4000
26	BURY	2-0	Peake, Williams	1370
30	BURNLEY	0-2		2024

ROCHDALE'S MANAGERS IN THE FOOTBALL LEAGUE

J. Lomax (secretary)	Sep. 1920
Thomas C Wilson	July 1922
Jack Peart	Feb. 1923
Harry Martin (caretaker)	July 1930
William Smith Cameron	Aug. 1930
Ernest Nixon (sec/acting mgr.)	Dec. 1931
Herbert Hopkinson	Apr. 1932
Ernest Nixon (sec/acting mgr.)	Jan. 1934
William H Smith	July 1934
Ernest Nixon (caretaker)	Nov. 1935
Sam Jennings	Oct. 1937
Ted Goodier	Sep. 1938
Jack Warner	June 1952
Harry Catterick	June 1953
Jack Marshall	Oct. 1958
Tony Collins	Sep. 1960
Bob Stokoe	Sep. 1967
Len Richley	Oct. 1968
Dick Connor	Feb. 1970
Gus McLean (caretaker)	May 1973
Walter Joyce	June 1973
Brian Green	May 1976
Mike Ferguson	Sep. 1977
Peter Madden (caretaker)	Dec 1978
Doug Collins	Jan 1979
Bob Stokoe	Nov. 1979
Peter Madden	June 1980
Jimmy Greenhoff	Mar. 1983
Les Chapman (caretaker)	Mar. 1984
Vic Hallom	May 1984
Eddie Gray	Dec. 1986
Danny Bergara	July 1988
Terry Dolan	April 1989
Dave Sutton	Jan. 1991
Mick Docherty	Dec. 1994

Player			D.O.B	Place of Birth	Died	First Season	Last Season	Previous Club	Next Club	Appearances League	Appearances FAC	Appearances FLC	Appearances Other	Goals League	Goals FAC	Goals FLC	Goals Oth.
Abbott	H	Harry	15/3/1895	Preston		1931		Lancaster T	Wigan Athetic	32	1	0	0	0	0	0	0
Ainscow	A	Alan	15/07/53	Bolton		1989		Blackburn Rovers	Horwich RMI	20	1	2	1	0	0	0	0
Ainsworth	D	David	28/01/58	Bolton		1975		(App)	Mossley	2	0	0	0	0	0	0	0
Alford	CP	Carl	11/02/72	Manchester		1988			Burnley	4	0	0	0	0	0	0	0
Allatt	V	Vernon	28/05/59	Hednesford		1983		Halifax Town	Crewe Alexandra	40	3	2	1	8	1	0	0
Anders	J	Jimmy	08/03/28	St Helens		1953	1956	Bradford City	Bradford	123	6	0	0	28	2	0	0
Anders	JS	Jason	13/03/74	Rochdale		1990	1992	Crewe Alexandra	Dicken Green	17	1	0	2	1	0	0	0
Anderson	A	Alex	08/01/22	Glasgow	1984	1947		Hearts	Dundalk	4	0	0	0	0	0	0	0
Anderson	E	Eddie	23/09/17	Glasgow		1947		Stirling Alb.	Prescot Cables	1	0	0	0	0	0	0	0
Anderson	JL	Johnny	05/04/28	Glasgow		1959		Wrexham	Chester	28	4	0	0	5	1	0	0
Andrews	D	Derek	14/12/34	Bury		1955	1956		Altrincham	22	2	0	0	4	0	0	0
Anstiss	HA	Harry	22/8/1899	Chiswick	1964	1924	1925	Watford	Sheffield Wed.	72	2	0	0	39	0	0	0
Appleyard	F	Fred	1909	Rochdale		1928	1931	Norden St. James	Norden Congs.	6	1	0	0	0	0	0	0
Armitage	AM	Andy	17/10/68	Leeds		1988		Leeds United	Guiseley	36	2	2	1	0	0	0	0
Armstrong	W	Bill	03/07/12	Throckley	1995	1931	1932	Throckley Welfare	Aston Villa	14	0	0	0	0	0	0	0
Arnold	SF	Steve	05/01/51	Crewe		1973		Liverpool	Weymouth	40	2	1	0	1	0	0	0
Arrowsmith	AW	Alf	11/12/42	Manchester		1970	1971	Bury	Macclesfield	46	2	1	0	14	3	0	0
Arthur	J	Jackie	14/12/17	Edenfield	1986	1946	1953	Chester City		170	12	0	0	25	2	0	0
Ashurst	J	Jackie	12/10/54	Coatbridge		1992		Doncaster Rovers		1	0	1	0	0	0	0	0
Ashworth	JM	Joe	06/01/43	Huddersfield		1968	1971	Southend Utd.	Chester City	133	8	8	0	3	1	0	0
Ashworth	N	Neil	16/01/68	Southend-on-Sea		1984	1985	(App)	Castleton Gabs.	1	0	1	0	0	0	0	0
Ashworth	PA	Phil	14/04/53	Burnley		1978		Southport	Portsmouth	11	0	2	0	0	0	1	0
Aspden	JR	Ray	06/02/38	Horwich		1955	1965	Bolton Wanderers		297	9	20	0	2	0	0	0
Atkins	WM	Bill	09/05/39	Bingley		1972	1973	Halifax Town	Darlington	25	0	1	0	7	0	1	0
Bailey	TW	Thomas		Ebbw Vale		1928		Merthyr Town		1	0	0	0	0	0	0	0
Bain	D	David	05/08/00	Rutherglen		1932	1933	Halifax Town		52	2	0	1	5	0	0	0
Baird	TS	Tommy	07/06/11	Lugar		1937	1938	St. Mirren		79	3	0	2	0	0	0	0
Baker	LH	Lawrie	18/11/1897	Sheffield	1979	1929		Barnsley	Nelson	34	1	0	0	0	0	0	0
Baker	TW	Billy	17/08/05	Seaham Harb.	1975	1935		Northampton Town	Horden CW	38	1	0	1	0	0	0	0
Ball	JA	Alan	23/09/24	Farnworth	1982	1951		Oldham Athletic	Ashton Utd.	5	0	0	0	1	0	0	0
Bannister	N	Neville	21/07/37	Brierfield		1965		Hartlepool Utd.		19	0	1	0	2	0	0	0
Bannon	I	Ian	03/09/59	Bury		1976	1979	Clarence (Bury)	Oswestry	122	6	7	0	0	0	0	0
Barber	E	Eric	25/03/26	Stockport		1950	1951	Bolton Wanderers	Macclesfield	17	0	0	0	2	0	0	0
Barber	J	Jack	08/01/01	Salford	1961	1927	1930	Halifax Town	Stockport Co.	142	5	0	0	4	0	0	0
Barkas	T	Tommy	27/03/12	South Shields	1991	1946	1947	Halifax Town	Stockport Co.	44	3	0	0	17	1	0	0
Barks	W	Wilfred	1908	Chesterfield	1968	1937		Dinnington Col.		3	0	0	0	0	0	0	0
Barnes	CR	Ron	21/02/36	Bolton	1991	1959	1960	Blackpool	Wrexham	91	6	4	0	7	1	2	0
Barnes	J	Joseph				1921			New Church	3	0	0	0	0	0	0	0
Barratt	J	John	1916	Stafford		1938		Stafford Rgs.		1	0	0	0	0	0	0	0
Barrott	W	Willie	06/10/08	Oldham	1971	1933		Royton		1	0	0	0	0	0	0	0
Bartley	PJ	Philip	23/12/14	Bentley	1978	1934		Norwich City	Mansfield Town	14	0	0	0	3	0	0	0
Barton	JW	Jack	1895	Southport	1967	1921		Pontypridd	Colwyn Bay	19	8	0	0	0	0	0	0
Bayliss	DA	David	08/06/76	Liverpool		1994		(App)		1	0	0	0	0	0	0	0
Beattie	J	James		Wishaw		1931		Shieldmuir Celtic	Glentoran	14	1	0	0	0	0	0	0
Beaumont	CP	Chris	05/12/65	Sheffield		1988		Denaby Utd.	Stockport Co.	34	2	1	2	7	1	1	0
Bebbington	RK	Keith	04/08/43	Nantwich		1972	1973	Oldham Athletic	Winsford Ath.	60	4	3	0	6	0	0	0
Beel	GW	George	26/02/00	Bracebridge Heath	1980	1932		Lincoln City	Tunbridge Wells R.	20	1	0	0	8	0	0	0
Beever	AM	Tony	18/09/74	Huddersfield		1992		Colne Valley HS		1	0	0	1	0	0	0	0
Bell	SG	Sydney				1932		Herrington Col.		2	0	0	0	0	0	0	0
Bell	WG	Billy	16/06/53	Manchester		1974		Hyde United	Mossley	6	0	0	0	0	0	0	0
Bennett	TS	Tommy	1891	Walton	1923	1921		Halifax Town		3	1	0	0	0	1	0	0
Benton	WH	Billy	05/12/1895	Walsall	1967	1932	1933	Fleetwood	Rossendale	48	2	0	0	8	0	0	0
Bertram	W	Billy	31/12/1897	Brandon	1962	1925	1930	Durham City	Accrington Stanley	198	8	0	0	72	2	0	0
Betts	E	Eric	27/07/25	Coventry		1951	1952	Nuneaton	Crewe Alexandra	52	4	0	0	8	2	0	0
Bimpson	JL	Louis	14/05/29	Rainford		1961	1962	Bournemouth	Wigan Athletic	54	1	8	0	16	0	4	0
Bimson	J	Jimmy	9/2/1899	Latham	1966	1931		Skelmersdale		12	0	0	0	1	0	0	0
Birch	B	Brian	18/11/31	Salford		1960	1961	Oldham Athletic	Mossley	11	0	0	0	0	0	0	0
Birch	B (2)	Brian	09/04/38	Southport		1964	1965	Bolton Wanderers	Bangor City	61	5	2	0	6	0	0	0
Birch	JW	Walter	05/10/17	Ecclesfield		1946	1952	Huddersfield T		243	14	0	0	10	2	0	0
Bissett	JT	Jimmy	19/6/1898	Lochee		1923		Southend Utd.	Middlesbrough	42	2	0	0	3	0	0	0
Black	E	Edward				1931		Aberdeen	Gateshead	8	0	0	0	0	0	0	0
Black	N	Neville	19/06/31	Ashington		1953	1955	Exeter City	Ashington	62	1	0	0	13	0	0	0
Blackburn	W	William		Bury		1930		Black Lane Rov.		3	0	0	0	0	0	0	0
Blair	RV	Ronnie	26/09/49	Coleraine		1969	1971	Oldham Athletic	Oldham Athletic	74	4	7	0	3	1	0	0
						1982		Blackpool	Milton								
Blake	JB	Jimmy	05/05/66	Manchester		1983		(App)		2	0	0	0	0	0	0	0
Blant	C	Colin	07/10/46	Rawtenstall		1972	1973	Portsmouth	Darlington	51	1	3	0	0	0	0	0
Bliss	APD	Arnold	08/11/09	Woolstanton	1975	1933		Stalybridge	Stafford Rgs.	5	0	0	0	0	0	0	0
Blundell	CK	Chris	07/12/69	Billinge		1990		Oldham Athletic	Northwich Vic.	13	0	2	3	0	0	0	0
Bodell	N	Norman	29/01/38	Manchester		1958	1962		Crewe Alexandra	79	3	6	0	1	0	0	0
Bonnell	A	Arnold	23/03/21	Barnsley		1948		Barnsley	Shrewsbury T	5	0	0	0	0	0	0	0
Boslem	W	Billy	11/01/58	Middleton		1975	1977	(App)	Buxton	44	4	2	0	1	0	0	0
Bowden	JL	Jon	21/01/63	Stockport		1991	1994	Wrexham		106	8	3	5	17	1	0	0
Bowie	JM	Jim	11/10/41	Howwood		1972		Oldham Athletic		3	0	0	0	0	0	0	0
Bowsher	SJ	Stan	3/10/1899	Newport	1968	1932		Burnley	Newport County	10	0	0	0	0	0	0	0
Boxshall	D	Danny	02/04/20	Bradford		1952	1953	Bournemouth	Chelmsford City	11	0	0	0	3	0	0	0
Boyle	H	Harry	22/04/24	Glasgow		1950		Southport	Bangor City	175	9	0	0	0	0	0	0
						1952	1955	Bangor City	Altrincham								
Bracewell	K	Ken	05/10/36	Colne		1967		Toronto Falcons	Toronto Falcons	5	0	0	0	0	0	0	0
Bradbury	B	Barry	05/08/52	Rochdale		1972	1973	Matthew Moss	St. Gabriels	14	3	0	0	0	0	0	0
Bradbury	W	Bill	1884	Sudbury, Derbyshire		1922		Oldham Athletic	Burton Town	12	1	0	0	0	0	0	0
Braidwood	E	Ernie	14/4/1895	Heywood	1968	1925	1928	Nelson	Gt. Harwood	87	2	0	0	1	0	0	0
Bramhall	J	John	20/11/56	Warrington		1986	1987	Bury	Halifax Town	86	2	8	6	13	0	0	1
Brears	P	Paul	25/09/54	Oldham		1973	1975	Oldham Athletic	New Mills	27	4	0	0	0	1	0	0
Brennan	M	Mike	17/05/52	Salford		1973	1974	Manchester City	Northwich Vic.	37	3	2	0	4	0	0	0
Brierley	H	Harry	02/08/14	Rochdale	1988	1935	1936	Duckworths (R'dale)	Mossley	20	0	0	1	2	0	0	0
Brierley	J	John	1908	Rochdale		1928			Witton Alb.	14	0	0	0	7	0	0	0

Player			D.O.B	Place of Birth	Died	First Season	Last Season	Previous Club	Next Club	Appearances League	FAC	FLC	Other	Goals League	FAC	FLC	Oth.
Briggs	CE	Charlie	04/04/11	Newtown		1946	1947	Clyde	Chesterfield	12	0	0	0	0	0	0	0
Briggs	JC	Jack	12/07/17	Blackburn		1938		Wisbech Town		1	0	0	0	0	0	0	0
Brindle	JJ	Jack	12/07/17	Blackburn	1975	1947		Chelsea	New Brighton	1	6	0	0	0	1	0	0
Britton	J	Jimmy	27/05/20	Salford		1947	1948	Bradford	Rossendale	20	1	0	0	0	0	0	0
Brogden	L	Lee	18/10/49	Leeds		1971	1973	Rotherham Utd.	Denver Dynamos	57	4	0	0	7	2	0	0
Broster	J	John		Earlestown		1921		QPR	Wigan Borough	9	4	0	0	0	0	0	0
						1922		Wigan Borough	Earlestown LMS								
Brown	AJ	Tony	17/09/58	Bradford		1989	1992	Scunthorpe Utd.		114	8	9	5	0	0	0	0
Brown	AR	Dick	14/02/11	Pegswood		1928	1929	Alnwick U	Sheffield Wed.	40	1	0	0	10	0	0	0
Brown	C	Cyril	25/05/18	Ashington		1948	1950	Boston	Peterborough Utd.	61	4	0	0	11	1	0	0
Brown	FW	Fred	1911	Birmingham		1931		Sunderland	Halifax Town	21	0	0	0	6	0	0	0
Brown	J	Jim	05/10/35	Manchester		1956	1960		Altrincham	52	3	3	0	4	1	0	0
Brown	J	John				1922				2	0	0	0	0	0	0	0
Brown	M	Malcolm	13/12/56	Salford		1988		Huddersfield T	Stockport Co.	29	3	2	2	1	0	0	0
						1991		Stockport Co.									
Brown	WJ	William	25/12/00	Dundee		1923	1927	Llanelly	Torquay United	178	9	0	0	0	0	0	0
Bruce	H	Harry				1930		Bankhead Alb.	Bankhead Alb.	2	0	0	0	0	0	0	0
Buchan	AR	Alistair	27/05/26	Aberdeen		1950	1953	Huntley		107	3	0	0	2	0	0	0
Buck	AR	Tony	18/08/44	Whitwell, Oxfordshire		1968	1972	Newport County	Northampton Town	84	6	3	0	29	2	0	0
Buckley	I	Ian	08/10/53	Oldham		1973		Oldham Ath. (loan)		6	0	0	0	0	0	0	0
Buckley	W	Walter	30/04/06	Eccleshall		1933	1935	Lincoln City	Runcorn	108	2	0	5	2	0	0	0
Burgin	E	Ted	29/04/27	Sheffield		1960	1965	Leeds United	Glossop	207	10	17	0	0	0	0	0
Burke	M	Michael	28/06/04	Blythwood	1984	1937		Southport	Burton Town	8	1	0	0	0	0	0	0
Burke	P	Peter	26/04/57	Rotherham		1980	1981	Halifax Town		68	3	2	0	2	1	0	0
Burns	H	Hugh		Dumbarton		1921		Renton		15	0	0	0	0	0	0	0
Burns	W	Willie	10/12/69	Motherwell		1989	1990	Manchester City		71	6	5	4	2	0	1	1
Burt	JHL	Jimmy	05/04/50	Harthill		1973		Northampton Town	Enderby Town	4	0	0	0	0	0	0	0
Bushby	A	Alan	15/01/32	Doncaster	1967	1959	1960	Scunthorpe Utd.	Goole Town	66	5	4	0	0	0	0	0
Butler	DA	Dennis	24/04/44	Macclesfield		1967	1972	Bolton Wanderers		156	6	7	0	36	1	2	0
Butler	J	Jack				1933		Rossendale Utd.	Darwen	5	0	0	1	0	0	0	0
Butler	PJ	Paul	02/11/72	Bradford		1990	1994	Bradford City		120	5	7	10	7	0	0	0
Butler	R	Reuben	10/10/1890	Stillington	1958	1926		Crewe Alexandra	Accrington Stanley	5	0	0	0	0	0	0	0
Byrom	W	Bill	30/03/15	Blackburn		1946	1947	QPR	Stalybridge Celtic	30	3	0	0	0	0	0	0
Bywater	NL	Les	08/02/20	Lichfield		1947	1948	Luton Town		34	2	0	0	0	0	0	0
Cairns	J	John	1902	Glasgow	1965	1933		Portsmouth	Toronto Scottish	5	0	0	0	0	0	0	0
Cairns	R	Ron	04/04/34	Chopwell		1959	1963	Blackburn Rovers	Southport	195	10	15	0	66	4	3	0
Calder	WC	Bill	28/09/34	Greenock		1966		Oxford United	Macclesfield Town	8	1	0	0	1	0	0	0
Calderbank	GR	Ray	08/02/36	Manchester		1953		Hyde United	Nelson	1	0	0	0	0	0	0	0
Calloway	LJ	Laurie	17/06/45	Birmingham		1964	1967	Wolves	Blackburn Rovers	162	6	7	0	4	1	0	0
Cameron	H	Hugh				1921		Burnley		11	0	0	0	2	0	0	0
Campbell	JL	Joe		Blackburn		1922	1926	Blackburn Rovers	Stalybridge Celtic	34	1	0	0	4	0	0	0
Carney	EF	Gene	1895	Bootle	1952	1921		Pontypridd	New Brighton	10	0	0	0	6	0	0	0
Carney	S	Steve	22/09/57	Wallsend		1985		Darlington (loan)		4	0	0	1	0	0	0	0
Carr	A	Andrew	1909	Burradon		1936		Crewe Alexandra		32	1	0	1	0	0	0	0
Carr	ED	Everton	11/01/61	Antigua		1982		Halifax Town	Nuneaton Bor.	9	0	0	0	0	0	0	0
Carrick	MD	Dave	05/12/46	Evenwood	1989	1973	1974	Preston NE	Droylsden	26	4	1	0	4	1	0	0
Carruthers	AN	Alex	12/05/15	Loganlea	1977	1946		Falkirk	Rossendale U	13	3	0	0	4	2	0	0
Case	N	Norman	01/09/25	Prescot		1951		Yeovil	Cheltenham T	2	0	0	0	0	0	0	0
Catlow	T	Thomas				1921		Swansea Town		1	0	0	0	0	0	0	0
Caunce	L	Lewis	20/04/11	Earlestown	1978	1932		Huddersfield T	Wigan Athletic	18	1	0	0	0	0	0	0
Cavanagh	JL	John	04/08/61	Salford		1984		Bangor C		17	1	0	3	0	0	0	0
Cawthra	JR	Jack	1904	Halifax		1924	1925	Leyland Motors		5	0	0	0	0	0	0	0
Chadwick	H	Harry		Rochdale		1933		Bagslate Meths.		1	0	0	0	0	0	0	0
Chambers	PM	Phil	10/11/53	Barnsley		1985		Barnsley	Hartlepool Utd.	10	0	2	0	0	0	0	0
Chapman	J	Josiah				1922			Rossendale U	5	0	0	0	0	0	0	0
Chapman	L	Les	27/09/48	Oldham		1983	1984	Bradford City	Stockport Co.	88	3	4	4	0	0	0	0
Chapman	VJ	Vinny	05/12/67	Newcastle		1989	1990	Huddersfield T		24	0	0	1	1	0	0	0
Charlton	F	Francis		Calderbrook		1930		Calderbrook St.James		3	0	0	0	0	0	0	0
Charlton	S	Stan	16/11/00	Little Hulton	1971	1922		Oldham Athletic	Exeter City	38	1	0	0	0	0	0	0
Christie	AG	Alex	27/6/1896	Paisley	1981	1924	1927	Norwich City	Exeter City	137	6	0	0	5	1	0	0
Churchill	T	Trevor	20/11/23	Barnsley		1948	1952	Leicester City	Swindon Town	110	1	0	0	0	0	0	0
Clark	H	Herbert				1921		Halifax T		1	0	0	0	0	0	0	0
Clark	JW	Joe	15/2/1890	Willington Quay	1960	1923		Southampton		16	0	0	0	1	0	0	0
Clarke	CJ	Chris	01/05/74	Barnsley		1994		Bolton Wanderers		24	0	2	3	0	0	0	0
Clarke	L	Len		Manchester		1934	1935	Accrington Stanley		29	1	0	3	17	0	0	2
Clarke	PS	Paul	25/09/50	Chesterfield		1969	1971	Liverpool	Matlock Town	11	0	1	0	0	0	0	0
Clarke	TJ	Tim	19/09/68	Stourbridge		1992		Huddersfield T (loan)		2	0	0	0	0	0	0	0
Clennell	J	Joe	19/2/1889	New Silksworth	1965	1927		Bristol Rovers	Ebbw Vale	13	2	0	0	2	3	0	0
Cliff	E	Eddie	30/09/51	Liverpool		1979	1980	Tranmere Rovers		26	0	0	0	0	0	0	0
Clifton	W	William	1891	Preston		1921		Preston NE		13	3	0	0	0	0	0	0
Clipson	R	Roy	18/04/09	Lincoln	1970	1936		Altrincham		31	1	0	1	0	0	0	0
Cockcroft	VH	Vic	25/02/41	Birmingham		1967		Northampton Town	Kidderminster Harr.	42	1	0	0	0	0	0	0
Colbourne	N	Neil	25/08/56	Swinton		1979		Hyde United	Irlam Town	1	0	0	0	0	0	0	0
Cole	DA	David	28/09/62	Barnsley		1989	1990	Torquay United	Exeter City	84	7	5	4	7	0	0	0
Colleton	A	Tony	17/01/74	Manchester		1990		(App)		1	0	0	0	0	0	0	0
Collier	A	Austin	24/07/14	Dewsbury	1991	1946	1947	Queen of the South	Halifax Town	6	0	0	0	0	0	0	0
Collinge	A	Arthur	1897	Rochdale		1921		R'dale Tradesmen	R'dale Tradesmen	10	0	0	0	1	0	0	0
Collins	AN	Tony	19/03/26	Kensington		1959	1960	Crystal Palace		47	3	0	0	5	1	0	0
Collins	GF	Graham	05/02/47	Bury		1966			Witton Albion	7	0	1	0	0	0	0	0
Collins	JD	Doug	28/08/45	Newton, South Yorks		1978		Tulsa Roughnecks		8	0	0	0	0	0	0	0
Collins	JH	Jimmy	30/01/11	Bermondsey	1983	1933		Tunbridge Wells	Stockport Co.	30	0	0	1	6	0	0	2
Colvan	H	Hugh	24/09/25	Port Glasgow		1947		Hibernian		1	0	0	0	0	0	0	0
Comstive	PT	Paul	25/11/61	Southport		1982		Blackburn R (loan)		9	0	1	0	2	0	0	0
Coneys	JJ	James	12/06/08	Rochdale		1933		Southport		2	0	0	0	0	0	0	0
Conning	TP	Peter	18/10/64	Liverpool		1986		Altrincham	Weymouth	39	2	2	4	1	0	1	1
Connor	JT	Jack	21/12/19	Todmorden		1948	1950	Ards	Bradford City	82	3	0	0	42	3	0	0
Connor	KH	Kevin	12/01/45	Radcliffe		1965	1966			23	1	0	0	1	0	0	0

Player			D.O.B	Place of Birth	Died	First Season	Last Season	Previous Club	Next Club	Appearances				Goals			
										League	FAC	FLC	Other	Leagu	FAC	FLC	Oth.
Conroy	SH	Steve	19/12/56	Chesterfield		1983	1984	Rotherham Utd.	Rotherham Utd.	49	3	4	1	0	0	0	0
Constantine	C	Clarence	1909	Bury		1931		Black Lane	Rossendale U	2	0	0	0	0	0	0	0
Cook	R	Reg		Scunthorpe		1934		Huddersfield T		5	0	0	0	0	0	0	0
Cook	S	Stanley				1936		Tunbridge Wells		1	0	0	1	0	0	0	0
Cooke	A	Albert	11/04/08	Royston	1988	1928		Royston	Scunthorpe U	1	0	0	0	0	0	0	0
Cooke	J	Joe	15/02/55	Dominica		1984	1985	Bradford City	Wrexham	75	5	4	2	4	0	1	0
Cooper	G	George	01/10/32	Kingswinford	1994	1958	1959	Crystal Palace	Stourbridge	32	0	0	0	9	0	0	0
Cooper	GS	Gary	15/02/55	Horwich		1973	1976	Horwich RMI	Southport	91	8	1	0	14	0	0	0
Cooper	T	Terry	11/03/50	Croesyceiliog		1981		Bradford City		35	3	2	0	2	0	1	0
Copeland	SD	Simon	10/10/68	Sheffield		1988		Sheffield Utd.	Gainsborough Trin.	28	2	2	2	0	0	0	0
Corcoran	T	Tommy	1907	Earlestown		1930		Bradford City	Guildford City	24	1	0	0	0	0	0	0
Cordell	JG	Graham	06/12/28	Walsall		1953	1954	Aston Villa	Brush Sports	15	1	0	0	0	0	0	0
Cornock	WB	Wally	01/01/21	Bondi, Australia		1947		Hereford	(Australia)	1	0	0	0	0	0	0	0
Cornthwaite	CH	Christopher	13/07/17	Bury	1991	1935	1936			6	0	0	0	0	0	0	0
Costello	P	Peter	31/10/69	Halifax		1990		Bradford City	Peterborough Utd.	34	2	4	3	10	2	1	0
Coupe	JN	Joe	15/07/24	Carlisle		1951		Carlisle Utd.	Workington	8	0	0	0	0	0	0	0
Cowan	D	David	30/11/10	West Carron		1930		Alva Albion R.	Stenhousemuir	24	1	0	0	2	1	0	0
Cowdrill	BJ	Barry	03/01/57	Birmingham		1991		Bolton Wanderers	Sutton Coldfield T	15	0	0	0	1	0	0	0
Coyle	RP	Ronnie	19/08/61	Glasgow		1987		Middlesbrough	Raith Rovers	24	1	1	0	1	4	2	0
Crabtree	JJ	Jimmy	2/1895	Clitheroe	1965	1921	1922	Blackburn Rovers	Accrington Stanley	58	7	0	0	2	0	0	0
Craddock	CW	Claude'Joe'	02/08/02	Grimsby	1976	1930		Sheppey U	Darlington	34	1	0	0	10	0	0	0
Crawford	PG	Graeme	07/08/47	Falkirk		1980	1982	York City	Northallerton	70	1	1	0	0	0	0	0
Crawshaw	CB	Cyril	02/03/16	Barton on Irwell		1936		Rossendale U	Fleetwood	2	0	0	0	0	0	0	0
Creamer	PA	Peter	20/09/53	Hartlepool		1978		Gateshead	(Australia)	20	0	0	0	0	0	0	0
Crerand	DB	Danny	05/05/69	Manchester		1987		Chapel Villa	Altrincham	3	0	0	0	0	0	0	0
Crompton	DG	David	06/03/45	Wigan		1966	1967		Rossendale U	17	0	0	0	0	0	0	0
Crompton	L	Len	26/03/02	Tottington		1929		Lancaster T	Barnsley	11	0	0	0	0	0	0	0
Cross	D	David	08/12/50	Heywood		1969	1971	Heywood GS	Norwich City	59	5	6	0	20	1	2	0
Crossley	P	Paul	14/07/48	Rochdale		1965	1966	St. Clements	Preston NE	17	0	1	0	2	0	0	0
Crowe	FR	Frank	1893	Birmingham		1923		Chesterfield	Merthyr Town	18	2	0	0	5	0	0	0
Crowther	J	John		Walsden		1931		Halifax Town	Bacup Borough	1	0	0	0	1	0	0	0
Crowther	K	Ken	17/12/24	Halifax		1950		Bradford	Nelson	2	0	0	0	0	0	0	0
Cuddy	P	Paul	21/02/59	Kendal		1977		(App)	Prestwich	1	0	0	0	0	0	0	0
Cunliffe	A	Arthur	05/02/09	Blackrod	1986	1946		Hull City		23	9	0	0	5	3	0	0
Cunliffe	JG	Graham	16/06/36	Hindley		1964		Bolton Wanderers		36	1	2	0	0	0	0	0
Cunliffe	JN	Jim	05/07/12	Blackrod	1986	1946		Everton		2	0	0	0	0	0	0	0
Dailey	J	Jim	08/09/27	Airdrie		1957	1958	Workington	Weymouth	53	2	0	0	25	0	0	0
Daniels	G	George	1899	Chorlton		1921	1922	Bury		35	2	0	0	1	0	0	0
Darling	MF	Malcolm	04/07/47	Arbroath		1971	1973	Norwich City	Bolton Wanderers	86	2	3	0	16	0	2	0
Daubney	R	Ray	07/12/46	Oldham		1966	1967		Stalybridge Celtic	12	0	0	0	2	0	0	0
Dawson	A	Adam	22/12/12	Craster		1937		Halifax Town	Southport	12	0	0	0	6	0	0	0
Dawson	J	Jason	09/02/71	Burslem		1989	1990	Port Vale	Stafford Rgs.	55	6	2	4	7	1	0	0
Dean	AG	Andy	27/11/66	Salford		1983		Burnley	Salford	1	0	0	0	0	0	0	0
Dearden	KC	Kevin	08/03/70	Luton		1991		Tottenham H (loan)		2	0	0	0	0	0	0	0
Deary	JS	John	18/10/62	Ormskirk		1994		Burnley		17	0	0	3	1	0	0	0
Dennison	H	Harry	4/11/1894	Bradford		1921		Blackburn Rovers	Wigan Borough	33	6	0	0	17	2	0	0
Denton	RW	Roger	06/01/53	Stretford		1973		Bradford City (loan)		2	0	0	0	0	0	0	0
Devlin	J	Joe	12/03/31	Cleland		1956	1957	Accrington Stanley	Bradford	38	0	0	0	7	0	0	0
Diamond	B	Barry	20/02/60	Dumbarton		1984	1985	Barrow	Halifax Town	52	2	4	2	16	0	1	0
Dickins	MJ	Matt	03/09/70	Sheffield		1994		Blackburn R (loan)		4	0	0	1	0	0	0	0
Dobson	GF	George	7/11/10	Handsworth		1934		Southport	Rotherham Utd.	15	1	0	2	5	0	0	0
Dolan	TP	Terry	11/06/50	Bradford		1981		Bradford City	Thackley	43	3	1	0	1	1	0	0
Douglas	TA	Tom	11/09/10	Whitletts, Ayr		1938		Witton Albion		8	0	0	0	0	0	0	0
Douglas	WJ	William				1934		Blackburn Rovers		1	0	0	0	0	0	0	0
Dow	DJ	David	10/06/47	Manchester		1966	1967	Avorton	Ellesmere Port	8	0	0	0	0	0	0	0
Downes	ER	Eric	25/08/26	Wigan		1950	1953	Chester	Horwich RMI	54	4	0	0	0	0	0	0
Downes	RD	Bobby	18/08/49	Bloxwich		1969	1973	Peterborough Utd.	Watford	174	9	9	0	10	2	0	0
Doyle	M	Mike	25/11/46	Manchester		1983		Bolton Wanderers		24	2	2	1	1	0	0	0
Doyle	SC	Steve	02/06/58	Neath		1990	1994	Hull City	Chorley	121	4	8	7	1	0	0	0
Doyle	T	Thomas	1916	Motherwell		1938		Celtic	Stockport County	29	1	0	1	0	0	0	0
Driver	R	Robert	1914	Summit		1935		Thorneham		2	0	0	0	0	0	0	0
Drury	J	Jim	29/05/24	Cumnock		1951		Stirling Albion	Carlisle Utd.	4	0	0	0	1	0	0	0
Dryburgh	TJD	Tom	23/04/23	Kirkcaldy		1948	1949	Aldershot	Leicester City	82	4	0	0	17	1	0	0
						1957		Oldham Athletic	King's Lynn								
Duff	JH	Joe	5/1913	Ashington	1985	1935	1938	Newcastle United	Cheltenham T	132	10	0	2	26	1	0	1
Duffey	CP	Chris	08/01/52	Kirkby		1975		Shrewsbury T (loan)		2	0	0	0	0	0	0	0
Duggan	AJ	Andy	19/09/67	Bradford		1987		Barnsley(loan)		4	1	0	0	0	0	1	0
						1990		Huddersfield T									
Dunford	N	Neil	18/07/67	Rochdale		1994			Milnrow	2	1	0	0	0	0	0	0
Dungworth	JH	John	30/03/55	Rotherham		1976		Oldham Ath. (loan)		14	0	0	0	3	0	0	0
Duxbury	LE	Lee	07/10/69	Skipton		1989		Bradford C (loan)		10	1	0	0	0	0	0	0
Dwyer	PJ	Phil	28/10/53	Cardiff		1984		Cardiff City	S.Wales Police	15	0	0	0	1	0	0	0
Earl	AT	Albert 'Sam'	10/02/15	Gateshead		1947		Stockport Co.	New Brighton	4	2	0	0	1	0	0	0
Eastham	B	Brian	26/04/37	Bolton		1967		Toronto Blizzard	Sligo Rovers	13	0	1	0	0	0	0	0
Eastham	GR	George	13/09/14	Blackpool		1948		Swansea City	Lincoln City	2	1	0	0	0	0	0	0
Eastwood	J	Jimmy	1915	Heywood		1937		Crewe Alexandra	Tunbridge Wells	28	2	0	1	0	0	0	0
Eaton	C	Cliff	15/10/10	Oldham	1979	1934	1935	Portsmouth	Oldham Athletic	31	2	0	4	3	0	0	1
Edmonds	NA	Neil	18/10/68	Accrington		1988	1989	Oldham Athletic	Karlskrona	43	3	0	2	8	0	0	0
Edwards	SG	Steve	11/01/58	Birkenhead		1984		Crewe Alexandra	Tranmere Rovers	4	0	2	0	0	0	0	0
Edwards	WJ	Jack	06/07/29	Risca		1959	1960	Crystal Palace	Ashford	68	4	0	0	1	0	0	0
Elliott	SB	Steve	15/09/58	Haltwhistle		1989	1990	Bury	Guiseley	52	2	3	4	9	0	1	0
Elliott	SD	Sid	1908	Sunderland		1935		Bradford City	FB Minter Sports	11	0	0	0	1	0	0	0
Ellison	JW	James	1901	St. Helens	1986	1928		Southampton	Connah's Quay	16	0	0	0	0	0	0	0
Emerson	A	Arthur	1913	Bury		1935		Red Lumb		1	0	0	0	0	0	0	0
Emmerson	GAH	George	15/05/06	Bishop Auckland	1966	1935	1936	QPR	Tunbridge Wells R.	66	2	0	1	12	0	0	0
English	TS	Tom	18/10/61	Cirencester		1984		Leicester City	Plymouth Argyle	3	0	0	0	1	0	0	0
Ennis	ME	Mark	06/01/62	Bradford		1983		R'dale Joiners	Salford	1	0	0	0	0	0	0	0

Player			D.O.B	Place of Birth	Died	First Season	Last Season	Previous Club	Next Club	Appearances League	FAC	FLC	Other	Goals Leagu	FAC	FLC	Oth.
Entwistle	RP	Bob	06/10/38	Bury		1958		Macclesfield	Accrington Stanley	1	0	0	0	0	0	0	0
Esser	ED	David	20/06/57	Altrincham		1977	1981	Everton	Apoel Nicosia	180	10	9	0	24	2	1	0
Evans	FJ	Fred	20/05/23	Petersfield		1953		Crystal Palace	Biggleswade T	12	0	0	0	0	0	0	0
Everest	J	Jack	1907	The Curragh		1930	1931	Stockport Co.	Blackpool	38	1	0	0	8	0	0	0
Farrell	PJ	Peter	10/01/57	Liverpool		1982	1984	Port Vale	Crewe Alexandra	73	2	6	1	17	1	0	0
Farrer	P	Peter		St Helens		1921		Everton		12	0	0	0	0	0	0	0
Fawcett	DH	Des	1905	Middlesbrough		1936	1938	Mansfield Town	Wellington T	93	3	0	2	0	0	0	0
Fearnley	HL	Harry	27/05/23	Morley		1955		Newport County	Winsford	1	0	0	0	0	0	0	0
Felgate	DW	David	04/03/60	Blaenau Ffestiniog		1978	1979	Bolton Wan. (loan)		48	0	0	0	0	0	0	0
Ferguson	C	Charlie	22/04/30	Glasgow		1955	1958	Accrington Stanley	Oldham Athletic	150	6	0	0	3	0	0	0
Ferguson	MK	Mike	09/03/43	Burnley		1974	1975	Cambridge Utd.	Halifax Town	69	10	3	0	5	1	0	0
Fergusson	WA	William	2/3/1897	Willenhall		1925		Reading	Rotherham Utd.	21	3	0	0	19	2	0	0
Fielding	MA	Mike	03/12/65	Liverpool		1984		Barnsley (loan)		6	1	0	0	0	0	0	0
Fielding	PA	Paul	04/12/55	Rochdale		1972	1975	(App)	Southport	72	3	2	0	5	0	0	0
Finc	R	Bobby	13/2/59	Rochdale		1977		Milton	Tim Bobbin	1	0	0	0	0	0	0	0
Finley	AJ	Alan	10/12/67	Liverpool		1993		Stockport Co. (loan)		1	0	0	0	0	0	0	0
Finney	CW	Bill	05/09/31	Stoke-on-Trent		1958		Crewe Alexandra	Macclesfield T	31	3	0	0	1	1	0	0
Firth	J	Joe	27/03/09	Glasshoughton	1983	1938		York City		18	0	0	0	6	0	0	0
Fisher	FT	Fred	12/01/20	Wednesbury	1993	1951		Grimsby Town	Boston Utd.	1	0	0	0	0	0	0	0
Fitton	F	Fred				1930		High Crompton St. M	Northwich Vic.	1	0	0	0	0	0	0	0
Fitton	F (2)	Fred		Bury		1933		Accrington Stanley	Nelson	13	1	0	0	6	0	0	0
Flannigan	T	Tommy	27/05/08	Edinburgh	1981	1931		Darlington	Buxton	2	0	0	0	0	0	0	0
Fletcher	JM	Joe	25/09/46	Manchester		1966	1968	Manchester City	Grimsby Town	57	1	2	0	21	1	0	0
Flounders	AJ	Andy	13/12/63	Hull		1991	1993	Scunthorpe Utd.	Halifax Town	85	6	9	4	31	1	1	0
Formby	K	Kevin	22/07/71	Ormskirk		1993	1994	Burscough		33	1	2	7	0	0	0	0
Forster	GP	Geoff	03/08/54	Middlesbrough		1978		South Bank	Whitby	1	0	0	0	0	0	0	0
Forster	RH	Robert	03/11/09	Throckley	1990	1931		Frickley Col.		2	0	0	0	0	0	0	0
Foster	H	Harry				1921		Sudden Villa		2	0	0	0	0	0	0	0
Fothergill	AG	Ashley	03/10/69	Harrogate		1988		Middlesbrough	Whitby Town	9	0	0	1	0	0	0	0
Foulds	A	Bert	08/08/19	Salford		1950		Yeovil T	Scarborough	61	4	0	0	24	0	0	0
						1951	1952	Scarborough	Crystal Palace								
Foweather	VJ	Vince		Oldham		1922		Oldham Athletic	Macclesfield T	4	0	0	0	1	0	0	0
Frain	D	David	11/10/62	Sheffield		1988		Sheffield Utd.	Stockport Co.	42	2	2	2	12	1	0	0
French	MJ	Micky	07/05/55	Eastbourne		1982		Aldershot	Lewes	36	1	3	0	11	0	0	0
Frost	D	Des	03/08/26	Congleton		1953	1954	Halifax Town	Crewe Alexandra	16	1	0	0	6	0	0	0
Gallacher	C	Con	25/04/22	Derry		1947		Hull City	Boston	6	0	0	0	1	0	0	0
Gamble	F	Frank	21/08/61	Liverpool		1984	1985	Barrow	Morecambe	46	2	1	5	9	0	0	1
Gardner	W	William	7/6/1893	Langley Moor		1932		Crewe Alexandra		1	0	0	0	0	0	0	0
Garner	W	Willie	24/07/55	Stirling		1982		Celtic (loan)		4	0	1	0	0	0	0	0
Gastall	JWH	John	25/05/13	Oswaldtwistle		1938		Accrington Stanley		4	0	0	0	1	0	0	0
Gavin	MW	Mark	10/12/63	Baillieston		1987		Bolton Wanderers	Hearts	23	1	0	0	5	3	2	0
Gee	A	Arthur	1892	Earlestown	1959	1922		Stalybridge Celtic	Ashton National	8	0	0	0	2	0	0	0
Gemmell	E	Eric	07/04/21	Manchester		1954	1955	Crewe Alexandra	Buxton	65	5	0	0	32	2	0	0
Gibson	SJ	Simon	10/12/64	Nottingham		1986		Preston NE	(Belgium)	5	1	2	1	0	0	0	0
Gilfillan	R	Robert	14/03/26	Dunfermline		1951	1953	Cowdenbeath	Worcester City	62	1	0	0	11	0	0	0
Glover	BA	Bev	25/03/26	Manchester		1953	1958	Stockport Co.		169	9	0	0	1	0	0	0
Godfrey	AW	Tony	30/04/39	Newbury		1970	1971	Aldershot	Aldershot	71	3	4	0	0	0	0	0
Goodfellow	S	Syd	06/07/15	Woolstanton		1938		Glentoran	Chesterfield	41	1	0	1	2	0	0	0
Goodier	E	Ted	15/10/02	Farnworth	1967	1937	1938	Crewe Alexandra		67	3	0	1	1	1	0	0
Goodison	CW	Wayne	23/09/64	Wakefield		1989	1990	Crewe Alexandra	Hyde United	79	5	4	5	4	1	2	0
Goodwin	D	Dave	15/10/54	Nantwich		1981		Bury	Crewe Alexandra	38	1	1	0	6	0	0	0
Gordon	JG	Jack	25/09/11	South Shields		1932	1933	Leeds United	Queen of the South	66	1	0	1	1	0	0	0
Gowans	PT	Peter	25/05/44	Dundee		1970	1973	Aldershot	Southport	144	5	6	0	21	0	1	0
Graham	A	Alex		Coatbridge		1937		West Ham Utd.	Bradford	11	0	0	1	4	0	0	0
Graham	J	Jimmy	15/11/69	Glasgow		1989	1993	Bradford City	Hull City	137	12	14	9	1	0	0	1
Graham	JR	John	26/04/26	Leyland		1952		Wigan Ath.	Bradford City	10	0	0	0	1	0	0	0
Grant	D	Dave	02/06/60	Sheffield		1984	1986	Cardiff City	Macclesfield T	97	6	5	5	2	0	0	0
Grant	JA	Jackie	08/09/24	High Spen		1956	1958	Everton	Southport	102	2	0	0	3	0	0	0
Grant	R	Reginald				1931				1	0	0	0	0	0	0	0
Gray	G	Gareth	24/02/70	Longridge		1991		Bolton Wanderers	Hyde United	6	2	3	2	0	0	0	0
Gray	IJ	Ian	25/02/75	Manchester		1994		Oldham Ath.		12	0	0	3	0	0	0	0
Greaves	R	Roy	04/04/47	Farnworth		1982		Seattle Sounders	Bolton St.Thomas	21	1	0	0	0	0	0	0
Green	A	Adie	22/10/57	Leicester		1977		Leicester City (loan)		7	0	0	0	0	0	0	0
Green	BG	Brian	05/06/35	Droylsden		1954	1958	Haggate Lads	Southport	46	1	0	0	8	0	0	0
Green	L	Les	17/10/41	Atherstone		1967		Hartlepool Utd.	Derby County	44	1	1	0	0	0	0	0
Greenhoff	B	Brian	28/04/53	Barnsley		1982	1983	Hong Kong		16	1	0	1	0	0	0	0
Greenhoff	J	Jimmy	19/06/46	Barnsley		1982	1983	Port Vale		16	0	1	0	0	0	0	0
Gregory	A	Albert	1913	Manchester		1938		Manchester NE		9	0	0	0	0	0	0	0
Gregson	W	William				1932		Herrington Col.	Horden CW	1	0	0	0	0	0	0	0
Grierson	G	George		Lesmahagow		1930		Preston NE	Ashton National	31	1	0	0	0	0	0	0
Griffiths	AA	Arthur	1908	Tonypandy		1938		Glentoran	Stoke City	14	0	0	0	5	0	0	0
Griffiths	IJ	Ian	17/04/60	Birkenhead		1983	1984	Tranmere Rovers	Port Vale	42	2	3	1	5	0	1	0
Grummett	J	Jim	11/07/45	Barnsley		1973	1974	Chester City	Boston U	33	0	1	0	2	0	0	0
Guy	G	George	1/11/1896	Bolton		1922		Bolton Wanderers	Aberaman Ath.	15	0	0	0	7	0	0	0
Guyan	GW	George	05/04/01	Aberdeen		1931		Swindon Town	Bath City	4	0	0	0	1	0	0	0
Haddington	RW	Ray	18/11/23	Scarborough	1994	1952	1953	Bournemouth	Halifax Town	38	1	0	0	12	0	0	0
Haines	JTW	Jack	24/04/20	Wickhamford	1987	1953	1954	Bradford	Chester City	60	5	0	0	16	1	0	0
Haire	G	Garry	24/07/63	Sedgefield		1985		Darlington (loan)		3	0	0	0	0	0	0	0
Hales	H	Bert	21/11/08	Kettering	1982	1935		Stockport Co.	Burton Town	38	1	0	1	4	0	0	0
Halkyard	C	Cecil	17/04/02	Rochdale	1989	1924	1927	Accrington Stanley	Connah's Quay	15	0	0	0	0	0	0	0
Hall	DR	Derek	05/01/65	Ashton-under-Lyne		1994		Hereford Utd.		9	0	2	3	1	0	0	0
Hall	J	John		Heywood		1923	1929		Gt. Harwood	74	5	0	0	2	3	0	0
Hallard	W	Bill	28/08/13	St Helens	1979	1946		Bradford	Accrington Stanley	17	3	0	0	2	0	0	0
Hallows	PCR	Paul	22/06/50	Chester		1974	1979	Bolton Wanderers	Oswestry T	197	15	11	0	2	0	0	0
Halpin	JW	John	15/11/61	Broxburn		1991		Carlisle Utd.	Gretna	31	3	3	2	1	1	0	0
Hamilton	JS	Jimmy	16/08/06	New Cumnock		1931	1932	Ayr United	Wrexham	77	1	0	0	0	0	0	0
Hamilton	NR	Neville	19/04/60	Leicester		1981	1983	Mansfield Town	Wolves	74	4	7	1	5	0	0	0

Player			D.O.B	Place of Birth	Died	First Season	Last Season	Previous Club	Next Club	Appearances League	Appearances FAC	Appearances FLC	Appearances Other	Goals League	Goals FAC	Goals FLC	Goals Oth.
Hampton	PJ	Peter	12/09/54	Oldham		1987		Burnley	Carlisle Utd.	19	1	0	0	1	4	2	0
Hamstead	GW	George	24/01/46	Rotherham		1976		Bury (loan)		4	0	0	0	0	0	0	0
Hancox	PA	Paul	22/07/70	Manchester		1987		(App)		2	0	0	0	0	0	0	0
Handley	B	Brian	21/06/36	Wakefield	1982	1965		Bridgwater		3	0	0	0	0	0	0	0
Hanvey	K	Keith	18/01/52	Manchester		1973	1984	Swansea City	Grimsby Town	136	14	7	0	10	1	0	0
Hardman	JA	John	17/12/40	Bury		1960	1966	Bess's Boys		40	2	2	0	2	0	0	0
Hardy	RM	Bob	1914	Hemsworth		1937		Dinnington Col.		7	0	0	0	0	0	0	0
Hargreaves	F	Frank	17/11/02	Ashton-under-Lyne	1987	1930		Oldham Athletic	Bournemouth	9	0	0	0	3	0	0	0
Hargreaves	J	Joe	30/10/15	Accrington		1946	1947	Rossendale U	Stalybridge Celtic	35	9	0	0	24	8	0	0
Hargreaves	T	Tom	29/10/17	Blackburn		1946		Blackburn Rovers	Nelson	7	0	0	0	0	0	0	0
Harker	CJ	Chris	29/06/37	Shiremoor		1968	1969	Grimsby Town	Stockton	92	3	2	0	0	0	0	0
Harley	LA	Les	26/09/46	Chester		1967		Blackpool (loan)		5	0	0	0	0	0	0	0
Harris	CS	Carl	03/11/56	Neath		1987	1988	Cardiff City	Exeter City	25	0	2	1	3	0	0	0
Hart	BP	Brian	14/07/59	Farnworth		1977	1979	Bolton Wanderers	Bangor City	78	6	2	0	0	2	0	0
Hasford	JW	Jason	01/04/71	Manchester		1989		Manchester City		1	0	0	0	0	0	0	0
Hawes	AR	Arthur	2/10/1895	Swanton Morley	1963	1931		Wombwell	Goole Town	13	0	0	0	0	0	0	0
Haworth	G	Gary	25/04/59	Bury		1984		Radcliffe Bor.	Radcliffe Bor.	1	0	0	0	0	0	0	0
Haworth	R	Richard				1938		Manchester NE		9	0	0	0	1	0	0	0
Haworth	R	Roland	1914	Ramsbottom		1937		Manchester NE		2	0	0	0	0	0	0	0
Hawson	A	Alex	23/10/23	Auchencairn		1948		Aberdeen	Burnley	1	0	0	0	0	0	0	0
Hayton	E	Eric	14/01/22	Carlisle		1951		Carlisle Utd.	Workington	12	0	0	0	0	0	0	0
Hazzleton	J	Jim	29/09/30	Bolton		1951		Bury	Accrington Stanley	11	0	0	0	1	0	0	0
Heath	J	John	05/06/36	Heywood		1965		Wigan Ath.	Buxton	6	0	0	0	0	0	0	0
Heaton	PJ	Paul	24/01/61	Hyde		1983	1985	Oldham Athletic	(Finland)	89	5	3	5	9	1	0	0
Heaton	WH	Billy	26/08/18	Leeds		1950		Stalybridge Celtic	Witton Albion	5	1	0	0	0	0	0	0
Helliwell	D	Dave	28/03/48	Blackburn		1976		Workington	Morecambe	31	2	1	0	3	1	0	0
Hellyer	CD	Charles		Reading		1930		Tunbridge Wells	Bradford City	1	0	0	0	0	0	0	0
Henderson	WJ	William	13/11/18	Dumfries	1965	1946		Queen of the South	Southport	17	3	0	0	0	0	0	0
Henshaw	G	Gary	18/02/65	Leeds		1989		Bolton Wan. (loan)		9	0	0	0	1	0	0	0
Hepton	S	Stan	03/12/32	Leeds		1960	1963	Bury	Southport	149	7	16	0	21	1	5	0
Herbert	JH	Joseph	23/1/1895	Kimbersworth	1959	1921		Swansea Town	Guildford United	16	1	0	0	4	0	0	0
Herring	PJ	Paul	01/07/73	Hyde		1990		(App)	Mossley	1	0	0	0	0	0	0	0
Heydon	C	Cecil	24/05/19	Birkenhead		1948		Doncaster Rovers		1	0	0	0	0	0	0	0
Heyes	G	George	16/11/37	Bolton		1958	1959		Leicester City	24	0	0	0	0	0	0	0
Hibberd	CM	Cyril	8/5/1895	Sheffield		1923		Chesterfield		2	0	0	0	0	0	0	0
Hicks	K	Keith	09/08/54	Oldham		1985	1986	Hereford Utd.	Hyde United	32	4	0	2	1	0	0	0
Higgins	AM	Andy	12/02/60	Bolsover		1982	1983	King's Lynn	Chester City	33	2	2	0	6	0	0	0
Higgins	RJ	Bob	23/12/58	Bolsover		1980		Burnley	Morecambe	5	1	0	0	0	0	0	0
Hildersley	R	Ronnie	06/04/65	Kirkcaldy		1985		Chester City	Preston NE	16	0	0	0	0	0	0	0
Hilditch	MW	Mark	20/08/60	Royton		1977	1982	Heyside	Tranmere Rovers	213	12	12	2	42	3	1	0
						1990	1991	Wigan Athletic	Buxton								
Hill	JW	Jack	2/6/1895	Rochdale		1921	1922	Brights (R'dale)	Bacup Borough	43	0	0	0	11	0	0	0
Hill	JW	Jon	26/08/70	Wigan		1989	1990	Crewe Alexandra	Witton Albion	36	5	3	2	1	0	0	0
Hill	LG	Len	15/2/1899	Islington	1979	1926		Southampton	Lincoln City	34	1	0	0	0	0	0	0
Hill	R	Roland				1931		Greenbank	R'dale St. Mary's	2	1	0	0	0	0	0	0
Hill	T	Thomas				1932		Castleton		7	0	0	0	0	0	0	0
Hilley	C	Con		Glasgow		1931		Derry City	Coleraine	3	0	0	0	0	0	0	0
Hillhouse	JT	John		Hurlford		1925	1926	Workington	Notts County	52	4	0	0	0	0	0	0
Hinchliffe	AG	Arthur	26/8/1897	Bolton		1921	1922	Sheffield Wed.		26	0	0	0	0	0	0	0
Hindle	T	Tom	22/02/21	Keighley		1951		Halifax Town	Wigan Athletic	6	0	0	0	1	0	0	0
Hoad	SJ	Sid	27/12/1890	Eltham	1973	1921		Manchester City	Nelson	17	1	0	0	2	0	0	0
Hoadley	D	Dermot				1933		Birtley		2	0	0	0	0	0	0	0
Hobbs	EC	Ernest	30/04/10	Wellingborough	1984	1938		Tunbridge Wells		6	0	0	0	0	0	0	0
Hodge	MJ	Martin	04/02/59	Southport		1993		Hartlepool Utd.	Plymouth Argyle	42	2	4	1	0	0	0	0
Hogan	C	Charlie	23/04/26	Bury		1952		Southport	Wigan Athletic	3	0	0	0	0	0	0	0
Hogg	T	Tommy	21/03/08	Brampton	1965	1931		Bradford		10	0	0	0	1	0	0	0
Holden	JS	Stewart	21/04/42	Grange Moor		1966		Oldham Athletic	Wigan Athletic	21	0	0	0	0	0	0	0
Holden	SJ	Simon	09/03/68	Littleborough		1986	1987	Wheatsheaf (R'dale)	Mossley	49	1	0	1	4	1	2	0
Holmes	MA	Mick	09/09/65	Blackpool		1989	1990	Cambridge Utd.	Torquay United	55	6	6	3	7	0	1	1
Holroyd	E	Eric	24/07/05	Rochdale	1987	1927				1	0	0	0	0	0	0	0
Hood	RG	Ron	18/11/22	Cowdenbeath		1948		Aldershot	Shrewsbury T	9	0	0	0	1	0	0	0
Hooker	E	Evan	1901	Chadderton	1962	1929		Stockport Co.	Ashton National	25	0	0	0	0	0	0	0
Hooper	FW	Bill	14/11/1894	Darlington	1982	1926		Darlington		20	1	0	0	1	0	0	0
Hope	H	Harry	1914	Newcastle		1933		Crawcrook Alb.	Chopwell	2	0	0	0	0	0	0	0
Hope	P	Phil	24/4/1897	Kimblesworth	1969	1929		Washington Col.		13	0	0	0	1	0	0	0
Hopkins	AG	Arthur		Ebbw Vale		1924	1927	Ebbw Vale		36	5	0	0	0	0	0	0
Hornby	R	Ron	13/04/14	Rochdale		1931		R'dale St. Clements	Oldham Athletic	2	0	0	0	0	0	0	0
Horne	SF	Stan	17/12/44	Clanfield		1973	1974	Chester City		48	4	1	0	5	0	0	0
Howard	AP	Andy	15/03/72	Southport		1992	1993	Fleetwood		20	1	1	2	3	0	0	0
Howarth	H(2))	Harold	1912	Shaw		1938		Mossley		4	0	0	0	0	0	0	0
Howarth	H	Harry		Little Hulton		1931		Bolton	Mossley	20	0	0	0	4	0	0	0
Howarth	J	Jack	27/02/45	Crook		1971	1972	Aldershot	Aldershot	40	1	2	0	12	0	0	0
Howe	HG	Harold	09/04/06	Hemel Hempstead	1976	1934		Crystal Palace	Dartford	24	0	0	1	3	0	0	0
Howlett	CE	Charles	26/09/06	Auckland	1990	1928		Durham City	Halifax Town	2	0	0	0	0	0	0	0
Howlett	HWA	Harry	23/06/10	Auckland	1989	1928		Evenwood	Cockfield	1	0	0	0	0	0	0	0
Hoy	R	Bobby	10/01/50	Halifax		1977	1980	York City	Macclesfield	66	1	2	0	12	0	0	0
Hoyle	G	George	1896	Rochdale		1921		Sudden Villa		3	0	0	0	1	0	0	0
Hubbick	HE	Harry	12/11/10	Jarrow	1992	1948	1950	Port Vale	Lancaster C	90	2	0	0	0	0	0	0
Hudson	CB	Carl	10/10/66	Bradford		1986		Bradford City	Thackley	15	2	2	1	1	0	0	1
Hudson	CJ	John	25/11/64	Middleton		1986		(Sweden)		19	0	0	0	1	0	0	0
Hughes	R	Bobby	5/8/1892	Pelaw	1955	1924	1927	Brentford	Wigan Borough	127	5	0	0	48	2	0	0
Hughes	WA	Archie	02/02/19	Colwyn Bay	1992	1950		Blackburn Rovers	Crystal Palace	9	0	0	0	0	0	0	0
Hughes	ZD	Zacari	06/06/71	Bentley, Australia		1987	1988	Balderstone Sch.		2	0	1	3	0	0	0	0
Hulmes	GA	Gary	28/02/57	Manchester		1974	1975	Manchester City	Sligo	10	1	0	0	1	0	0	0
Humphreys	JS	John	18/07/64	Farnworth		1983		Oldham Ath.(loan)		6	0	0	0	0	0	0	0
Humpish	AE	Ted	03/04/02	Newcastle	1986	1934		Stockport Co.	Ashton National	31	1	0	3	2	0	0	1
Hunt	MG	Mark	05/10/69	Farnworth		1986	1987	(App)		2	0	0	0	1	1	1	0

Player			D.O.B	Place of Birth	Died	First Season	Last Season	Previous Club	Next Club	Appearances League	FAC	FLC	Other	Goals League	FAC	FLC	Oth.
Hunt	SW	Wally	09/01/09	Doe Lea	1963	1936	1937	Torquay United	Stockport Co.	58	3	0	2	31	2	0	2
Huntley	E	Edward	1913	Dawdon		1935	1936	Easington Col.	Newry Town	30	1	0	2	0	0	0	0
Hurst	C	Charlie	25/01/19	Denton		1946		Oldham Athletic	Chelmsford City	4	0	0	0	1	0	0	0
Hurst	GJ	Graham	23/11/67	Oldham		1984		(App)	Mossley	1	0	0	0	0	0	0	0
Hussey	FM	Malcolm	11/09/33	Darfield		1958		Scunthorpe Utd.		1	0	0	0	0	0	0	0
Hutchinson	JB	Barry	27/01/36	Sheffield		1967		Halifax Town	Bangor City	27	0	0	0	3	0	0	0
Hutchinson	R	Rob	09/05/55	Bolton		1974		Radcliffe Borough	Macclesfield T	2	0	0	0	1	0	0	0
Huxley	FR	Frank	1911	Chester		1935		Northern Nomads	Horden CW	1	0	0	0	0	0	0	0
Ives	A	Arthur	23/10/10	Lincoln	1984	1934		Gainsbro' Trin.	Worcester City	7	0	0	1	0	0	0	0
Jackson	H	Harry	12/05/34	Shaw		1955		Oldham Athletic	Stalybridge Cel.	1	0	0	0	1	0	0	0
Jackson	L	Len	10/05/23	Stockport		1946	1947	Manchester City	Northwich Vic.	61	6	0	0	0	0	0	0
Jenkins	R	Reg	07/10/38	Millbrook		1964	1972	Torquay United	Millbrook	305	11	16	0	119	5	5	0
Jennings	HW	Bill	07/01/20	Norwich	1969	1951		Ipswich Town	Crystal Palace	3	0	0	0	1	0	0	0
Johnson	G	George	27/04/36	Manchester		1954			Buxton	1	0	0	0	0	0	0	0
Johnson	I	Ian	11/11/60	Oldham		1984	1986	Curzon Ashton	Altrincham	81	2	6	7	1	1	0	0
Johnson	MH	Matthew	26/07/10	South Shields	1988	1935	1936	Brentford	Darwen	19	1	0	2	5	0	0	1
Johnson	SA	Steve	23/06/57	Liverpool		1983		Bury	Wigan Ath.	49	7	2	3	12	4	1	0
						1985		Bristol City (loan)									
						1989		Huskvana	Cork								
Johnston	R	Ron	03/04/21	Glasgow		1947		Glasgow Perthshire	Exeter City	17	2	0	0	7	0	0	0
Jones	A	Alan	21/01/51	Grimethorpe		1980		Bradford City	Frickley Athletic	44	1	2	0	5	1	0	0
Jones	A	Alex	27/11/64	Blackburn		1991		Carlisle Utd.	Motherwell	46	5	5	5	2	0	0	0
						1992	1993	Motherwell	Halifax Town								
Jones	A	Arthur				1946		Goslings		1	2	0	0	0	0	0	0
Jones	C	Christopher		Merthyr Tydfil		1928	1929	Gellifaelog Ams.		2	0	0	0	0	0	0	0
Jones	CMN	Chris	19/11/45	Altrincham		1978	1979	Doncaster Rovers	Bridlington	56	3	2	0	19	1	1	0
Jones	GB	Benny	29/01/07	Newtown		1931		Swindon Town	Oldham Athletic	19	1	0	0	3	0	0	0
Jones	GT	Gwyn	1912	Troedyrhiw		1934	1936	Huddersfield T	Stockport Co.	88	2	0	3	0	0	0	0
Jones	JA	Jimmy	03/08/27	Birkenhead		1955	1960	Accrington Stanley		177	8	1	0	0	0	0	0
Jones	PB	Paul	13/05/53	Ellesmere Port		1988		Galway	Stockport Co.	14	0	0	0	2	0	0	0
Jones	R	Dicky	06/06/00	Ashton-in-Makerfield		1922		Oldham Athletic	Stockport Co.	32	1	0	0	0	0	0	0
Jones	RE	Rod	23/09/45	Ashton-under-Lyne		1971	1973	Burnley	Barrow	19	1	3	0	0	0	0	0
Jones	SC	Simon	16/05/45	Nettleham		1963	1966	Gainsborough Trin.	Bangor City	47	0	2	0	0	0	0	0
Jones	WS	Walter	09/01/25	Rochdale		1946		St. Chads (R'dale)	Altrincham	2	0	0	0	2	0	0	0
Jordan	G	George	1904	Methil		1934		Newport County	Prescot Cables	17	1	0	2	0	0	0	0
Kapler	K	Konrad	25/02/25	Tychy, Poland	1991	1949		Celtic	Morecambe	4	0	0	0	0	0	0	0
Kavanagh	EA	Eamonn	05/01/54	Manchester		1973		Manchester City	Bury	3	0	0	0	0	0	0	0
Keegan	GA	Ged	03/10/55	Little Horton		1984		Mansfield Town	Altrincham	2	0	1	0	0	0	0	0
Keeley	W	Walter	01/04/21	Manchester		1951		Accrington Stanley	Fleetwood	4	1	0	0	0	0	0	0
Keenan	GP	Gerry	25/07/54	Liverpool		1982		Port Vale	Ashton Utd.	35	1	2	0	1	0	0	0
						1983		Ashton Utd.	Rossendale Utd.								
Keenan	WG	William	1916	Torbray		1938		West Calder		9	0	0	0	0	0	0	0
Kellett	A	Alfred	1903	Preston		1926		Dick Kerr	Rossendale U	1	0	0	0	0	0	0	0
Kendall	A	Arnold	06/04/25	Halifax		1953	1956	Bradford City	Bradford	111	5	0	0	25	1	0	0
Kerry	DT	David	06/02/37	Derby		1963		Chesterfield	Kettering Town	12	0	2	0	4	0	1	0
Kilner	AW	Andy	11/10/66	Bolton		1991		Stockport Co. (loan)		3	0	0	0	0	0	0	0
Kilsby	RHR	Reginald	23/08/10	Wollaston	1992	1938		Aldershot		23	1	0	1	6	0	0	0
Kinsella	L	Len	14/05/46	Alexandria		1971	1973	Carlisle Utd.		85	2	3	0	4	0	0	0
Kinsey	S	Steve	02/01/63	Manchester		1991		Tacoma (USA)		6	2	0	0	1	0	0	0
Kirkman	N	Norman	06/03/20	Bolton		1946	1947	Burnley	Chesterfield	53	3	0	0	0	0	0	0
Lacey	AJ	Tony	18/03/44	Leek		1975	1976	Port Vale		83	9	4	0	0	0	0	0
Lancaster	D	Dave	08/09/61	Preston		1993		Chesterfield	Halifax Town	40	2	4	1	14	0	1	0
Latham	A	Albert	1904	Hucknall		1930		Accrington Stanley	Hurst	8	0	0	0	1	0	0	0
Latimer	J	John	03/02/06	Hill o' Beath	1979	1938		Queen of the South		1	0	0	0	0	0	0	0
Lawrence	C	Cyril	12/06/20	Salford		1946	1949	Blackpool	Wrexham	44	1	0	0	5	0	0	0
Lawrence	LO	Les	18/05/57	Wolverhampton		1984		Aldershot	Burnley	15	1	2	0	4	0	1	0
Lee	C	Chris	18/06/71	Batley		1990		Bradford City	Scarborough	26	2	4	3	2	0	1	0
Leech	VG	Vinny	06/12/40	Rochdale		1968	1970	Bury		60	3	1	0	1	0	0	0
Lello	CF	Cyril	24/02/20	Ludlow		1956		Everton	Runcorn	11	0	0	0	0	0	0	0
Leonard	MA	Mark	27/09/62	St Helens		1991		Bradford City	Preston NE	9	0	0	0	1	0	0	0
Lewins	GA	George	16/07/06	Walker on Tyne	1991	1928		Reading	Manchester City	34	1	0	0	0	0	0	0
Lewis	DB	Bryn	1916	Tonypandy		1938		Torquay		1	0	0	0	0	0	0	0
Lewis	G	Gwyn	22/04/31	Bangor		1956		Everton	Chesterfield	27	1	0	0	11	0	0	0
Lewis	HH	Harry	1910	Merthyr Tydfil		1928	1930	Dowlais Utd.	Arsenal	62	1	0	0	16	0	0	0
Lindsay	T	Tom	11/03/03	Paisley	1979	1929		Wigan Borough	Watford	7	0	0	0	0	0	0	0
Lister	AO	Alex "Sandy"	20/01/24	Glasgow		1952		Alloa Ath.		2	0	0	0	0	0	0	0
Lister	HF	Bert	04/10/39	Manchester		1964	1966	Oldham Athletic	Stockport Co.	56	3	4	0	16	2	1	0
Littler	O	Oswald	15/02/07	Billinge	1970	1928		Northwich Vic.	Southampton	4	0	0	0	1	0	0	0
Livesey	J	Jack	08/03/24	Preston	1988	1947	1950	Doncaster Rovers	Southport	113	6	0	0	36	1	0	0
Lockett	PB	Phil	06/09/72	Stockport		1989	1990	(App)		3	0	0	0	0	0	0	0
Lockhart	C	Crichton 'Jock	06/03/30	Perth		1957		Southend Utd.	Gravesend & N.	40	1	0	0	11	0	0	0
Lomas	A	Bert	14/10/24	Tyldesley		1950		Mossley	Chesterfield	9	3	0	0	0	0	0	0
Lomax	GW	Geoff	06/07/64	Droylsden		1987	1988	Carlisle United	Chorley	71	1	5	3	0	0	0	0
Longbottom	H	Harry				1933		Trinity Meths.		2	0	0	0	0	0	0	0
Longdon	CW	Charles	06/05/17	Mansfield		1947		Bournemouth	Bath City	2	0	0	0	0	0	0	0
Lord	F	Frank	13/03/36	Chadderton		1953	1960		Crewe Alexandra	122	3	3	0	54	0	2	0
Lowery	B	Bernard	1907	Kirkdale		1932		Liverpool	Chester City	1	0	0	0	0	0	0	0
Lucketti	CJ	Chris	28/09/71	Littleborough		1988		Bishop Henshaw	Stockport Co.	1	0	0	0	0	0	0	0
Luke	NE	Noel	28/12/64	Birmingham		1992		Peterborough Utd.		3	0	0	0	0	0	0	0
Lynch	TJ	Tom "Paddy"	31/08/07	Tredegar	1976	1929	1930	Rhymney	Colwyn Bay U.	58	1	0	0	0	0	0	0
Lynn	J	Joe	31/01/25	Seaton Sluice		1951	1955	Exeter City		193	10	0	0	23	1	0	0
Lyons	AE	Eddie	20/05/20	Rochdale		1953	1954	Crewe Alexandra	Dartford	19	3	0	0	1	0	0	0
Lyons	GW	George	01/05/35	Rochdale		1953	1956			29	0	0	0	4	0	0	0
MacKenzie	DA	Don	30/01/42	Liverpool		1963	1964	Everton	New Brighton	41	0	0	0	7	0	0	0
Maguire	JS	Jim	03/02/32	Eaglesham		1958		Queen of the South		15	3	0	0	0	0	0	0
Makin	SH	Sammy	14/11/25	Radcliffe	1981	1946		Moss Rovers	Droylsden	5	2	0	0	1	1	0	0
Malcolm	PA	Paul	11/12/64	Heworth		1984		Durham City	Shrewsbury Town	24	1	0	2	0	0	0	0
Mallalieu	H	Harry	28/8/1896	Rochdale	1981	1921		All Saints Oakenrod		3	2	0	0	0	2	0	0

Player			D.O.B	Place of Birth	Died	First Season	Last Season	Previous Club	Next Club	Appearances League	FAC	FLC	Other	Goals Leagu	FAC	FLC	Oth.
Marcroft	EH	Ted	4/1910	Rochdale		1936		Bacup Borough	Macclesfield T	5	0	0	1	0	0	0	0
Marriott	S	Stan	21/07/29	Rochdale		1952		R'dale YMCA	Rossendale U	6	0	0	0	2	0	0	0
Marsh	A	Arthur	04/05/47	Dudley		1971	1973	Bolton Wanderers	Darlington	90	3	2	0	0	1	0	0
Marshall	WH	Harry	16/02/05	Hucknall	1959	1935	1937	Brierley Hill All.	Linfield	95	2	0	1	22	0	0	0
Martin	AF	Andrew	24/09/1896	Wigtown	1978	1928		Halifax Town	Torquay United	32	1	0	0	1	0	0	0
Martin	DS	Dean	09/09/67	Halifax		1994		Scunthorpe Utd.		15	0	0	0	0	0	0	0
Martin	H	Harry	5/12/1891	Selston	1974	1925	1930	Nottm. Forest		93	7	0	0	18	3	0	0
Martin	HJ	Harold	15/03/55	Blackburn		1974		Bolton Wanderers	Mossley	13	0	0	0	0	0	0	0
Martin	JG	Jack	20/08/35	Dundee		1962	1963	Sheffield Wed.	Alfreton Town	24	0	2	0	1	0	0	0
Martinez	E	Eugene "Eui"	06/07/57	Chelmsford		1980	1982	Bradford City	Newport County	116	5	6	0	16	0	1	0
Mason	FO	Frank	01/08/01	Solihull		1924	1926	Cardiff City	Merthyr Town	49	1	0	0	0	0	0	0
Mason	SJ	Stuart	02/06/48	Whitchurch		1976		Chester (loan)		2	0	0	0	0	0	0	0
Matthews	NP	Neil	03/12/67	Manchester		1993	1994	Cardiff City	(China)	19	1	1	6	0	0	0	0
McAleer	J	Joe	08/03/10	Blythswood		1931	1932	Arbroath	Glenavon	35	1	0	0	8	0	0	0
McAllister	D	Don	26/05/53	Radcliffe		1984		Academia Setubal	Tampa Bay Rowdies	3	0	0	1	0	0	0	0
McBain	GA	Gordon	04/09/34	Glasgow		1958		Kilmarnock		10	0	0	0	1	0	0	0
McClelland	JW	Johnny	11/08/30	Colchester		1955		Swindon Town	Clacton Town	24	0	0	0	5	0	0	0
McCluskie	JA	Jim	29/09/66	Rossendale		1983	1985	(App)	Mossley	18	0	0	1	0	0	0	0
McCormick	JM	Joe	15/07/16	Holywell		1946	1947	Bolton Wanderers	Boston United	66	10	0	0	0	0	0	0
McCready	BT	Bernard	23/04/37	Dumbarton		1957	1958	Celtic	Oldham Athletic	29	2	0	0	0	0	0	0
McCulloch	WD	Billy	25/06/22	Edinburgh	1961	1954	1957	Stockport Co.		140	3	0	0	2	0	0	0
McDermott	JC	John	14/10/59	Manchester		1979		Wigan Ath.		8	0	0	0	1	0	0	0
McDowall	KF	Ken	06/05/38	Manchester		1960		Manchester Utd.	Rhyl	6	0	1	0	0	0	0	0
McElhinney	GMA	Gerry	19/09/56	Derry		1982		Bolton Wan. (loan)		20	0	0	0	1	0	0	0
McEwen	FK	Frank	15/02/48	Dublin		1966	1967	Manchester Utd.	Drogheda	17	1	0	0	2	0	0	0
McGarry	AM	Arthur	1898	Burslem		1923	1924	Reading		42	2	0	0	1	0	0	0
McGeachie	G	George	26/10/16	Calder		1948	1950	Leyton Orient	Crystal Palace	90	5	0	0	6	0	0	0
McGeeney	PM	Paddy	31/10/66	Sheffield		1986		Sheffield U (loan)		3	0	0	0	0	0	0	0
McGhee	SW	(Dr) Wilson				1921		Glasgow Univ.		2	0	0	0	0	0	0	0
McGlennon	T	Tom	20/10/33	Whitehaven		1957	1958	Blackpool	Burton Albion	61	4	0	0	2	0	0	0
McGuigan	J	Jimmy	01/03/24	Addiewell	1988	1956	1958	Crewe Alexandra		70	4	0	0	2	0	0	0
McHale	R	Ray	12/08/50	Sheffield		1986		Swansea City	Scarborough	7	1	2	0	0	0	0	0
McInerney	ID	Ian	26/01/64	Liverpool		1990		Stockport Co. (loan)		4	0	0	0	1	0	0	0
McIntyre	JG	Joe	19/06/71	Manchester		1988		Port Vale		4	0	0	0	0	0	0	0
McKay	J	Joffre	21/01/37	Conan Bridge		1960		Bury		9	2	3	0	0	0	0	0
McLaren	A	Andy	24/01/22	Larkhall		1955	1956	Southport	Fleetwood	44	1	0	0	12	0	0	0
McLaren	H	Hugh	1907	Kilbirnie		1936	1937	Tranmere Rovers	Astley Bridge	64	1	0	0	1	0	0	0
McMahon	ID	Ian	07/10/64	Wells		1983	1985	Oldham Athletic		91	4	3	6	8	0	0	0
McMurdo	AB	Alex	1914	Cleland		1937		Queen of the South		2	0	0	0	0	0	0	0
McMurray	T	Thomas	24/07/11	Belfast	1964	1937		Glenavon	Chelmsford C	23	2	0	0	1	0	0	0
McNichol	A	Alex	10/10/19	Baillieston		1950		Aldershot	Ramsgate	17	0	0	0	3	0	0	0
McQueen	ID	Ian	04/02/46	Manchester		1965	1966		Hyde United	16	0	0	0	4	0	0	0
McRorie	D	Danny	25/06/06	Glasgow	1963	1933		Liverpool	Morton	5	0	0	0	0	0	0	0
Measham	I	Ian	14/12/64	Barnsley		1985		Huddersfield (loan)		12	0	0	0	0	0	0	0
Medd	GE	Gordon	17/08/25	Birmingham		1950		Walsall	York City	5	0	0	0	1	0	0	0
Mee	GW	George	12/04/00	Bulwell	1978	1938		Accrington Stanley	Accrington Stanley	1	1	0	0	0	0	0	0
Melledew	ST	Steve	28/11/45	Rochdale		1966	1969	Whipp & Bourne	Everton	175	7	8	0	35	0	2	0
						1976	1977	Crewe Alexandra	Hillingdon Bor.								
Melling	T	Terry	24/01/40	Haverton Hill		1968		Mansfield Town	Darlington	20	0	0	0	8	0	0	0
Mellish	SM	Stuart	19/11/69	Hyde		1987	1988	Blackpool	Altrincham	26	1	0	0	1	0	0	0
Middlebrough	A	Alan	04/12/25	Rochdale		1948	1951	Bradford City		47	7	0	0	25	2	0	0
Milburn	S	Stan	22/10/26	Ashington		1958	1964	Leicester City	Spotland Meths.	238	13	18	0	26	1	0	0
Miles	U	Uriah	04/01/07	Newcastle-under-Lym	1970	1927	1928	Wrexham	Witton Albion	10	0	0	0	2	0	0	0
Millar	JMcV	Jock	31/12/06	Coatbridge		1937		New Brighton	Exeter City	26	1	0	0	8	0	0	0
Milligan	LC	Larry	20/04/58	Liverpool		1979		Aldershot	Barrow	9	0	0	0	0	0	0	0
Milligan	SJF	Steve	16/06/73	Hyde		1989		Ipswich Town	Castleton Gabriels	5	0	0	0	1	0	0	0
Mills	H	Harry	23/07/22	Bishop Auckland		1950		Tunbridge Wells	Halifax Town	1	0	0	0	0	0	0	0
Mills	J	John		Vale of Leven		1924		Fleetwood	Lancaster	16	1	0	0	3	0	0	0
Mills	N	Neil	27/10/63	Littleborough		1986		Tim Bobbin (R'dale)	Stockport Co.	10	2	2	0	0	1	1	0
Milne	M	Mike	17/08/59	Aberdeen		1978		Sunderland	Montrose	2	0	0	0	0	0	0	0
Milner	AJ	Andy	10/02/67	Kendal		1989	1993	Manchester City	Chester City	127	8	13	4	25	1	5	2
Milsom	J	Jack	02/05/08	Bedminster	1977	1928	1929	Bristol Rovers	Bolton Wanderers	54	2	0	0	38	2	0	0
Mitcheson	FJ	Frank	10/03/24	Stalybridge		1954	1955	Crewe Alexandra	Mossley	50	5	0	0	8	1	0	0
Mittell	JL	James 'Jackie	28/02/06	Merthyr Tydfil	1976	1927	1928	Penrhiwceiber	Wigan Borough	46	1	0	0	0	0	0	0
Molloy	G	Gerry	13/03/36	Rochdale		1955	1956			6	0	0	0	0	0	0	0
Monks	A	Albert		Manchester		1927				1	0	0	0	0	0	0	0
Moody	JH	Harry	12/3/1896	Rochdale	1968	1922	1927	Grimsby Town		161	9	0	0	0	0	0	0
Moody	WA	William	1895	Rochdale		1922		Cardiff City		1	0	0	0	0	0	0	0
Moore	A	Alan	07/03/27	Hebburn		1958		Swindon Town	Wisbech T	11	0	0	0	2	0	0	0
Moore	AP	Tony	19/09/57	Wolverhampton		1984		Goole T	Belper T	3	0	0	0	0	0	0	0
Moore	J	John	01/10/66	Consett		1987		Sunderland (loan)		10	0	0	0	2	0	0	0
Moore	RD	Ronnie	29/01/53	Liverpool		1985		Charlton Ath.	Tranmere Rovers	43	4	2	1	9	1	0	0
Moorhouse	A	Alan	12/10/25	Wardle		1946	1947	Blackburn Rovers	Bedford Town	17	0	0	0	3	0	0	0
Moran	E	Eddie	20/07/30	Cleland		1956	1958	Stockport Co.	Crewe Alexandra	43	1	0	0	13	0	0	0
Moremont	R	Ralph	24/09/24	Sheffield		1955		Chester City		1	0	0	0	0	0	0	0
Morgan	SJ	Steve	28/12/70	Wrexham		1990	1991	Oldham Athletic	Stalybridge Celtic	23	0	0	0	3	0	0	0
Morgan	WA	Bill	26/09/26	Rotherham		1953	1954	Halifax Town		28	0	0	0	0	0	0	0
Morrin	AJ	Tony	31/07/46	Swinton		1977	1978	Stockport Co.		30	1	3	0	0	0	0	0
Morris	W	Billy	01/04/31	Radcliffe		1952		Derby County		4	0	0	0	1	0	0	0
Morritt	GR	Gordon	08/02/42	Rotherham		1972		York City	Darlington	31	0	2	0	0	0	0	0
Mort	T	Tommy	1/12/1897	Kearsley	1967	1921		Atrincham	Aston Villa	28	1	0	0	0	0	0	0
Morton	A	Albert	27/07/19	Newcastle		1953	1956	Sheffield Wed.		89	4	0	0	0	0	0	0
Morton	GE	George	30/09/43	Liverpool		1962	1965	Everton	New Brighton	147	6	8	0	51	0	4	0
Moss	E	Ernie	19/10/49	Chesterfield		1987		Scarborough (loan)		10	0	0	0	2	0	0	0
Moss	J	Jackie	01/09/23	Blackrod		1946	1948	Bury	Leeds United	58	3	0	0	17	0	0	0
Mossman	DJ	David	27/07/64	Sheffield		1985		Sheffield Wed.	Stockport Co.	8	0	0	2	0	0	0	0
Mottershead	BL	Brian	13/07/35	Rochdale		1953		Hamer YC		1	0	0	0	0	0	0	0
Moulden	A	Tony	28/08/42	Farnworth		1962	1966	Bury	Peterborough Utd.	6	2	0	0	1	0	0	0
Mountford	RW	Bob	23/02/52	Stoke-on-Trent		1974	1977	Port Vale	Huddersfield T	98	8	6	0	37	3	1	0

Player			D.O.B	Place of Birth	Died	First Season	Last Season	Previous Club	Next Club	Appearances League	FAC	FLC	Other	Goals Leagu	FAC	FLC	Oth.
Mullen	J	Jimmy	16/03/47	Oxford		1976		Bury (loan)		8	0	0	0	1	0	0	0
Mullington	PT	Phil	25/09/56	Oldham		1975	1976	Oldham Athletic	Crewe Alexandra	75	5	4	0	6	1	0	0
						1978		Northwich Vic.	Carolyn Hill (H. Kong)								
Mulrain	S	Steve	23/10/72	Lambeth		1992	1993	Leeds United		8	0	0	1	2	0	0	0
Mulvaney	R	Dick	05/08/42	Sunderland		1974	1976	Oldham Athletic	Gateshead	73	9	1	0	4	0	0	0
Mulvoy	T	Terry	02/12/38	Manchester		1956				2	0	0	0	0	0	0	0
Murfin	C	Clarrie	02/04/09	Barnsley		1933		Scunthorpe U	Gainsbro' Trin.	26	0	0	1	7	0	0	0
Murphy	D	Danny	10/05/22	Burtonwood		1954	1956	Crewe Alexandra	Macclesfield T	109	5	0	0	0	0	0	0
Murray	AF	Allan	8/1907	Heywood		1927	1929	Heywood St.James	Gt. Harwood	12	0	0	0	1	0	0	0
Murray	DJ	David	1902	Wynberg, SA		1931		Swindon Town		22	1	0	0	3	1	0	0
Murray	L	Leslie	29/09/28	Kinghorn		1952		Arbroath	Cowdenbeath	16	0	0	0	3	0	0	0
Murty	J	Joe	06/11/57	Glasgow		1974	1975	Oldham Ath.	Bury	21	1	0	0	2	0	0	0
Mycock	DC	David	18/09/69	Todmorden		1987	1988	Bolton Wan.	Altrincham	22	1	0	2	0	0	0	0
Neary	J	John	1916	Chorlton		1938		Manchester NE		1	2	0	0	0	0	0	0
Neville	DR	David	08/01/29	Birmingham		1955		Burton Albion	Crewe Alexandra	1	0	0	0	0	0	0	0
Newell	G	George	07/03/36	Rochdale		1957				1	0	0	0	0	0	0	0
Nicol	B	Benny	10/03/21	Glasgow		1949		Winsford U		5	0	0	0	1	0	0	0
Nicol	JM	James		Neilson		1934		Brechin C	Crewe Alexandra	27	0	0	0	11	0	0	0
Nicholls	GJ	George	13/12/1890	Hackney		1922		Ton Pentre	Leyton	17	0	0	0	0	0	0	0
Nicholls	JH	Jim	27/11/19	Coseley		1951	1952	Bradford		50	3	0	0	0	0	0	0
Nicholson	P	Peter	12/01/51	Cleator Moor		1982		Bolton Wanderers	Carlisle Utd.	7	0	0	0	0	0	0	0
Nisbet	KH	Ken	09/06/07	Rosyth	1992	1931		Sunderland	Gateshead	12	0	0	0	2	0	0	0
Norris	OP	Ollie	01/04/29	Derry		1960		Ashford Town	Ashford Town	2	0	0	0	1	0	0	0
Norton	DW	David	03/03/65	Cannock		1990		Notts County (loan)		9	0	0	2	0	0	0	0
Nuttall	H	Harry	9/11/1897	Bolton	1969	1932		Bolton Wanderers	Nelson	35	1	0	0	0	0	0	0
Nuttall	J	Jimmy	07/04/00	Bolton		1921	1923	Manchester Utd.		59	9	0	0	0	0	0	0
O'Connor	MJ	Malcolm	25/04/65	Ashton-under-Lyne		1982	1983	Curzon Ashton	Curzon Ashton	16	1	0	1	3	0	0	0
O'Donnell	H	Hugh	15/02/13	Buckhaven	1965	1946	1947	Blackpool	Halifax Town	40	2	0	0	14	1	0	0
O'Loughlin	N	Nigel	19/01/54	Rochdale		1976	1981	Shrewsbury Town	Ashton Utd.	245	11	13	0	17	1	1	0
O'Shaughnessy	S	Steve	13/10/67	Wrexham		1988	1990	Bradford City	Exeter City	109	9	5	7	16	2	3	0
Oakes	J	John	16/01/21	Hamilton		1946		Queen of the South		1	0	0	0	0	0	0	0
Oates	RA	Bob	26/07/56	Leeds		1983		Scunthorpe Utd.	Witton Albion	42	2	2	1	1	0	0	0
Oliver	BC	Brian	06/03/57	Liverpool		1975		Bury	Morecambe	3	1	0	0	0	0	0	0
Oliver	D	Darren	01/11/71	Liverpool		1993	1994	Bolton Wanderers	Altrincham	28	1	0	1	0	0	0	0
Oliver	EA	Ted	17/03/61	Manchester		1977	1979	(App)		22	0	1	0	1	0	0	0
Oliver	ED	Dougie	09/09/06	Ashington	1992	1929	1930	Alnwick Utd.	Guildford City	46	1	0	0	0	0	0	0
Owen	B	Bryn	25/04/39	Rochdale		1960	1961	Turf Hill	Mossley	6	0	0	0	0	0	0	0
Owen	GL	Griffith	1902	Liverpool		1926		Chester	Flint	3	0	0	0	0	0	0	0
Owen	LT	Terry	11/09/49	Liverpool		1977	1978	Cambridge Utd.	Port Vale	83	2	2	0	21	2	0	0
Owens	JR	Reg		Pontypridd		1921		Pontypridd		14	0	0	0	7	0	0	0
Oxley	W	William	1897	Wallsend	1951	1924		Walker Celtic	Manchester City	11	0	0	0	5	0	0	0
Page	DR	Don	18/01/64	Manchester		1992		Rotherham U (loan)		4	0	0	0	1	0	0	0
Palin	LG	Leigh	12/09/65	Worcester		1991		Hull City (loan)		3	0	0	0	0	0	0	0
Parker	C	Carl	25/03/71	Burnley		1991	1992	Rossendale U	Morecambe	16	2	0	3	1	0	0	0
Parker	HD	Derrick	07/02/57	Wallsend		1987		Burnley	North Ferriby	7	0	1	0	1	1	1	0
Parkes	D	David	17/6/1892	Lye	1975	1922	1927	Stoke City	Macclesfield T	209	10	0	0	11	1	0	0
Parlane	DJ	Derek	05/05/53	Helensburgh		1986	1987	Racing Jet	Airdrie	42	1	1	3	10	3	1	0
Parr	SV	Steve	22/12/26	Bamber Bridge		1956	1957	Exeter City	Burscough	18	0	0	0	1	0	0	0
Parry	C	Colin	16/02/41	Stockport		1968	1971	Stockport Co.	Macclesfield T	156	9	4	0	1	0	0	0
Parton	J	James	03/12/02	Barrow	1981	1929		Barrow		7	0	0	0	0	0	0	0
Partridge	D	Don	22/10/25	Bolton		1946	1955	Farnworth		103	10	0	0	2	0	0	0
Payne	MRC	Mark	03/08/60	Cheltenham		1991	1992	Stockport Co.	Chorley	62	5	4	3	8	0	0	0
Peake	JW	Jason	29/09/71	Leicester		1993	1994	Halifax Town		49	1	1	5	2	0	0	0
Pearce	CL	Chris	07/08/61	Newport		1980	1982	Blackburn R (loan)		41	1	6	0	0	0	0	0
Pearson	AV	Bert	6/9/1892	Hebburn	1975	1923	1925	Llanelly	Stockport Co.	52	4	0	0	12	0	0	0
Pearson	DAJ	David	13/10/47	Shotton		1970		Southport	Morecambe	3	0	0	0	0	0	0	0
Pearson	DT	Dave	09/11/32	Dunfermline		1956	1957	Oldham Athletic	Crewe Alexandra	32	0	0	0	17	0	0	0
Peart	JG	Jack	3/10/1888	South Shields	1948	1922	1923	Norwich City		21	1	0	0	10	0	0	0
Pemberton	JM	John	18/11/64	Oldham		1984		Chadderton	Crewe Alexandra	1	0	0	0	0	0	0	0
Pennington	J	Jim	26/04/39	Golborne		1966		Oldham Athletic	Northwich Vic.	14	1	0	0	0	0	0	0
Peters	WT	William	1906	Motherwell		1933		Bournemouth	Burton Town	1	0	0	0	0	0	0	0
Phoenix	PP	Peter	31/12/36	Manchester		1962	1963	Oldham Athletic	Exeter City	36	2	1	0	4	1	0	0
Phoenix	RJ	Ron	30/06/29	Stretford		1960	1961	Manchester City	Altrincham	64	4	8	0	0	0	0	0
Plane	E	Eddie				1927			Hallford Congs.	2	0	0	0	0	0	0	0
Platt	H	Harold	1910	Rochdale		1930	1931	Park Bridge St.James	Hartford Works	16	0	0	0	0	0	0	0
Plunkett	AETB	Adam	16/03/03	Blantyre	1992	1930	1931	Loughbro' Cor.	Stalybridge Celtic	18	0	0	0	0	0	0	0
Pollitt	J	Jack	29/03/37	Farnworth		1960		Accrington Stanley	Winsford United	6	2	0	0	1	1	0	0
Pomphrey	EA	Edric 'Syd'	31/05/16	Stretford		1946		Notts County		9	4	0	0	0	0	0	0
Poole	MD	Mike	23/04/55	Morley		1973	1977	Coventry City	Portland Timbers	219	20	10	0	0	0	0	0
						1981		Portland Timbers									
Potter	H	Harry	20/05/23	Tyldesley		1952	1953	Shrewsbury Town	Rhyl	52	2	0	0	0	0	0	0
Powell	DM	Dai	19/01/35	Swansea		1958	1960	Blackpool	R'dale Police	76	9	2	0	1	0	0	0
Power	G	George	10/05/04	Bolton	1985	1928		Manchester City	Darwen	3	0	0	0	0	0	0	0
Prest	TW	Tommy	04/02/08	Darwen	1987	1938		Aldershot		21	1	0	0	6	0	0	0
Price	J	John	28/04/60	Nantwich		1977	1978	Middlewich A.	Macclesfield T	12	1	0	0	0	0	0	0
Price	WB	Walter	14/02/21	Neston		1948		Tranmere Rovers		1	0	0	0	0	0	0	0
Priday	RH	Bob	29/03/25	Cape Town, SA		1953		Accrington Stanley		5	0	0	0	1	0	0	0
Prince	J	Jack	13/04/08	Crewe	1988	1930		Port Vale	Wrexham	15	1	0	0	0	0	0	0
Protheroe	S	Sid	16/12/10	Dowlais	1982	1936	1937	Torquay U	Notts Co.	63	2	0	1	14	0	0	0
Prouse	WHO	Bill	23/03/00	Birmingham		1922	1923	Redditch T	Fulham	51	1	0	0	18	0	0	0
Radcliffe	M	Mark	26/10/19	Hyde		1952		Witton Albion		1	1	0	0	0	0	0	0
Radcliffe	V	Vince	09/06/45	Manchester		1968		Peterborough Utd.	King's Lynn	26	2	1	0	1	0	0	0
Radford	A	Alf	07/10/25	Rotherham		1951		Rotherham Utd.	Swindon Town	27	3	0	0	0	0	0	0
Ratcliffe	JB	Barrie	21/09/41	Blackburn		1965		Scunthorpe Utd.		12	3	2	0	1	0	0	0
Redfern	D	Dave	08/11/62	Sheffield		1984	1986	Sheffield Wed.	Gainsborough Trin.	87	6	6	5	0	0	0	0
Redfern	L	Levi	18/02/05	Burton-on-Trent	1976	1934		Bradford City	Sheffield United	25	1	0	1	3	0	0	0
Rees	M	Mark	13/10/61	Smethwick		1986		Walsall (loan)		3	0	0	0	0	0	0	0
Reeve	FW	Fred	01/05/18	Clapton	1994	1938		Tottenham H	Grimsby Town	27	1	0	1	3	0	0	0

Player			D.O.B	Place of Birth	Died	First Season	Last Season	Previous Club	Next Club	Appearances League	FAC	FLC	Other	Goals Leagu	FAC	FLC	Oth.
Reeves	A	Alan	19/11/67	Birkenhead		1991	1994	Chester City	Wimbledon	121	6	12	5	9	0	1	0
Reid	DA	David	03/01/23	Glasgow		1947	1950	Glasgow Perthshire	Bradford	36	0	0	0	2	0	0	0
Reid	J	John	20/08/32	Newmains		1967		Torquay United		39	1	1	0	3	0	0	0
Reid	S	Shaun	13/10/65	Huyton		1983	1988	Manchester City	York City	241	10	18	21	14	2	2	2
						1992	1994	York City	Bury								
Renwick	R	Dick	27/11/42	Gilsland		1972	1973	Stockport Co.		49	1	2	0	0	0	0	0
Reynolds	W	Wally	24/11/06	Ecclesall		1938		York City	Sheffield Wed.	22	2	0	1	4	1	0	0
Richardson	BW	Brian	05/10/34	Sheffield		1966		Swindon Town		19	0	1	0	1	0	0	0
Richardson	JAS	Joseph	17/03/42	Sheffield	1966	1960	1964	Sheffield Utd.	Tranmere Rovers	115	2	11	0	31	2	5	0
Ridge	R	Roy	21/10/34	Sheffield		1964	1965	Sheffield Utd.	Worksop Town	85	3	5	0	0	0	0	0
Rigby	W	Will		Atherton		1932	1933	Stockport Co.		46	1	0	1	5	1	0	0
Rigg	T	Tweedale	01/11/1896	Rochdale	1973	1924		Blackburn Rovers		2	0	0	0	0	0	0	0
Riley	HW	Hughie	12/06/47	Accrington		1967	1971		Crewe Alexandra	92	5	4	0	12	0	0	0
Rimmer	SA	Stuart	12/10/64	Liverpool		1994		Chester (loan)		3	0	0	0	0	0	0	0
Roberts	WE	Bill	22/10/18	Flint		1946	1948			43	3	0	0	0	0	0	0
Roberts	WJ	Billy	09/04/63	Bradford		1988		Farsley Celtic	Farsley Celtic	1	0	0	0	0	0	0	0
Robinson	CA	Charlie	1906	Pegswood		1936	1937	Accrington Stanley	Blyth Spartans	18	0	0	1	0	0	0	0
Robinson	P	Peter	04/09/57	Ashington		1984		Blyth Spartans	Darlington	12	0	0	0	0	0	0	0
Robson	ER	Ed	21/8/1890	Hexham	1977	1928		Grimsby Town		12	0	0	0	0	0	0	0
Robson	JC	Jack	24/03/06	Birtley	1966	1933		Chester	Oldham Athletic	28	1	0	1	10	0	0	0
Robson	JW	Joe	26/10/1899	Ryhope		1925		Durham City	Lincoln City	4	0	0	0	0	0	0	0
Rodi	J	Joe	23/07/13	Glasgow	1965	1946		Boston U		9	0	0	0	3	0	0	0
Rose	K	Ken	18/08/30	Eckington		1953		Exeter City	Workington	11	0	0	0	0	0	0	0
Rose	KP	Kevin	23/11/60	Evesham		1990	1992	Bolton Wan.	Kidderminster H.	71	4	2	4	0	0	0	0
Roseboom	E	Ted	24/11/1896	Glasgow	1980	1924		Clapton Orient	Chesterfield	30	2	0	0	4	0	0	0
Ross	A	Alec		Aberdeen		1926		Dundee		1	0	0	0	1	0	0	0
Rothwell	R	Ron	10/07/20	Bury		1946	1951	Dunfermline	Rossendale U	48	2	0	0	0	0	0	0
Rowbotham	H	Harry	1911	Willington Quay		1936		Barrow	Tunbridge Wells R.	19	1	0	0	1	0	0	0
Rowe	RK	Robert	1911	Herrington		1932		Herrington Col.	Jarrow	1	0	0	0	0	0	0	0
Royan	WOH	William		Frickham		1938		Queen of the South		5	0	0	0	1	0	0	0
Rudd	WT	Billy	13/12/41	Manchester		1967	1969	Grimsby Town	Bury	108	3	2	0	8	0	0	0
Rudman	H	Harold	04/11/24	Whitworth		1957		Burnley		21	1	0	0	2	0	0	0
Russell	A	Alex	17/03/73	Crosby		1994		Burscough		7	0	0	3	1	0	0	0
Russell	W	Billy	07/07/35	Hounslow		1966	1967	Bolton Wanderers	Scarborough	61	2	2	0	8	0	0	0
Ryan	DT	Darren	03/07/72	Oswestry		1994		Stockport Co.		24	1	2	5	2	0	0	0
Ryan	JB	John	18/02/62	Failsworth		1991	1993	Chesterfield	Bury	70	7	8	5	2	0	3	0
Ryder	DF	Derek	18/02/47	Leeds		1968	1971	Cardiff City	Southport	168	9	8	0	1	0	0	0
Ryder	F	Frank	07/03/09	Summerseats	1978	1934		Torquay United	Ards	6	0	0	1	0	0	0	0
Sandham	W	William		Fleetwood		1922		Blackburn Rovers	Fleetwood	22	1	0	0	7	0	0	0
Sandiford	R	Bob	1900	Rochdale	1967	1921		R'dale St.Peters	Bacup Borough	16	0	0	0	4	0	0	0
						1923	1924	Bacup Borough									
Scaife	RH	Bobby	12/10/55	Northallerton		1977	1979	Hartlepool Utd.	Whitby Town	98	4	4	0	9	2	0	0
Schofield	R	Robert	07/11/04	Rochdale	1978	1926	1927		Newton Heath	17	0	0	0	6	0	0	0
Scott	RW	Bob	22/02/53	Liverpool		1977	1978	Hartlepool Utd.	Crewe Alexandra	71	2	5	0	3	0	0	0
Seal	J	Jimmy	09/12/50	Pontefract		1979	1980	Darlington	Gainsbro' Trin.	53	5	1	0	4	0	0	0
Seasman	J	John	21/02/55	Liverpool		1984		Cardiff C (loan)		94	6	5	5	4	4	1	0
						1985	1987	Chesterfield	Northwich Vic.								
Seddon	DA	David	13/04/51	Rochdale		1973	1974	Stafford Rgs.	Stafford Rgs.	21	3	0	0	0	0	0	0
Seddon	IW	Ian	14/10/50	Prestbury		1977		Cambridge Utd.	Wigan Ath.	31	0	3	0	3	0	0	0
Sharpe	R	Richard	14/01/67	Wokingham		1994		Coco Expos (USA)	Coco Expos (USA)	16	1	0	6	2	0	0	1
Sharples	H	Harry				1932		Macclesfield T	Ashton National	2	0	0	0	0	0	0	0
Shaw	GP	Graham	07/06/67	Stoke-on-Trent		1994		Stoke City		4	0	0	0	0	0	0	0
Shaw	S	Steve	10/08/60	Manchester		1977		(App)	Buxton	6	1	0	0	0	0	0	0
Shearer	PA	Peter	04/02/67	Birmingham		1986		Birmingham City	Nuneaton Bor.	1	0	1	0	0	0	2	0
Shehan	WJ	Joe		Rochdale		1921		R'dale St.Johns	R'dale Civil Service	1	0	0	0	0	0	0	0
Shelton	G	Gary	21/03/58	Nottingham		1993		Bristol City (loan)		3	0	0	0	0	0	0	0
Shepherd	T	Thomas				1933		Castleton Baptists	Ashton National	4	0	0	0	0	0	0	0
Shonakan	JF	Joseph	29/11/13	Bolton	1973	1932		Bolton Wan.	Wrexham	27	1	0	0	2	0	0	0
Shyne	C	Chris	10/12/50	Rochdale		1976	1978	Dyers Arms (R'dale)	Wigan Ath.	19	1	0	0	0	0	0	0
Sibley	TI	Tom	27/10/20	Porth		1946	1947	Birmingham	Barry Town	23	2	0	0	3	0	0	0
Sievwright	GES	George	10/10/37	Broughty Ferry		1965		Tranmere Rovers	Macclesfield T	32	3	2	0	1	1	0	0
Silverwood	E	Eric	25/07/06	Rochdale	1973	1928		R'dale St. Clements		2	0	0	0	0	0	0	0
Simmonds	RL	Lyndon	11/11/66	Pontypool		1986	1987	Leeds Utd.		65	1	0	2	22	4	3	0
Simpson	CWP	Charlie	11/07/54	Rochdale		1972		Sacred Heart (R'dale)	R'dale Nomads	1	0	0	0	1	0	0	0
Skaife	S	Sam	10/12/09	Otley	1981	1934	1936	Bradford Park Ave.		60	2	0	3	0	0	0	0
Skeete	LA	Leo	03/08/49	Liverpool		1972	1974	Elesmere Port	Mossley	40	4	3	0	14	0	1	0
Skivington	MN	Mike	24/12/21	Glasgow		1947		Bury	Dundalk	1	0	0	0	0	0	0	0
Slack	A	Andy	09/06/59	Heywood		1977	1978	Bolton Wanderers		15	0	2	0	0	0	0	0
Slicer	W	Walter				1933		Luton T	Oswestry	4	0	0	0	0	0	0	0
Small	C	Colin	09/11/70	Stockport		1989		Manchester City	Stalybridge Celtic	7	0	0	0	1	0	0	0
Smart	J	Jason	15/02/69	Rochdale		1985	1988	Milton	Crewe Alexandra	117	3	10	6	4	0	0	0
Smith	A	Albert	28/4/1887	Burnley		1923	1924	Grimsby Town		13	23	0	0	0	3	0	0
Smith	GL	Graham	20/06/46	Pudsey		1966	1973	Leeds United	Stockport Co.	317	15	13	0	3	0	1	0
Smith	JR	John	2/4/1895	Pollokshaws	1946	1933		Bury	Ashton National	25	1	0	0	8	0	0	0
Smith	MC	Mark	19/12/61	Sheffield		1988		Kettering	Huddersfield T	27	2	2	2	7	0	0	0
Smith	TS	Tom		Higham		1933		Nelson	Luton T	25	1	0	0	0	0	0	0
Smith	W	William	1912	Rochdale		1936		Halifax T		4	0	0	1	1	0	0	0
Smith	WE	William	19/11/00	Sheffield		1925		Hartlepool U	Halifax T	10	0	0	0	2	0	0	0
Smith	WH	Billy	23/5/1895	Tantobie	1951	1934		Huddersfield T		3	1	0	0	1	1	0	0
Smyth	HR	Bob	28/02/21	Manchester		1950		Halifax Town	Accrington Stanley	3	0	0	0	1	0	0	0
Sneddon	T	Tom	26/08/12	Livingston		1937	1946	Queen of the South		67	7	0	2	0	0	0	0
Sneyd	W	William				1921				4	0	0	0	0	0	0	0
Snookes	E	Eric	06/03/55	Smethwick		1978	1982	Southport	Bolton Wanderers	183	10	11	0	1	0	0	0
Snow	GEG	George	09/02/10	Newcastle	1977	1932		Leeds United	Wrexham	41	1	0	0	12	0	0	0
Snowden	T	Trevor	04/10/73	Sunderland		1992	1993	Seaham Red Star	Northwich Vic.	14	0	0	0	0	0	0	0
Spargo	S	Steve	29/12/03	Burnley	1972	1933		York City		4	0	0	0	0	0	0	0
Spencer	L	Les	16/09/36	Manchester		1957	1959		Luton Town	74	7	0	0	17	2	0	0
Sperry	E	Edward	1913	Wassep Vale		1937		Ollerton		3	0	0	0	0	0	0	0
Stafford	AG	Andy	28/10/60	Littleborough		1982		Stockport Co.	Mossley	1	0	0	0	1	0	0	0

Player			D.O.B	Place of Birth	Died	First Season	Last Season	Previous Club	Next Club	Appearances League	FAC	FLC	Other	Goals League	FAC	FLC	Oth.
Stanners	W	Walter	02/01/21	Cariden		1949		Bournemouth		5	1	0	0	0	0	0	0
Stanton	B	Brian	07/02/56	Liverpool		1986	1987	Morecambe	Morecambe	49	0	0	3	4	3	1	0
Steele	E	Ernest	18/06/08	Middleton	1972	1931		Middleton	Oldham Athletic	19	1	0	0	3	0	0	0
Steen	AW	Alan	26/06/22	Crewe		1950	1951	Aldershot	Carlisle Utd.	45	3	0	0	8	1	0	0
Stephenson	GR	Bob	19/11/42	Derby		1965	1966	Shrewsbury Town	Lockheed Leamington	51	1	2	0	16	0	1	0
Stephenson	J	John		Croxdale		1927		Durham City	Ashington	22	0	0	0	0	0	0	0
Stiles	JC	John	06/05/54	Manchester		1991		Doncaster R (loan)		4	0	0	0	0	0	0	0
Stirling	E	Edward		Arbroath		1924		Dundee Hibs		13	0	0	0	0	0	0	0
Stonehouse	B	Bernard	23/12/34	Manchester		1955	1956	Crewe Alexandra		19	0	0	0	1	0	0	0
Stonehouse	K	Kevin	20/09/59	Bishop Auckland		1989		Darlington	Bishop Auckland	14	1	2	2	2	1	0	0
Storey	J	Jim	30/12/29	Rowlands Gill		1955	1956	Bournemouth	Darlington	24	1	0	0	1	0	0	0
Storf	DA	David	04/12/43	Sheffield		1963	1966	Sheffield Wed.	Barrow	138	5	6	0	19	1	2	0
Stott	GRB	George	31/01/06	North Shields	1963	1928	1930	Barnsley	Bradford City	109	2	0	0	30	0	0	0
Strong	L	Les	03/07/53	Streatham		1984		Crystal Palace		1	0	0	0	0	0	0	0
Stuart	MRN	Mark	15/12/66	Hammersmith		1993	1994	Huddersfield T		73	3	6	6	15	1	1	1
Sullivan	LG	Les	8/1912	Croydon		1934		Lytham	Brentford	32	0	0	3	9	0	0	0
Summerscales	WC	Bill	04/01/49	Willesden		1975	1976	Port Vale	(Australia)	87	9	4	0	4	0	0	0
Sutcliffe	A	Arnold				1937		Breda Visada		2	0	0	0	0	0	0	0
Sutton	B	Brian	08/12/34	Rochdale		1952	1955	Norden YC	Rossendale U	13	0	0	0	0	0	0	0
Sutton	DW	Dave	21/01/57	Tarleton		1988		Bolton Wanderers		28	2	2	2	2	0	0	0
Swan	C	Carl	12/12/57	Sheffield		1982		Doncaster R (loan)		3	1	0	0	0	0	0	0
Sweeney	A	Andy	15/10/51	Oldham		1975		Oldham Athletic	Mossley	17	1	2	0	0	0	0	0
Symonds	CRCH	Calvin	29/03/32	Bermuda		1955		Pembroke (Bermuda)	(West Indies)	1	0	0	0	0	0	0	0
Tapley	R	Reg	02/11/32	Nantwich		1956		Crewe Alexandra		1	0	0	0	0	0	0	0
Tapley	S	Steve	03/10/63	Camberwell		1984		Fulham (loan)		1	0	0	0	0	0	0	0
Tarbuck	AD	Alan	10/10/48	Liverpool		1976	1977	Shrewsbury Town	Bangor City	48	3	5	0	1	1	1	0
Taylor	AD	Alan	14/11/53	Hinckley		1973	1974	Morecambe	West Ham Utd.	55	3	3	0	7	1	1	0
Taylor	B	Brian	29/06/42	Manchester		1963	1967		Altrincham	132	3	4	0	7	0	1	0
Taylor	B (2)	Brian	12/02/54	Hodthorpe		1978	1982	Doncaster Rovers	Whitworth Valley	154	7	6	0	10	0	0	0
Taylor	F	Fred		Rotherham		1921		Maidstone U		19	0	0	0	0	0	0	0
Taylor	F (2)	Fred	1914	Heywood		1935		Heywood St. James		6	0	0	1	3	0	0	0
Taylor	JL	Jamie	11/01/77	Bury		1993	1994	Heywood St. James		19	1	0	2	1	0	0	1
Taylor	JL	John	25/06/49	Birmingham		1974		Chester (loan)		3	0	0	0	0	0	0	0
Taylor	S					1935				2	0	0	0	0	0	0	0
Taylor	SJ	Steve	18/10/55	Royton		1984	1986	Stockport Co.	Preston NE	101	4	6	4	46	5	3	2
						1988		Burnley									
Tennant	D	Dave	13/06/45	Walsall		1970		Lincoln City	Corby Town	16	3	0	0	0	0	0	0
Thackeray	AJ	Andy	13/02/68	Huddersfield		1992	1994	Wrexham		119	5	8	10	13	0	0	2
Thomas	GR	Geoff	05/08/64	Manchester		1982	1983	Ashe Labs.	Crewe Alexandra	11	0	0	1	1	0	0	0
Thomas	WE	Billy	16/03/06	Chorlton	1956	1934		Tranmere Rovers	Ashton National	6	0	0	1	1	0	0	0
Thompson	DS	David	27/05/62	Manchester		1981	1985	N. Withington	Notts County	195	8	9	13	19	0	0	0
						1994		Chester									
Thompson	J	Jimmy	26/11/35	Chadderton		1960	1965	Exeter City	Bradford City	199	9	19	0	15	0	2	0
Thompson	ND	Nigel	01/03/67	Leeds		1987		Leeds U (loan)		5	0	0	0	0	0	0	0
Thompson	SC	Stuart	02/09/64	Littleborough		1982	1983	Blackburn Rov.	Chorley	31	1	0	0	8	0	0	0
Thomson	B	Bert	18/02/29	Glasgow		1958	1959	Yeovil T	San Francisco Scots	55	2	0	0	1	0	0	0
Thorpe	L	Levy	18/11/1889	Seaham Harbour	1935	1924	1925	Lincoln City		31	2	0	0	0	0	0	0
Tippett	T	Tommy	13/07/04	Gateshead		1929	1930	Doncaster Rovers	Port Vale	70	2	0	0	47	0	0	0
Tobin	DJ	Don	01/11/55	Liverpool		1973	1975	Everton	Witton Albion	47	4	0	0	5	1	0	0
Todd	TB	Tommy	01/06/26	Stonehouse, Lanarks		1956		Derby County		5	0	0	0	1	0	0	0
Tolson	W	Bill	29/03/31	Rochdale		1953	1954	R'dale St. Albans	(Australia)	10	1	0	0	0	0	0	0
Tomlinson	F	Frank	23/10/25	Manchester		1951		Oldham Athletic	Chester City	20	2	0	0	2	2	0	0
Tompkinson	WV	Billy	18/6/1895	Stone	1968	1923	1927	Aberdare Ath.	Stockport Co.	162	6	0	0	45	0	0	0
Tong	DJ	David	21/09/55	Blackpool		1985		Cardiff City	Bristol City	2	0	0	0	0	0	0	0
Torrance	GS	George	27/11/35	Glasgow		1957		Oldham Athletic	Albion Rovers	2	0	0	0	0	0	0	0
Towers	MA	Tony	13/04/52	Manchester		1984		Vancouver Whitecaps		2	0	0	0	0	0	0	0
Towner	AJ	Tony	02/05/55	Brighton		1985		Charlton Ath.	Cambridge Utd.	5	3	0	0	0	0	0	0
Townsend	GE	George	29/07/57	Ashton-under-Lyne		1974	1975	Huddersfield T	(Australia)	32	2	2	0	0	0	0	0
Trainer	J	Jack	14/07/52	Glasgow		1982		Waterford	Morecambe	7	0	2	0	0	0	0	0
Trippier	AW	Austin	30/08/09	Ramsbottom	1993	1929	1930	R'dale St.Clements	Oldham Athletic	12	0	0	0	1	0	0	0
Trotman	RW	Reg	8/1906	Bristol	1970	1928		Bristol Rovers	Sheffield Wed.	23	1	0	0	10	0	0	0
Tully	JA	Jim	1885	Newcastle		1921	1922	Pontypridd		40	17	0	0	0	4	0	0
Turley	JW	John	26/01/39	Bebington		1964		Peterborough Utd.	Cambridge Utd.	22	1	1	0	5	0	0	0
Turnbull	GE	George				1930			Darlington	10	0	0	0	2	0	0	0
Twine	FW	Frank	1903	Holborn		1931		Aldershot	Caernarvon U	10	0	0	0	0	0	0	0
Underwood	GR	George	06/09/25	Sheffield		1954		Scunthorpe Utd.		19	0	0	0	0	0	0	0
Valentine	P	Peter	16/06/63	Huddersfield		1994		Carlisle Utd.		27	0	0	0	2	0	0	0
Vause	PG	Peter	17/06/14	Chorley	1986	1938		Darwen		20	0	0	1	13	0	0	0
Vizard	CJ	Colin	18/06/33	Newton-le-Willows		1957	1958	Everton		41	0	0	0	7	0	0	0
Wainman	WH	Harry	22/03/47	Hull		1972		Grimsby T (loan)		9	0	0	0	0	0	0	0
Wainwright	EF	Eddie	22/06/24	Southport		1956	1958	Everton		100	5	0	0	27	3	0	0
Wakenshaw	RA	Rob	22/12/65	Seaton Deleval		1986		Carlisle Utd.	Crewe Alexandra	29	2	2	4	5	2	0	2
Waldron	C	Colin	22/06/48	Bristol		1979		Atlanta Chiefls		19	3	0	0	1	0	0	0
Walkden	F	Frank	21/06/21	Aberdeen		1946		Bolton Wanderers		1	0	0	0	0	0	0	0
Wall	G	George	20/2/1885	Boldon	1962	1922		Hamilton Acad.	Ashton National	30	1	0	0	1	0	0	0
Wallace	JC	John "Jock"	11/01/36	Glasgow		1957	1958	St. Roch's		7	0	0	0	0	0	0	0
Walling	DA	Dean	17/04/69	Leeds		1987	1989	Leeds United	Kitchener (Canada)	62	1	3	2	8	0	0	0
Walmsley	C	Clifford	25/11/10	Burnley	1983	1933	1934	Reading	Stalybridge Celtic	59	2	0	2	0	0	0	0
Walters	J	Joe	04/1886	Stourbridge	1923	1922		Millwall	Manchester N.E.	24	1	0	0	6	0	0	0
Wann	JD	Dennis	17/11/50	Blackpool		1979	1980	Darlington	Blackpool	66	5	4	0	7	0	0	0
Warburton	TC	Thomas	11/09/10	Bury	1985	1930		Bury GSOB		2	0	0	0	0	0	0	0
Ward	F	Fred 'Yaffer'	30/1/1894	Lincoln	1953	1926	1927	Lincoln City	Lincoln City	67	2	0	0	0	0	0	0
Ward	G	George				1930	1931	Macclesfield T	Bury Co-op	33	0	0	0	0	0	0	0
Ward	P	Peter	15/10/64	Durham		1989	1990	Huddersfield T	Stockport Co.	84	7	5	5	10	1	0	0
Warner	J	Jack	21/09/11	Tonyrefail	1980	1952		Oldham Athletic		21	1	0	0	0	0	0	0
Warren	LA	Lee	28/02/69	Manchester		1987		Leeds United	Hull City	31	1	0	0	1	0	2	0
Warriner	SW	Steve	18/12/58	Liverpool		1981	1982	Newport County	Tranmere Rovers	12	0	2	0	1	0	0	0

Player			D.O.B	Place of Birth	Died	First Season	Last Season	Previous Club	Next Club	Appearances League	FAC	FLC	Other	Goals Leagu	FAC	FLC	Oth.
Wasilewski	Z	Adam	1925	Poland	1956	1953				4	0	0	0	1	0	0	0
Watson	D	Don	27/08/32	Barnsley		1962	1963	Barnsley	Barrow	58	4	2	0	15	1	1	0
Watson	E	Edward	1899	Sunderland		1923		QPR		1	0	0	0	0	0	0	0
Watson	I	Ian	05/02/60	North Shields		1979		Sunderland (loan)		33	5	2	0	0	0	0	0
Watson	RH	Bert	26/08/00	Thelwall	1971	1931		Southampton		17	1	0	0	8	0	0	0
Watson	TA	Tom	1904	South Shields		1928	1930	Consett	Guildford City	91	3	0	0	0	0	0	0
Watson	TL	Tom	10/1912	Shiney Row		1932		Accrington Stanley		7	0	0	0	6	0	0	0
Watson	W	Bill	29/05/16	South Hiendley	1986	1948	1953	Chesterfield		200	7	0	0	0	0	0	0
Watson	WT	William	16/3/1899	Cambois	1969	1932		Carlisle Utd.	Accrington Stanley	39	1	0	0	12	0	0	0
Webster	W	Walter		Rochdale	1942	1927	1928		Sheffield Wed.	36	0	0	0	1	0	0	0
						1931		Oswestry	Guildford								
Webster	WG	Wally	22/5/1895	West Bromwich	1980	1933		Torquay United	Stalybridge Celtic	38	1	0	1	0	0	0	0
Weir	A	Alan	01/09/59	South Shields		1979	1982	Sunderland	Hartlepool Utd.	106	7	6	0	3	0	0	0
Welch	H	Bert		Pendleton		1931	1934	Whitworth Valley	Bangor City	57	0	0	2	0	0	0	0
Welch	KJ	Keith	03/10/68	Bolton		1986	1990	Bolton Wanderers	Bristol City	205	10	12	12	0	0	0	0
Weldon	A	Tony	12/11/00	Croy		1933		Dolphin	Dundalk	27	0	0	1	7	0	0	0
Wellings	B	Barry	10/06/58	Liverpool		1980	1982	York City	Tranmere Rovers	116	5	8	0	30	1	3	0
Wells	WD	David	16/12/40	Eccleston, Lancashire		1963		Blackburn Rovers		8	1	0	0	0	0	0	0
West	T	Tom	08/12/16	Salford		1946		Oldham Ath.	Nelson	4	0	0	0	2	0	0	0
Wheatley	B	Barry	21/02/38	Sandbach		1966		Crewe Alexandra	Witton Albion	13	1	1	0	4	0	0	0
Wheelhouse	B	Ben	23/09/02	Rothwell		1932	1933	Halifax T		66	2	0	0	2	0	0	0
Whelan	AM	Tony	20/11/52	Salford		1974	1976	Manchester City	Fort Lauderdale	124	14	5	0	20	1	0	0
Whellans	R	Robbie	14/02/69	Harrogate		1989		Bradford City	Harrogate T	11	0	1	0	1	0	0	0
Whiston	D	Don	04/04/30	Chesterton		1958		Crewe Alexandra		14	0	0	0	0	0	0	0
Whitaker	C	Colin	14/06/32	Leeds		1961	1962	QPR	Oldham Athletic	54	2	11	0	11	0	1	0
White	EW	Winston	26/10/58	Leicester		1986		Bury (loan)		4	0	0	0	0	0	0	0
White	G	George				1931		Hull City		1	0	0	0	0	0	0	0
Whitehall	SC	Steve	08/12/66	Bromborough		1991	1994	Southport		157	9	10	11	46	2	3	7
Whitehead	NJ	Norman	22/04/48	Liverpool		1968	1971	Southport	Rotherham Utd.	156	9	8	0	11	1	1	0
Whitehouse	JE	Jim	19/09/24	West Bromwich		1950	1951	Walsall	Carlisle Utd.	46	2	0	0	13	2	0	0
Whitehurst	AJ	Bert	22/6/1898	Fenton	1976	1923	1927	Stoke City	Liverpool	169	8	0	0	117	7	0	0
Whitelaw	J	John		Falkirk		1931		(USA)		1	0	0	0	0	0	0	0
Whiteside	E	Ernest		Lytham		1921		Halifax T		3	0	0	0	0	0	0	0
Whitington	C	Craig	03/09/70	Brighton		1994		Huddersfield (loan)		1	0	0	0	0	0	0	0
Whitworth	H	Harry	01/12/20	Radcliffe		1951	1952	Bury	Southport	70	2	0	0	9	0	0	0
Whyke	P	Peter	07/07/39	Barnsley		1961		Barnsley	Scarborough	5	1	1	0	0	0	0	0
Whyte	C	Charlie	1911	Bridgemill		1934		Arbroath	Oldham Athletic	9	0	0	0	1	0	0	0
Wiggins	JA	Joe	1909	Wembley		1935		Gillingham	Oldham Athletic	27	0	0	0	14	0	0	0
Wilkinson	ES	Ernie	13/02/47	Chesterfield		1967		Exeter C (loan)		9	0	0	0	0	0	0	0
Williams	DP	David	18/09/68	Liverpool		1991		Burnley (loan)		6	0	1	0	0	0	0	0
Williams	I	Idris		Treharris		1929	1931	Swansea T		83	1	0	0	5	0	0	0
Williams	I (2)	Idris		Merthyr		1937		Tredomen	Rossendale U	4	0	0	0	0	0	0	0
Williams	PA	Paul	08/09/63	Sheffield		1993	1994	Stockport Co.		25	1	1	2	7	0	0	0
Williams	RS	Ralph	21/10/05	Aberdare	1985	1932		Southport	Merthyr T	8	0	0	0	1	0	0	0
Williams	WHJ	Bert	24/09/25	Manchester		1949		Bury	Aldershot	8	0	0	0	3	0	0	0
Williams	WR	Bill	07/10/60	Rochdale		1981	1984	Ashe Labs	Stockport Co.	95	4	6	2	2	0	0	0
Williamson	R	Bob	06/12/33	Edinburgh		1966	1967	Leeds United	Chorley	36	1	1	0	0	0	0	0
Williamson	TW	Tim	07/04/00	Pollokshaws	1976	1932		Southport	Alloa Ath.	7	1	0	0	2	0	0	0
Willis	RS	Bobby	31/01/01	Tynemouth		1923	1925	Dundee	Halifax T	64	3	0	0	1	0	0	0
Wilson	F	Frank		Motherwell		1937		Alloa Ath.		7	0	0	1	1	0	0	0
Windridge	DH	Dave	07/12/61	Atherstone		1988		Bury	Colne Dynamos	5	0	0	0	0	0	0	0
Winspear	J	Jack	24/12/46	Leeds		1967		Cardiff City		16	0	0	0	3	0	0	0
Winton	GD	Douglas 'Jock	06/10/29	Perth		1961	1963	Aston Villa		119	6	14	0	0	0	0	0
Withington	RS	Dick	08/04/21	South Shields		1947		Blackpool	Chesterfield	32	3	0	0	6	0	0	0
Wolstencroft	A	Albert				1921		Northwich Vic.		1	0	0	0	0	0	0	0
Wood	E	Eric	13/03/20	Bolton		1946	1950	Bolton Wan.		148	12	0	0	15	1	0	0
Wood	P	Paul	20/03/70	Saddleworth		1988		Sheff. Utd. (loan)		5	0	0	2	0	0	0	0
Wood	WC	William				1927		Newcastle United		1	0	0	0	0	0	0	0
Woods	?					1930				1	0	0	0	0	0	0	0
Woods	MA	Micky	09/03/62	Halifax		1986		Guiseley	Colne Dynamos	6	1	0	3	3	0	0	0
Woods	W	Billy	12/03/26	Farnworth		1946		Moss Grove	Bradford	28	5	0	0	2	5	0	0
						1948	1949	Bradford	Barrow								
Worrall	A	Arthur				1932		Sandbach Ramblers		1	0	0	0	0	0	0	0
Worthy	A	Albert	01/11/05	Pilsley	1978	1934	1936	Southend Utd.	Gainsbro' Trin.	99	2	0	2	1	0	0	1
Wragg	D	Doug	12/09/34	Nottingham		1961	1963	Mansfield Town	Chesterfield	103	4	12	0	15	0	0	0
Wyness	GD	George		Monkswearmouth	1993	1934	1935	Chester	Notts County	70	1	0	1	0	0	0	0
Wynn	J	Jimmy	04/09/11	Wallsend	1986	1936	1938	Rotherham U	Scunthorpe U	86	3	0	1	64	1	0	0
Yarwood	JW	Jack	1891	Stockport		1921		Merthyr T		11	6	0	0	0	0	0	0
Young	AF	Alan	26/10/55	Kirkcaldy		1986		Notts County		28	0	2	2	2	0	0	1
Young	AW	Archie	1910	Twechar		1938		Gillingham		1	0	0	0	0	0	0	0
Young	NJ	Neil	17/02/44	Manchester		1974		Preston NE	Macclesfield Town	13	3	1	0	4	1	0	0

Played in 1939/40 only.

Dutton	T	Tommy	11/11/06	Southport	1982	1939		Mansfield Town		1	0	0	0	0	0	0	0
Ferguson	A	Alex		Monifieth		1939		Hearts		1	0	0	0	0	0	0	0
Pearce	J	Jim		Chirk		1939		Bristol City	Cardiff City	3	4	0	0	0	0	0	0
Pollard	H	Henry		Liverpool		1939		Exeter City		2	0	0	0	0	0	0	0
Rhodes	RA	Richard	18/02/08	Wolverhampton	1993	1939		Swansea T		3	0	0	0	0	0	0	0
Robertson	P	Peter	1906	Dundee		1939		Arbroath		3	0	0	0	0	0	0	0

Pearce also played in the 1945/46 F.A. Cup.

Played in F.A. Cup only (after 1921)

Chesters	A	Arthur	1912	Salford		1945		Exeter City		0	6	0	0	0	0	0	0
Roberts	H	Henry				1938		Rotherham United		0	1	0	0	0	0	0	0

Played in Third Division North Cup only

Knowles	HE	Harold	1914	Rotherham		1938		Rotherham United		0	0	0	1	0	0	0	1